国内外经典教材辅导系列·艺术类

U0808422

彭吉象《艺术学概论》
笔记和课后习题(含考研真题)详解
【适用第5版教材】

主编：圣才考研网
www.100xuexi.com

中国石化出版社

内　容　提　要

本书是普通高等教育“十一五”国家级规划教材《艺术学概论》（第5版，彭吉象著）的学习辅导书。本书遵循该教材的章目编排，共分为12章，每章由三部分组成：第一部分为复习笔记（含知识框架），剖析本章核心考点，并进行拓展延伸；第二部分为课后习题详解，对该教材的自测题进行了详细的分析和解答；第三部分为考研真题与典型题详解，按选择题、填空题、名词解释、简答题、论述题等形式对考研真题与典型题进行了整理，并进行了详细的解答。

圣才考研网（www.100xuexi.com）提供彭吉象《艺术学概论》电子书、题库、视频课程。购书即可享受大礼包增值服务【本书电子书＋艺术学概论考研题库】。手机扫码（本书封底）领取本书大礼包。

图书在版编目（CIP）数据

彭吉象《艺术学概论》笔记和课后习题（含考研真题）详解/圣才考研网主编．—北京：中国石化出版社，2022.7
国内外经典教材辅导系列·艺术类
ISBN 978－7－5114－6779－9

Ⅰ．①彭…　Ⅱ．①圣…　Ⅲ．①艺术理论－研究生－入学考试－自学参考资料　Ⅳ．①J0

中国版本图书馆CIP数据核字（2022）第120262号

中国石化出版社出版发行
地址：北京市东城区安定门外大街58号
邮编：100011　电话：（010）57512500
发行部电话：（010）57512575
http://www.sinopec-press.com
E-mail：press@sinopec.com
武汉市盛宏源印务有限公司印刷
全国各地新华书店经销
*
787×1092毫米16开本20.5印张463千字
2022年8月第1版　2022年8月第1次印刷
定价：68.00元

序　言

我国各大院校一般都把国内外通用的权威教科书作为本科生和研究生学习专业课程的参考教材，这些教材甚至被很多考试(特别是硕士和博士研究生入学考试)和培训项目作为指定参考书。为了帮助读者更好地学习专业课，我们有针对性地编写了一套与国内外教材配套的复习资料，并提供配套的名师讲堂和题库。

彭吉象著的《艺术学概论》(第5版)是我国高校采用较多的艺术学权威教材之一。作为该教材的学习辅导书，本书具有以下几个方面的特点：

1. 框架图表体系，通俗易懂易记

本书每章的知识梳理框图，在全方位把握重要考点的同时，提纲挈领地以知识框架思维导图形式，呈现重要考点、难点，脉络清晰，一目了然，更容易记忆。

2. 下划线＋星级标记＋拓展延伸，透彻剖析核心考点

本书每章的核心考点均按重要程度分为一星(一般了解)至五星(熟练掌握)，并对相关重要知识点进行了延伸，对关键词用下划线进行了标记，方便考生更有针对性地复习。

3. 解析课后习题，提供详尽答案

本书参考大量艺术学相关资料对该教材的自测题进行了详细的分析和解答。

4. 精选考研真题，补充典型习题

本书精选了部分名校近年的艺术学考研真题，并补充了典型习题。所选习题涵盖的知识点全面，特别注重理论联系实际，凸显当前热点。

要深深牢记：考研不同一般考试，概念题(名词解释)要当作简答题来回答，简答题要当作论述题来解答，而论述题的答案要像是论文，多答不扣分。有的论述题的答案简直就是一份优秀的论文(其实很多考研真题就是选自一篇专题论文，完全需要当作论文来回答)！

购书即可享受大礼包增值服务！手机扫码(本书封底)领取本书大礼包。具体包括：①本书电子书；②艺术学概论考研题库。

圣才考研网(www.100xuexi.com)是圣才学习网旗下的考研考博专业网站，提供考研公共课和全国各高校艺术类专业考研考博辅导班【一对一辅导(面授/网授)、网授精讲班等】、电子书、题库、全套资料(历年真题及答案、笔记讲义等)、国内外经典教材名师讲堂、考研教辅图书等。

考研辅导：kaoyan.100xuexi.com(圣才考研网)

资格考试：www.100xuexi.com(圣才学习网)

圣才考研网编辑部

目　录

上编　艺术总论

中编　艺术种类

下编 艺术系统

上编　艺术总论

第一章　艺术的本质与特征

1.1　复习笔记

【知识框架(庖丁解牛)】

- 艺术的本质与特征
  - 艺术的本质
    - 关于艺术本质的几种代表性观点
      - 客观精神说
      - 主观精神说
      - 模仿说或再现说
      - 其他观点
    - 艺术本质问题的科学理论基础：艺术生产理论
  - 艺术的特征
    - 形象性
      - 艺术形象是客观与主观的统一
      - 艺术形象是内容与形式的统一
      - 艺术形象是个性与共性的统一
    - 主体性
      - 艺术创作具有主体性的特点
      - 艺术作品具有主体性的特点
      - 艺术欣赏具有主体性的特点
    - 审美性
      - 艺术的审美性是人类审美意识的集中体现
      - 艺术的审美性是真、善、美的结晶
      - 艺术的审美性是内容美和形式美的统一

【通关提要(提纲挈领)】

本章是本书的重要基础章节之一，主要论述了艺术的本质与特征。学习时，需要着重了解关于艺术本质的几种代表性观点，即“客观精神说”“主观精神说”“模仿说”“再现说”，把握马克思“艺术生产理论”的概念以及该理论给艺术学研究提供的三点启示。本章主要考查填空题、名词解释、简答题和论述题，复习时要整体把握基本概念和具体内容，分点记忆，并熟悉对应代表学者的艺术哲学理念和代表作，以便答题时举例。

【考点难点归纳(厚积薄发)】

考点一：关于艺术本质的几种代表性观点　★★★★

1. 客观精神说(见表 1－1)

表 1－1　客观精神说

要点	具体内容		
内涵	艺术可以体现“理念”或客观“宇宙精神”		
代表性观点	柏拉图 [古希腊哲学家]	观点	认为艺术是对现实的模仿，现实是对理念的模仿： ①理念世界是第一性的，是真实的。 ②感性世界是第二性的。 ③艺术世界是第三性的，是不真实的。艺术和真实之间隔着三层，即艺术是“摹本的摹本”
		评析	柏拉图以客观唯心主义哲学观为基础提出对艺术本质的认识，试图通过具体的艺术作品发现普遍性
	黑格尔 [德国古典美学集大成者]	观点	从客观唯心主义哲学体系来认识艺术的本质： ①黑格尔认为“美是理念的感性显现”，这是其美学思想的主旨及核心。 ②艺术的本质是“理念”或“绝对精神”
		评析	黑格尔的美学思想体现出深厚的辩证法思想，即“理念”是内容，“感性显现”是表现形式，二者辩证统一。人们可在艺术作品中通过有限的感性形象认识到无限的普遍真理
	中国古代 “文以载道说”	观点	认为艺术的本质是某种客观精神。这是中国传统美学中涉及“文”“道”关系时的基本命题之一。重要代表人物和观点有： ①南北朝刘勰[《文心雕龙》首篇]：文是道的表现，道是文的本源。 ②宋代理学家朱熹：“道”是文艺的内容和本质，“文”仅仅是承载“道”的工具
		评析	同样将艺术的本质归结为某种客观精神

2. 主观精神说(见表 1－2)

表 1－2　主观精神说

要点	具体内容	
内涵	艺术是“自我意识的表现”，是“生命本体的冲动”	
代表性观点	康德 [德国古典美学开山鼻祖]	①康德的意志自由论认为，艺术是艺术家无目的的天才创造物。主张想象力与独创性在艺术创作中的重要性，认为艺术与审美活动的核心与精髓是自由活动，“自由的艺术”没有任何利害关系和目的。 ②康德的理论建立在唯心主义哲学体系中的先验论基础上，使其关于美与艺术的论述充满了矛盾
	尼采 [德国哲学家]	①尼采的唯意志主义认为，人的主观意志主宰着世界万物，具有无限的能动性，是推动历史发展的根本动因。 ②在《悲剧的诞生》中，尼采从美学出发，认为艺术的两种根源是日神冲动[造型]和酒神冲动[音乐]，对应“梦”和“醉”两种审美状态。他强调日神精神和酒神精神都源于人的深层本能

续表

要点	具体内容	
代表性观点	中国古代文艺评论家	①南北朝时期部分文艺评论家认为，文学艺术的“情”“志”可以展现艺术家个人的心灵和欲念，彻底否认文艺与社会现实的关联。 ②宋代严羽的“妙悟说”、明代袁宏道的“性灵说”认为，文艺的本质特征是主观精神的表达
评析	重视和强调艺术家作为创作主体在艺术创作中的地位和作用，过分夸大主观因素甚至绝对化，以致完全否认客观因素的存在，有一定的局限性	

3. 模仿说或再现说

(1)模仿说，见表1－3。

表1－3　模仿说

要点	具体内容
内涵	艺术是对现实的“模仿”，是“社会生活的再现”
代表人物	亚里士多德[古希腊哲学家]
具体观点	①艺术是对现实的“模仿”，艺术比它“模仿”的现实更真实。 ②艺术不仅“模仿”现实世界的外形或现象，还能揭示现实世界内在的本质和规律。主张诗人和画家不应模仿事物本来的样子，而应模仿事物应有的样子，即体现出其本质特征
评析	人类思想史上首次以独立体系来阐明美学概念，历来是西方文艺史的重要观点，深刻地影响了艺术家及其艺术实践

(2)再现说，见表1－4。

表1－4　再现说

要点	具体内容
内涵	艺术是对生活和客观现实的“再现”
代表人物	俄国哲学家车尔尼雪夫斯基[从“美即生活”角度出发]
具体观点	①艺术反映现实，再现了自然界和社会生活，具有深刻的社会内容。 ②艺术来源于现实生活，艺术家“再现”生活时必须充分发挥主观能动性
评析	存在机械唯物论的弊端，过分赞扬现实美、贬低艺术美，使其艺术和美学思想具有矛盾性

(3)评析：“模仿说”和“再现说”主张艺术创作来源于客观现实生活，但过分夸大了客观因素，忽视和否认艺术家的创造性劳动，在艺术本质问题中存在局限性。

4. 其他观点

中外艺术史上有影响的其他观点还包括“形象说”“情感说”“表现说”“形式说”等。

【考点拓展】马克思主义对艺术本质的看法：艺术是一种特殊的精神生产。

考点二：艺术本质问题的科学理论基础　★★★★

1. 两种生产活动和艺术生产(见表1－5)

表1－5　两种生产活动和艺术生产

要点	具体内容	
两种生产活动	物质生产	满足人们的物质需要，是人类物质文明的重要组成部分
	精神生产	满足人们的精神需要，是人类精神文明的重要组成部分
艺术生产	①艺术生产是为满足人们审美需求而进行的一种特殊的精神生产，是人类艺术文化宝库的重要组成部分。 ②马克思将“艺术”与“生产”联系起来，从生产实践活动的角度来考虑艺术问题，从而提出“艺术生产”的概念，有利于揭示艺术系统的奥秘	

2. 艺术生产理论给艺术学研究带来的启示(见表1－6)

表1－6　艺术生产理论给艺术学研究带来的启示

要点	具体内容	
揭示艺术的起源、性质和特点	起源	艺术的起源与人类的社会实践活动密不可分。艺术生产经历了相当长的历史过程才逐渐从物质生产中分化出来
	性质和特点	艺术是审美主客体关系的最高形式。 ①艺术的审美价值在于主客体的有机统一。艺术既反映客观现实[客体]，又承载艺术家[主体]的主观感受，是二者相互作用的结果。 ②艺术生产的特点：艺术创作的源泉与基础是社会现实生活；创作者在艺术创作过程和艺术作品中创造性地融入了强烈的个人情感。 ③艺术是主观与客观、再现与表现的结合
阐明两种生产的“不平衡关系”	①艺术生产是在一定的经济基础之上产生的，最终必然受到物质生产条件的制约。 ②艺术生产是一种具有相对独立性的特殊的精神生产，在特定历史时期里会出现与社会物质生产发展不平衡的现象。 ③一方面，艺术生产与物质生产发展不平衡是个别存在的特殊现象；另一方面，艺术生产受物质生产制约是普遍规律	
揭示艺术系统的奥秘	全面研究艺术活动的全部过程，综合研究完整的艺术系统中艺术创作[生产阶段]、艺术作品[产品]、艺术鉴赏[消费阶段]这三个相互联系的环节，进而揭示艺术作品与鉴赏者、生产与消费之间相互依存、相互转化的辩证关系	

考点三：艺术的特征　★★★★★

1. 形象性(见表1－7)

表1－7　形象性

要点	示例	具体内容
艺术形象是主观与客观的统一	达·芬奇的《蒙娜·丽莎》、顾闳中的《韩熙载夜宴图》	艺术作品的形象体现出艺术家一定的思想感情，是具体且感性的，是主客观因素的有机统一。不同的艺术门类，其主客观因素不同： ①主观因素消融在客观形象中，在再现生活的艺术形象中，渗透着艺术家的个人情感，如雕塑、绘画等造型艺术。 ②客观因素消融在主观因素中，直接表现艺术家的个人情感，间接曲折地反映社会生活，如音乐、舞蹈等表情艺术

续表

要点	示例	具体内容
艺术形象是内容与形式的统一	刘安的《淮南子》、罗丹的《巴尔扎克像》	内容和形式是艺术形象的核心，二者有机统一。欣赏者在进行艺术鉴赏活动中，会直接受到艺术形式所传达出的深刻的思想内容的影响
艺术形象是个性与共性的统一	《阿Q正传》《水浒传》《荷马史诗》	①成功的艺术形象都达到了个性和共性的统一，具有鲜明独特的个性和丰富广泛的社会概括性。 ②艺术典型是艺术形象个性与共性的有机统一，即创作者运用典型化的方法，创造出具有鲜明个性并具有普遍意义的典型形象。 ③艺术典型与艺术形象既有联系，又有区别。艺术典型具有更强烈的个性和更广泛的共性，是艺术形象的凝练与升华

2. 主体性(见表1-8)

表1-8 主体性

<table>
<tr><th>要点</th><th>示例</th><th colspan="3">具体内容</th></tr>
<tr><td rowspan="3">艺术创作具有主体性</td><td rowspan="3">唐代韩幹的《照夜白图》</td><td>原因</td><td colspan="2">艺术创作是创造性的劳动和特殊的精神生产活动，社会生活和作为创作主体的艺术家是艺术创作的核心。艺术家决定了艺术创作</td></tr>
<tr><td rowspan="2">体现</td><td>能动性</td><td>艺术家面对丰富的生活素材，必须进行再加工，并将个人情感、观念等主观因素“物化”到艺术作品中</td></tr>
<tr><td>独创性</td><td>优秀的艺术作品蕴含了艺术家个人的审美体验和审美情感，体现出艺术家独特的创作风格和艺术个性</td></tr>
<tr><td>艺术作品具有主体性</td><td>朱自清、俞平伯的《桨声灯影里的秦淮河》</td><td colspan="3">每件艺术作品都凝聚着艺术家对生活的独特见解，包含艺术家的审美体验和审美情感，体现了艺术家作为创作主体的鲜明特点。不同艺术家从不同的审美体验和审美角度，创造了独一无二、风格迥异的艺术作品。这也是艺术生产的产品和物质生产的产品二者之间的不同之一</td></tr>
<tr><td>艺术欣赏具有主体性</td><td>“有一千个读者，就有一千个哈姆雷特”</td><td colspan="3">不同的欣赏者有着自己的生活体验、兴趣爱好、思想情感与审美理想，对艺术形象的理解不尽相同，这是一个再创造和再评价的过程，补充和丰富了艺术作品的审美价值。可见欣赏主体和艺术作品之间是一种相互作用的关系。艺术鉴赏的本质是一种审美的再创造</td></tr>
</table>

3. 审美性(见表1-9)

表1-9 审美性

要点	具体内容
艺术的审美性是人类审美意识的集中体现	①审美意识的产生和发展无法脱离人类的社会实践。艺术在历史发展中，从实用转向审美，成为人类审美活动的最高形式。艺术家在艺术创作中产生的反映社会现实的艺术美，比现实美更加集中和典型，能更充分地满足人的审美需要。 ②艺术是人类审美意识的物质形态化的表现。艺术家运用各种物质材料和艺术语言，将审美意识“物化”为可供其他人欣赏的艺术作品，使艺术成为传达和交流人们审美观念的方式

续表

要点	具体内容	
艺术的审美性是真、善、美的结晶［北宋张择端的《清明上河图》］	真→美	艺术中的“真”，要通过艺术家艺术化的提炼和加工，形成艺术形象，使生活真实上升为艺术真实，即化“真”为“美”
	善→美	艺术中的“善”，要通过艺术家的精心创作，将其生活体验和道德评价融入艺术作品之中，形成生动而具体的艺术形象，即化“善”为“美”
	丑→美	艺术家通过创造性的劳动，没有改变事物本身“丑”的性质，将其变成艺术美，从而使其艺术形象具有了审美意义
艺术的审美性是内容美和形式美的统一	①艺术美是形式与内容的有机统一。形式美随着艺术实践的发展而不断变化，艺术家从内容出发，选择合适的形式，增强了艺术表现力，进而丰富和发展艺术的形式美。 ②艺术的形式美与内容美相辅相成。艺术的内容美是形式美的基础与前提，形式美则在于它生动鲜明地体现出内容	

1.2 课后习题详解

一、单选题

1. “美就是理念的感性显现”是以下哪位作者的美学思想？（　　）

A. 亚里士多德　　B. 柏拉图　　C. 黑格尔　　D. 席勒

【解析】黑格尔提出的“美就是理念的感性显现”与柏拉图提出的“‘理念’是美术的最终根源”同属于艺术本质中的客观精神说。黑格尔把艺术的本质归结于“理念”或“绝对精神”，“理念”是内容，“感性显现”是表现形式，二者是统一的。

2. 西方哪位思想家认为诗人和画家不应当“照事物本来的样子去模仿”，而是应当“照事物的应当有的样子去模仿”？（　　）

A. 亚里士多德　　B. 康德　　C. 苏格拉底　　D. 柏拉图

【解析】古希腊哲学家亚里士多德认为艺术是对真实世界的“模仿”，所以艺术具有真实性。艺术可以“模仿”真实世界的外形，还能揭示真实世界内在的本质和规律。诗人和画家不应当“照事物本来的样子去模仿”，而是应当“照事物的应当有的样子去模仿”。

3. 认为艺术“既表现人们的感情，也表现人们的思想，但是并非抽象地表现，而是用生动的形象来表现”的观点，出自以下哪部论著？（　　）

A.《论艺术的精神》　　B.《原始文化》

C.《艺术的故事》　　D.《没有地址的信》

【解析】俄国的普列汉诺夫在1900年完成的专著《没有地址的信》中曾讲过，艺术“既表现人们的感情，也表现人们的思想，但是并非抽象地表现，而是用生动的形象来表现。这就是艺术的最主要的特点”。作者运用马克思主义的立场和方法，系统地论述了艺术的起源及其发展问题，认为艺术不是起源于“游戏”，而是起源于生产劳动。

1C　2A　3D

4. “没有一件艺术作品，单靠线条或色调的匀称，仅仅为了视觉满足的作品，能够打动人的。”是以下哪位雕塑家的观点？（ ）

A. 罗丹　B. 马约尔　C. 米隆　D. 米开朗基罗

【解析】法国著名雕塑家罗丹在《罗丹艺术论》中讲过：“没有一件艺术作品，单靠线条或色调的匀称，仅仅为了视觉满足的作品，能够打动人的。”这句话是要说明优秀的艺术作品，必然是深刻的思想内涵和完美的艺术形式的统一。

5. 艺术的本质与艺术的特征二者密不可分，本质是特征的内在规律，特征是本质的外在表现。那么，艺术具有如下哪些基本特征？（ ）

A. 主体性、差异性、审美性　B. 审美性、创造性、独特性

C. 形象性、主体性、审美性　D. 形象性、模仿性、审美性

【解析】艺术的本质与艺术的特征二者密不可分。本质是特征的内在规律，特征是本质的外在表现。艺术作为一种特殊的社会意识形态，艺术生产作为一种特殊的精神生产，决定了艺术必然具有形象性、主体性、审美性等基本特征。

6. 德国哲学家尼采的第一部著作是《 》。

A. 悲剧的诞生　B. 不合时宜的考察

C. 权力意志　D. 查拉图斯特拉如是说

【解析】《悲剧的诞生》是德国哲学家尼采于1872年出版的作品，是尼采的处女作，也是他最为著名的作品之一。尼采在对希腊艺术进行美学讨论的同时，完成了他对生命意义的思考，并对以苏格拉底科学乐观主义为特征的现代文化做出了批判。

7. 尼采用______和______象征来说明艺术的起源、艺术的本质和功用，乃至人生的意义等等，它们成为尼采全部美学和哲学的前提。（ ）

A. 雅典娜；阿芙洛狄忒　B. 宙斯；赫拉

C. 日神；酒神　D. 海神；火神

【解析】德国哲学家尼采在第一部著作《悲剧的诞生》中，用日神阿波罗和酒神狄奥尼索斯的象征来说明艺术的起源、艺术的本质和功用，乃至人生的意义等等，它们成为尼采全部美学和哲学的前提。

8. 尼采把日神冲动和酒神冲动看作艺术的两种根源，把“______”和“______”看作审美的两种基本状态。（ ）

A. 梦；醉　B. 情；志　C. 现实；实践　D. 智；理

【解析】尼采把日神冲动和酒神冲动看作艺术的两种根源，把“梦”和“醉”看作审美的两种基本状态。前者是用美的面纱来遮盖人生的悲剧面目，使人沉湎于梦幻中；后者却是一种痛苦与狂喜交织的癫狂状态，使人在极度的情绪放纵中来揭开人生的悲剧面目。

9. 艺术创作可以说是艺术的“（ ）”，它是创作主体（艺术家）对创作客体（社会生活）能动反映的过程。

4A　5C　6A　7C　8A　9D

A. 生产过程　　B. 生产开端　　C. 生产结果　　D. 生产阶段

【解析】艺术生产理论把艺术创作——艺术作品——艺术鉴赏这三个相互联系的环节，作为一个完整的系统来研究，从而揭示出艺术作品与欣赏者、对象与主体、生产与消费之间相互依存、相互转化的辩证关系。艺术创作可以说是艺术的“生产阶段”，它是创作主体(艺术家)对创作客体(社会生活)能动反映的过程。

10. 艺术作品可以看作是艺术生产的“(　　)”。

A. 结果　　B. 产品　　C. 开端　　D. 结晶

【解析】艺术作品可以看作是艺术生产的“产品”。艺术作品被创作出来，是为了供人们阅读或欣赏，如果没人欣赏，它就还只是潜在的作品。

11. 艺术鉴赏则可以看作是艺术的“(　　)”，它是欣赏主体(读者、观众、听众)在和欣赏客体(艺术作品)的相互作用之中得到艺术享受的过程。

A. 消费方式　　B. 消费阶段　　C. 消费形式　　D. 消费过程

【解析】艺术鉴赏是艺术的“消费阶段”，是欣赏主体在和艺术作品的相互作用之中得到艺术享受的过程。艺术欣赏能反过来刺激艺术生产，推动艺术生产的发展。

12. 艺术形象是______与______的统一。(　　)

A. 客观；个性　　B. 主观；共性　　C. 客观；主观　　D. 形式；个性

【解析】艺术形象是客观与主观的统一。任何艺术作品的形象都是具体的、感性的，也都体现着一定的思想感情，都是客观因素与主观因素的有机统一。

13. 艺术形象是______与______的统一。(　　)

A. 内容；个性　　B. 内容；主观　　C. 主观；形式　　D. 内容；形式

【解析】艺术形象是内容与形式的统一。任何艺术形象都离不开内容，也离不开形式，二者是有机统一的。在艺术欣赏中，直接作用于欣赏者感官的是艺术形式，但艺术形式之所以能感动人、影响人，是由于这种形式生动鲜明地体现出深刻的思想内容。

14. 艺术形象是______与______的统一。(　　)

A. 客观；个性　　B. 个性；共性　　C. 客观；共性　　D. 内容；个性

【解析】艺术形象是个性与共性的统一。综观中外艺术宝库中浩如烟海的艺术作品，凡是成功的艺术形象，无不具有鲜明而独特的个性，同时又具有丰富而广泛的社会概括性。正因为达到了个性与共性的高度统一，才使得这些艺术形象具有不朽的艺术生命力。

二、判断题

1. 南北朝时期，著名的文论家刘勰曾在其著作《文心雕龙》的首篇《原道》中，即认为文是道的表现，道是文的本源。

【答案】正确

2. 魏晋南北朝时期的著名绘画批评家姚最在《古画品录》中提出了“绘画六法”。

10B　11B　12C　13D　14B

【答案】错误

【解析】南齐画家谢赫在《古画品录》中提出的“绘画六法”，是对我国古代绘画实践的系统总结，这就是：“一气韵生动是也，二骨法用笔是也，三应物象形是也，四随类赋彩是也，五经营位置是也，六传移摹写是也。”

3. 德国18世纪著名美学家莱辛认为：“在古希腊人看来，美是造型艺术的最高法律。”这个论点既然建立了，必然的结论就是“凡是为造型艺术所能追求的其他东西，如果和美不相容，就须让路给美；如果和美相容，也至少须服从美。”

【答案】正确

三、名词解释

1. 客观精神说

答：“客观精神说”是关于艺术本质的几种主要学说之一。具体参见本章考点难点归纳相关内容。

2. 主观精神说

答：“主观精神说”是关于艺术本质的几种主要学说之一。这种观点认为，艺术是“自我意识的表现”或“生命本体的冲动”。其主要代表人物有康德、尼采和中国古代的文艺评论家，具体参见本章考点难点归纳相关内容。

3. 妙悟

答：妙悟是指文艺作品中所呈现出的一种“言有尽而意无穷”的境界，这种境界往往令人沉吟玩味、难以忘怀，也就是一种只可意会、不可言传的意境。由于禅宗和老庄思想对中国士大夫的巨大影响与渗透，因此作为禅宗的“妙悟”逐步被中国的美学理论所吸纳、融合和发展，从而成为中国美学史上一个极富价值和生命力的美学命题。要想达到“妙悟”境界，不可能一蹴而就，只有通过艰苦探索与辛勤实践才能达到。

4. 模仿说(再现说)

答：“模仿说”(再现说)是关于艺术本质的主要学说之一。具体参见本章考点难点归纳相关内容。

5. 艺术生产

答：参见本章考研真题与典型题详解名词解释第10题答案。

6. 形象性

答：参见本章考点难点归纳相关内容。

7. 主体性

答：参见本章考点难点归纳相关内容。

8. 审美性

答：参见本章考研真题与典型题详解名词解释第13题答案。

四、简答题

1. 如何理解“艺术生产”？

答：参见本章考研真题与典型题详解论述题第2题答案。

2. 请简述物质生产与精神生产的“不平衡关系”。

答：精神生产是指一种满足人的审美需要的特殊的生产活动，物质生产劳动是人类最基本的实践活动，艺术生产阐明了两种生产的不平衡关系。

(1)艺术作为社会上层建筑的一部分和一种特殊的意识形态，艺术生产无法脱离物质生产条件，是在一定的经济基础之上产生的。因此艺术生产必然受到物质生产的制约，艺术的繁荣与否与物质生产力的水平有密切关系。

(2)艺术生产作为一种特殊的精神生产，又具有相对的独立性。这就是说，在社会发展历史的某些阶段上，艺术的繁荣与社会物质生产的发展呈现出某种不平衡现象。例如，马克思曾以古希腊艺术的繁荣为例，来说明艺术的繁盛时期绝不是同社会的经济发展成正比的。比如，古希腊时期人类生产力极其低下，但是古希腊艺术却达到了人类历史上前所未有的高度繁荣。此外，从19世纪的俄国也可以看到类似的两种生产不平衡的现象。

(3)同时，我们又应当看到，两种生产不平衡的现象与艺术生产最终必然受物质生产制约并不矛盾。前者是特殊的现象，后者是普遍的规律。从最根本的原因上讲，两种生产不平衡现象也有其深刻的经济和政治根源。

3. 为什么说“艺术形象是客观与主观的统一”？

答：艺术形象是艺术反映生活的特殊形式，是客观与主观的统一。任何艺术作品的形象都是具体的、感性的，也都体现着一定的思想感情，都是客观因素与主观因素的有机统一。艺术形象是艺术家按照他对社会生活的独特的审美认识创造出来的，是社会生活的再现和反映，既有客观的现实生活根源，又有主观的意识的作用。

(1)艺术形象的主观性

艺术形象是艺术家对社会生活的独特认识与评价，表现着艺术家的主观情感、思想和审美理想。

(2)艺术形象的客观性

艺术作品中的形象，是社会生活的再现和反映，这是其客观基础和现实来源。艺术具有反映客观社会生活的客观性。艺术生产离不开客观现实，社会现实生活是艺术创作的源泉和基础。

(3)二者之间的关系

①任何艺术作品的艺术形象都是主观因素与客观因素的统一。虽然在不同门类、不同形态、不同风格、不同流派、不同创作方法的艺术作品中，主观与客观这两种因素各有侧重，但仅仅是侧重不同，侧重的程度不同而已，都不可能完全排除其中任何一种因素。

②对于雕塑、绘画等造型艺术来说，往往是在再现生活的艺术形象中，渗透着艺术家的思想情感，这种主客观的统一，常常表现为主观因素消融在客观形象之中。而另一些艺术门类，则更善于直接表现艺术家的思想情感，间接和曲折地反映社会生活，这些艺术门类中主客观的统一则表现为客观因素消融在主观因素之中，如音乐、舞蹈等表情艺术。

4. 什么是“艺术美”？

答：艺术美是指艺术作品的美，是由创作主体按照美的规律，并为了美的目的而创造出来的事物的美。艺术美具有陶冶性情、娱乐身心、认识生活、宣传教育、净化灵魂等作用。艺术美与现实美相比较而言更加具有典型性，是现实生活的反映，是艺术家满足人们的审美需求而能动创造的产物。艺术美包含两个方面的内容：

(1)艺术是对客观社会生活的反映。

艺术美作为现实的反映形态，是艺术家创造性劳动的产物，比现实生活中的美更加集中和更加典型，能够更加充分地满足人的审美需要。同时，艺术又是人类审美意识物质形态化的表现。任何艺术都有自己特殊的物质材料和艺术语言，例如文学是运用语言文字，绘画是运用线条色彩，音乐是利用音响，舞蹈是利用肢体等等。这些物质材料和艺术语言，使得本来仅存于人们头脑中的审美意识，“物化”为可供其他人欣赏的艺术作品。

(2)艺术凝聚着艺术家主观的审美理想和情感愿望。

艺术美既有客观的因素，又有主观的因素，这两方面通过艺术家的创作活动互相渗透、彼此融合，并物化为具有艺术形象的艺术作品。艺术是传达和交流人们审美意识的一种手段。艺术家通过艺术创作所产生的艺术作品，把自己的审美意识传达给读者、观众和听众，而欣赏者也是通过这种艺术欣赏使自己的审美需要获得满足。

总之，艺术美是主客观因素二者的有机统一，艺术的审美价值是主客体的有机统一，并通过艺术家的创作活动互相渗透、彼此融合，最终创作出具有不朽艺术形象的艺术作品。极具艺术美的代表作品有罗丹的《欧米哀尔》、杜尚的《泉》等。

5. 如何理解艺术的审美性是真、善、美的结晶？

答：艺术美之所以高于现实美，是由于通过艺术家的创造性劳动，把现实生活中的真、善、美凝聚到了艺术作品中。艺术欣赏的特殊性在于直观感受性，即由生动鲜明的艺术形象直接引起人的美感，人们欣赏艺术作品时，在这种生动鲜明的艺术形象中，已经融合了真、善、美的内涵。主要体现为：

(1)艺术美要以真和善为前提，并通过审美性体现出艺术中这种真、善、美的统一。艺术中的“真”，并不等于生活真实，而是要通过艺术家的创造性劳动，通过提炼和加工，使生活真实升华为艺术真实，即化“真”为“美”，通过艺术形象体现出来；艺术中的“善”，也并不是道德说教，同样要通过艺术家的精心创作，使艺术家的人生态度和道德评价渗透到艺术作品之中，即化“善”为“美”，体现为生动感人、有血有肉的艺术形象。

(2)生活中“丑”的东西，经过艺术家的创造性劳动，同样要通过审美特征在艺术作品中体现出来。这就是说，在生活中我们既可以找到美的现象又可以找到丑的现象，在艺术中却一概都以审美性表现出来。

五、论述题

1. “艺术生产”理论给艺术学研究提供了哪些启示？

答：参见本章考研真题与典型题详解论述题第2题答案。

2. “任何艺术都不能没有形象”，如何理解艺术的形象性特征？

答：艺术形象是艺术反映社会生活的特殊方式，是通过审美主体与审美客体的相互交融，并由主体创造出来的艺术成果。任何艺术都不能没有形象。

(1)艺术的形象性特征：

参见本章考点难点归纳相关内容。

(2)形象性是艺术的基本特征之一，具体表现为：

①就艺术本身来说，哲学、社会科学总是以抽象的、概念的形式来反映客观世界。文学、艺术则是以具体的、生动感人的艺术形象来反映社会生活和表现艺术家的思想情感。

②就各个艺术门类来说，任何艺术失去了形象，就失去了传达的媒介。它们所塑造的艺术形象可以具有各自不同的特点，如雕塑、绘画、电影、戏剧等门类的艺术形象，欣赏者可以通过感官直接感受到；而音乐、文学等门类的艺术形象，欣赏者则必须通过音响、语言文字等媒介才能间接地感受到。但无论怎样，任何艺术都不能没有形象。

3. 为什么说“有一千个读者，就有一千个哈姆雷特”？请结合具体作品说明。

答：参见本章考研真题与典型题详解论述题第4题答案。

1.3　考研真题与典型题详解

一、填空题

1. 德国古典主义哲学家黑格尔提出“美是理念的(　　)显现”；同样提出美的理念说的古希腊哲学家(　　)认为“理念”是美术的最终根源，一切现实的事物都是对理念的模仿。(浙农林大2014年研；首都师大2009年研)

【答案】感性；柏拉图

【解析】黑格尔提出的“美是理念的感性显现”与柏拉图提出的“‘理念’是美术的最终根源”同属于艺术本质中的客观精神说。“美是理念的感性显现”是黑格尔美学思想的主旨与核心，其中“理念”是内容，“感性显现”是表现形式，二者相互统一。柏拉图认为，理念世界是第一性的，感性世界是第二性的，而艺术世界仅仅是第三性的，其中理念世界是真实的，艺术世界则是不真实的，艺术与真实隔着三层，即艺术是“摹本的摹本”。

2. 马克思在(　　)一书中提出了将“艺术”和“生产”联系起来。

【答案】《1844年经济学哲学手稿》

【解析】《1844年经济学哲学手稿》是促成马克思主义理论体系形成的一个关键点，书中明确提出了“艺术生产”的概念，将“艺术”与“生产”看作一个整体来进行讨论，从生产实践活动的角度对艺术问题进行研究，提出“艺术是一种特殊的精神生产”。艺术生产理论的提出是美学史和艺术史上前所未有的创举。

3. 作为社会意识形态的艺术，是建立在一定(　　)基础之上的上层建筑。(央美2006年研)

【答案】经济

【解析】艺术作为一种特殊的社会意识形态，其发展是基于一定时代的物质生产条件的，是需要在一定的经济基础上形成的上层建筑。

4. 在艺术发展过程中，(　　)是艺术发展的决定力量和终极原因。经济决定艺术的(　　)、(　　)、发展和不平衡性。

【答案】经济；发生；性质

【解析】艺术生产理论阐明了两种生产的“不平衡关系”，艺术作为一种特殊的社会意识形态，它的发展不能脱离一定时代的物质生产条件，总是在一定的经济基础上形成的。经济决定艺术的发生、性质、发展和不平衡性。

二、名词解释

1. 艺术

答：艺术是一种特殊的社会意识形态，同时也是一种创造审美对象的特殊的精神生产活动。艺术作为一种生产是感性的、客观的、有目的的、对象化的实践活动；艺术作为一种精神生产是再现与表现的统一，具有能动反映性和一定的意识形态性；作为一种特殊的精神生产，艺术以创造审美对象、满足人们的审美需要作为其特有的目的。艺术作为一种特殊的社会意识形态，艺术生产作为一种特殊的精神生产，决定了艺术必然具有形象性、主体性和审美性等基本特征。

2. 客观精神说(四川轻化工2016年研；福州大学2015年研；陕西师大2014年研)

答：“客观精神说”是关于艺术本质的几种主要学说之一。具体参见本章考点难点归纳相关内容。

3. 柏拉图(首都师大2011年研)

答：柏拉图是古希腊著名哲学家，也是西方最伟大的思想家之一。他生活在古希腊文明由盛至衰的转折时代，青年时代师从苏格拉底，曾在雅典开设了一个学院，专门聚众讲学，著书立说，从事学术活动。柏拉图较早地对艺术的本质进行了哲学探讨，以客观唯心主义哲学观为基础来论述对艺术本质的认识。他认为理念世界是第一性的，感性世界是第二性的，而艺术世界仅仅是第三性的。在他看来，只有理念世界才是真实的，而现实世界只是理念世界的摹本，艺术世界更不真实，艺术与真实之间隔着三层，即艺术是“摹本的摹本”。他以“理念论”为中心，建立了欧洲哲学史上第一个庞大的唯心主义哲学体系，其哲学体系博大精深，对其教学思想影响很大。柏拉图一生完成著作40多部，大多以对话录的方式讨论哲学、美学、伦理、逻辑、政治等问题。其美学思想主要体现在《理想国》《大希庇阿斯》《斐德若篇》等著作中。

4. 黑格尔

答：黑格尔是德国哲学家、美学家，是德国古典哲学和美学的集大成者，其美学思想建立在客观唯心主义哲学体系之上。黑格尔美学思想的核心是“美就是理念的感性显现”。他认为艺术的本质是“理念”或“绝对精神”，“理念”这一内容与作为表现形式的“感性显现”是有机统一的。艺术离不开内容与形式，同时也离不开感性与理性。人们在艺术作品中可以从有限的感性形象认识到无限的普遍真理。

5. 文以载道说(湖北美院2017年研)

相关试题：文以载道，文和道的关系。(分析题，南京师大2021年研)

答：“文以载道说”是中国传统美学中涉及“文”“道”关系时的基本命题之一。其重要代表人物之一是南北朝时期的刘勰，他在《文心雕龙》首篇中谈到“文”是“道”的表现，“道”是“文”的本源。到了宋代，理学家在文与道关系的认识上更是发展到了极端，认为“道”是文艺的本质及内容，“文”仅是“道”的工具。总之，“文以载道说”把艺术的本质归结为某种客观精神。

6. 康德

答：康德是德国唯心主义哲学家，德国古典美学的奠基人。康德的前半生主要以研究自然科学为主，后半生转向对哲学和美学的研究。在哲学上，他企图调和经验论和唯理论，《纯粹理性批判》《实践理性批判》《判断力批判》三部著作构成了康德哲学的完整体系。在美学上，康德从美的分析、崇高的分析和天才与艺术三方面进行探讨。从其美学的总体来看，康德美学的主旨在于强调美的主观性和超功利性，美不依赖于概念而独立存在，美具有合目的性，带有明显的主观唯心主义和形而上学的色彩。康德的美学思想在欧洲美学史上占有重要的地位，产生了巨大的影响，后来的各种形式主义和纯艺术论大都溯源于此。

7. 尼采

答：尼采是德国著名哲学家，西方现代哲学的开创者，同时也是卓越的诗人和散文家。在认识论上，尼采是极端的反理性主义者，他对任何理性哲学都进行了最彻底的批判，他的哲学具有傲视一切、批判一切的气势。他是唯意志论的主要代表人物，认为人的主观意志主宰着世上万事万物，是推动历史发展的根本动因。在《悲剧的诞生》中，尼采从美学出发，认为艺术的两种根源是日神冲动和酒神冲动，对应“梦”和“醉”两种审美状态。他强调日神精神和酒神精神都源于人的深层本能。后来的生命哲学、存在主义、弗洛伊德主义、后现代主义，都不同程度地受到尼采哲学思想的影响。尼采的主要著作有《悲剧的诞生》《希腊悲剧时代的哲学》《不合时宜的考察》等。

8. 再现说(郑州大学2019年研；山东艺术学院2019年研；华中师大2018年研；安徽师大2018年研；北影2017年研；南京师大2017年研；江苏师大2016年研；陕西师大2012年研)

答：“再现说”是关于艺术本质的主要学说之一。具体参见本章考点难点归纳相关内容。

9. 车尔尼雪夫斯基

答：车尔尼雪夫斯基是俄国唯物主义哲学家、美学家、文艺批评家和作家。在哲学方面，他宣称自己的唯物主义世界观是“人本主义”，坚持了唯物主义感觉论的原则，批判了康德的不可知论和主观唯心主义，在批判黑格尔的唯心主义体系时，又肯定了黑格尔辩证法的积极作用。在美学方面，车尔尼雪夫斯基在人本唯物主义哲学的基础上，批判了黑格尔的“美是理念”的唯心主义实质，从唯物主义出发提出了“美是生活”的著名命题，对美学的发展做出了重要贡献。在文艺批评方面，他继承和发展了别林斯基的唯物主义美学传统，坚持和捍卫了文学中的人民性和现实主义原则，另外，他十分强调文学艺术的社会教育作用。其著作有《艺术与现实的审美关系》《哲学中的人本主义原理》及小说《怎么办?》等。

10. 艺术生产(东南大学2021年研；浙江理工2017年研；中传2016年研；首都师大2015年研；武汉科技2015年研；赣南师大2014年研)

答：艺术生产是指一种满足人的精神需要的特殊的精神生产，并最终形成了人类独特的艺术文化宝库。马克思第一次明确提出了“艺术生产”这一概念，他认为“艺术”与“生产”是不可分割的统一整体。站在生产实践的角度，马克思在美学史和艺术史上创造性地提出了“艺术是一种特殊的精神生产”这一重要论断。艺术生产概念的明确提出，对于揭示艺术的起源和艺术的发展、艺术的性质和艺术的特点以及完整艺术系统的奥秘，提供了科学的理论依据。

11. 艺术美(东南大学2021年研；央美2017年研；中传2012年研)

答：参见本章课后习题详解简答题第4题答案。

12. 艺术典型(山东大学2017年研；福建师大2011年研；杭州师大2011年研；首都师大2010年研)

答：艺术典型是指艺术家通过个性化和本质化所创造出来的，既能反映现实生活的某些本质和规律，又具有鲜明独特的个性特征，既表现出一定时代人们的审美理想，又表现出艺术家自己独有的审美感受的艺术形象，又称“典型性格”“典型人物”或“典型形象”。艺术典型是实际生活的真实反映，但又比普通的实际生活更高、更鲜明，更有集中性，更具普遍性，从而更富有审美价值。艺术作品中的一般人物形象都具有某种程度的个性化和概括化相统一的特点，而典型形象则要求高度个性化和高度概括化的统一。它既不是类型，又不是个性。其所反映的共性，可以是某一阶级、阶层的某些阶级性，也可以是超越了阶级性的某种社会普遍性，体现了一定时代的社会关系的某些本质。艺术典型的主要特征是：个性与共性的统一，人物性格与环境的统一，主观(艺术家)与客观(人物、事件)的统一，再现与表现的统一。

13. 审美性(西安工程2019年研)

相关试题：艺术的审美性(北师大2016年研；青岛大学2015年研)

答：审美性是艺术的基本特征之一。艺术作品从艺术生产角度来说，必须具备两个条件：①创造出的艺术作品必须是人类艺术生产的产品；②创造出的艺术作品必须具有审美价值，即审美性。这两点是区分艺术作品与非艺术作品的条件。艺术的审美性是人类审美意识的集中体现，是真、善、美的结晶，是内容美与形式美的统一。

14. 艺术真实/艺术的真实(人大2022年研；南京艺术学院2017年研；中传2012年研)

答：艺术真实是指艺术家通过艺术形象如实地再现客观世界，表现主观世界，是客体(描写的对象)和主体的辩证统一。其内涵包括：①艺术的真实是假定的真实，其形象是对客观事物的反映或再现，仅在视觉或听觉上感受到它们的真实存在；②艺术的真实不仅是现象的真实，而且是本质的真实，通过对现象的真实反映达到对本质的把握；③艺术的真实不仅是再现的真实，而且是表现的真实。

三、简答题

1. 何谓“艺术”？（中传2014年研；杭州师大2010年研）

相关试题：艺术的本质与特征。（陕西师大2018年研；中传2015年研）

答：（1）艺术的定义，参见本章考研真题与典型题详解名词解释第1题答案。

（2）艺术的本质，参见本章考点难点归纳相关内容。

（3）艺术的特征，参见本章考点难点归纳相关内容。

2. 阐述艺术的本质的几种看法。（山东师大2018年研）

相关试题：

（1）简述艺术本质的几种主要看法。（陕西师大2019年研；浙农林大2018年研；江西师大2018年研；成都大学2018年研；江苏师大2017年研；浙江理工2016年研；南航2013年研）

（2）介绍关于艺术本质的几种代表性理论。（华侨大学2017年研）

答：据不完全统计，从中国先秦时期和古希腊开始，给艺术下的定义迄今已有上百种，从不同的角度探讨了艺术的本质特征。其中影响较大的主要有“客观精神说”“主观精神说”“模仿说”（或“再现说”），参见本章考点难点归纳相关内容。除此之外，“形象说”“情感说”“表现说”“形式说”等也是颇有影响的关于艺术本质的说法。

3. 简述主观精神说。（湖南师大2016年研；陕西师大2015年研；河南师大2015年研）

相关试题：

（1）简述关于艺术本质的“主观精神说”。（浙江理工2019年研）

（2）主观精神说（名词解释，福州大学2018年研）

答：“主观精神说”是关于艺术本质的几种主要学说之一。“主观精神说”认为，艺术是“自我意识的表现”，是“生命本体的冲动”，其主要代表人物有康德、尼采和中国古代的文艺评论家，具体参见本章考点难点归纳相关内容。

4. 写出物质生产产品和艺术生产产品各自的特点。（山西师大2012年研）

答：人类社会生活从总体上可以划分为物质生活与精神生活两大组成部分。为了满足这两种生活所分别进行的生产活动，就称作物质生产与精神生产。

（1）物质生产产品的特点。

①物质生产是为了满足人们的物质需要，它的成果即物质生产的产品，构成了人类的物质文明。

②物质生产的水平同社会经济发展的程度成正比。一个国家、民族经济水平发展越高，物质生产水平就越高，因为物质生产总是在一定的经济基础上进行的。因此经济水平和物质生产力越高，物质生产的产品就越丰富、越发达；反之，经济水平和物质生产力越低下，物质生产的产品就会越匮乏、越贫瘠。物质生产产品的发展要依托于物质生产力，二者紧密相连。

③从哲学上看，物质生产是一种一般、普遍的社会规律，物质生产的产品受众也就十

分广泛，每一个社会个体都离不开物质生产产品。

(2) 艺术生产产品的特点。

①艺术生产作为一种特殊的精神生产，则是为了满足人们的审美需要，它的成果即众多艺术作品，构成了人类光辉灿烂的艺术文化宝库。

②艺术生产的水平会受物质生产水平发展的限制，但有时也具有不平衡的反比关系。艺术作为一个社会上层建筑的一部分，必定需要经济基础的支撑，强大的经济基础通常会诱发上层建筑如艺术的繁荣发展；但纵观历史，也有一些国家和民族在某个时期处于动乱、战争、经济低迷，艺术发展却十分繁荣，涌现了许多优秀的艺术家和不朽的艺术作品，这些作品都饱含着那个时代、民族、地域等文化的特点。这说明了艺术生产和物质生产间存在着一种不平衡关系。

③从哲学上看，艺术生产是一种个别、特殊的社会现象，艺术生产产品对人的影响范围有限，相比艺术生产产品，人们更依赖物质生产产品。

5. 艺术的基本特征。(北师大 2018 年研；陕西师大 2018 年研；赣南师大 2018 年研；四川师大 2017 年研；北京城市学院 2017 年研；河南师大 2014 年研；聊城大学 2014 年研；江苏师大 2013 年研)

相关试题：

(1) 艺术有哪几个主要的审美特征？(杭州师大 2009 年研)

(2) 谈谈对艺术的主体性特征的理解。(江苏师大 2014 年研)

(3) 简述艺术的主体性表现在哪些方面。(山东师大 2017 年研)

(4) 试论艺术的形象性。(论述题，浙江理工 2018 年研)

答：艺术作为一种特殊的社会意识形态，艺术生产作为一种特殊的精神生产，决定了艺术必然具有形象性、主体性、审美性等基本特征。具体参见本章考点难点归纳相关内容。

6. 简述现实美与艺术美的关系。(北师大 2022 年研)

相关试题：

(1) 一方面，生活是艺术取之不尽的源泉，另一方面，艺术的创作离不开想象。简述现实生活与艺术想象之间的关系。(中传 2012 年研)

(2) 为什么说艺术来源于生活，是社会生活的反映？(东华大学 2021 年研)

答：任何艺术作品都是艺术家在客观现实生活基础上进行艺术创造的产物，这就使得艺术美和现实美有着不可分割的联系。

(1) 艺术美来源于现实美，它具有客观性。艺术作品以社会生活为创作源泉和基础，是现实美的再现，这主要体现为：

①艺术家在进行艺术创作时离不开一定的物质媒介，同时他不可能在抽象的幻想世界中凭空塑造艺术形象，艺术作品的内容来源于客观现实。如雕塑家离开了泥块、石头等现实物体形象就不能完成艺术创造活动。

②艺术家进行创作，总是为了使人感知、认识，从而发挥其社会影响。所以艺术家借助客观物质材料将现实美转化为艺术作品，使其获得欣赏价值。

③社会生活的现实美能够影响艺术家的思想情感和创作风格，甚至还可以启发艺术家

的创作灵感、激发艺术家的创作冲动。从这个意义上讲，艺术美离不开社会生活中的现实美。

(2)艺术美高于现实美，具有一定的主观性。艺术美是艺术家对现实的加工、改造和审美创造的产物，具有强烈的主观性，它融入了艺术家的创作激情、创造性想象及精湛的艺术技巧，是对生活的集中和概括。因此艺术来源于生活，而又高于生活。

7. 为什么说“艺术的审美性是人类审美意识的集中体现”？（四川轻化工 2016 年研）

相关试题：审美性是艺术的基本特征，请对此予以阐述。（山东师大 2018 年研）

答：艺术生产作为一种特殊的精神生产，其目的是满足人类的审美需要。艺术作为人类精神文化的一种特殊的社会意识形态，是审美意识物质形态化的集中体现。

(1)艺术作品都是人创造的，是人类劳动和智慧的体现，但只有能够给予人以精神上的愉悦和快感，具有审美价值或审美性的人类创造物，才能称为艺术品。美的形态可分为自然美与艺术美，艺术美相较于自然美，凝聚了人类劳动和智慧的结晶。

(2)艺术美作为现实的反映，是艺术家创造性劳动的产物，与现实美相比，艺术美更为典型，能够更加充分地满足人的审美需要。人类的社会实践推动了审美意识的产生和发展，艺术也在此过程中完成了实用向审美的过渡，成为人类审美活动的最高形式。

(3)艺术是人类审美活动的最高形式，是人类审美意识物质形态化的表现。任何艺术都有自己所独具的物质材料和艺术语言，这些物质材料和艺术语言，使得本来仅存于人们头脑中的审美意识，通过感官及媒介等方式直接、间接地转化为可供其他人欣赏的艺术作品。通过艺术的物质材料和艺术语言，可以将人类在历史发展过程中的审美意识与价值世世代代传承下来，形成中外艺术史上人类所独具的艺术精神文化宝库，使艺术成为传达和交流人们审美意识的一种手段。

8. 简述丑在艺术表现中的审美意义。（中传 2004 年研）

答：丑在艺术表现中可以满足人们的特殊审美需要，获得特殊的审美感受。生活中的丑由艺术家主观能动的创造能够转化成艺术美，但事物本身“丑”的性质没有变，只是作为艺术形象时它有了审美意义。主要包括：

(1)丑可以衬托美，从反面烘托美与崇高。丑可以衬托美，艺术家认识到生活丑的本质及其背后所隐藏的社会意义，将丑真实地展示出来，就体现了合规律性的“真”；同时，进入到艺术殿堂中的丑渗透着艺术家否定性的评价，便从反面肯定了美，又体现了合目的性的“善”；并且，由于优美的艺术表现形式，生活丑在艺术上构成了具有审美价值的艺术形象，因而丑可以从反面烘托美与崇高。

(2)丑的形式可以蕴涵美的内涵。当生活丑进入艺术意境，就会蕴涵生活丑本身所无法包含的审美意义。这是一种以其艺术性的存在否定其自身现实存在的美，能够使人们的心灵震颤，产生强烈的美感，即所谓的化腐朽为神奇，于丑怪中见光华，比如法国雕塑家罗丹创作的雕塑《欧米哀尔》，通过她渐渐被人遗忘的老态的美，与年轻时候美貌的她形成鲜明的对比，大胆淋漓地描绘了一个衰老的生命体，蕴涵着美的意义。

(3)丑在艺术表现中可以转化为艺术美。通过艺术家的各种艺术手段与表现形式，艺术实现了现实生活之中假、丑、恶向艺术美的转化，从而化丑为美，扩大了人的审美范围与审美对象，有助于欣赏主体通过艺术来认识和把握世界。丑让美更美，美得更深刻，美得更刻骨铭心。

(4)适度的丑的形式表现可以生成独特的形式美感效应。适度的丑表现了作品的性格，艺术美是可以表现丑的，所以适度的丑的形式表现可以生成独特的形式美感效应。充分地表现作品的性格才会使作品更加生动，作品才会富有生命力。

四、论述题

1. 柏拉图和黑格尔关于艺术的论述有哪些？分析两者艺术观点的异同。(央美 2011 年研)

答：(1)关于艺术的论述。

①柏拉图。柏拉图是根据客观唯心主义哲学观来认识艺术的本质的。柏拉图认为只有理念世界才是真实的，而现实世界只是理念世界的摹本，而艺术与真实之间隔着三层，艺术是对现实的模仿，而现实又是对理念的模仿，即“摹本的摹本”。

②黑格尔。黑格尔从客观唯心主义哲学体系中来认识艺术本质。其美学思想的核心是：“美是理念的感性显现。”黑格尔关于美和艺术的论述中有着深刻的辩证法思想，他认为，“理念”是内容，“感性显现”是表现形式，二者是统一的。在艺术作品中，人们可以从有限的感性形象认识到无限的普遍真理，艺术与内容、形式、理性、感性不可分离。

(2)相同点。柏拉图和黑格尔对艺术本质的认识都建立在客观唯心主义哲学体系之上，都把艺术的本质归结于“理念”或“绝对精神”。

(3)不同点。柏拉图主张从具体的艺术作品中找出深刻的普遍性来；而黑格尔关于美和艺术的论述则表达出辩证法思想，他主张人们在感受艺术作品时从有限的感性形象体会到无限的普遍真理。

2. “艺术生产”的启示。(安徽大学 2019 年研；湖南师大 2019 年研；人大 2018 年研；海南大学 2018 年研；青岛大学 2017 年研；东北师大 2015 年研；央美 2014 年研；重庆大学 2013 年研)

相关试题：

(1)你认为艺术生产理论可以为艺术研究提供哪些方面的启示？试做论述。(厦门大学 2007 年研)

(2)如何理解马克思所谓的“艺术生产”是一种精神生产形态？(浙江师大 2011 年研)

(3)如何理解“艺术生产”这一命题？(宁波大学 2015 年研)

答：在探讨艺术本质的问题时，马克思第一次明确提出了“艺术生产”这一概念，他认为“艺术”与“生产”是不可分割的统一整体。站在生产实践的角度，马克思在美学史和艺术史上创造性地提出了“艺术是一种特殊的精神生产”这一重要论断。

(1)马克思的“艺术生产”概念。

“艺术生产”这一概念由马克思于 1859 年提出，是马克思主义美学中的一个重要概念，它是与马克思主义整个理论体系联系起来的。马克思关于“艺术生产”的概念有着两个层次的含义：一是艺术活动的生产实践性质——精神生产的性质；二是艺术活动是作为与“物质生产”相对应而存在的“精神生产”的一种特殊的方式。

“艺术生产”是一种自由的精神生产、审美创造。审美是它的本质特征，是将自己的主体精神和审美意识渗透于生产过程，并物化为审美产品的活动。“艺术生产”是精神性与物质性的统一；是审美属性与商品属性的并重；是创造性与工艺性的结合；是个体生产和集体生产的交叉。

(2)对马克思艺术生产理论的认识。

①艺术生产将创作主体的精神和审美意识渗透于生产过程，并物化为审美产品。它是以审美思维和审美物化为手段，进行艺术创作和制作的活动。艺术生产包括艺术创作和艺术制作，涵盖了艺术思维的整个过程，但它又不能取代艺术思维的方式，艺术思维方式主要是对客体世界的认知和反映，艺术生产则主要是对客体世界的变革与创造。

②艺术生产要遵循与精神生产和物质生产有密切联系的、属于艺术生产特有的规律。艺术生产的规律就是在艺术规律的规范和指导下，遵循精神生产和物质生产的基本原则，按照美的规律和艺术特性的要求，创制审美产品的一般性规律。

(3)“艺术生产”对于艺术学研究的启示。

①艺术生产理论揭示了艺术的起源、性质和特点。

a. 艺术的起源与人类的社会实践是息息相关的，人类最初创造出的艺术品常常同生产劳动实践有着直接的联系。随着生产力的发展和人类社会的进步，艺术生产逐渐独立出来。艺术生产从物质生产中分化出来经历了一个漫长的历史过程。

b. 关于艺术的性质和特点。从艺术生产角度来看，艺术是审美的主体与客体的最高形式，是主客体的有机统一，艺术美包含着两个方面的内容：艺术一方面是对客观社会生活的反映，另一方面又包含艺术家主观的审美理想和情感愿望，即艺术美具有主观和客观双重因素，通过艺术家的创作活动，两者相互融合，最终物化为具有不朽艺术形象的艺术作品。将创作主体(艺术家)强烈的主观因素渗透到整个艺术创作过程，并融会到艺术作品之中是艺术生产最突出的特点。

c. 关于艺术的价值。从历史发展的角度来看，人与自然界在生产实践活动中创造的产物是艺术的价值；从艺术创作的角度来看，艺术创作主体(艺术家)与艺术创作客体(社会生活)相互作用的结果是产生艺术的价值。

②阐明了两种生产的“不平衡关系”。

艺术作为一种特殊的社会意识形态，其发展要基于一定时代的物质生产条件，即一定的经济基础。但在一定历史时期内，艺术生产又具有相对独立性，即在历史发展中的某个阶段，艺术与社会物质生产的发展呈现出不平衡的现象。两种生产不平衡的现象是个别、特殊的现象，与一般、普遍的规律——艺术生产最终必然受物质生产制约并不矛盾。

③揭示了艺术系统的奥秘。

艺术生产理论将三个相互联系的环节——艺术创作、艺术作品、艺术鉴赏，作为一个整体进行系统地研究。

a. 艺术创作是艺术的“生产阶段”，是创作主体对社会生活能动反映的过程。在艺术生产的全过程中，生产支配着产品属性与艺术消费，但消费又规定着艺术生产。

b. 艺术作品是艺术生产的“产品”。艺术作品是为了让人们欣赏而被创作出来的，如果没人欣赏就还只是潜在的作品。

c. 艺术鉴赏是艺术的“消费阶段”，是欣赏主体在欣赏艺术品时得到艺术享受的过程。艺术欣赏能反过来刺激艺术生产，推动着艺术生产的发展。

这样，对整个艺术系统来说，艺术生产理论揭示出艺术品与欣赏者、对象与主体、生产与消费之间相互依存、相互转化的辩证关系。

总之，马克思在艺术本质问题上的分析，不是孤立的关照，而是立体性的。马克思把艺术看作是特定历史现象、特定的社会意识形态和社会存在在艺术家头脑中的能动的反映。而艺术对于世界的认识和把握，则是以特有的形象和审美方式进行的。艺术生产理论对艺术的科学审视无疑将艺术的本质和客观规律揭示得明白无误。

3. 谈谈你对“艺术真实性”的理解。

答：（1）“艺术真实性”是指艺术家通过艺术形象如实地再现客观世界、表现主观世界。

（2）“艺术真实性”的内容。

艺术的真实性包括两个方面：

①再现的真实，是指艺术反映客观世界的真实性。“再现”是指艺术家在其作品中对他所认识的客观对象或社会生活的具体描绘。其创作手法上偏重于写实或逼真，追求感性形式的完美和现象的真实；在创作倾向上偏重于认识客体、模仿现实。艺术的再现不是纯客观地复制现实，而是将所认识的客观现实按照美的规律，通过一定物质媒介充分传达和表现出来。

②表现的真实，是指艺术反映主观世界的真实性，即艺术形象中所体现出来的艺术家的真诚与真挚。“表现”是指艺术家运用艺术手段来表达自己的情感体验和审美理想，在创作手法上偏重于理想地、情感地表现对象或抛弃具体的物象追求超感觉的内容和观念，常采取象征、寓意、夸张、变形、抽象等艺术语言，以突破感受的习惯经验。在创作倾向上偏重于表现主体意识、直抒胸臆。

（3）“艺术真实性”体现在高度真实的艺术形象与艺术典型上。艺术典型就是作家、艺术家运用典型化的方法，创造出具有鲜明个性并体现出带有普遍意义的典型形象。典型形象既具有鲜明独特的个性，又具有广泛深刻的共性，并达到了共性与个性的完美结合的艺术形象体系。艺术典型具有更强烈的个性与更广泛的共性，是艺术形象的凝练与升华。它是普遍性与特殊性、必然性与偶然性的统一。

4. 人们常说“有一千个读者，就有一千个哈姆雷特”，谈谈你对这句话的认识。（郑州大学2019年研；山东大学2019年研；山东师大2017年研；浙农林大2016年研；武汉大学2013年研）

相关试题：请分析“一千个读者心中有一千个哈姆雷特”这一说法所体现的艺术原理，并结合自己的体验，谈谈你对这句话的理解。（南航2014年研）

答：之所以会出现“有一千个读者，就有一千个哈姆雷特”的现象，一方面是艺术作品丰富、复杂的内涵所致，更重要的则在于艺术鉴赏的多样性。

（1）艺术鉴赏的多样性，是指不同的鉴赏者在鉴赏同一部艺术作品时，其审美感受和审美领悟必然存在一定的差别。

（2）艺术鉴赏多样性的原因。

艺术鉴赏多样性根源于鉴赏主体的个性差别，也与时代、民族、阶级的差别相关，由此造成了鉴赏的多样性。

①时代差异是指不同时代的鉴赏者在鉴赏活动中所表现出来的不同的审美倾向、鉴赏能力和价值观念。这是由于不同时代的精神生活、物质生活和时代风尚等差异而形成的。

②民族差异是由不同民族的社会风尚、文化传统、心理习惯等差别形成的。

③阶级的审美差异也不可忽视，它是由鉴赏者的阶级立场、思想观念、生活条件等不同而造成的。

④在众多的审美差异中，最重要的是因鉴赏者审美个性的多样性而造成的差别。每个具体的鉴赏者都拥有独特的人生经历、内心世界、艺术趣味、审美经验，这些因素综合体现于艺术鉴赏之中，就形成了与众不同的审美个性。审美个性不同的鉴赏者，对艺术作品的接受和投入均不相同，因而对艺术作品的感受和领悟也不会相同。

(3)艺术鉴赏多样性的体现。

艺术鉴赏的多样性不仅存在于不同的鉴赏者之间，即使是同一位鉴赏者，在人生的不同阶段，或在不同的心境下，鉴赏同一部艺术作品时，其感受和领悟也不尽相同。“有一千个读者，就有一千个哈姆雷特”，正说明了这个道理。

(4)因而同一部艺术作品，在不同的人看来往往具有不同的价值，获得不同的感受。例如鲁迅先生讲过，同一部《红楼梦》，“经学家看见《易》，道学家看见淫，才子看见缠绵，革命家看见排满，流言家看见宫闱秘事”，所得感受迥然不同。

第二章　艺术的起源

2.1　复习笔记

【知识框架（庖丁解牛）】

艺术的起源
- 中外艺术史上关于艺术起源的五种观点
  - 起源于“模仿”：德谟克利特、亚里士多德
  - 起源于“游戏”：席勒、斯宾塞
  - 起源于“表现”：克罗齐、科林伍德
  - 起源于“巫术”：爱德华·泰勒、弗雷泽
  - 起源于“劳动”：希尔恩、普列汉诺夫
- 艺术起源的第六种看法：多元决定论

【通关提要（提纲挈领）】

本章主要论述艺术的缘起和发展，探讨了艺术的产生和发展规律。考生需要着重掌握历史上关于艺术起源的“模仿说”“游戏说”“表现说”“巫术说”“劳动说”“多元决定论”等观点及其代表人物、代表作、时期、学说要点、影响、评价等。本章主要考查填空题、名词解释、简答题、论述题等题型，有时会要求综合比较两类或多类学说。

【考点难点归纳（厚积薄发）】

考点一：关于艺术起源的五种观点　★★★★

1. 艺术起源于“模仿”（2000多年前，见表2－1）

表2－1　艺术起源于“模仿”

要点	具体内容	
代表人物和观点	德谟克利特	艺术是对自然的“模仿”
	亚里士多德	模仿是人的本能行为，无论是何种样式和种类的艺术都源于“模仿”
评价	合理性	肯定了艺术源自客观自然和社会现实，体现了朴素唯物主义思想，具备一定的进步性和合理性
	局限性	①只论及事物的表面层次，没有揭示事物的本质——“模仿”更多的是原始艺术的手段，而非目的。 ②将“模仿”归结于人的本性，未能挖掘出“模仿”背后创作者真实的创作意图，不能解释艺术产生的根本原因

2. 艺术起源于“游戏”(19世纪末、20世纪初)

(1)概述。“游戏说”即“席勒—斯宾塞理论”，由18世纪德国哲学家席勒和19世纪英国哲学家斯宾塞提出。“游戏说”认为，艺术源自人类拥有的游戏本能，具体表现为：

①人类拥有过剩的精力。

②当人将过剩的精力运用到无实用、无功利目的的活动中，就形成了自由的“游戏”，从而产生了艺术。

(2)代表人物及观点，见表2-2。

表2-2 代表人物及观点

要点	具体内容
席勒 [《美育书简》]	人只有借由“游戏”的方式才能实现物质与精神、感性与理性的和谐统一，人才是自由的。人类艺术创作的动机源于自身的“游戏”本能或冲动，在无功利、无目的的自由活动中，人不仅能够发泄过剩的精力，还能够获得美的愉悦享受
斯宾塞	斯宾塞在席勒的观点的基础上进行了补充，他认为人类的“游戏”活动不带有功利目的，不是维持生活的必备过程。因此，人的审美活动和艺术活动在自由地发泄过剩精力的“游戏”过程中，能够获得快感和美感
谷鲁斯 [德国学者]	谷鲁斯与斯宾塞持相反的观念，他认为“游戏”并非毫无功利目的，人在这种愉悦的“游戏”活动中，潜移默化地为将来的实际生活积累经验

(3)评价，见表2-3。

表2-3 评 价

要点	具体内容
合理性	①充分肯定了人只有在基本物质生活需要得到满足的基础上，才有过剩的精力来从事艺术活动和审美活动。 ②将艺术和“游戏”联系在一起，某种程度上揭示了艺术与“游戏”一样具有超功利性，主要为了满足人们的精神需要而存在
局限性	①错误地认为人与动物进行“游戏”的本能皆出自其对过剩精力的发泄，因而忽略了人类精神的需求，以及审美活动和艺术活动是人类社会所专有的行为。 ②仅从生物学和心理学的角度来追问艺术的起源，脱离人类的社会实践，不能揭示艺术诞生的本质

3. 艺术起源于“表现”(19世纪后期以来，见表2-4)

表2-4 艺术起源于“表现”

要点		具体内容
代表人物与观点	克罗齐 [意大利美学家]	以理论的方式系统地提出艺术起源于“表现”： ①“直觉即表现”[美学思想的核心]：艺术的本质是直觉，而直觉源自情感，因此艺术是一种情感的表现。 ②作为心灵过程的“表现”的艺术只能在艺术家的心灵中完成。 ③艺术不是功利的、道德的活动，也不能分类，一切艺术都是情感的表现

续表

要点		具体内容
代表人物与观点	科林伍德［英国史学家］	科林伍德对克罗齐的观点进行了拓展，他认为艺术是艺术家的主观想象和情感表现的结果。艺术不是单纯的再现或模仿，也不是游戏或巫术，只有表达了情感的艺术才是“真正的艺术”
代表人物与观点	苏珊·朗格［美国当代美学家］	从符号学美学的角度出发，认为艺术是人类情感的表现，艺术的实质是创造能够展现人类情感的符号形式
评价	合理性	肯定了表现情感在艺术中的重要性。艺术家确实是通过自己的作品来表现自己的个人情感
评价	局限性	“表现说”认为艺术的起源是“表现”，脱离了原始社会生产力低下的实际情况，也脱离了人类的社会实践，将表层现象看作本质，本末倒置，无法科学地阐释艺术起源

4. 艺术起源于“巫术”(19 世纪末、20 世纪初，见表 2-5)

表 2-5 艺术起源于“巫术”

要点		具体内容
代表人物与观点	爱德华·泰勒［英国著名人类学家］	在《原始文化》中最早提出了艺术起源于“巫术”的观点。原始人类思维的重要特点是万物有灵，万物皆可与人交感
代表人物与观点	弗雷泽［英国著名人类学家］	在《金枝》中提出，原始部落的所有风俗、仪式和信仰都来源于巫术的交感
评价	合理性	根据史料记载及考古研究证实，早期的造型艺术、原始歌舞确实与巫术相关
评价	局限性	①虽然艺术的产生与巫术有一定联系，但艺术起源于“巫术”的学说并不准确，忽视了巫术活动无法脱离人类的生产实践这一关键问题。 ②由于原始社会的生产力和人们认识水平的低下，巫术承载了人们的希望和诉求，巫术也由此与原始社会的日常生活及生产劳动产生了密切的联系。归根究底，艺术无法脱离人类的实践活动，特别是物质实践活动

5. 艺术起源于“劳动”(19 世纪末叶以来，见表 2-6)

表 2-6 艺术起源于“劳动”

要点		具体内容
代表人物与观点	希尔恩［芬兰艺术史学家］	在《艺术的起源》中论述了艺术与劳动的作用关系
代表人物与观点	普列汉诺夫［俄国马克思主义理论家］	在《没有地址的信》中通过多学科、多角度系统地论述了艺术的起源及发展问题，并得出艺术源于“劳动”的观点
评价	劳动提供了艺术产生的前提	①劳动工具的制造和演变标志着人类文化的起源，从工具造型的变化上可以看出实用价值优先于审美价值、艺术产生于非艺术的漫长的历史演进过程。 ②人的感觉器官和能力在生产劳动实践中不断发展，形成了人类的文化心理结构，其中包括人的审美心理结构

续表

要点	具体内容	
评价	合理性	人作为艺术的主体，在生产劳动实践的基础上发展出了艺术。因此，物质生产劳动是艺术起源的根本原因
	局限性	艺术的诞生不能完全归结为劳动活动。艺术起源是一个十分复杂多元的问题，应当从多个角度进行更加广泛深入的考察

考点二：多元决定论——艺术起源的第六种看法（见表2-7） ★★★

表2-7 多元决定论——艺术起源的第六种看法

要点	具体内容	
代表人物与观点	阿尔都塞［法国结构主义学者］	提出了“多元决定论”，他认为任何文化现象的产生都是多种多样的复杂原因共同作用的结果，无法归结于单一因素
	希尔恩［芬兰艺术史学家］	认为艺术本身是一种综合性的现象，因此研究艺术的起源也需要结合社会学、人类学、心理学等多学科的理论知识，采取综合研究的方法，进而揭示出艺术起源的本质原因
评价	“多元决定论”科学地论证了艺术的起源。艺术的起源经历了由实用到审美、以巫术为中介、以劳动为前提的漫长的发展过程，随着审美价值与实用目的、艺术生产与物质生产逐渐分化独立，艺术中也渗透了人类模仿的需要、表现的冲动和游戏的本能。因此，从根本上讲，艺术起源于人类的实践活动	

2.2 课后习题详解

一、单选题

1.“从蜘蛛我们学会了织布和缝补；从燕子学会了造房子；从天鹅和黄莺等歌唱的鸟学会了唱歌”是以下哪位哲学家对艺术起源的看法？（ ）

A. 赫拉克利特 B. 亚里士多德 C. 德谟克利特 D. 第欧根尼

【解析】“模仿说”代表人物古希腊哲学家德谟克利特认为艺术是对自然的“模仿”，他说：“从蜘蛛我们学会了织布和缝补；从燕子学会了造房子；从天鹅和黄莺等歌唱的鸟学会了唱歌。”他认为模仿是人的本能，所有的文艺都是“模仿”。

2.“当狮子不为饥饿所迫，无须和其他野兽搏斗时，它的剩余精力就为本身开辟了一个对象，它使雄壮的吼声响彻荒野，它的旺盛的精力就在这无目的的使用中得到了享受。”出自以下哪篇文章？（ ）

A.《论悲剧对象产生快感的原因》 B.《论悲剧艺术》

C.《论美》 D.《审美教育书简》

【解析】《审美教育书简》又称《美育书简》，是席勒最主要的美学著作。他在书中写道：“当狮子不为饥饿所迫，无须和其他野兽搏斗时，它的剩余精力就为本身开辟了一个对象，

1C 2D

它使雄壮的吼声响彻荒野，它的旺盛的精力就在这无目的的使用中得到了享受。”从中席勒进一步认为，人的这种“游戏”本能或冲动，就是艺术创作的动机。在这种无功利、无目的的自由活动中，人的过剩精力得到了发泄，从而获得快乐，亦即美的愉快的享受。

3. “情动于中而形于言，言之不足故嗟叹之，嗟叹之不足故咏歌之，咏歌之不足，不知手之舞之，足之蹈之也”，出自以下哪部著作？（ ）

A.《诗品》　B.《文心雕龙》　C.《典论·论文》　D.《毛诗序》

【解析】“情动于中而形于言，言之不足故嗟叹之，嗟叹之不足故咏歌之，咏歌之不足，不知手之舞之，足之蹈之也”，出自汉代的《毛诗序》，意为：诗，是人的情感意志的一种表现形式，怀抱在心则为情感意志，用语言把它表现出来就是诗。

4. “一个人为了要把自己体验过的感情传达给别人，于是在自己心里重新唤起这种感情，并用某种外在的标志把它表达出来……这就是艺术的起源。”是以下哪位作家的观点？（ ）

A. 列夫·托尔斯泰　B. 高尔基

C. 巴尔扎克　D. 罗曼·罗兰

【解析】列夫·托尔斯泰认为艺术起源于传达感情的需要，他提出：“一个人为了要把自己体验过的感情传达给别人，于是在自己心里重新唤起这种感情，并用某种外在的标志把它表达出来……这就是艺术的起源。”这种说法是认为艺术起源于表现。

5. 艺术起源“多元决定论”的理论基础可以追溯到（ ）。

A. 斯宾塞　B. 弗雷泽　C. 阿尔都塞　D. 普列汉诺夫

【解析】“多元决定论”的理论基础，可以追溯到法国著名结构主义学者阿尔都塞。阿尔都塞认为社会的发展不是一元决定的，而是多元决定的，进而提出了多元决定的辩证法。在此基础上，阿尔都塞提出了“多元决定论”。

6. 席勒在他著名的《美育书简》中指出，人的“______”和“______”，必须通过“______”才能有机地协调起来。（ ）

A. 生物冲动；心理冲动；游戏冲动　B. 感性冲动；理性冲动；游戏冲动

C. 生物冲动；心理冲动；感性冲动　D. 感性冲动；理性冲动；生物冲动

【解析】席勒在他著名的《美育书简》中指出，人的“感性冲动”和“理性冲动”，必须通过“游戏冲动”才能有机地协调起来。他认为，人在现实生活中，既要受自然力量和物质需要的强迫，又要受理性法则的种种约束和强迫，是不自由的。人只有在“游戏”时，才能摆脱自然的强迫和理性的强迫，获得真正的自由，即只有通过“游戏”，人才能实现物质与精神、感性与理性的和谐统一。

7. 从艺术起源的多元决定论中，我们可以清楚地看出，艺术的产生经历了一个由实用到审美、以______为中介、以______为前提的漫长历史发展过程，其中也渗透着人类______的需要、______的冲动和______的本能。（ ）

3D　4A　5C　6B　7B

A. 模仿；巫术；劳动；游戏；表现　　B. 巫术；劳动；模仿；表现；游戏
C. 巫术；劳动；模仿；游戏；表现　　D. 模仿；劳动；巫术；游戏；表现

【解析】历代哲学家、美学家和文艺理论家们对艺术起源问题从理论上进行了种种探索，形成了许多不同的观点，产生了许多不同的体系。在这些观点中，艺术起源的多元决定论是正确的结论。与此同时，也可以清楚地看出，艺术的产生经历了一个由实用到审美、以巫术为中介、以劳动为前提的漫长历史发展过程，其中也渗透着人类模仿的需要、表现的冲动和游戏的本能。

二、判断题

1. 亚里士多德认为，所有的艺术都起源于对自然界和社会现实的模仿，只是有三点差别，即模仿所用的媒介不同，所取的对象不同，所用的方式不同。

【答案】正确

2. 英国著名人类学家詹姆斯·乔治·弗雷泽在他的《原始文化》一书中，最早提出艺术起源于“巫术”的理论主张。

【答案】错误

【解析】英国著名人类学家爱德华·泰勒在他的《原始文化》一书中，最早提出艺术起源于“巫术”的理论主张。

三、名词解释

1. 模仿说

答：参见本章考研真题与典型题详解简答题第1题答案。

2. 游戏说

答：参见本章考研真题与典型题详解简答题第2题答案。

3. 表现说

答：参见本章考研真题与典型题详解论述题第1题答案。

4. 巫术说

答：参见本章考研真题与典型题详解论述题第1题答案。

5. 劳动说

答：参见本章考研真题与典型题详解简答题第3题答案。

四、简答题

1. 汉代《毛诗序》中说：“情动于中而形于言，言之不足故嗟叹之，嗟叹之不足故咏歌之，咏歌之不足，不知手之舞之，足之蹈之也。”对这句话，应如何理解？

答：参见本章考研真题与典型题详解论述题第2题答案。

2. 请简述艺术起源“巫术说”的主要观点。

答：参见本章考研真题与典型题详解论述题第1题答案。

3. 什么是艺术起源的“多元决定论”？

答：参见本章考研真题与典型题详解简答题第4题答案。

五、论述题

1. 如何理解艺术起源“游戏说”？请举例说明。

答：“游戏说”由18世纪德国思想家席勒和19世纪英国哲学家斯宾塞提出，又称“席勒－斯宾塞理论”。这种理论在19世纪末和20世纪初曾经被很多人所信奉。这种说法认为，艺术活动或审美活动起源于人类所具有的游戏本能，它表现在两个方面，一方面是由于人类具有过剩的精力，另一方面是人将这种过剩的精力运用到没有实际效用、没有功利目的的活动中，体现为一种自由的“游戏”。

（1）“游戏说”理论的代表人物及观点：

①席勒在《美育书简》中提出艺术源于游戏。他认为人的“游戏”本能是艺术创作的动机。他认为，人在现实生活中，既受到自然力量和物质需要的强迫，又受到理性法则的束缚和强迫，是不自由的。人只有在游戏时，才能摆脱自然的强迫和理性的强迫，获得真正的自由。只有通过游戏，人才能实现物质与精神、感性与理性的和谐统一。席勒以动物在不饥饿的状态下，本能地消耗过剩的精力为例子，认为人总是想利用自己过剩的精力，来创造一个自由的天地，由此产生创造艺术的动机。

②斯宾塞补充席勒的观点，他认为，游戏的主要特征是没有实际的功利目的，它并不是维持生活所必需的活动过程，而是为了消耗肌体中积聚的过剩精力，并在自由地发泄这种过剩精力时获得快感和美感。因此，人的审美活动和艺术活动也是一种“游戏”。

③谷鲁斯从心理学角度出发，认为“游戏”是无意识的发生和练习，并非没有实际的功利目的，例如猫咪玩耍毛球的行为是在练习抓老鼠的本领。

（2）对“游戏说”理论的评价：

①合理性

a. “游戏说”肯定了人们只有在满足了基本物质生活需要的条件下，才有过剩的精力来从事艺术活动和审美活动。

b. “游戏说”将艺术和“游戏”联系在一起，在某种程度上也揭示了艺术的部分特殊性。如艺术与“游戏”一样，主要为了满足人们的精神需要，是超功利的。“游戏”是人的天性，人在闲暇时间里需要游戏和娱乐，使身心愉悦与放松，例如年轻人沉迷网络游戏。从这个角度来讲，“游戏”是人的生理需要与心理需要。

②局限性

艺术起源于“游戏”的说法，仅仅从生物学或心理学的角度出发，仍然未能揭示出艺术产生的最终原因。尤其是这种说法把“游戏”看作人和动物共有的本能，更是错误的论断，因为艺术活动与审美活动仅仅属于人类社会所专有。事实上，动物的“游戏”可以归结为过剩精力的发泄，而人的“游戏”则是为了精神需要的满足，二者之间有着严格的区别。人的“游戏”是以使用工具的物质生产活动为基础，并且具有了超越动物性的情感和想象等社会内容，成为一种具有符号性的文化活动。正是人的社会实践活动，使得人类和动物界真正区分开来。而艺术起源于“游戏”的说法脱离了人类的社会实践，所以仍然不能揭开艺术诞生的真正奥秘。

2. 请结合具体的艺术现象，谈一谈对艺术起源“劳动说”的理解。

答： 新中国成立以来，尤其是在20世纪80年代改革开放之前，在我国文艺理论界占据绝对主导地位的理论，是认为艺术起源于生产“劳动”的理论。在欧洲大陆，自19世纪末叶以来，人类学家与艺术史学家中，就广为流传艺术起源于“劳动”的理论。

“劳动说”是指主张艺术起源于劳动的艺术观点。主要观点是认为劳动创造了人，也为艺术的产生提供了前提，表现为：人的感觉器官和能力的发展；劳动工具的制造和演变。

(1)“劳动说”理论的代表人物及观点

①希尔恩在《艺术的起源》中曾列出专章来论述艺术与劳动的关系。

②俄国革命民主主义者普列汉诺夫在《没有地址的信》一书中，通过对原始音乐、原始舞蹈、原始绘画的分析，以大量人种学、民族学、人类学和民俗学的文献证明，系统地论述了艺术的起源及其发展问题，并且得出了艺术发生于“劳动”的观点。

(2)对“劳动说”理论的评价

①合理性

劳动创造了人，也为艺术的产生提供了前提，表现为：

a. 在劳动中人类学会制造工具。劳动工具的制造标志着人类文化的起源，从工具造型的演变上可以看出实用价值先于审美价值、艺术产生于非艺术。例如陶器从最初仅满足日常使用的容器，到后来雕刻有各种精美纹样的陶器制品，出现从日常使用到观赏的现象，就可以看出劳动创造了人，人先制造满足使用需求的工具而后创造审美。

b. 在生产劳动实践中，人类各种感觉器官与感觉能力也不断发达，形成了人类的文化心理结构，其中包括人的审美心理结构。例如人类对颜色的感性认知是不断沉淀的。如人类对红色的认识从一种强烈的颜色到产生相应的社会文化正是由于审美心理结构的不断发展。生产劳动实践创造了艺术的主体——人，为艺术的产生创造了前提。

②局限性

从艺术发生学的观点来看，生产劳动显然是艺术起源的根本原因。但是，艺术的产生却不能简单地完全归结为劳动，艺术起源是一个十分复杂的问题，它很可能是多因的，而并非单因的，是多元的，而不是单一的。艺术是人类创造的特定精神文化现象，应当从多个方面理解，从更加广泛深入的层面去考察和探究它的根源。

3. 请结合具体的艺术作品，说明艺术起源的几种主要学说。

答： 参见本章考研真题与典型题详解论述题第1题答案。

2.3 考研真题与典型题详解

一、填空题

1. 关于艺术发生的理论主要有：(　　)、(　　)和(　　)。(杭州师大2009年研)

【答案】模仿说；游戏说；劳动说

【解析】中外艺术史上关于艺术起源的五种观点主要有：①艺术起源于“模仿”；②艺术

起源于“游戏”；③艺术起源于“表现”；④艺术起源于“巫术”；⑤艺术起源于“劳动”。其中“模仿说”“游戏说”和“劳动说”是长期占据统治地位的关于艺术发生的重要理论。

2．德谟克利特说“从蜘蛛我们学会了织布和缝补，从燕子我们学会了造房子，从天鹅和黄莺等歌唱的鸟我们学会了唱歌”是支持艺术起源说的(　　)。(浙农林大 2014 年研)

【答案】模仿说

【解析】古希腊哲学家德谟克利特认为艺术是对自然的“模仿”，他说：“从蜘蛛我们学会了织布和缝补；从燕子学会了造房子；从天鹅和黄莺等歌唱的鸟学会了唱歌。”他认为模仿是人的本能，所有的艺术都是“模仿”，强调了人对自然或现实生活“模仿”的主动性。

3．德国诗人席勒的著名美学著作是(　　)。(中传 2013 年研)

【答案】《美育书简》

【解析】《美育书简》又称《审美教育书简》，是德国古典美学的代表人物席勒最主要的美学著作，是由 1793～1794 年席勒写给丹麦王子克里斯谦公爵的 27 封信整理而成。信中专门论述了他自己对于审美教育的看法，后来这些信公开发表并结集成册。席勒通过将古代希腊社会与近代文明社会进行对比，提出在古希腊社会中人的天性是完整和谐的，人具有完美的人格，个人与社会之间也十分协调的观点。

4．美学上“情感符号说”的代表人物是(　　)国的(　　)，代表作品是《情感与形式》。

【答案】美；苏珊·朗格

【解析】美国当代美学家苏珊·朗格是“情感符号说”的代表人物。她从符号论美学出发，认为艺术是人类情感的符号形式的创造，而艺术品是人类情感的表现性形式。但她所提出的情感不是艺术家的个人情感，而是具有普遍意义的“人类情感”和“艺术符号”。该学说提出了富有启发性的见解，但对“符号”究竟是什么，艺术究竟是不是“符号”，有没有抽象的普遍人类情感等问题未作圆满回答。

5．英国人类学家(　　)认为艺术起源于原始巫术，原始巫术根植于原始人类万物有灵的世界观。(四川师大 2015 年研)

【答案】爱德华·泰勒

【解析】英国著名人类学家爱德华·泰勒最早在他的《原始文化》中提出艺术起源于原始巫术的理论主张。他认为，与现代人思维不同，原始人认为周围的世界异常陌生且神秘，万物皆有灵性，且可与人交感，因而对自然常常怀有敬畏之心。

6．英国人类学家弗雷泽在其巨著《金枝》中所指出的巫术的两种类型为(　　)和(　　)。(首都师大 2011 年研)

【答案】模仿巫术；接触巫术

【解析】英国著名人类学家弗雷泽在他的名著《金枝》一书中，认为原始部落的一切风俗、仪式和信仰，都起源于交感巫术，分为两种类型：①模仿巫术；②接触巫术。弗雷泽认为，人类最早想用巫术去控制神秘的自然界，这显然无法做到；于是，又创立了宗教来乞求庇佑；当宗教无法庇佑现实时，人类又创立了揭示自然界奥秘的各门科学。

7. 美国美学家( )和芬兰美学家( )都强调音乐舞蹈的特征是节奏，而音乐舞蹈的节奏又来源于劳动的节奏，艺术和原始人类社会生产劳动是密切联系在一起的。(央美2006年研)

【答案】毕歇尔；希尔恩

【解析】美国美学家毕歇尔和芬兰美学家希尔恩都强调音乐舞蹈的特征是节奏，而音乐舞蹈的节奏来源于劳动的节奏，艺术和原始人类社会生产劳动是密切联系在一起的。艺术的起源离不开人类的生产劳动实践，尤其是物质生产活动，可以说劳动是艺术发生的直接动力。

二、名词解释

1. 亚里士多德

答：亚里士多德是古希腊著名哲学家，是希腊古典哲学的最后一位代表，被后人称为“百科全书式的学者”。他在政治、哲学、美学、心理学、天文学、医学、生物学等多个领域都有过重要的研究和著述。关于艺术的起源，亚里士多德在德谟克利特的理论基础上更进一步，认为模仿是人的本能。他强调，所有的艺术都起源于对自然界和社会现实的模仿。他正是以“模仿论”为基础建立起自己的诗学体系，并以此来解释艺术的起源和本质的。其次，作为西方美学史上最重要的美学家之一，亚里士多德的“整一化”理论对后代美学家的思维方式和理论框架都产生过很大的影响，他的“艺术创建论”开了西方艺术美学的先河。他还是首先提出悲剧范畴和讨论悲剧艺术的美学家，他关于悲剧的许多思想，如悲剧情节、悲剧人物、悲剧的净化作用等，散见于他的《诗学》《修辞学》《形而上学》《政治学》《伦理学》等著作中，不仅成为此后理论界争论的关键问题，而且影响着此后艺术家们的创作实践。另外，亚里士多德第一次把哲学与政治学、物理学等其他学科区分开来，他称哲学为“第一原理”，即关于宇宙的一般的知识。

2. 情感符号说

答：“情感符号说”是西方符号论美学对艺术本质的解释，代表人物是德国的恩斯特·卡西尔和美国的符号美学家、艺术评论家苏珊·朗格。卡西尔将艺术定义为一种符号语言，苏珊·朗格发展了这一学说，认为“艺术是人类情感的符号形式的创造”。艺术品就是人类情感的表现性形式。但这里的情感不是艺术家的个人情感，而是具有普遍意义的“人类情感”和“艺术符号”。该学说提出了富有启发性的见解，但对“符号”究竟是什么，艺术究竟是不是“符号”，有没有抽象的普遍人类情感等问题未作圆满回答。

3. 多元决定论

答：“多元决定论”由法国结构主义学者阿尔都塞提出，认为社会发展不是一元决定的，而是多元决定的，任何文化现象的产生，都有多种多样的复杂原因，而不是由一个简单原因造成的。著名的芬兰艺术史学家希尔恩在《艺术的起源》一书中阐述了关于艺术起源多元化的看法。“多元决定论”科学地论证了艺术的起源。艺术的起源经历了由实用到审美、以巫术为中介、以劳动为前提的漫长的发展过程，随着审美价值与实用目的、艺术生产与物质生产逐渐分化独立，艺术中也渗透了人类模仿的需要、表现的冲动和游戏的本能。因此，从根本上讲，艺术起源的本质是人类的实践活动。

三、简答题

1. 谈谈“模仿说”的内容。（北大 2022 年研）

相关试题：

（1）请阐述西方“模仿”学说的理论脉络并陈述自己的看法。（浙江师大 2008 年研）

（2）从艺术理论发展史的角度，举例说明模仿说和表现说的影响和贡献。（央美 2011 年研）

（3）简述艺术本质的模仿说。（西北师大 2015 年研）

（4）模仿说（名词解释，北影 2022 年研；南京师大 2021 年研；华东师大 2019 年研；安徽大学 2019 年研；郑州大学 2019 年研；陕西师大 2019 年研；东南大学 2018 年研；华中师大 2018 年研；南京艺术学院 2018 年研；四川师大 2017 年研；首都师大 2016 年研）

答：“模仿说”是指主张艺术起源于人类对自然和社会现实的模仿冲动的艺术观点。该学说认为艺术是对现实的“模仿”，发展到后来，更认为艺术是“社会生活的再现”。

（1）“模仿说”理论的代表人物及观点。

①古希腊哲学家德谟克利特认为，艺术是对自然的模仿。他说：“从蜘蛛我们学会了织布和缝补；从燕子学会了造房子；从天鹅和黄莺等歌唱的鸟学会了唱歌。”

②古希腊哲学家亚里士多德在此基础上进一步提出，模仿是人的本能。他指出：所有的文艺都是“模仿”。由于“模仿所用的媒介不同”，而有不同种类的艺术，如画家和雕塑家是用颜色和线条来模仿，诗人、戏剧演员和歌唱家则是用声音来模仿；由于模仿“所取的对象不同”，因而形成了悲剧和喜剧；由于模仿“所用的方式不同”，才出现了史诗、抒情诗和戏剧的差别。因此，亚里士多德强调，所有的艺术都源于对自然界和社会现实的模仿。他正是以“模仿说”为基础建立起自己的诗学体系，并以此来解释艺术的起源和本质。

（2）对“模仿说”理论的评价。

①合理性。在早期的人类艺术，特别是原始艺术中，“模仿”占有相当大的比例。西班牙阿尔塔米拉洞穴中发现的史前壁画上，有 20 多个旧石器时代动物的形象，都是对现实生活中动物各种神情姿态的模仿和记录。中国古代也认为音乐是由模仿现实生活中的自然音响发展而来的。对于原始艺术来说，“模仿”是一种极其重要的手段。“模仿论”肯定了艺术来源于客观的自然界和社会现实，体现了朴素唯物主义的观点，具有进步和合理的内容。

②局限性。

a.“模仿说”只触及了事物的表面，没有揭示出现象背后的本质。对于原始艺术来说，“模仿”更多的是一种手段，而不是目的。

b. 把“模仿”归结于人的本性，没有找到“模仿”背后的创作意图，因此，未能说明艺术产生的根本原因，即没有突出在艺术中占有很大比重的表现性因素，只强调机械地描摹自然生活，这就很难全面把握艺术的起源和人们从事艺术活动的基本动机。

2. 简述艺术的游戏说。（山东大学 2018 年研；南航 2015 年研；杭州师大 2015 年研；中传 2013 年研）

相关试题：

（1）艺术的游戏说。（首都师大 2019 年研；浙江理工 2018 年研；华侨大学 2017 年研；

重庆大学2016年研；华南理工2015年研；陕西师大2014年研；中传2013年研）

（2）游戏说（名词解释，东南大学2022、2018年研；北影2021年研；四川大学2021年研）

（3）艺术起源的游戏说（名词解释，北师大2022年研）

答：参见本章课后习题详解论述题第1题答案。

3. 简述艺术发生理论中的"劳动说"。（江苏师大2019年研；首都师大2018年研；中传2017年研；华东师大2017年研；南京艺术学院2017年研；南航2016年研）

相关试题：劳动说（名词解释，四川师大2021年研；首都师大2018年研；中传2017年研；华东师大2017年研）

答：参见本章课后习题详解论述题第2题答案。

4. 简述艺术起源中的多元决定论。（陕西师大2016年研；山西师大2016年研；福州大学2015年研；西北师大2014年研；首都师大2013年研）

答：艺术的起源除了"模仿说""游戏说""巫术说""表现说""劳动说"等五种较有影响力的观点之外，还有其他多种说法。其中，"多元决定论"得到了国内学界一致的认同。艺术诞生初期可能本就由多种多样的因素促成，因此在追溯它的起源时不能只从一种视角来看待问题，而是应该以一种多元论的视角来进行探索，即"多元决定论"。"多元决定论"的理论基础可追溯到法国著名结构主义学者阿尔都塞。阿尔都塞认为，社会的发展不是一元决定的，而是多元共同作用而成的，因此他提出了多元决定的辩证法。在此基础上他又进一步提出了"多元决定论"，认为任何文化现象的产生，都由多种多样的复杂原因共同作用而成，不是由一个简单原因决定的。我们认为，探究艺术的起源，"多元决定论"才是正确的结论，科学地论证了艺术的起源。艺术的起源经历了由实用到审美、以巫术为中介、以劳动为前提的漫长的发展过程，随着审美价值与实用目的、艺术生产与物质生产逐渐分化独立，艺术中也渗透了人类模仿的需要、表现的冲动和游戏的本能。因此，从根本上讲，艺术的起源本质是人类的实践活动。

四、论述题

1. 关于艺术的起源有哪些学说？如何理解？（中国艺术研究院2021年研）

相关试题：

（1）简述关于艺术起源的几种观点，并谈自己倾向于哪种观点。（简答题，东华大学2018年研；南京师大2017年研；陕西师大2017年研；四川大学2016年研；福州大学2016年研）

（2）巫术说（名词解释，东南大学2021年研；南京艺术学院2021年研；西安工程2019年研；人大2018年研；陕西师大2018年研；北影2017年研；山东大学2016年研；四川大学2015年研；福州大学2014年研；河南大学2013年研）

（3）简述艺术起源的几种理论。（简答题，人大2018年研）

答：历代哲学家、美学家和文艺理论家们对艺术起源进行了多样化的探索，最终形成了许多不同的观点，产生了许多不同的体系。在关于艺术起源的众多观点中，其中影响较大的主要有以下几种：

（1）艺术起源于“模仿”。在关于艺术起源问题的理论探索中，“模仿说”是最古老的一种说法，这种学说认为：模仿是人类固有的天性和本能，艺术起源于人类对自然的模仿。“模仿说”最早始于两千多年前的古希腊哲学家，在他们看来，所有艺术都是模仿的产物。古希腊哲学家德谟克利特提出了艺术来源于对自然的“模仿”的观点。亚里士多德在此基础上进一步提出模仿是人的本能，他指出无论是何种样式和种类的艺术都源自“模仿”，其中的差别仅在于模仿所用的媒介不同、所取的对象不同、所用的方式不同。在原始艺术中，“模仿”占有相当大的比例，如西班牙阿尔塔米拉洞穴中发现的史前壁画就是对现实生活中动物各种神情姿态的模仿和记录。

（2）艺术起源于“游戏”。这一说法最早是由18世纪德国哲学家席勒和19世纪英国哲学家斯宾塞提出来的，即“席勒—斯宾塞理论”。席勒认为，人的“游戏”本能或冲动是艺术创作的原始动机。在这种无功利、无目的的活动中，人不仅完成了过剩精力的发泄，还获得了美的愉快的享受。斯宾塞进一步补充了席勒的理论，认为“游戏”的主要特征是没有实际的功利目的，它并不是维持生活所必需的活动。“游戏说”的观点充分肯定了人们在满足了衣食住行的基本物质生活需要的条件下，才有过剩的精力来进行“游戏”的艺术活动和审美活动。其次，这种说法将艺术和“游戏”联系在一起，在某种程度上也揭示出了艺术的部分特殊性。但是，“游戏说”仅仅从生物学或心理学的角度出发来探讨艺术的起源，未能科学、全面地揭示出艺术产生的最终原因。其中把“游戏”看作人和动物共有的本能更是错误的论断，脱离人类社会实践的“游戏”未能揭示艺术诞生的真正奥秘。

（3）艺术起源于“表现”。这一说法主张艺术起源于人类情感表现的需要，强调艺术应当“表现自我”，是西方现代主义文艺思潮的主要理论基础。意大利美学家克罗齐最早以理论方式提出“艺术起源于‘表现’”这一说法，他的美学思想核心就是“直觉即表现”。克罗齐认为艺术的本质是直觉，直觉的来源是情感，直觉即表现，因而，艺术归根结底是情感的表现。克罗齐强调艺术既不是功利的活动，也不是道德的活动，艺术甚至也不能分类，一切艺术无非都是情感的表现而已。但是，“表现说”将艺术的起源单纯地归结为“表现”，而忽视了人类社会实践的重要性，脱离了原始社会生产力低下的实际情况，把现象当作本质，把结果当作原因，不能科学地阐明艺术的起源问题。

（4）艺术起源于“巫术”。英国著名人类学家爱德华·泰勒在《原始文化》中最早提出艺术起源于“巫术”的观点。原始人思维的最主要特点是万物有灵，且万物都可以与人交感。英国著名人类学家弗雷泽在《金枝》中提出，原始部落的所有风俗、仪式和信仰，都来源于交感巫术。史料记载及考古研究表明早期的造型艺术、原始歌舞确实与巫术相关，如我国江苏省连云港市的将军崖岩画与原始巫术的深刻联系。虽然艺术的产生与巫术有一定联系，但艺术起源于“巫术”的学说并不准确，因为原始时代的巫术活动应与当时人类的生产劳动密切相关。由于原始社会的生产力和人们认识水平的低下，巫术才承载了人们的希望和诉求，并与原始社会的日常生活及生产劳动发生密切的联系。归根究底，艺术无法脱离人类的实践活动，尤其是物质生产活动。

（5）艺术起源于“劳动”。主张艺术起源于劳动，认为劳动创造了人，也为艺术的产生提供了前提，具体表现在人的感觉器官和能力的发展及劳动工具的制造和演变。俄国的普列汉诺夫通过对原始音乐、原始舞蹈、原始绘画的分析，用大量人种学、民族学、人类学和民俗学的文献系统地论述了艺术的起源及其发展问题，并且得出了艺术发生于“劳动”的观点。普列汉诺夫在此基础上进一步指出：“劳动先于艺术，人最初是从功利观点来观察事物和现象，只是后来才站到审美的观点上来看待它们。”但是，劳动是人类社会生活最重要的组成部分，但却不是社会生活的全部。劳动以外的其他社会生活的内容，也与艺术的发生有着密切的关系。因此，单纯地利用“劳动说”无法揭示艺术的起源。

(6)“多元决定论”。“多元决定论”的理论基础可追溯到法国著名结构主义学者阿尔都塞。阿尔都塞认为，社会的发展不是一元决定的，而是多元共同作用而成的，因此他提出了多元决定的辩证法。在此基础上他又进一步提出了“多元决定论”，认为任何文化现象的产生，都由多种多样的复杂原因共同作用而成，不是由一个简单原因决定的。

2.《毛诗序》：“情动于中而形之于言，言之不足，故嗟叹之，嗟叹之不足，故咏歌之，咏歌之不足，不知手之舞之，足之蹈之也。”请结合艺术史，谈谈你的理解。（中传2012年研）

相关试题：

(1)表现说(名词解释，福州大学2019年研；东南大学2018年研；华中师大2018年研；清华大学2017年研；南航2016年研；央美2014年研；四川大学2014年研；陕西师大2014年研)

(2)“情动于中而形于言，言之不足，故嗟叹之，嗟叹之不足，故永歌之，永歌之不足，不知手之舞之，足之蹈之也。”(《毛诗序》)根据以上论述并举例阐述情感在艺术中的表现和作用。(北师大2022年研)

答：(1)原文含义。“情动于中而形于言，言之不足，故嗟叹之，嗟叹之不足，故咏歌之，咏歌之不足，不知手之舞之，足之蹈之也”表达的意思是，人在非常激动、内心情感无法用言语甚至唱歌来进行充分表达的时候，这种蓄积已久的情感会情不自禁地通过手舞足蹈来抒发。这段话揭示了艺术起源于“表现”的观点。

(2)“表现说”是指主张艺术起源于人类情感表现的需要的艺术观点。这种说法在东西方都有着悠久的历史。19世纪初，随着浪漫主义运动的开展，“表现说”逐步形成。西方现代主义文艺思潮的理论基础主要可归纳为：艺术应当“表现自我”。

①意大利美学家克罗齐系统地提出“表现说”，他提出了“直觉即表现”的美学思想核心。他强调，艺术既不是功利的、道德的活动，甚至也不能分类，一切艺术无非都是情感的表现而已。而这种作为心灵过程的“表现”的艺术只能在艺术家的心灵中完成。在此基础上，科林伍德进一步提出，艺术的根源是纯粹的情感表现，他为强调艺术的表现性甚至否定了艺术的再现性。而苏珊·朗格认为，艺术是人类情感的符号形式的创造，强调艺术表现的是人类情感，而非艺术家个人的情感发泄。

②英国史学家科林伍德对克罗齐的“表现说”作了进一步的详尽发挥，他认为艺术不是再现和模仿，更不是单纯的游戏，巫术虽然与艺术关系密切，但巫术实质上是达到预定目的的手段，“巫术的目的总是而且仅仅是激发某种情感”。他认为，只有表现情感的艺术才是“真正的艺术”。

③列夫·托尔斯泰认为艺术起源于传达感情的需要。“一个人为了要把自己体验过的感

情传达给别人，于是在自己心里重新唤起这种感情，并用某种外在的标志把它表达出来……这就是艺术的起源。”

④苏珊·朗格对“表现说”作了当代阐释，她从符号论美学出发，认为艺术是人类情感的符号形式的创造，艺术品是人类情感的外化的表现形式。朗格认为只有人才能制造符号和使用符号，从原始民族的仪式到文明社会的艺术，无非都是人所制造和使用的符号，只不过艺术符号不同于其他任何符号，因为艺术是人类情感的符号。

(3)“表现说”的价值和缺陷。

①价值：肯定了表现情感在艺术中的重要性。艺术家确实是通过自己的作品来表现自己的个人情感。

②缺陷：“表现说”将艺术起源与原始社会生产力和社会实践相脱离，将表层现象看作本质，本末倒置，因此不能科学地阐释艺术起源。

综上所述，“表现说”是关于艺术起源问题讨论中具有重要影响的艺术理论，它影响了20世纪的艺术实践和艺术理论，也影响了人类对艺术起源、艺术本质的理解，对于创作主体的尊崇具有积极的意义。但“表现说”过分夸大了人的主观感情，无视主体情感的客观根源，回避了艺术与世界的联系，从而在一定程度上造成了对艺术起源问题认识的偏颇。

3. 为什么说艺术发生的根本动力是生产劳动？（山东大学2016年研）

相关试题：为什么说生产劳动是艺术产生的根本动力？（齐鲁工业2018年研）

答：生产劳动实践是艺术发生的根本动力，其原因包括：

(1)生产劳动实践创造了艺术创作的主体——人，为艺术的发生奠定了基础。

①劳动推动了手脑的进化，促进了从猿到人转化中具有决定意义的一部分。

②劳动推动了语言的产生，劳动和语言又催生了意识活动的活跃，这是人与动物最本质的区别。

③劳动推动了工具的制造，为艺术的发生提供了前提。

(2)生产劳动实践为艺术的发生创造了两个必要条件。

①生产劳动实践推动了思想与感情的产生。劳动是人们有意识、有目的地使用工具、征服自然以满足自己物质需要的活动。

②生产劳动推动着审美意识的产生和发展。在生产劳动实践中，人的各种器官与感觉能力不断发展进化，人开始有能力来从事愈来愈复杂的实践活动，形成了人类独有的文化心理结构，其中包括人的审美心理结构。

总之，艺术是一个从实用到审美、从非艺术到艺术的历史演进过程。在这个过程中，劳动是核心，巫术活动为中介，其中也渗透着人类模仿的需要、表现的冲动和游戏的本能。但从根本上讲，艺术的起源最终应归结为人类的实践活动。因此，生产劳动是艺术产生的根本动力。

4. 什么是艺术的民族性？应该怎样处理艺术民族性与世界性的关系？（华南师大2018年研；杭州师大2016年研；重庆大学2015年研；中南大学2015年研；华东师大2015年研；东南大学2015年研；四川师大2015年研；湖南师大2013年研；西北大学2013年研；中国矿业2012年研）

相关试题：

(1)什么是艺术的民族性与世界性？分析当代中国艺术作品进入世界存在的问题。（中传2014年研）

(2)结合中国艺术的现状，试述艺术的民族性与世界性的关系。（宁波大学2016年研）

(3)请结合“一带一路”文化发展战略，谈谈你对艺术的民族性与世界性的认识。（青岛大学2016年研）

(4)什么是艺术的民族性？（暨南大学2019年研）

(5)结合相关作品，论述艺术的民族性和世界性的关系。（北大2021年研）

答：艺术的民族性是指运用本民族的独特的艺术形式、艺术手法来反映现实生活，使文艺作品具有民族气派和民族风格。具有民族性特点的艺术作品立足于本民族的文化艺术传统及审美意识，采用传统艺术形式创作，主要表现本民族人民群众的生活、思想感情、愿望和艺术审美情趣。

应该辩证地处理艺术民族性与世界性的关系。

(1)继承和发扬本土艺术的民族性。一个国家的艺术在其长期的历史发展过程中形成了独具特色的民族风格，比如中国古典建筑常常采用曲线优美的屋顶、鲜艳夺目的色彩，以及翘角和飞檐等装饰，加上大量的雕刻彩绘，具有引人注目的民族艺术的表现力。甚至中国现代设计，也会通过设计师自觉或不自觉的艺术追求，而具有中华民族文化的内涵和特征。对于本民族的优秀艺术，我们应该将其继承和发扬。

(2)吸收优秀的外来文化，增强本民族艺术的世界性。人们对艺术民族性认识的深入，只有在积极吸收优秀外来文化的基础上，不断发展民族艺术，才能使艺术作品具有真正的世界性。艺术的世界性不以某一国、某一地区的艺术样式为标本，而是随着各民族艺术的发展，艺术的世界性同样处于发展之中。

(3)在当今经济全球化的时代，各国之间的经济政治文化交流日益密切，随着我国综合国力的不断增强，伟大的中华文化对世界的影响也越来越大，同时面对世界上其他国家五彩缤纷的文化，中华文化的传承也面临着巨大的挑战。因此，我们更应该积极地将中华文化、中国风格传播到世界去。

第三章　艺术的功能与艺术教育

3.1　复习笔记

【知识框架(庖丁解牛)】

- 艺术的功能与艺术教育
  - 艺术的社会功能
    - 审美认知作用
    - 审美教育作用
    - 审美娱乐作用
  - 艺术教育
    - 美育与艺术教育
      - 含义
      - 发展
      - 关系
    - 艺术教育在当代社会生活中的重要意义
      - 艺术教育的内涵
      - 社会意义
    - 艺术教育的任务和目标
      - 普及艺术知识，提高艺术修养
      - 健全审美心理结构，发挥想象力和创造力
      - 陶冶人的情感，培养完美的人格

【通关提要(提纲挈领)】

本章主要论述了艺术最主要的三种社会功能，其中艺术的审美价值是最主要的特性，也是多重社会功能的基础，此外还介绍了艺术教育在当代社会生活中的重要意义及其发展的任务和目标。本章主要考查名词解释、简答题，学习时，需重点掌握艺术三大社会功能的含义及其评价，并能结合实例加以分析，明确艺术审美价值的重要意义；同时把握艺术的审美教育这一社会功能中所提到的“以情感人”“潜移默化”“寓教于乐”这三个特点的内涵。

【考点难点归纳(厚积薄发)】

考点一：艺术的社会功能　★★★

1. 审美认知作用(见表3－1)

表3－1　审美认知作用

要点	具体内容	
含义	认识社会、历史、人生	艺术活动能够更加深刻地揭示社会、历史、人生的真谛，展现社会生活的深度和广度。通过生动感人的艺术形象，给人们带来记忆深刻的社会生活知识

续表

要点	具体内容	
含义	认识自然现象	艺术以形象的方式深入浅出地将自然知识传授给欣赏者，使人们在欣赏艺术美的同时，学习到科学文化知识
历史上的观点	马克思	在《政治经济学批判导言》中展现出其对艺术的审美认识功能的重视
	鲁迅	认为通过美术可以回溯广泛的文化与历史，其中强调的正是艺术的认知意义
评价	不足	①在认识自然现象方面，难与自然科学相比。 ②在认识社会、历史方面，难以完备翔实地占有资料
	优点	①表现艺术家对社会人生的理解和评价，反映对象的本质特征，揭示生活的本质规律。 ②将生活真实升华为艺术真实，通过现象揭示本质，通过偶然揭示必然，通过个别显示一般，通过客观显示主观，使艺术的审美认知功能具有深刻内涵

2. 审美教育作用（见表3－2）

表3－2 审美教育作用

要点	具体内容	
含义	指接受者通过艺术作品的欣赏，领略其中展示的真善美，从而潜移默化地接近、认同甚至激赏这种真善美所汇成的价值与力量，进而得到人生观、世界观和人文精神的提升和跃迁	
历史上的观点	孔子	以“礼乐相济”的思想，创立了诗、歌、舞、演、奏等的艺术综合体，这是我国古代最早的教育体系
	柏拉图	强调美育与德育相结合，提倡“理智”的艺术，同时，将音乐教育放在重要位置
	亚里士多德	艺术应具有“教育”“净化”和“快感”三大功能
	莱辛	强调“剧院应当是道德世界的大课堂”
	车尔尼雪夫斯基	文艺是“人的生活的教科书”
特点	以情感人	艺术教育和其他教育方式之间最大的区别是以情感人。艺术作品渗透着艺术家的思想情感，通过生动感人的艺术描绘，使欣赏者自觉、自愿地受到教育
	潜移默化	艺术作品对人的教育往往是在毫无强制的情况下，使欣赏者在潜移默化中受到自愿自由的感染，净化心灵
	寓教于乐	强调思想教育与艺术审美娱乐的融合

3. 审美娱乐作用（见表3－3）

表3－3 审美娱乐作用

要点	具体内容	
含义	指通过艺术欣赏活动，人们的审美需要得到满足，获得精神享受和审美愉悦，通过阅读作品或观看表演，达到身心的愉悦和休息	
历史上的观点	亚里士多德	人的本能、情感和欲望有得到正当满足的权利，艺术应使人得到快感
	贺拉斯	艺术应当“寓教于乐，既劝谕读者，又使他喜爱，才能符合众望”

续表

要点	具体内容	
历史上的观点	《乐记》	艺术[包含音乐]应使人得到快乐，“‘乐者乐也。’君子乐得其道，小人乐得其欲。以道制欲，则乐而不乱；以欲忘道，则惑而不乐”[从儒家观点出发]
	卡西尔	把艺术的娱乐功能强调到了极点：“没有一个人会否认，艺术品给了我们最高的愉悦，或许是人类本性所能有的最持久、最强烈的愉悦”
功能	①赋予人们精神上的享受，满足人们的审美需求。 ②使人得到更好的休息，从而全身心地投入新工作。 ③起到“寓教于乐”的作用，使人们在欣赏艺术时受到教育和启发	

【考点拓展】审美体验作用(见表3－4)

表3－4　审美体验作用

要点	具体内容	
含义	指人在对审美对象的感受审辩中所达到的精神超越和生命感悟，是一种极为强烈的人格、心灵的“高峰体验”	
历史上的观点	科林伍德	无论是创作抑或欣赏都是与“情”维系在一起的，这正是因为情感及其体验的举足轻重
	彼得罗夫斯基	他不仅仅将情感看作是一种唤起状态的激发与持续能力，而且还进一步地将其规定为主体与对象的一种关系的内在标记
特征	原构性	指审美体验具有原始建构的属性。它显现了审美体验的力度
	历构性	指审美体验具有历史建构的属性。它体现了审美体验的深度
	超构性	指审美体验具有超越现实、超越个体而进行意义建构的属性
	预构性	指审美体验具有预先建构未来形象的属性

考点二：艺术教育★★★

1. 美育与艺术教育(见表3－5)

表3－5　美育与艺术教育

要点	具体内容		
美育	含义	狭义	通过艺术手段对人们进行教育
		广义	即审美教育，指运用自然界、社会生活、物质产品与精神产品中一切美的形式给人们以耳濡目染、潜移默化的教育，以达到美化人们心灵、行为、语言、体态，提高人们道德与智慧的目的
	席勒的美育思想	基本思想	《美育书简》中首次提出“美育”的概念，标志着审美现代性的诞生。席勒认为审美教育是改造社会、带给人们真正自由的唯一途径，“应该把美的问题放在自由的问题之前”
		评价：进步性	突破了古希腊时期的狭隘观点，把美育提到培养全面发展的人的高度来加以认识，并明确地把德、智、体、美四项教育并提，使美育拥有独立的地位及任务
		评价：局限性	主张以美育来进行人性的改造乃至社会的改革，不切合实际，完全脱离了经济基础和上层建筑，只是一种唯心主义的空想

续表

要点	具体内容		
美育	我国美育的发展	王国维	近代中国提倡“美育”“德育”“智育”并重的第一人，认为美育的目的是使人实现“最纯粹之快乐”
		蔡元培	①中国提出美育的第一人，他认为：美育对于人们的感情的陶冶作用是德育、智育所不可替代的，通过美育可以超越利害的兴趣，融合一种划分人我的偏见，保持一种永久平和的心境。 ②提出“以美育代宗教”的主张，他认为“以美育代宗教”的可能性在于艺术和宗教具有一定的共同性，即它们都作用于人的感情
艺术教育	艺术教育是美育的核心，是以文学、音乐、美术等为艺术手段和内容的审美教育活动，也是美育的基本手段和中心内容		

2. 艺术教育的要点(见表3－6)

表3－6　艺术教育的要点

要点	具体内容	
内涵	狭义	指为培养艺术家或专业艺术人才所进行的各种理论和实践教育
	广义	普及艺术基本知识与原理，并通过欣赏和评价优秀艺术作品来提高人们的审美能力，培养人们健全的审美心理结构
根本目标	培养全面发展的人	
社会意义	①艺术教育作为美育的核心内容，深刻影响着人们道德的完善和智力的开发，有助于培养全面的人。 ②当代社会高效率的工作节奏加重了人的精神压力，人们需要在艺术中恢复心理平衡、精神和谐及自身的全面发展，从而提高自我价值、实现人格的全面完善	
目标	在“立德树人”的目标下，培养全面发展的人才	
任务	①进行艺术基础知识教育，提升艺术素养。在物质需求已逐步得到满足的现当代社会，只有具备一定的艺术修养，才能与时俱进，不被淘汰。 ②完善审美心理结构，激发人的想象力与创造力。艺术活动是一种高级的精神实践活动，可以有效提高人的思维能力。 ③陶冶情操，健全审美人格。由于艺术是审美情感的集中体现，因此艺术教育在培养人们的情感和培养完美人格中起着至关重要的作用	

3.2　课后习题详解

一、单选题

1.“《诗》，可以兴，可以观，可以群，可以怨；迩之事父，远之事君；多识于鸟兽草木之名”是以下哪位思想家的观点？(　　)

A. 庄子　　B. 老子　　C. 孔子　　D. 孟子

【解析】早在先秦时期，孔子就讲过：“《诗》，可以兴，可以观，可以群，可以怨；迩

1C

之事父，远之事君；多识于鸟兽草木之名。”这段话除了强调文艺为维护儒家的政治、伦理道德服务外，也指出了文艺具有两方面的认识作用：①文艺“可以观”风俗之盛衰，具有认识社会、历史的作用；②文艺还具有认识自然现象、增长多方面知识的意义。

2. 西方哪位思想家认为 19 世纪英国作家狄更斯、萨克雷等人的作品“在自己的卓越的、描写生动的书籍中向世界揭示的政治和社会真理，比一切职业政客、政论家和道德家加在一起所揭示的还要多”？(　　)

A. 费尔巴哈　　B. 黑格尔　　C. 列宁　　D. 马克思

【解析】马克思主义经典作家们历来重视艺术的审美认知作用，马克思在评价 19 世纪英国作家狄更斯、萨克雷等人的作品时说，他们“在自己的卓越的、描写生动的书籍中向世界揭示的政治和社会真理，比一切职业政客、政论家和道德家加在一起所揭示的还要多”。这段话反映出艺术对于社会、历史、人生具有审美认识功能。

3. 哪位思想家在谈到巴尔扎克的社会小说《人间喜剧》时，认为从这里所学到的东西，“比从当时所有职业的历史学家、经济学家和统计学家那里学到的全部东西还要多”？(　　)

A. 马克思　　B. 费尔巴哈　　C. 恩格斯　　D. 黑格尔

【解析】恩格斯在谈到巴尔扎克的社会小说《人间喜剧》时，认为从这里所学到的东西，“比从当时所有职业的历史学家、经济学家和统计学家那里学到的全部东西还要多”。揭示了文学作品存在的审美认知作用。

4. 美育理论体系是在世界近代史上才开始建立的，由以下哪位美学家正式提出？(　　)

A. 叔本华　　B. 斯宾塞　　C. 黑格尔　　D. 席勒

【解析】美育理论体系的建立是在世界近代史上才开始的，“美育”(即“审美教育”)这个概念，也是直到近代，才由 18 世纪德国美学家席勒正式提出来。席勒在《美育书简》这一美学理论名著中，不但首次提出了“美育”这一概念，而且系统阐述了他的美育思想。

5. “以美育代宗教”的主张由以下哪位教育家提出？(　　)

A. 叶圣陶　　B. 胡适　　C. 蔡元培　　D. 陶行知

【解析】中国近代教育家蔡元培大力倡导美育，提出了一系列美育实施设想，对美育的本质、内容、作用和实施美育的途径做了较系统的研究和阐述。蔡元培还提出了“以美育代宗教”的主张，认为这是人类文化发展的必然趋势。

6. 亚里士多德认为，理想的人格是全面和谐发展的人格，情感、欲望和理智一样，都是人性中固有的内容，同样有得到满足的权利，所以艺术应当具有三种功能：一是“______”，二是“______”，三是“______”，也就是说，艺术可以帮助人们获得知识、陶冶性情、得到快感。(　　)

A. 净化；培养；快感　　B. 教育；净化；快感

2D　3C　4D　5C　6B

C. 净化；培养；冲动　　　　　　　　D. 教育；培养；冲动

【解析】亚里士多德认为，理想的人格是全面和谐发展的人格，情感、欲望和理智一样，都是人性中固有的内容，同样有得到满足的权利，所以艺术应当具有三种功能：①“教育”；②“净化”；③“快感”。也就是说，艺术可以帮助人们获得知识、陶冶性情、得到快感。对艺术的这种审美教育功能的重视，在中国和西方都延续了两千多年，具有重大的影响。

二、判断题

1. 艺术作为人类审美意识的最高表现形式，它的多重社会功能始终是以审美价值为基础的，艺术的各种社会功能只有在审美价值的基础上才能发挥作用。

【答案】正确

2. 艺术的审美教育作用、审美认知作用和审美娱乐作用三者是一个有机的整体，具有不可分割的联系。艺术的各种社会功能都是建立在艺术审美价值的统一基础之上。

【答案】正确

三、名词解释

1. 艺术的审美认知作用

答：参见本章考研真题与典型题详解名词解释第1题答案。

2. 艺术的审美教育作用

答：艺术的审美教育作用，主要是指接受者通过艺术作品的欣赏，领略其中展示的真、善、美，从而潜移默化地接近、认同甚至激赏这种真善美所汇成的价值与力量，进而得到人生观、世界观和人文精神的跃迁。艺术审美教育作用具有三个特点：①以情感人；②潜移默化；③寓教于乐。艺术的审美教育作用，在很大程度上是通过艺术作品，使读者、观众和听众感受与领悟到博大深厚的人文精神。

3. 艺术的审美娱乐作用

答：参见本章考研真题与典型题详解简答题第1题答案。

4. 高峰体验

答：高峰体验是指人处在最佳状态的时候感受到最高快乐的实现。由美国著名人本主义心理学家马斯洛提出，他认为，人生的最高境界是一种“高峰体验”，在这种时刻里，人会感受到强烈的幸福、狂喜、顿悟、完美。不但诗人和艺术家在创作狂热时是处于“高峰体验”之中，甚至聆听一首感人至深的音乐乐曲也可以产生“高峰体验”。马斯洛还进一步指出，审美活动中的“高峰体验”实际上是通过自我证实而达到审美的最高境界。

5. 美育

答：参见本章考研真题与典型题详解名词解释第3题答案。

6. 艺术教育

答：参见本章课后习题详解简答题第5题答案。

四、简答题

1. 如何理解“艺术的审美认知作用”？

答：艺术的审美认知作用，主要是指人们通过艺术鉴赏活动，一方面可以更加深刻地认识自然，另一方面，也可以认识社会、认识历史、认识人生。具体参见本章考点难点归纳相关内容。

2. 艺术在认知功能上与其他学科存在怎样的异同？

答：参见本章课后习题详解论述题第1题答案。

3. 艺术审美教育作用具有哪些主要特点？请简要说明。

答：参见本章考研真题与典型题详解简答题第4题答案。

4. 请简述席勒的美育思想。

答：参见本章考研真题与典型题详解简答题第3题答案。

5. 艺术教育在当代社会生活中具有哪些重要意义？

答：“艺术教育”这一个概念，有着两种不同的含义和内容。其含义及重要意义主要体现为：

(1) 从狭义上来说

艺术教育被理解为为培养艺术家或专业艺术人才所进行的各种理论和实践教育，如各种专业艺术院校正是如此，戏剧学院培养出编剧、导演和演员，音乐学院培养出作曲家、歌唱演员和器乐演奏员等等。

(2) 从广义上来说

艺术教育作为美育的核心，它的根本目标是培养全面发展的人，而不是为了培养专业艺术工作者。广义的艺术教育强调普及艺术的基本知识和基本原理，通过对优秀艺术作品的评价和欣赏，来提高人们的审美修养和艺术鉴赏力，培养人们健全的审美心理结构。同时，它对人们道德的完善和智力的开发也将产生深远的影响，它可以丰富人的想象力，发展人的感知力，加深人的理解力，增强人的创造力，培养全面发展的人。

在当代社会中，这种广义的艺术教育显得更加必要和紧迫。特别是20世纪下半叶以来，科学技术和生产力以人类历史上前所未有的速度获得了巨大的发展，一方面造成了物质财富的极大丰富，人们有了更多的闲暇时间和消遣需要。另一方面，高科技社会又使社会分工更加专门化和职业化，人们的日常生活都被程序化和符号化。人们需要在艺术中恢复自身的全面发展，在艺术天地里恢复心理平衡与精神和谐，通过对艺术与美的追求，提高人的价值，达到个性的发展，实现人格的完善。

20世纪60年代以来，世界各国对艺术教育空前重视。开设出门类齐全、种类繁多的艺术类课程，内容除涉及各门艺术和艺术史外，还涌现出一批新的艺术边缘学科或交叉学科，如艺术心理学、艺术社会学、艺术文化学、艺术管理学以及艺术理疗学等等。

五、论述题

1. 艺术在认知功能上与其他学科存在怎样的异同？请举例说明。

答：艺术的审美认知作用，主要是指人们通过艺术鉴赏活动，一方面可以更加深刻地认识自然，另一方面，也可以认识社会、认识历史、认识人生。

(1)不同点

①艺术具有自己独特的认知功能。这就是艺术的审美认知功能，它在帮助人们认识社会人生时，能够发挥其他社会科学、自然科学所不能代替的作用。由于艺术的认知作用是以艺术的审美价值为基础，在反映对象的本质特征时，又表现出艺术家对社会人生的理解和评价，在真实描绘生活细节时，还揭示出生活的本质规律，在反映客观世界的同时，也反映人的思想、情感、情绪、愿望等主观世界，使得艺术具有与自然科学和社会科学不同的特殊审美认知功能。例如，我国优秀古典小说《红楼梦》，以贾宝玉、林黛玉的爱情悲剧为主线，形象地展示出封建社会必然走向崩溃的历史趋势，具有广阔的社会背景。这部小说涉及当时的政治、经济、法律、文化、教育、宗教、道德等各方面错综复杂的矛盾冲突，使读者不仅可以从中了解封建社会由盛而衰的历史过程，还可以了解到当时的社会风俗、生活方式，乃至饮食、医药、园林建筑等多方面的知识，堪称一部反映当时社会生活的形象的百科全书。

②当然，对艺术的认知功能也不能估价过高，在认识自然现象方面，艺术毕竟比不上物理、化学等自然科学；在认识社会、历史方面，艺术也不可能像社会学、历史学那样完备翔实地占有资料。

(2)相同点

①艺术对于社会、历史、人生具有审美认识功能。由于艺术活动具有反映与创造统一、再现与表现统一、主体和客体统一等特点，往往能够更加深刻地揭示社会、历史、人生的真谛和内涵，更能反映社会生活的深度和广度，并且常常是通过生动感人的艺术形象，给人们带来难以忘却的社会生活知识。例如恩格斯在谈到巴尔扎克的社会小说《人间喜剧》时，认为从这里所学到的东西，“比从当时所有职业的历史学家、经济学家和统计学家那里学到的全部东西还要多”。

②对于大至天体、小至细胞的自然现象，艺术也同样具有审美认知作用。例如专门以传播科学知识为主要内容的美国国家地理频道和探索频道等，之所以在全世界拥有大量观众，就是因为它们充分调动了电视的先进手段与艺术手法，将上至宇宙天体、下至地理生物的广博内容，以形象生动、趣味隽永的方式深入浅出地介绍给广大电视观众，使人们在欣赏电视精美画面的同时，不知不觉地学到许多科学文化知识。

2. 艺术教育的根本任务和目标，是培养全面发展的人才。应从哪几个方面来理解？

答：艺术教育是美育的核心，它的根本目标是培养全面发展的人。艺术教育承担着开启人的感知力、理解力、想象力、创造力，使人的内心情感和谐发展的重任。总的来说艺术教育的根本任务和目标，就是在“立德树人”的目标下，培养全面发展的人才。具体可以从以下几个方面来理解：

(1)普及艺术的基本知识，提高人的艺术修养。

艺术修养是人的文化修养的重要组成部分，也是人文精神的集中体现。现当代社会中的人，必须具有较高的文化修养与艺术修养，才能适应社会的发展与时代的需要。现代人都离不开艺术，但要真正具备较高的艺术修养，还需要掌握艺术的基本知识和基本原理，在艺术欣赏中不断提高鉴赏能力和审美能力，把欣赏中的感性经验上升为理性认识。因为艺术欣赏本身就是一种再创造和再评价，只有欣赏者具有较高的欣赏能力，通晓艺术的基本知识，才能从更高的起点上去欣赏艺术作品，更充分地发挥艺术的审美功能和现实作用。

(2)健全审美心理结构，充分发挥人的想象力和创造力。

艺术教育之所以在整个教育中有着特殊地位与作用，是因为它可以培育和健全人的审美心理结构，培养人们敏锐的感知力、丰富的想象力和无限的创造力。艺术活动作为人的一种高级精神活动，能够极大地促进和提高人的思维能力。在艺术创作和艺术欣赏这种自由的精神活动中，人的创造力也得到充分的发挥。比如我国著名物理学家钱学森十分重视美育和艺术教育，强调音乐艺术对启发人的创造性思维至关重要，他晚年甚至花费大量时间来研究美学与艺术方面的问题。

(3)陶冶人的情感，培养完美的人格。

由于艺术是审美情感的集中体现，因而，艺术教育对于人的情感的培养与提高，有着特别重要的作用。历来的思想家、艺术家们，都十分重视艺术对于人的情感的陶冶和净化作用，强调通过艺术教育来培养人们美好、和谐的情感和心灵，从而实现完美人格的建构。艺术教育作为美育的核心内容和主要手段，正是通过以情感人、以情动人的方法，陶冶人的情操，美化人的心灵，使人进入更高的精神境界，成为一个具有高尚情操的人。这既是一个人获得全面发展的保证，也是社会实现全面进步的基础。正是在这种意义上，我们认为，艺术教育对于社会主义精神文明建设，对于全民族精神素质的提高，对于人文精神的高扬，都有着不容忽视的重要意义。

3.3 考研真题与典型题详解

一、填空题

1. 民国时期北京大学校长蔡元培曾提出了“(　　)”的著名美学观念。(中传2013年研)

【答案】以美育代宗教

【解析】蔡元培先生在北京神州学会的演讲中首次提出“以美育代宗教”的主张，他认为美育通过各种艺术以及自然界和社会生活中美好的事物来进行，是对现实和万物的鉴赏认知活动，它能促进人的身心健康发展。

2. 艺术的功能是审美认知功能、(　　)、审美教育功能。(浙农林大2014年研)

【答案】审美娱乐功能

【解析】艺术的功能主要有审美认识功能、审美娱乐功能、审美教育功能，它们构成一个完整的不可分割的整体。艺术的审美功能，能促进艺术审美主体在审美活动中，获得丰富的美感享受与满足的功效。审美享受虽是一种客观化的自我享受，但在整个欣赏过程中，欣赏者的艺术情趣和生活情趣多少会受到影响、受到教育熏陶，从而提高审美能力。毫不夸张地说，审美活动可以使生活更加丰富多彩，让社会充满和谐，促进人类文明走向进步。

3. 艺术的审美教育作用的主要特点是“以情感人”“（　　）”和“寓教于乐”。（浙农林大 2014 年研）

【答案】潜移默化

【解析】审美教育功能是指人们在艺术鉴赏中自然而然地接受某种思想、观念、情感或倾向等方面的影响。艺术的审美价值使得它成为最有力的传播媒介。因此，有意无意之间，艺术往往承担着教化作用。艺术审美教育作用的三个特点是“以情感人”“潜移默化”“寓教于乐”，“以情感人”是艺术的审美教育和其他教育方式最大的区别之处。

4.（　　）是美学家贺拉斯的美学著作。（央美 2010 年研）

【答案】《诗艺》

【解析】《诗艺》是贺拉斯写给索氏父子的诗体书信，信中主要就自己的创作体会以及对当时的新诗提出一系列创作规范，后来这封信被罗马修辞学家称为《诗艺》。《诗艺》对后世影响非常深远，基本上奠定了古典主义和新古典主义的创作基础。

二、名词解释

1. 审美认知（陕西师大 2016 年研；北师大 2015 年研）

答：审美认知是指艺术使艺术家在艺术创造和欣赏者在艺术欣赏中获得对客观世界的深入了解和把握。即欣赏者可以通过艺术这个具有较强直观生动性的审美中介，感知、反映和把握人类自身、人类社会以及自然世界的本质和规律。艺术作品能让艺术欣赏者感悟、认知到不同时代、不同社会、不同地区、不同民族和不同阶层的具体生活情景、文化模式、艺术表现风格、心理性格，从而使人更全面、深刻地认知人生的真谛，认知历史与现实。亚里士多德在批判柏拉图关于艺术的相关理论时指出，现实世界是真实的存在，模仿现实世界的艺术也是真实的，具有认识价值。他把模仿与认识联系起来，指出艺术之所以使人产生快感，就因为人一面在欣赏，一面在求知。

2. 艺术的社会功能（南京师大 2017 年研；杭州师大 2008 年研）

答：艺术的社会功能是指艺术作品作用于人的精神而对社会生活和人的思想感情产生的影响，又称“艺术的价值”或“艺术的社会作用”。艺术的社会功能主要表现为：①审美功能。艺术作品本身所具有的美的特质，构成了艺术审美功能的客观前提。②认识功能。艺术是对社会生活形象的反映。它通过具体、生动的艺术形象，真实地再现社会生活的图景，反映一定历史时期的政治风云、经济生活和社会风尚，表现各个阶级、阶层人们的生活和精神面貌。③教育功能。进步的艺术作品是生活的教科书，可以影响人们的思想倾向、思想观念、道德意识、哲学观点，改变人们的人生态度，激励人们为实现人类进步的社会理想而斗争，起到潜移默化的思想教育作用。④娱乐功能。艺术形象的艺术感染力，引发人们的审美愉悦和乐趣，“寓教于乐”“寓教于美”，使人们从中获得精神的享受和满足。此外，艺术还有宣传功能、交际功能、疏导（宣泄）功能、个性塑造功能和促进身心健康的功能等。

3. 美育（西安工程 2018 年研；东华大学 2018 年研；河北大学 2016 年研；杭州师大 2016 年研）

相关试题：艺术教育（四川轻化工2016年研）

答：美育，又称审美教育，即通过培养人们认识美、体验美、感受美、欣赏美和创造美的能力，从而使人们具有美的理想、美的情操、美的品格和美的素养，由德国美学家席勒首次提出。美育的主要任务包括：①培养和提高学生感受美的能力；②培养和提高学生鉴赏美的能力；③培养和提高学生表现美、创造美的能力；④培养和提高学生追求人生趣味和理想境界的能力。美育为建设社会主义精神文明和培育学生心灵美、行为美服务，它对德育、智育、体育都有积极的影响。美育不仅能够促进学生智力发展，扩大和加深他们对客观世界的认识，还能促进学生良好道德品质的形成。

4.《美育书简》（天津工业2022年研；江西财经2017年研；福州大学2016年研）

答：《美育书简》是德国古典主义美学家席勒的代表作，又称《审美教育书简》，该书本来是他写给一位丹麦亲王的27封信，信中专门论述了他自己对于审美教育的看法，后来这些信公开发表并结集成册，1795年经整理出版。该书第一次在人类教育史上提出"审美教育"的概念，其根本目标是培育德、智、体、美全面发展的人，德、智、体、美各有其功能，不可相互替代。《美育书简》对促进美育理论的完善，以及从历史的高度去全面阐释教育问题都有划时代的意义。它深刻地阐述了作为人的生存范畴的美和美育的现代性意义，弘扬了人性中的感性本质，批判了近代人性的分裂和异化，是一种审美现代性意义上的思考。

三、简答题

1. 艺术的社会功能。（华中师大2018年研；南京师大2018年研；南航2018年研；华南师大2018年研；东华大学2018年研；北师大2016年研；四川大学2015年研；福建师大2015年研；华东师大2014年研；中南大学2014年研）

相关试题：艺术的社会功能有哪些？（聊城大学2014年研）

答：艺术的具体社会功能有许多种，但主要的应当是审美认知作用、审美教育作用、审美娱乐作用这三种功能。

（1）审美认知作用。*参见本章考研真题与典型题详解名词解释第1题答案。*

（2）审美教育作用。*参见本章课后习题详解名词解释第2题答案。*

（3）审美娱乐作用。艺术的审美娱乐作用，主要是指通过艺术欣赏活动，使人们的审美需要得到满足，获得精神享受和审美愉悦，如通过阅读作品或观看表演，达到身心的愉悦和休息。

2. 尼尔·波兹曼在《娱乐至死》中写道："文化成为一场滑稽戏，会让文化精神枯萎"，并忧心忡忡地警示勿使文化成为感官刺激、欲望和无规则游戏的庸俗文化。结合艺术实践实际，简述艺术作品的娱乐性和审美性的关系。（中传2016年研）

答：尼尔·波兹曼《娱乐至死》中的观点尽管有些极端，但并非全无道理。艺术作品是艺术生产的成果或产品，它是艺术家运用一定的物质媒介和艺术语言，通过艺术构思和艺术创作，将头脑中形成的主客体统一的审美意象物态化，创造出来的审美鉴赏的对象。艺术作品作为传达和体现艺术社会功能的渠道，应当同时具有娱乐性和审美性。

艺术作品的娱乐性和审美性是相互作用、相辅相成的关系，具体体现为：

(1)艺术审美娱乐功能使人得到精神上的享受，使其审美需要得到满足，精神上产生一种愉悦、美感。

(2)艺术审美娱乐功能使人得到积极的休息，从而更好地投入新的工作。

(3)艺术审美娱乐功能起到“寓教于乐”的作用，人们不仅可以满足精神上的审美需要，身心得到积极的休息，而且还可以从中受到教育和启迪。

娱乐性和审美性应在艺术作品这个天平的两侧保持平衡，娱乐是每个人的权利，但波兹曼的担忧不无道理，我们不能被一些娱乐性的东西所充斥，从而丧失自己独立思考的能力。习近平总书记说过：“文艺不能成为市场的奴隶。”在当今社会，艺术具有越来越高的商业性，文艺的发展推动了商业的发展，给国家及社会带来了巨大的经济效益，但在享受其成果的同时，我们要清醒地认识到，艺术的本质在于实践基础上审美主客体的统一，而艺术本身应具有审美认知、审美教育、审美娱乐三大社会功能，不应过分强调娱乐性而忽视其认知与教育功能。掌控好艺术娱乐性与审美性天平的关键在于艺术创作的主体——艺术家，艺术家应承担起其该承担的社会责任，不能让文艺成为自己的“摇钱树”，要守得住底线。只有深入人民、扎根生活、深入现实，才能创作出人们喜闻乐见、娱乐性和审美性兼具的优秀作品。

徐悲鸿在中国抗战危难之际，主动承担其艺术工作者的责任，创作了《愚公移山》，并奔走各地宣传抗日，鼓舞了人民的士气；新中国成立70周年之际，许多演员零片酬出演《我和我的祖国》《中国机长》等电影，以精湛到位的表演，向祖国献礼，既创造了经济效益，又使观众在寓教于乐的过程中受到爱国教育，欣赏了电影艺术佳作；导演陆川及剧组成员顶住高原艰苦的自然环境，翻高山、跳冰河，最终拍摄出《可可西里》，并在多个电影节上获奖，引起了人们对藏羚羊以及生态和谐的保护意识。

纵观古今中外的文艺长河，优秀的作品总是以寓教于乐的形式表达着深刻的艺术意蕴，从中也能看出艺术家独到的艺术创作力和高尚的个人品质。因此只有文艺创作者心系国家和民族，勤学苦练艺术创作的基本功，才能创作出优秀的文艺作品，才能不让艺术作品成为尼尔·波兹曼口中的“滑稽戏”。

3. 简述18世纪德国著名美学家席勒的美育理论。

相关试题：西方最早提出美育的思想家是谁？他的主要思想是怎样的？（杭州师大2013年研）

答：18世纪，德国美学家席勒在他的《美育书简》中首次提出“美育”这一概念，而且系统阐述了他的美育思想：

(1)《美育书简》第一次提出了现代社会人性改造的重大课题，并试图通过美育的途径实现人性的改造，构建了完备而系统的美育理论体系。追求人类本性的完善，提倡理性的自由是其美育思想的核心。

(2)关于美育的内涵，席勒将其界定为“自由”。席勒所说的“自由”是一种解放的自由，它通过审美克服人性之割裂，而走向人性之完整。

(3)席勒认为，美育的特殊作用在于其是沟通感性与理性、知识与道德、自然与人文的中介，这就是美育成为由“自然之人”成长为“理性之人”的必由之路。

(4)席勒不限于仅仅从道德教育的角度来看待美育，而是从自然与人、感性与理性等基本哲学命题出发，从改变近代人的存在方式，使人重新获得自由、和谐、全面的发展，实现人性的复归这一更加广阔的领域来论述美育。

(5)席勒的美育理论作为一种人生美学，将审美看作是人的本性和人的解放的唯一途径和最重要的价值取向，旨在克服现实生活中人性的分裂，实现人性的完整，使人得到全面自由的发展。这对于我国目前正在实行的素质教育具有重要的意义。

(6)席勒继承了康德的美育思想，肯定美育对人的塑造的积极意义，但过分夸大美育的社会意义，认为它是拯救社会的良药，这无疑是片面的。

4. 什么是艺术的“审美教育作用”？（浙江大学2018年研；首都师大2018年研；华南师大2018年研；东华大学2018年研；南京艺术学院2016年研；南航2014年研；辽宁大学2013年研）

相关试题：

(1)艺术审美教育的作用有哪些？（四川轻化工2019年研）

(2)请简述艺术的教育功能。（聊城大学2017年研）

答：艺术具有审美教育作用，它在净化人的心灵、增强道德素养、提升精神境界等方面所发挥的作用，是其他教育形式无可比拟的。艺术以寓教于乐的独特形式和艺术魅力，潜移默化地作用于人的思想情感，给人以鼓舞、启迪和教益。

(1)艺术具有审美教育作用的原因。

艺术具有审美教育作用的原因是艺术作品不仅可以展示生活的外观，而且能够表现生活的本质特征和规律，在艺术作品中，总是饱含着艺术家的思想感情，蕴涵着艺术家对生活的理解、认识、评价和态度，渗透着艺术家的社会理想和审美理想，能够使欣赏者从中受到启迪和教育。

(2)艺术审美教育作用的特点。

①“以情感人”。艺术作品总是凝聚着艺术家的思想情感，通过生动感人的艺术描绘，作用于欣赏者的感情，使其受到感染和熏陶。因此，艺术在教育中的作用绝不是枯燥的道德说教，更不是一本正经的道德训诫，而是以情感人、以情动人，通过艺术强烈的感染性，使欣赏者自觉自愿地接受教育。

②“潜移默化”。艺术作品对人的影响往往是在潜移默化、“润物细无声”的情况下产生的，使得受众在不自觉的状态下自由自愿地受到感染，从而净化心灵。

③“寓教于乐”。“寓教于乐”强调思想教育与艺术审美娱乐的融合。早在古罗马时期，赫斯拉就提出：“诗人的愿望应该是给人益处和乐趣，他写的东西应该给人以快感，同时对生活有帮助。……寓教于乐，既劝谕读者，又使他喜爱，才能符合众望。”

5. 在你看来，美术的社会“美育”具体是指什么？（首都师大2017年研；中国美术学院2014年研）

答：美育，又称审美教育，即通过培养人们认识美、体验美、感受美、欣赏美和创造美的能力，从而使人们具有美的理想、美的情操、美的品格和美的素养。席勒的《美育书简》第一次在人类教育史上提出“审美教育”的概念，其根本目标是培育德、智、体、美全面发展的人，德、智、体、美各有其功能，不可相互替代。

(1)定义。美育一般被分为两大类，即狭义的美育和广义的美育。美育定义由狭义至广义的过程中夹杂的另一个维度的变化，就是由形式美育走向了实质美育。所谓“形式美育”，指的是以培养对象的审美素养为目标的教育活动。而“实质美育”则以上述目标为手段，追求美育的精神实质：人生的美学趣味和教育的审美境界。美育对诗意人生的促进功能已成为现代美育的核心。这样，美育概念在从狭义走向广义的同时，也实现由形式向实质的变革。

(2)美育的主要任务。

①培养和提高学生感受美的能力。

②培养和提高学生鉴赏美的能力。

③培养和提高学生表现美、创造美的能力。

④培养和提高学生追求人生趣味和理想境界的能力。

(3)美育的作用。

①为建设社会主义精神文明和培育学生心灵美、行为美服务。

②美育对德育、智育、体育都有积极的影响，美育能够促进学生智力发展，扩大和加深他们对客观世界的认识；促进学生良好道德品质的形成；促进体育的发展，具有健身怡情的作用。

审美教育培养的审美能力是一种特殊的能力系统，它们包括对艺术的审美态度，对艺术作品的形式、结构、语言特征、风格样式的感受力，以及对艺术具有丰富的审美经验。

四、论述题

1. 请论述艺术的三种社会功能之间的关系。(杭州师大2010年研)

答：尽管艺术具有各种各样的社会功能，审美价值却是艺术最主要和最基本的特性。

(1)艺术的三种社会功能。

参见本章考研真题与典型题详解简答题第1题答案。

(2)艺术的三种社会功能之间的关系。

艺术的认识、教育、审美三种功能是辩证统一的关系。

①艺术的认识功能通过审美功能得以实现。艺术的认识功能基于对现实生活的真实反映，真实性是艺术作品的基本要求。但艺术的真既是现象的真，又是本质的真；既是形象的真，又是典型化了的真。这种显现着真理的本质的现象或典型的形象，也就是艺术的美。而美在一定条件下总是要引起人们的美感，所以，艺术的认识功能，总要通过审美功能才能得以实现。

②艺术的审美作用包括认识功能与教育功能。艺术的思想教育作用和道德教育作用必须通过艺术的审美作用来完成。一件艺术作品，要达到影响人、教育人、改造人的目的，必须首先感染人的情绪，打动人的心灵，陶醉人的精神。

2. 艺术最主要的社会功能有哪些？请结合具体的艺术作品论述艺术的社会功能如何实现。

相关试题：郭沫若说：“我承认一切艺术，虽然貌似无用，然而大有用处焉。”谈谈你的

理解和认识。（中传 2014 年研）

答：艺术的社会功能及其实现具体表现为：

(1)审美认知功能。艺术的审美认知功能主要是指人们通过艺术鉴赏活动，可以更加深刻地认识自然、社会、历史和人生。

孔子说：“《诗》，可以兴，可以观，可以群，可以怨。”就是指出了文艺“可以观”风俗之衰，具有认识社会、历史的作用。我们还可以从赋比兴原则的诗篇中去了解到那个时代的理性精神，感受它们传达出的或喜悦、或沉痛的真挚感情；品味诗中塑造出的生动鲜活的艺术形象；体会一唱三叹、反复回环的语言形式和委婉悠长的深厚意蕴。

以电视艺术为例，2001 年中央电视台新开设的科教频道，以“教育品格、科学品质、文化品位”为宗旨，通过《走近科学》《探索发现》《科技之光》等众多内容丰富、制作精良的电视科教栏目和节目，传播和普及现代科学知识。

(2)艺术的审美教育功能。主要是指接受者通过艺术作品的欣赏，领略其中展示的真善美，从而潜移默化地接近、认同甚至激赏这种真善美所汇成的价值与力量，进而得到人生观、世界观和人文精神的提升和跃迁。我国古代教育思想很重视艺术在道德修养方面的重要作用。孔子以“礼乐相济”的思想，创立了诗、歌、舞、演、奏等的艺术综合体，这是我国古代最早的教育体系。

(3)艺术的审美娱乐功能。主要是指通过艺术欣赏活动，人们的审美需要得到满足，获得精神享受和审美愉悦，如通过阅读作品或观看表演，达到身心的愉悦和休息。

艺术的审美娱乐性是艺术的独特之处，因为“艺术使人们得到快乐，并使人们参与艺术家的创造。古希腊人早就注意到一种特殊的审美快乐，并把它区别于肉欲的快乐，这种特殊的快乐是一种伴随着艺术的所有功能，使其别具色彩的精神享受”。艺术审美娱乐功能使人得到更好的休息，从而全身心地投入新工作，同时起到“寓教于乐”的作用，使人们在欣赏艺术时受到教育和启发。

3. 为什么说艺术教育与培养全面发展的人才之间有着密切的联系？艺术教育的具体任务是什么？（东华大学 2018 年研；陕西师大 2017 年研；福州大学 2015 年研；首都师大 2014 年研）

相关试题：

(1)艺术教育在当代社会生活中的重要意义体现在何处？（南航 2016 年研）

(2)艺术教育的根本任务和目标。（华南理工 2014 年研）

(3)论艺术教育的任务和目标。（河北大学 2014 年研）

答：(1)艺术教育与培养全面发展的人才之间有密切联系的原因。

艺术教育承担着开启人的感知力、理解力、想象力、创造力，使人的内心情感和谐发展的重任。总的来说艺术教育的根本任务和目标，就是在“立德树人”的目标下，培养全面发展的人才。

(2)艺术教育的具体任务。

具体来讲，艺术教育的任务可以从以下几个方面来理解：

①进行艺术基础知识教育，提升艺术素养。在物质需求已逐步得到满足的现当代社会，只有具备一定的艺术修养，才能与时俱进，不被淘汰。

②完善审美心理结构，激发人的想象力与创造力，艺术是一种高级的精神实践活动，可以提高人的思维能力。

③陶冶情操，健全审美人格。由于艺术是审美情感的集中体现，因此艺术教育在提升人的审美水平，健全审美人格中起着重要作用。

4．某学者说：“艺术不仅可以陶冶情操，……而且应该激发人的想象力、创造力，对改造世界有所帮助。”谈谈你对这段话的看法。（中国美术学院 2014 年研）

答：艺术作为一种独特的文化形态或文化现象，具有特殊的作用。不仅可以陶冶情操，还能激发人各方面的发展潜力。

（1）艺术可以陶冶情操。艺术是一门研究美的学科，包括多方面的内容，音乐、电影、美术、舞蹈、小说、雕塑、建筑等都属于艺术的范畴，这些艺术能够在生活之余为人们带来休闲、娱乐、情趣等方面的活动，为生活增添色彩。

（2）艺术可以提高人的想象力、创造力。艺术是相对自由的，人们在艺术中可以大胆发挥想象力，天马行空都在艺术的接受范围内。艺术需要人们动手去操作、实践，比如舞蹈需要创新舞蹈动作、美术需要创新绘画技术、电影需要创新情节和技法等，这些都在不断锻炼人的创造力。

（3）艺术可以在陶冶人的情操、丰富人的想象力的同时，发展感知力，加强理解力，挖掘创造力，从而形成高尚的人格和多维发展的能力，对改造世界起一定的作用。

5．谈谈你对当前农村艺术教育的了解并提出若干建设性意见。（杭州师大 2013 年研）

答：（1）随着我国综合国力的不断增强，国家对于农村以及偏远地区的教育资源投入也不断增加，近年来农村教学的软件和硬件设施都有了很大的提升，农村的文化教育已经基本得到普及，而艺术教育的落实还有待加强。

（2）有效的艺术教育不仅能提高孩子们的审美能力，还能开阔孩子们的视野，打开想象力、创造力，活跃思维能力。可见艺术教育相对于文化教育来说同样重要，不能忽视艺术教育。提高农村艺术教育水平可以从以下几个方面着手：

①建立寒暑假大学生下乡农村艺术教育项目，成立一对一式的精准扶持，为农村孩子提供艺术教育的同时也丰富了大学生的假期实践活动。

②成立相应的艺术基金会，在社会上形成足够影响，招募捐赠者。可定期组织农村孩子进城学习。

③在农村建立小型美术馆、艺术馆，开展艺术展览，也可以是孩子们的作品展，组织农村之间进行艺术比赛等。同时活动在网络上公开，作品可以拍卖。

④加大农村艺术教师培训。部分具备专业艺术教学素养的老师，不愿意去农村学校任课。为了更好地解决这一问题，应提升农村教师艺术上的素养，鼓励农村艺术教师积极参加由教育部门举办的艺术领域上的专家论坛，在交流中学习更多艺术上的知识，帮助教师积累经验，从而更好地提高农村艺术教学质量。同时颁布扶持农村艺术教师政策，提升艺术教师的基本工资、落实相关福利待遇政策。

第四章 文化系统中的艺术

4.1 复习笔记

【知识框架(庖丁解牛)】

- 文化系统中的艺术
  - 作为文化现象的艺术
    - 文化与艺术
    - 艺术在人类文化中的地位
  - 艺术与哲学
    - 哲学与艺术的相互关系
    - 西方现代哲学与西方现代主义艺术
  - 艺术与宗教
    - 艺术与宗教的相互关系
    - 形形色色的宗教艺术
  - 艺术与道德
    - 道德与艺术的相互关系
    - 艺术中的道德内容
  - 艺术与科学
    - 艺术与科学的区别和联系
    - 现代科学技术对艺术的渗透和影响

【通关提要(提纲挈领)】

本章将艺术置于人类文化大系统来研究，主要论述了艺术与哲学、宗教、道德、科学等人类精神文化之间的关系。学习时，需要着重掌握艺术在文化系统中的地位、艺术与人类精神文化之间的相互影响和作用等。本章主要考查简答题，注意区分常考的几种关系。

【考点难点归纳(厚积薄发)】

考点一：作为文化现象的艺术(见表4-1) ★★★

表4-1 作为文化现象的艺术

要点	具体内容	
文化	泰勒[英国人类学家]	首次从整体性来界定文化，指出文化包含知识、信仰、艺术、道德、法律、习俗以及作为社会成员的个人获得的其他能力与习惯，是一个文化综合体，认为文化发展与社会发展相一致
	克鲁伯和克拉克洪[美国文化学家]	①文化包含着各种外显或内隐的行为模式，通过符号的运用使人们学习掌握并传授、传承下来，最终构成了人类群体的显著成就。 ②在历史发展中经过选择的价值体系是文化的基本核心。 ③文化既是人类活动的产物，又是限制人类进一步活动的因素

续表

要点		具体内容
文化与艺术的关系	包含关系	若将文化看作一个大系统，可将其分为物质文化、制度文化和精神文化三大子系统，而这三大子系统又各自继续分出许多子系统。如精神文化包含着哲学、宗教、道德、科学、艺术等诸多子系统
	辩证关系	子系统与文化大系统二者辩证统一，子系统既受文化大系统的影响和制约，同时也反作用于文化大系统
	渗透关系	文化子系统彼此之间关系复杂，既有其内在的联系，彼此之间又有互动性，互相影响、互相渗透，最终形成了自己的相对独立性和发展规律
艺术在文化中的地位	①在文化大系统中，艺术是一种独具特色的文化现象，是文化大系统中特殊的组成部分。在人类文化历史发展进程中，艺术具有十分重要的地位，它参与并推动了人类文化历史发展，体现和反映出人类文化历史发展的各个阶段。 ②艺术容易受到文化大系统的制约和影响。文化大系统的整体性特点决定了它所属的子系统具有从属性和依附性的特点。将社会文化大系统看作一种总的文化氛围或文化条件时，社会文化会对艺术家和欣赏者的文化心理结构的形成产生限制，并对艺术的创作与欣赏产生巨大的影响	

考点二：艺术与哲学 ★★★★

1. 哲学与艺术的相互关系（见表4－2）

表4－2　哲学与艺术的相互关系

相互关系		具体内容
美学作为中介	①美学是哲学与艺术之间进行沟通的桥梁，是通过理性的方法来研究感性的认识。 ②艺术作为审美意识的集中表现是美学研究的主要对象，哲学对艺术的影响一般是通过美学这一桥梁来实现的	
哲学影响艺术	艺术家	艺术家在创作艺术作品时，经常会受到某种哲学思想的影响乃至制约，并将这种思想凝聚在自己创作的艺术作品中
	艺术作品	创作的艺术作品中蕴含着丰富的哲理性，如奥地利作家卡夫卡的作品《变形记》《审判》《城堡》等
	艺术潮流	哲学能够推动和促进艺术潮流的形成。人类文化历史发展进程中形成的各种艺术思潮都有其内在的哲学思想，都与一定的哲学观相联系
艺术影响哲学	①艺术可以启发哲学家的思维。 ②凝聚深厚哲理的艺术作品可以传播特定的哲学思想。 ③哲学家对艺术的思考，使其哲学体系更加完整	

【考点拓展】中国艺术的哲学精神

长期以来，学术界都以“天人合一”的观念阐释中国艺术的哲学精神。这种解释之所以盛行，究其原因，在于现代以来中西哲学的比较视野的影响：以西方哲学精神为“天人相分”，而以中国哲学精神为“天人合一”。在这种比较视野的局限下，中国哲学精神的深刻内容被简单化了，“天地”这个最具内涵的观念必然被忽视。以“天人合一”阐释中国艺术，不仅不能真正在中西比较中确立中国艺术的特色，而且必然不能深入中国艺术的内在真实。为了正确把握和解释中国艺术的内在精神，必须要超越“天人合一”这个浅泛的观念，重新认识作为中国哲学和中国艺术精神基础的“天地”观念：天地境界和天地之心。

2. 西方现代哲学与西方现代主义艺术(见表4－3)

表4－3　西方现代哲学与西方现代主义艺术

<table>
<tr><th>要点</th><th colspan="3">具体内容</th></tr>
<tr><td rowspan="2">西方现代哲学</td><td>含义</td><td colspan="2">指19世纪中期以来，众多欧美哲学思潮和流派的总称</td></tr>
<tr><td>特点</td><td colspan="2">①从本体论讲，多具有唯心主义色彩。
②从认识论讲，多具有非理性主义色彩。
③从人生哲学讲，多具有悲观主义色彩</td></tr>
<tr><td rowspan="3">西方现代主义艺术</td><td>含义</td><td colspan="2">萌芽于19世纪中期，产生于19世纪末期，它并非单一的艺术流派，而是众多西方文艺流派的总称，其思想根源是西方各种现代主义的哲学思潮</td></tr>
<tr><td rowspan="2">特点</td><td>内容上</td><td>①反映西方现代社会危机与精神危机，以及危机社会中出现的人的异化，这在一定程度上映射出人们对资本主义社会的怀疑和绝望。
②表达了对人生、历史、人类前途以及命运的悲观绝望，主张非理性主义、虚无主义、神秘主义，强调腐朽没落的社会人生观</td></tr>
<tr><td>形式上</td><td>①追求艺术形式和表现手法的创新，一定程度上提高了艺术的表现能力，增加了艺术的表现手法。
②过分夸大形式的新奇，否定传统的艺术形式，使得某些艺术作品呈现出怪诞离奇、隐晦费解的特点</td></tr>
<tr><td>关系</td><td colspan="3">①西方现代主义艺术与西方现代哲学之间的关系十分密切，即有一定的西方现代哲学流派，就会有相应的西方现代艺术流派。
②西方现代哲学影响乃至将其思想内容渗透到现代主义艺术的主题、情节、场面等内容范畴中，并对现代主义艺术的形式和表现手段产生了直接的影响和变革。
③西方现代主义艺术也反作用于特定的西方现代哲学流派和思潮，并对其产生了深远影响</td></tr>
</table>

考点三：艺术与宗教 ★★★

1. 艺术与宗教的相互关系

在人类文化历史发展进程中，艺术与宗教二者既相互影响，又相互联系，具体见表4－4。

表4－4　艺术与宗教的相互关系

要点	具体内容
联系	①二者都是利用感知、想象、联想、情感等心理要素来认知世界的。 ②二者都强调精神上的愉悦而非物质上的满足，都超越了日常生活中的感情。 ③宗教利用艺术达到其传播或统治的目的
区别	①宗教使人丧失自我意识，艺术鼓励人的自由创造。 ②宗教劝人相信天国以寻求精神慰藉，艺术传达给人们热爱、珍惜现实生活的信念。 ③宗教像毒品一样麻痹人的精神，艺术是培养人全面发展以及个性发展的必要手段
宗教影响艺术	①利用各种门类的艺术来宣传宗教，并为艺术创作提供了宗教题材和内容。 ②对艺术发展起到推动和阻碍两种相反的作用： a. 推动：宗教利用艺术来形象地宣传教义，为艺术家创作提供了空间和题材。 b. 阻碍：艺术沦为替宗教服务的“提线木偶”，限制了艺术的发展

续表

要点	具体内容
艺术影响宗教	①参与宗教活动，为早期艺术的发展及明确的分类作出贡献。 ②宣传宗教思想，让神秘的宗教内容更加生动易懂地展现在人们眼中。 ③强化宗教氛围，有力地增强了神秘的宗教情感与宗教色彩

2. 宗教艺术

(1)概述。指相对于世俗艺术而言，服务于宗教活动和宗教宣传并受其控制及影响的艺术，包括建筑、绘画、雕塑、音乐和戏曲等。

(2)价值。

①凝聚艺术家们的创造性劳动，是人类文化宝藏中的珍贵财富。

②宗教艺术更多以历史文化遗产的形式存在。

【考点拓展】宗教艺术的起源

宗教艺术起源于原始先民的图腾崇拜。在旧石器时代晚期，图腾祖先常常以自然力的形式出现或被认为是自然力的创造者。图腾是原始人类区别于其他部落的根本标志，也是一个民族的宗教起源。无论鸟崇拜、虎崇拜还是龙崇拜，都会演绎出许多神话传说、巫术、祭祀、舞蹈、雕塑等等。英国学者罗伯逊曾指出："古代的宗教实质是由巫术、图腾制度、祖先崇拜、自然崇拜和合理化的但又互相矛盾的神话所构成的一种不调和的混合物。"万物有灵论认为，自然界的一切都处于神灵的控制下，将自然事物的自然力量本身直接看成具有意志的对象而加以崇拜。同时由于原始先民们求生能力的薄弱，自然而然地就产生了自然崇拜，并由此产生了宗教和宗教艺术。

考点四：艺术与道德 ★★★

1. 艺术与道德的相互关系(见表4－5)

表4－5　艺术与道德的相互关系

要点		具体内容
道德		指人们在社会生活中形成的是非善恶等伦理观念和行为规范的总和
与艺术的区别	范围	艺术能更广泛地反映人们的社会生活和道德关系
	方式	道德以明确的概念、原则和规范来反映人与人之间的关系；艺术以具体的艺术形象描绘、演绎这种关系
	评价标准	"善"是道德评判的唯一标准；"真""善""美"三者的统一则是艺术的标准
	艺术的独特性	并不是所有艺术作品都必须包含道德内容，在创作包含道德内容的艺术作品时，需要将道德内容凝聚到艺术形象中，将道德内容升华在艺术美中，使其在拥有审美的同时又具有教育作用，进而对欣赏者产生潜移默化的影响
与艺术的关系	道德影响艺术	①艺术作品的各个方面都无法脱离人们的社会生活，道德生活是社会生活的重要部分。 ②艺术家的世界观和道德观影响着其艺术创作，艺术作品就是艺术家道德观的缩影
	艺术影响道德	①艺术特有的社会功能可以对人民群众起到道德教育作用。 ②艺术对社会道德意识和道德观念的改变有一定的影响

2. 艺术中的道德内容

(1)道德因素的渗入。道德是指人们在社会生活中形成的是非善恶等伦理观念和行为规范的总和，所以再现社会生活的艺术种类，如文学、戏曲、电影等明显受到道德的影响；非再现艺术种类，如建筑、音乐、书法等也有道德因素的渗入。

(2)体现道德的发展。道德作为一种社会意识形态，具有时代性和社会性，而艺术作品中也会体现出道德的变化发展。

考点五：艺术与科学　★★★★

1. 艺术与科学的联系与区别(见表4－6)

表4－6　艺术与科学的联系与区别

要点		具体内容
联系		艺术创造与科学创造二者具有同一性，艺术与科学的目标都是揭示真理，强调和谐对称、多样统一等美的形式，艺术与科学相结合有着三个辉煌时期： ①古希腊时期，毕达哥拉斯学派提出“美是和谐”“黄金分割”等理论，并运用到许多艺术门类中。 ②文艺复兴时期，日心说、地理大发现等自然科学的发展打破了传统的认识，塑造了人们新的世界观，同时艺术家也涉猎科学领域并颇有研究，推动了艺术的发展。 ③20世纪下半叶以来，迅猛发展的现代科学技术为艺术提供了前所未有的大众传播媒介，为艺术形式和种类的创新提供了更多可能
区别［存在一定程度上的对立］	本质	①科学是人类了解客观世界的知识总和。 ②艺术是人类进行审美创造的最高形式
	目的	①科学的任务是揭示事物发展的客观规律。 ②艺术的任务是更灵活地展现美，满足人的精神审美需求
	思维方式	①科学研究以抽象思维为主，强调理性因素。 ②艺术以形象思维为主，强调情感因素
	具体操作	①科学主张冷静、客观、理性地对待事物，强调准确地揭示事物的本质。 ②艺术作为一种创造性活动，其主观色彩较浓，主要是反映生活、评价生活、表现情感
	成果	①科学理论具有普遍性。 ②艺术作品具有独创性

2. 科技影响艺术(见表4－7)

表4－7　科技影响艺术

要点	具体内容
积极影响	①为艺术提供新的物质技术手段，推动新的艺术种类和形式的产生和发展。 ②为艺术打造史无前例的文化环境、创造更宽广的传播方式和平台。 ③艺术与技术之间、美学与科学之间的相互交融，不仅改变了人类的生活方式，也促进了各自的进步和发展。 ④科学领域的重大发现为艺术提供新的思路和美学观念，并运用到艺术创作及研究之中

续表

要点	具体内容
消极影响	艺术的商品化与消费化倾向导致了大众审美能力的下降，尤其是大众传媒、计算机游戏等娱乐设施对青少年产生的不良影响而导致的社会问题

4.2　课后习题详解

一、单选题

1. “文化包括各种外显或内隐的行为模式，通过符号的运用使人们习得并传授，并构成了人类群体的显著成就；文化的基本核心是历史上经过选择的价值体系；文化既是人类活动的产物，又是限制人类进一步活动的因素。”是出自哪一部著作的观点？(　　)

A.《文化：概念和定义的批判性回顾》　B.《艺术》

C.《美育书简》　D.《原始文化》

【解析】20世纪最有影响的文化定义，是美国文化学家克鲁伯和克拉克洪在《文化：概念和定义的批判性回顾》一书中提出来的。他们认为：①文化包括各种外显或内隐的行为模式，通过符号的运用使人们习得并传授，并构成了人类群体的显著成就；②文化的基本核心是历史上经过选择的价值体系；③文化既是人类活动的产物，又是限制人类进一步活动的因素。这一定义，成为自泰勒的文化定义后最受重视的文化概念界说。

2. 被称为“现代派艺术理论柱石”的是英国著名美学家克莱夫·贝尔的哪一部著作？(　　)

A.《欣赏绘画》　B.《19世纪绘画的里程碑》

C.《艺术》　D.《自塞尚以来的绘画》

【解析】英国著名美学家克莱夫·贝尔的《艺术》一书，被不少人看作是现代派艺术理论的柱石，他在这本书中分析了艺术与宗教的密切联系，以及二者与科学的区别和对立。他强调“艺术和宗教是人们摆脱现实环境达到迷狂境界的两个途径。审美的狂喜和宗教的狂热是联合在一起的两个派别。艺术与宗教都是达到同一类心理状态的手段”。

3. 明代“市民文艺”突出代表的话本或拟话本短篇小说集“三言”的作者是(　　)。

A. 金圣叹　B. 汤显祖　C. 冯梦龙　D. 李渔

【解析】明代，在文学方面，作为当时“市民文艺”突出代表的是话本或拟话本短篇小说集，以“三言”和“二拍”为代表。所谓“三言”，即明代通俗文学家冯梦龙的《喻世名言》《警世通言》和《醒世恒言》。后人所称“二拍”，即明代小说家凌濛初编著的《初刻拍案惊奇》《二刻拍案惊奇》。

4. 文化作为一个大系统，包含着诸多子系统。从总体上讲，文化大系统主要包括______、______、______三大子系统，而它们各自又包含着许多更低层次的子系统。(　　)

1A　2C　3C　4D

A．现代文化；民族文化；制度文化　　B．民族文化；物质文化；制度文化
C．现代文化；物质文化；精神文化　　D．物质文化；制度文化；精神文化

【解析】文化大系统在总体上主要有三大子系统：①物质文化；②制度文化；③精神文化。这三大子系统各自又包含许多更低层次的子系统。例如，精神文化又包含着哲学、宗教、道德、科学、艺术等子系统。

5．如果说______代表着人类理性的最高形式，______代表着人类感性的最高形式，它们一道构成了人类精神王国的两座高峰，那么，架在这两座高峰之间的桥梁就是______。(　　)

A．科学；美学；艺术　　B．哲学；艺术；美学
C．哲学；美学；创作　　D．科学；艺术；创作

【解析】在人类精神文化领域内，艺术与哲学有着极其密切的关系。哲学是关于世界观和方法论的学问，它主要研究在自然界、人类社会和人的思维等领域中，带普遍性的根本规律。如果说哲学代表着人类理性的最高形式，艺术代表着人类感性的最高形式，它们一道构成了人类精神王国的两座高峰，那么，架在这两座高峰之间的桥梁就是美学。

6．在黑格尔的客观唯心主义体系里，人类认识绝对真理有三种方式：最初级的方式是______，它以感性形象显现真理；较高一级的方式是______，它强调主体的情感和观念；最高级的方式是______，它以自由思考将主体与客体、感性与理性统一起来了。(　　)

A．艺术；哲学；科学　　B．宗教；艺术；哲学
C．艺术；宗教；哲学　　D．宗教；艺术；科学

【解析】许多思想家、美学家们都注意到宗教与艺术之间的紧密联系，并试图从认识论的角度加以解释。黑格尔认为，最接近艺术的领域就是宗教。因为在黑格尔的客观唯心主义体系里，人类认识绝对真理有三种方式：最初级的方式是艺术，它以感性形象显现真理；较高一级的方式是宗教，它强调主体的情感和观念；最高级的方式是哲学，它以自由思考将主体与客体、感性与理性统一起来了。

二、判断题

1．西方现代哲学成为现代派艺术的思想根源，现代派艺术又用艺术的方式宣传了西方现代哲学各流派的思想。二者之间的这种密切关系，完全可以用一句话来概括：有一定的西方现代哲学流派，就会有相应的西方现代艺术流派。

【答案】正确

2．道德评价和审美评价之间存在着差异，前者常常以“善”为唯一标准，后者往往以“真善美”的统一为标准。

【答案】正确

3．1895 年 11 月 2 日英国广播公司正式播出电视节目，人们普遍把这一天作为世界电视业的开端。

5B　6C

【答案】错误

【解析】1936年11月2日英国广播公司正式播出电视节目，人们普遍把这一天作为世界电视业的开端，此后，电视经历了无线传播、有线传播、卫星传播阶段。

三、名词解释

1. 艺术文化学

答：参见本章考研真题与典型题详解名词解释第1题答案。

2. 宗教艺术

答：宗教艺术，是相对于世俗艺术而言的，是指在宗教影响或控制下，为宗教活动或宗教宣传服务的艺术。宗教艺术几乎遍及世界各个国家、地区和民族，涉及包括建筑、雕塑、绘画、音乐、文学、戏剧在内的各个艺术门类，是世界艺术史的重要组成部分，也对各个地区、民族以及各种类的艺术产生了深远的影响。虽然宗教艺术的诞生是由于宗教利用艺术为其服务，但是，由于艺术家们的创造性劳动凝聚其中，使得宗教艺术具有独特的审美价值。

四、简答题

1. 请简述艺术在人类文化中的地位。

答：(1)文化系统的概述

文化作为一个大系统，从总体上讲主要包括物质文化、制度文化和精神文化三大要素，而它们又包含着许多更低层次的子系统。所有这些子系统中，物质文化是基础，制度文化是中介，精神文化是核心，物质文化与制度文化决定和制约精神文化。它们都处于整个文化的大系统中，受到两方面的影响：①受到文化大系统的影响和制约；②它们又反过来影响和作用于文化大系统。

(2)艺术在人类文化中的地位

参见本章考研真题与典型题详解论述题第5题答案。

2. 请简述道德与艺术之间的联系。

答：参见本章考研真题与典型题详解简答题第8题答案。

3. 请简述人类文化史上，艺术与科学相互联系的三个辉煌时期。

答：从人类文化史来看，艺术与科学之间早有联系。艺术与科学相互联系，有着三个辉煌时期：

(1)古希腊时期

早在公元前6世纪，古希腊的毕达哥拉斯学派就提出了“美是和谐”的思想。毕达哥拉斯学派大半都是数学家，他们把数与和谐的原则当作宇宙间万事万物的根源。毕达哥拉斯学派提出了“黄金分割”的理论，以及音乐里的数量比例关系，并且将这些原则运用到建筑、雕刻、绘画、音乐等各门艺术中去。

(2)文艺复兴时期

科学与艺术之间的密切关系在文艺复兴时期达到了高峰。在这段时期，自然科学有极大的发展。哥白尼的日心说沉重打击了几千年来上帝创造世界的宗教传说，哥伦布和麦哲伦等人在地理方面的发现，以及伽利略在数学、物理学方面的贡献，使人们对宇宙有了新的认识，形成了新的世界观和方法论，对艺术也产生了极大的影响。这个时期的一些大艺术家，本身就是大科学家，他们把许多自然科学的方法和原理运用到艺术创造中，促进了艺术的完善与发展。例如，达·芬奇就把几何学、透视学的原理运用到绘画艺术中。

(3)当代社会

20 世纪下半叶以来，在当今社会中，科学技术正以前所未有的速度突飞猛进地发展，人类社会生活的方方面面无不受到科学技术的影响。现代科学技术更是对艺术产生了巨大的影响，不但为艺术提供了从未有过的大众传播媒介，而且创造了新的艺术种类和艺术形式，如电影艺术、电视艺术和计算机多媒体艺术等。尤其是 21 世纪数字技术的迅猛发展，正在给电影、电视、动漫、计算机游戏业等多个领域带来深刻的影响。在许多领域和许多方面，科学技术与艺术已经非常紧密地结合在一起。

4. 艺术与科学之间存在着怎样的区别？请简要说明。

答：参见本章考研真题与典型题详解简答题第 10 题答案。

5. 请简述电影发展史上的三次重大变革。

答：电影的诞生与发展都离不开现代科学技术。正因为光学、电学、声学、化学、机械学等各门科学技术迅速发展，才使电影得以在 1895 年诞生。此后电影发展史上的三次重大变革均与科学技术有着十分密切的联系。电影发展史上的三次重大变革主要是：

(1)第一次重大变革是电影从无声到有声。

最初的电影都是无声电影，被称为“默片”。一般认为，有声电影诞生的标志是 1927 年的美国影片《爵士歌王》，这部影片在无声片中加入了歌曲、台词和音乐伴奏，标志着电影史上一个新时代的开始。从此，电影由纯视觉艺术成为视听综合艺术，大大丰富了自身的表现力，音乐和语言都成为电影中重要的艺术元素。中国的第一部有声片是 1931 年的《歌女红牡丹》。

(2)第二次重大变革是电影从黑白到彩色。

最初的电影都是黑白片，早期电影曾经采用人工上色的办法，即在黑白电影的胶片上涂颜色，如前苏联电影《战舰波将金号》就是经过人工上色，使银幕上起义后的战舰升起一面红旗，但这是一项极其繁重的工作。1935 年，使用彩色胶片拍摄的美国影片《浮华世界》诞生，这是世界上第一部彩色电影。

(3)电影艺术史上的第三次大变革，发生在 20 世纪 90 年代以来至今，计算机多媒体技术与数字技术，使得电影艺术正在大踏步地进入高科技时代。

计算机三维动画、数字技术、多媒体技术和虚拟现实等高科技手段，以极富想象力的艺术手段和极其逼真的艺术效果，大大增强了电影艺术的魅力。如在美国影片《阿甘正传》中，主人公与肯尼迪总统促膝谈心；《真实的谎言》中，庞大的战斗机在一座座摩天大楼之间横冲直撞；《侏罗纪公园》里奔跑的恐龙和始祖鸟；《泰坦尼克号》里巨大的轮船沉入水中等等。尤其是《玩具总动员》这部三维动画片，完全是由电子计算机制作的 1500 多个镜头组成。可以说，电子计算机高科技给影视艺术带来的巨大影响，现在仅仅是初露端倪。

五、论述题

1. 哲学对艺术具有哪些方面的影响？请举例说明。

答：参见本章考研真题与典型题详解简答题第1题答案。

2. 请结合具体的艺术作品，论述艺术与宗教之间的相互影响？

答：参见本章考研真题与典型题详解论述题第4题答案。

3. 现代科学技术对艺术存在着哪些渗透和影响？请结合具体事例说明。

答：20世纪60年代以来，现代科学技术以前所未有的速度迅猛发展，对世界各国人民的物质文化生活与精神文化生活领域都产生了巨大而深刻的影响。现代科学技术与人类各种文化现象的关系日益密切，尤其是对艺术的渗透和影响更加明显。现代科学技术对艺术的渗透和影响主要表现为：

(1)现代科学技术为电影艺术提供了新的物质技术手段，促使新的艺术种类和艺术形式的产生。例如，当代最有生命力的艺术种类——电影和电视，就是现代科学技术的产物。

(2)现代科学技术为电影艺术创造了前所未有的文化环境和传播手段，为艺术提供了更广阔的天地。特别是最近一二十年来，现代科技正在极大地改变着人类社会的面貌。

(3)现代科学技术对电影艺术的影响，还表现在艺术与技术、美学与科学的相互结合与相互渗透，对人类生活产生了深刻影响，也促进了科学技术与文学艺术自身的发展。

(4)现代科学技术对电影艺术的影响，更表现在科学领域的重大发现对电影艺术观念和美学观念产生了巨大而深刻的影响，例如系统论、控制论、信息论、模糊数学等观点和方法，已经被运用到艺术创作和艺术研究之中，成为某些艺术理论和艺术批评的观点和方法。

4.3　考研真题与典型题详解

一、填空题

最早把(　　)视为美的本质的是古希腊的毕达哥拉斯学派。(央美2006年研)

【答案】“美在事物的形式，美在和谐”

【解析】毕达哥拉斯学派是以毕达哥拉斯为首的一些数学家、物理学家、天文学家组成的哲学、宗教、政治宗派，认为“万物皆数”。从这一观念出发，该学派研究了艺术和美，从数量比例关系上探寻艺术的形式美，认为“美在事物的形式，美在和谐”。

二、名词解释

1. 艺术文化学(聊城大学2016年研)

答：艺术文化学是一门以整个人类文化为参照系来探讨艺术问题、研究艺术现象的综合性学科。艺术文化学属于艺术分支学科，处于普通文化学和普通艺术学的交叉领域，它重点研究艺术作为一种文化现象，在整个人类文化中所具有的地位、作用，以及艺术与其他文化现象如哲学、宗教、道德、科学之间的相互关系。艺术文化学将艺术作为一种文化现象放在人类系统中，从新的角度对其进行更广泛、更深刻的讨论研究，从而探寻艺术的现象和历史。

2. 西方现代主义艺术

答：西方现代主义艺术是萌芽于19世纪中期，产生在19世纪末期的艺术流派，是众多西方文艺流派的总称，其思想根源是西方各种现代主义的哲学思潮。西方现代主义艺术在内容上反映出西方现代社会危机与精神危机，以及危机社会中出现的人的异化，这在一定程度上映射出人们对资本主义社会的怀疑和绝望，西方现代主义艺术在内容上还表达了对人生、历史、人类前途以及命运的悲观绝望，主张非理性主义、虚无主义、神秘主义，强调腐朽没落的社会人生观。从形式上看，西方现代主义艺术追求艺术形式和表现手法的创新，在一定程度上提高了艺术的表现能力，增加了艺术的表现手法，但是过分夸大形式的新奇，否定传统的艺术形式，使得某些艺术作品呈现出怪诞离奇、隐晦费解的特点。

三、简答题

1. 浅谈哲学对艺术的影响。（厦门大学2007年研）

答：哲学是人类理性的最高形式，艺术是人类感性的最高形式，哲学与艺术之间进行沟通交流，则必然要经过美学这一桥梁。作为桥梁作用的美学是哲学系统下的一个分支，其主要内容就是用理性的方法来研究感性认识。哲学对艺术的影响主要有：

(1)哲学对艺术的影响表现在哲学观念对艺术家的影响。艺术家在创作艺术作品时，经常会受到某种哲学思想的影响或制约，并将这种思想凝聚在自己创作的艺术作品中。例如庄子美学推崇天然之美的思想影响了李白的审美价值，他赞赏天然之美，强调“清水出芙蓉，天然去雕饰”，主张“自然”“清真”的风格，并且将这种美学思想作为毕生艺术创作的最高追求。

(2)哲学对艺术的影响，还表现在创作的艺术作品中蕴含着丰富的哲理性。例如存在主义先驱克尔凯郭尔等人的非理性主义哲学思潮影响了奥地利著名作家卡夫卡的艺术作品，其代表作品《变形记》《审判》《城堡》等作品大多都在荒诞的艺术情节中蕴藏了深刻的人生哲理，成为影响西方现代主义文学的表现主义、存在主义、荒诞派的代表作品。

(3)哲学对艺术的影响，更表现在哲学能够推动和促进艺术潮流的形成。人类文化历史发展进程中形成的各种艺术思潮都有其内在的哲学思想，都与一定的哲学观相联系。例如，以法国唯心主义哲学家柏格森的直觉主义为理论基础的超现实主义流派，就是现代主义文艺的重要流派之一。

(4)哲学推动艺术的表现形式和创作手法的创新。例如实用主义哲学创始人威廉·詹姆斯提出的“意识流”概念，催生了内心独白、自由联想、时序倒置等艺术手法的诞生。

但哲学对艺术的影响是相对的，并不是每个艺术作品都具有一定的哲理性，也不是每个艺术家都必然会在自己的艺术作品中蕴藏着深刻的哲学观点。

2. 简述艺术与地域的联系。（中国美术学院2011年研；央美2010年研）

答：艺术与地域紧密联系，相互作用。

(1)艺术影响地域的经济与文化。

①艺术影响地域经济。充满艺术性的地域总是能吸引大众，从而发展旅游业、促进经济发展，如西安兵马俑的发掘吸引了一大批游客前往观看。

②艺术影响地域文化。意大利是文艺复兴的发源地，拥有悠久的艺术文化历史，现在

意大利仍然充满着艺术气息，是艺术爱好者都向往的国度。

(2)地域各方面的发展先进与否影响着艺术。

①地域的经济决定艺术。经济基础决定上层建筑，多数情况下，一个地区只有经济状况良好，才有能力发展艺术；但也存在艺术与经济发展不平衡的情况，比如一些地域经济发展落后，艺术却十分繁荣，如19世纪的俄国。

②地域的文化风俗影响艺术的风格及表现手法。尤其是我国各少数民族，他们有特定的民族聚集地，能更好地传承和发展本民族艺术。比如苗族的苗银、刺绣等，都具有鲜明特色。

(3)各地域的艺术风格各有不同。

受地理位置的影响，有些地区与邻国搭界，形成具有异域风情的艺术风格，有些则由于交流不便，形成独有的地域风格。

3. 简述经济对艺术发展的影响作用。(山东大学2017年研)

相关试题：

(1)简述经济对艺术发展的影响。(西北师大2017年研；南京艺术学院2017年研；华东师大2015年研；福建师大2014年研)

(2)结合古今中外艺术发展史，谈谈你对艺术与经济之间关系的理解。(四川师大2017年研)

(3)艺术与经济的关系。(青岛大学2017年研)

答：(1)艺术发展的根本原因和动力是社会经济发展。艺术是意识形态上层建筑的组成部分，按照历史唯物主义关于经济基础决定上层建筑的基本原理，它归根到底是由一定的社会经济基础决定和制约的。经济基础对艺术的决定和制约作用，主要表现为：

①经济基础决定和制约着文学艺术的内容。文学艺术作品所揭示的各种社会关系，表达的各种观点、倾向、思想情感、审美趣味，再现了社会生活的各个方面，都不是凭空产生的，无不取决于一定的社会经济基础。

②文学艺术的演进，归根到底也是由社会经济基础决定和制约的。例如，没有资本主义生产关系的产生和发展，就不会有欧洲的文艺复兴和启蒙运动；我国两汉文化和魏晋南北朝文学艺术的繁荣，则与封建制度取代奴隶制度并得到进一步巩固这一社会背景分不开。

(2)经济发展受艺术发展影响，但艺术不是决定因素，积极的、优秀的艺术促进经济发展，落后的、庸俗的艺术阻碍经济发展。主要表现为：

①对历史发展不同时代作纵向比较，艺术与经济的发展具有不平衡性。如现代的经济发展水平肯定高于古希腊的经济水平，但现代的艺术水平不一定高于古希腊艺术的水平。

②对同一时代不同地区、国家作横向比较，艺术与经济的发展具有不平衡性。例如19世纪的俄国经济上远远落后于西欧资本主义各国，但艺术领域却呈现出空前繁荣的局面。

③对艺术内部不同艺术种类作比较，艺术与经济的发展具有不平衡性。在同样的经济基础上，有的艺术种类发展了，有的却根本得不到发展。

(3)从人类发展的历史来看，艺术发展与经济发展总体上是相对平衡的，艺术随着经济的发展而发展，且两者都呈向上的趋势。

4. 简述艺术发展与经济发展的不平衡性主要体现在哪几个方面。（浙江师大 2012 年研）

答：艺术发展与经济发展的不平衡性是指艺术繁荣与经济高涨并不是亦步亦趋的绝对平衡的关系，而是复杂的、包含差别的关系。艺术生产作为一种特殊的精神生产，具有相对的独立性。这就是说，在社会发展历史的某些阶段上，艺术的繁荣与社会物质生产的发展呈现出某种不平衡现象。马克思曾以古希腊艺术的大繁荣与生产力低下的社会环境进行对比，说明艺术进步与经济发展的不平衡关系。另外，我们从 19 世纪的俄国、我国积贫积弱的宋代也能窥见类似的艺术与经济发展不平衡的现象。

根据马克思的论述，艺术发展与经济发展的不平衡性体现在以下几个方面：

(1)对历史发展不同时代作纵向比较，艺术与经济的发展具有不平衡性。

今天的经济发展水平高于古希腊经济发展水平，但是，今天的艺术未必高于古希腊艺术，马克思说，古希腊神话在今天“仍然能给我们以艺术享受，而且就某方面说还是一个规范和高不可及的范本”。今天的经济发展水平高于莎士比亚时代的经济发展水平，但是，莎士比亚的戏剧并未黯然失色。同理，在过去并不发达的经济基础上所产生的周彝夏鼎、秦砖汉瓦、唐诗宋词，今天仍然具有魅力与价值。

(2)对同一时代不同地区、国家作横向比较，艺术与经济的发展具有不平衡性。

在 18 世纪，经济上发达的国家是英国和法国，而德国的手工业、商业、工业和农业极端凋敝，但德国却出现了歌德、席勒这样世界文学史上的伟大诗人。在 19 世纪，经济上发达的国家是美国，俄罗斯的经济却在旧的封建农奴制瓦解的动荡过程中止步不前，但是它的文学艺术却迎来了百花争艳、光辉灿烂的伟大时代，出现了文学巨匠列夫·托尔斯泰、最伟大的歌剧改革者和抒情诗人柴可夫斯基。此外，列宾、苏里科夫等巡回画派艺术家使俄罗斯美术创作达到了顶峰。

(3)对艺术内部不同艺术种类作比较，艺术与经济的发展具有不平衡性。

一个时代、一个国家或地区，它的经济发展状况催生出多种艺术门类，但往往只有一个艺术门类达到鼎盛。从不同的时代来看，中国的史前时代的陶器，夏商周的青铜器，汉赋唐诗，宋词元曲，明清小说；外国的古希腊雕塑，中世纪的哥特式建筑，文艺复兴时代的绘画，都曾是达到鼎盛的艺术门类。而不同的国家和地区，往往也会有不同的特点。格罗塞说，“德国民族富有极高超的音乐天才”，“而在关系极密切的英国人中间竟不能产生一个伟大的音乐家”。

5. 艺术在文化交流中的地位与作用。（深圳大学 2012 年研）

相关试题：如何看待艺术与文化的关系？（四川师大 2014 年研）

答：艺术作为一种独特的文化形态或文化现象，在整个人类文化大系统中占有极其重要的地位。

(1)艺术在文化交流中的地位。艺术同人类文化相伴而生、历史悠久。艺术在原始社会就作为人类文化的独特组成部分，始终参与、推动整个人类文化的发展进程，为后世了解人类各个阶段的发展历史起着重要的参考作用。艺术是文化大系统中的一个子系统，从古至今的文化交流中，艺术的交流是必不可少的。比如佛教传入我国之后，关于佛教的纹样、仪式等也传入中国，并发展出具有中国特色的佛教形象。

(2)艺术在文化交流中的作用。

①提供不同文化之间认识和了解的桥梁。艺术在文化交流的过程中可以打破许多束缚，使目的更纯粹，为不同文化、民族、国家之间的深入了解和认识提供了桥梁。如其他地区和民族的人要了解俄国的文化历史，就可以从俄国优秀的艺术作品入手。列宁把列夫·托尔斯泰的小说看成是“俄国革命的镜子”，因为这些作品深刻地表现了“俄国千百万农民在俄国资产阶级革命快要到来的时候的思想和情绪”；张择端所画的《清明上河图》也是我国向世人展示我国北宋时期的汴梁作为当时世界第一大都市的繁华的最好图证；李安导演的《卧虎藏龙》用西方人习惯的视角和思维讲述中国的传统武侠故事，表达了人类不同文化中对友情、爱情的共同认识；古代丝绸之路上中国的瓷器作为友好往来的礼品被世界各国所认识，为中国的文化推广和外交作出了贡献。

②推动文化和艺术的发展。艺术的多样性背后是文化的多样性，在文化交流的过程中，各种文化相互交织、相互学习，推动艺术和文化的发展。如中国古代皇陵的代表秦始皇陵和埃及皇陵的代表胡夫金字塔，虽然同为皇家陵墓，但在建筑风格、表现手法上完全不同，各具特色、各有所长。中国传统绘画和西方传统绘画虽然一个追求神似，一个追求形似，但是两者又会相互影响和学习，如我国著名画家徐悲鸿以画国画而闻名，他早年留学法国学习西画，在此之后开始主张现实主义绘画风格；又如任伯年在传统绘画方面强调在国画改革中融入西画技法，作画时强调光线、造型，追求对绘画对象的解剖结构、骨骼的准确把握，他们在关于形似和神似方面的绘画手法的结合对当时画坛产生了巨大的影响。

6. 艺术通过哪些“中间环节”与经济基础联系？它同这些“中间环节”有哪些联系？（杭州师大2009年研）

相关试题：请结合自身专业特点举例说明艺术与哲学、宗教、道德、科学之间的关系与相互作用。（聊城大学2016年研）

答：艺术通过哲学、宗教、道德、科学等“中间环节”与经济基础联系，其联系具体参见本章考点难点归纳相关内容。

7. 简述艺术与哲学的关系。（浙江理工2019年研；云南师大2018年研；杭州师大2017年研；央美2017年研；郑州大学2016年研；华南理工2015年研；福建师大2015年研）

相关试题：

(1)论述艺术与哲学的关系。（论述题，武汉科技2018年研）

(2)简述哲学与艺术的区别。（北印2022年研）

答：艺术与哲学在人类精神文化领域中的联系十分紧密，哲学是研究自然界、人类社会和人的思维等领域中关于世界观和方法论构建的科学，具有普遍性的根本规律，因此，哲学代表人类理性的最高形式，而艺术则代表人类感性的最高形式，美学则是充当哲学与艺术相互沟通、交流的桥梁。两者相互联系、相互影响，具体表现为：

(1)美学是哲学影响艺术的中介。美学是哲学与艺术之间进行沟通的桥梁，是通过理性的方法来研究感性的认识，艺术作为审美意识的集中表现是美学研究的主要对象，哲学对艺术的影响一般是通过美学这一桥梁来实现的。人类社会历史发展进程中，许多著名哲学家不仅研究哲学观点，还是影响艺术发展的美学家。

(2)哲学对艺术的影响。参见本章考研真题与典型题详解简答题第1题答案。

(3)艺术对哲学的影响。艺术可以启发哲学家的思维，而且艺术家创作的凝聚深厚哲理的艺术作品可以传播特定的哲学思想，由此引发哲学家对艺术的思考，使其哲学体系更加完整，如黑格尔、叔本华、尼采等。

8. 简述艺术与道德的关系。(陕西师大2018年研；东华大学2017年研；福州大学2017年研；山东大学2016年研；湖南师大2016年研；中传2013年研；首都师大2013年研)

相关试题：

(1)道德与艺术的联系与区别。(四川轻化工2017年研)

(2)简答艺术与道德之间的关系。(赣南师大2017年研)

答：道德是指人们在社会生活中形成的是非善恶等伦理观念和行为规范的总和，它包括道德意识、道德关系、道德活动等内容。道德与艺术之间的密切关系，具体表现为：

(1)道德影响艺术。

①一定时代和一定社会的伦理道德思想经常是通过艺术作品的各个方面表达出来的，任何艺术作品都脱离不了人们的社会生活，而人们的道德生活则是社会生活的重要组成部分。艺术作品往往通过塑造包含深刻道德内容的艺术形象来映射人们的道德生活。

②艺术家的世界观和道德观影响着其艺术创作，艺术作品是艺术家道德观的缩影，是社会现实生活经过艺术家创造性劳动的产物，艺术家在创作表现人们道德生活和面貌的作品时，必然会凝聚着艺术家自己的道德价值与判断。

(2)艺术影响道德。

①艺术特有的社会功能可以对人民群众起到道德教育作用。艺术作品中具有生动、感人的艺术形象和特殊的审美魅力与价值，一部具有不朽生命力的艺术作品，可以提高人们的道德水平和精神境界。因此，艺术会对道德观念的评价和道德行为的选择产生极其深远的影响。

②艺术对社会道德意识和道德观念的改变有一定的影响。例如，1919年发起的五四新文化运动，该运动的主要内容就是宣传科学与民主，反对旧文学，提倡新文学，反对旧道德和旧思想，提倡新道德和新思想。五四新文化运动是一场彻底的反对封建文化的运动。

(3)道德与艺术的区别。

①从范围来看，艺术能更广泛地反映人们的社会生活和道德关系。

②从方式来看，道德以明确的概念、原则和规范来反映人与人之间的关系，艺术则是以具体的艺术形象描绘、演绎这种关系。

③从评价标准来看，"善"是道德评判的唯一标准，而"真""善""美"三者的统一则是艺术的标准。

④从艺术的独特性来看，并不是所有艺术作品都必须包含道德内容，在创作包含道德内容的艺术作品时，需要将道德内容凝聚到艺术形象中，将道德内容升华在艺术美中，使其在拥有审美的同时又具有教育作用，进而对欣赏者产生潜移默化的影响。

9. 简述现代科学技术对艺术的影响(渗透和影响)。(四川轻化工2018年研；昆明理工2015年研；杭州师大2014年研；浙农林大2014年研；深圳大学2013年研)

相关试题：

(1)请举例说明，现代科学技术对艺术的渗透和影响。（首都师大2015年研；西北师大2015年研）

(2)联系艺术的发展，谈谈你是如何认识现代科学技术对艺术的渗透和影响的。（浙江理工2012年研）

答：1960年以后，现代科学技术以迅猛之势发展到一个全新阶段，极大地影响了各国人民的物质文化生活与精神文化生活。其中，现代科学技术以全新的生产、传播、消费手段给以艺术为代表的文化领域带来了深刻的影响，对艺术的渗透也愈发明显。现代科学技术对艺术的渗透和影响主要表现为：

(1)积极影响。

①现代科学技术为艺术提供新的物质技术手段，推动新的艺术种类和形式的产生和发展。

②现代科学技术为艺术打造史无前例的文化环境、创造更宽广的传播方式和平台。信息化时代以数码化信息传播为技术特征，不仅推动经济的高速发展，同时也影响着人们的生活习惯、学习和工作方式。

③艺术与技术之间、美学与科学之间的相互交融，不仅改变了人类的生活方式，也促进了各自的进步和发展。

④科学领域的重大发现为艺术提供新的思路和美学观念，并运用到艺术创作及研究之中。艺术创作和艺术研究之中某些艺术理论和艺术批评的观点和方法，就是通过系统论、控制论、信息论、模糊数学等观点来进行的。许多研究艺术与美学的新课题也由于现代科学技术的迅猛发展而出现。

(2)消极影响。

艺术的商品化与消费化倾向导致了大众审美能力的下降，尤其是大众传媒、计算机游戏等娱乐设施对青少年产生了不良的影响，同时引发其他社会问题。在当代社会中，大众文化与大众传媒极强的复制性取代了具有不朽生命力的艺术作品，大众文化与大众传媒的复制性不仅体现在物质复制方面，也表现于精神复制层面。大众文化与大众传媒传播着各种本质相同的流行文化，使人们成为由高科技创造出来的大众传媒的傀儡。

10. 简述科学与艺术的区别。（陕西师大2019年研；湖南师大2019年研；福州大学2019年研；南京艺术学院2017年研；南昌大学2016年研；北影2015年研；福建师大2014年研；华南理工2014年研；深圳大学2012年研）

答：作为两种不同的文化现象，科学与艺术之间既有联系又有区别，二者在很大程度上互相促进。但艺术与科学之间确实存在很大的不同，并且在一定程度上存在着对立的现象。具体包括：

(1)本质上的区别。

科学是人类了解客观世界的知识总和，而艺术是人类进行审美创造的最高形式。

(2)目的上的区别。

科学的任务是揭示事物发展的客观规律，而艺术更灵活地展现美，满足人的精神审美需求。

(3)思维方式上的区别。

科学研究以抽象思维为主，强调理性因素，而艺术以形象思维为主，强调情感因素。

(4)具体操作上的区别。

科学主张冷静客观理性地对待事物，强调准确地揭示事物的本质，而艺术作为一种创造性活动，其主观色彩较浓，主要是反映生活、评价生活、表现情感。

(5)成果上的区别。

科学理论具有普遍性，而艺术作品具有独创性。

四、论述题

1. 托尔斯泰在《艺术论》中说“艺术不是快乐或追梦，艺术是伟大的事业”。论述你对此观点的理解。(南京师大2017年研)

答：(1)“艺术不是快乐或追梦”是从大众对艺术的形象的普遍理解与艺术本身内涵的对立性来说的。尽管艺术的自由程度相对较高，艺术家可以尽情发挥自己的想象力并通过艺术语言表达出来，但它并不是没有限制、可以为所欲为的。艺术带给人的快乐大多时候是愉悦、舒适，是建立在精神层面获得极大满足的基础上，同时审美与精神水平得到极大提升所获得的、更为持久且深刻的快乐。

(2)“艺术是伟大的事业”揭示了艺术的地位。艺术作为一种独特的文化形态或文化现象，在整个人类文化大系统中占有极其重要的地位，并且在其发展过程中推动了社会其他方面的发展。从精神文化内部来看，艺术与哲学、宗教、道德、科学都有密切的关联，而精神文化是人类文明赖以存在和创新的根源，间接地影响了经济和政治两大系统，是“伟大的事业”。

(3)艺术贯穿着我们生活的每个方面，从现实的吃穿住行到思想的开阔放松，都能看到艺术的身影。艺术不是一味宣扬特立独行、不食烟火，相反，它是在扎根于现实社会生活的基础上，创造高于现实生活、最后又反映和表现现实生活的伟大艺术事业。

2. 论述艺术与技术的关系。

相关试题：

(1)简述艺术与科学的关系。(简答题，宁波大学2018年研)

(2)艺术与科学的联系和区别。(辽宁大学2014年研)

(3)试比较艺术与技术。(赣南师大2013年研)

(4)简述艺术与技术的关系。(简答题，中传2013年研)

答：艺术需要技术的支持，又在技术的基础上表现着思维与情感。而技术则是功能与理性的良好表述，它的不断更新又为艺术的表现形式提供了多样性。以电影这种艺术形式为例，艺术与技术的关系主要表现为：

(1)技术与艺术是相辅相成的。

在影视中，技术的基础性支持使得艺术的表现成为可能；艺术的指导性为技术提出新的要求与发展方向。虽然最初人们发明能够记录影像的工具只是为了纪实与传播，但是，随着人们对美的追求标准的不断提高，艺术应运而生，二者相互促进，交替成长。

①技术对电影艺术的积极影响。数字电影制作技术由于其高效、丰富、快捷、无损、廉价等特点在国际上得到了空前高速的发展。传统电影也纷纷运用数字技术，向数字电影

转变。正因为数字技术拥有着传统技术不可能拥有的能力和优势，现在它已经成为发达国家影视制作的标准。

②电影艺术对技术的积极影响。电影艺术特别是表现未来题材的电影，如科幻片以及大量呈现虚幻想象场景的浪漫主义电影都有意无意地刺激了技术的进步。比如《星球大战》《变形金刚》《黑客帝国》等电影都呈现了从未出现过的技术手段和科技成就，受到电影的启发，科学家正努力实现太空技术、工程技术以及计算机技术的进步。

(2)技术与艺术并不对立，只是具有阶段主导性。

①技术与艺术的主导性是交替进行的。电影发明之初的作品是纯技术的体现，毫无艺术性可言。像卢米埃尔兄弟的《火车进站》，这一时期，观众对于这一新事物的接受首先是从技术上对它的认可，还达不到艺术的高度。可以说，早期电影人对于电影还只是停留在技术崇拜的阶段。当技术日趋成熟，人们已经能够通过各种手法实现复杂的特技，甚至全部用虚拟场景与虚拟人物时，人们思考更多的就不再是纯技术的变革，而是发掘更高的艺术价值。

②技术与艺术的主导性不同，从而会影响电影的质量。同时期的电影《秋菊打官司》的精神张扬，《十七岁的单车》的发人深省，《ET 外星人》的感人肺腑与《星球大战》的画面壮观而思想主题贫乏形成鲜明对比。《星球大战》第三部《西斯的复仇》虽然从头到尾被特技包装起来，但是，观众看完之后脑海中能够留下的只有激光、星球、庞大的地面建筑，唯一缺乏的是被感动的感觉，而这才是一部电影的灵魂所在。在这样一个阶段，技术是占主导地位的。

综上所述，艺术与技术从来不是截然分开的。人们应该始终把技术与艺术结合起来，让它们互相促进，共同提高。

3. 如何理解政治对艺术的发展具有直接的、深刻的影响?

相关试题：结合实际，谈谈艺术与权力之间的关系。(中传 2013 年研)

答：经济是艺术发展的根本动力。但经济不是艺术发展的唯一动力，影响艺术发展的还有政治、宗教、哲学、道德等。政治对艺术的发展具有直接、深刻的影响。

(1)关于政治在艺术发展中的作用的错误观点——“政治是艺术发展的根本动力，政治决定艺术”。

①从理论分析上说，把艺术发展的根本动力归结为政治，也就是将艺术发展的根本动力归结为思想关系，从而否定“艺术发展的根本动力是经济”的历史唯物主义观点，陷入了历史唯心主义。

②从实践检验来看，政治不能决定艺术。被政治贬斥的艺术作品的生命力未必短暂，被政治推崇的艺术作品的生命力未必永恒。

(2)政治对艺术的发展具有直接、深刻的影响。在上层建筑内部，政治与艺术的联系是直接的，艺术像晴雨表一样灵敏地对政治做出反应。在阶级社会中，“政治，不论革命的和反革命的，都是阶级对阶级的斗争”。阶级斗争直接促进了艺术的繁荣，政治集中代表了统治阶级的利益，它拥有占统治地位的精神力量和强大的物质力量。因此，政治既可以成为强大的动力促进艺术的繁荣，也可以成为巨大的阻力导致艺术的衰败。

4. 论述艺术与宗教的关系。（上戏 2021 年研；西安工程 2019 年研；南京大学 2018 年研；武汉科技 2017 年研；东南大学 2016 年研；北师大 2016 年研；陕西师大 2016 年研；重庆大学 2015 年研）

相关试题：

(1) 如何看待宗教对艺术的影响？（暨南大学 2019 年研）

(2) 怎样理解艺术与宗教的关系？（浙农林大 2017 年研）

答：在人类历史的发展过程中，宗教与艺术像携手并进的孪生兄弟。宗教与艺术相互影响又相互制约，其辩证统一关系具体表现为：

(1) 艺术与宗教的联系。

①艺术与宗教在认识、掌握世界的方式上有共同之处。艺术与宗教在认知世界的方式上有共同点，都是利用感知、想象、联想、情感等诸多心理因素来完成的。审美感情与宗教感情都是超越日常生活的感情，二者都主张追求精神的愉悦而并非物质的满足。因此，马克思认为艺术与宗教同属于一个领域，它们与科学本质上的区别是掌握世界的方式上的不同。

②宗教对艺术的影响。

a. 宗教影响艺术，首先表现在通过利用各种门类的艺术来宣传宗教，并为艺术创作提供了宗教题材和内容。例如文学艺术方面的古希腊文学、《荷马史诗》，建筑艺术方面的金字塔、古希腊神庙等无不体现宗教的影响。

b. 宗教影响艺术，集中表现在宗教对艺术发展起到推动和阻碍两种相反的作用：

第一，推动作用：宗教利用艺术来形象地宣传教义，为艺术家创作提供了空间和题材，为推动艺术的发展起到了实际的促进作用。

第二，阻碍作用：艺术沦为替宗教服务的"提线木偶"，限制了艺术的发展。例如，中世纪欧洲的教会文学制约艺术为宗教服务，使得中世纪欧洲文艺受到了极大的阻碍，导致了中世纪欧洲艺术的衰落。

③艺术对宗教的影响。

a. 艺术影响宗教表现在参与宗教活动上，为早期艺术的发展及明确的分类作出贡献。早在社会历史发展初期，原始人类的歌舞、表演、绘画、雕塑等艺术活动其本质就是巫术或宗教活动。随着人类社会的发展和进步，人类进入文明社会，但艺术仍与宗教有着密切的关系，如基督教中的唱诗班以及多种基督教音乐等。

b. 艺术影响宗教表现在宣扬宗教思想上，让神秘的宗教内容更加生动易懂地展现在人们眼中。例如两汉时期佛教传入我国后进行传播，后发展到唐代，佛教兴起了一种叫"变文"的用以宣传宗教的新方式，"变文"即将佛教的佛经故事通过通俗易懂的方式向群众进行宣传，这种艺术形式在民间广为流传，其作用影响深远。

c. 艺术影响宗教表现在强化宗教氛围上，有力地增强了神秘的宗教情感与宗教色彩。例如哥特式教堂有着令人震撼的建筑外观，其内部墙壁以及玻璃窗上还有着基督教的故事绘画，教堂内还有一架管风琴，琴声悠扬洪亮，再加上唱诗班明朗的歌声，更增强了宗教情感和宗教色彩的神秘性，哥特式教堂以多种艺术相结合的方式强化了教堂中浓郁的宗教气氛。

(2)艺术与宗教的对立。

艺术与宗教联系十分紧密，宗教对艺术的产生与发展有着深远的影响，但艺术与宗教有着本质的区别，具体表现为：

①宗教使人丧失自我意识，艺术鼓励人的自由创造。

②宗教劝人相信天国以寻求精神慰藉，艺术传达给人们热爱珍惜现实生活的信念。

③宗教像毒品一样麻痹人的精神，艺术是培养人全面发展以及个性发展的必要手段。

综上可见，宗教与艺术具有相互影响、相互制约的辩证关系。一方面，宗教通过利用各种门类的艺术来宣传宗教，并为艺术创作提供了宗教题材和内容。另一方面，艺术在参与宗教活动、宣扬宗教思想、强化宗教氛围等方面对宗教产生了较大的推动作用。艺术与宗教在一定程度上是共同发展、相辅相成的，但同时也要警惕艺术沦为宗教工具等现象的发生。

5. 举例论述艺术在文化系统中的地位、价值和意义。（浙江师大 2019 年研；陕西师大 2016 年研；山西师大 2016 年研；云南师大 2014 年研；西北师大 2014 年研；南开大学 2012 年研）

答：(1)艺术在文化系统中的地位

艺术作为一种独特的文化形态或文化现象，在整个人类文化大系统中占有极其重要的地位。

①艺术参与和推动、体现和反映人类文化的历史发展进程。许多学者在研究人类文化历史进程时，常常把艺术作为其中的重要内容，例如在研究彩陶文化时，离不开对各种彩陶艺术品的研究，在研究青铜文化时，更离不开对青铜器审美特征及其文化内涵的分析。

②作为文化的独特组成部分，艺术必然受到文化大系统的制约。艺术作为文化大系统中的一个子系统，只是整个文化的一个有机组成部分，是一种独特的社会文化范畴，文化系统的整体性决定了它所属的子系统，必然从属和依附于文化大系统。社会文化大系统作为一种总的文化氛围或文化条件，直接制约着作家、艺术家和读者、观众、听众等每一个人文化心理结构的形成，从而间接对艺术的创作与欣赏产生巨大的影响。

③从精神文化内部来看，艺术同哲学、宗教、道德、科学之间，也是相互关联、彼此作用的。艺术与它们之间的这种相互关系表现在：一方面，艺术要受到哲学、宗教、道德、科学等其他精神文化的影响；另一方面，艺术也反过来影响着它们。

(2)艺术在文化系统中的价值

一方面，艺术与精神文化系统的各方面相互联系，相互影响，能够推动精神文化的发展。另一方面，艺术通过推动精神文化系统的发展促进物质文化和制度文化的发展。

(3)艺术在文化系统中的意义

艺术作为文化系统中的独特部分，发挥特殊的作用，是必不可少的成分。艺术从古至今伴随着文化系统，文化中包含审美和内涵都与艺术有着密不可分的联系。

6. 论述对艺术发展规律的理解。

相关试题：

(1)请结合实际，谈谈艺术发展中的继承与创新。（四川师大 2021 年研）

(2)试分析艺术发展的自律性和他律性以及艺术的民族性和世界性之间的关系。(东华大学2021年研)

答：在艺术理论发展史上，人们对艺术发展规律的阐述不尽相同，但是，绝大多数艺术理论家都认为应从艺术发展的模式和艺术发展的动力两个方面研究艺术发展的规律。

(1)艺术发展规律的含义。

艺术发展规律是艺术发展的本质的、必然的、稳定的联系。

(2)艺术发展规律的内容。

艺术发展规律主要包括艺术发展的他律性和自律性两方面。

①艺术发展的他律性是指艺术发展过程中，艺术与其他文化现象，如经济、政治、道德、宗教、哲学等本质的、必然的、稳定的联系，即揭示外因是怎样制约和推动艺术的发展。其中社会经济的发展是艺术发展的决定力量和最根本的社会原因，而政治对艺术的发展具有直接的、深刻的影响，宗教和道德对艺术的发展具有巨大影响。

②艺术发展的自律是指艺术自身的发展规律，具体表现为：

a. 从纵向的发展来看，指艺术发展的继承与革新。艺术的历史继承性首先表现为对本民族艺术遗产的吸取和接受，以及对其他民族和国家优秀文化和艺术成果的吸纳。艺术的历史继承性，在艺术的形式与技巧、内容、审美观念和创作方法等方面均有突出的表现。艺术发展的过程是一个不断除旧布新、推陈出新的过程。其中，继承和创新是紧紧连在一起的，没有继承就没有创新。在艺术发展中，继承是手段，创新是目的。创新是在继承基础上的创新。

b. 从横向的联系来看，指不同民族之间、民族艺术与世界艺术之间的联系。各民族社会生活的差异、特殊的思想情感、民族文化决定了艺术的民族性长期存在，同时各民族在艺术思想内容、艺术形式、艺术思潮、艺术流派、创作方法等方面相互影响。多元化的民族艺术经过相互影响、相互融合，最终形成世界的艺术。世界艺术反过来又影响民族艺术。

(3)艺术发展自律性和他律性的关系。

①就社会物质生活总体而言，艺术的发展只具有相对的独立性，并非绝对自足的系统。

②艺术作为一项特殊的社会意识形态和精神生产，其内在规律又有相当的特殊性，强调自律性意味着强调用艺术自身的特殊规律指导艺术的实践活动。无视艺术自律的特殊性，以外部社会条件否定艺术作为独立的精神范畴的价值，就会严重干扰艺术的健康发展。

中编　艺术种类

第五章　实用艺术

5.1　复习笔记

【知识框架(庖丁解牛)】

- 实用艺术
  - 实用艺术的主要种类
    - 建筑艺术
      - 建筑的要点
      - 建筑艺术的造型美和文化美
    - 园林艺术
    - 工艺美术与现代设计
      - 工艺美术的类别与审美特性
      - 现代设计的本质与内容
  - 实用艺术的审美特征
    - 实用性与审美性
    - 表现性与形式美
    - 民族性与时代性
  - 中外实用艺术精品赏析
    - 建筑艺术：北京故宫、悉尼歌剧院
    - 园林艺术：北京颐和园、苏州拙政园

【通关提要(提纲挈领)】

本章主要论述了实用艺术的主要种类和审美特征，其中审美特征为本章的重难点。学习时，要掌握实用艺术的含义及其具体内容，掌握建筑、园林、工艺美术与现代设计的艺术语言和表现手段，并能对中外实用的艺术精品加以赏析。本章出现的名词术语较多，名词解释考查频繁，此外也会考查简答题等。

【考点难点归纳(厚积薄发)】

考点一：艺术的分类及其意义(见表5－1)　★★

表5－1　艺术的分类及其意义

要点	具体内容		
分类	按艺术形象的存在方式分	空间艺术	绘画、雕塑、工艺美术、摄影艺术、建筑艺术和园林艺术等
		时间艺术	音乐、文学、曲艺等
		时空艺术	戏剧、电影、电视剧、舞蹈和杂技等

续表

要点	具体内容		
分类	按艺术形象的审美方式分	视觉艺术	绘画、雕塑、工艺美术、摄影艺术、舞蹈、杂技、建筑艺术和园林艺术等
		听觉艺术	音乐、曲艺等
		视听艺术	戏剧、电影和电视剧等
		想象艺术	主要指文学
	按艺术作品的内容特征分	表现艺术	音乐、杂技、舞蹈、抒情诗、建筑与园林等
		再现艺术	小说、电视剧、戏剧、故事影片、绘画与雕塑等
	按艺术形态的创造方式分	造型艺术	绘画、雕塑、工艺美术、摄影艺术、建筑艺术和园林艺术等
		表演艺术	音乐、舞蹈、戏剧、曲艺和杂技等
		语言艺术	文学的各种样式
		综合艺术	电影和电视剧等
	按艺术作品的功能分	美的艺术	美术、音乐、舞蹈、戏剧、电影、电视剧、摄影、曲艺和杂技等
		实用艺术	建筑艺术、园林艺术和实用工艺美术等
	按艺术作品的物化形式分	动态艺术	音乐、舞蹈、戏剧、影视等
		静态艺术	绘画、雕塑、建筑、实用工艺等
意义	通过揭示各类艺术的自身特性和发展规律，以及各自不同的物质媒介和艺术语言，能够深入认识和掌握其审美特征和美学实质，从而进一步推动各类艺术的提高和发展		

考点二：实用艺术的主要种类 ★★★

实用艺术指结合了实用性与审美性的表现性空间艺术，主要种类包括建筑艺术、园林艺术、工艺美术与现代设计等。

1. 建筑艺术

（1）建筑艺术的要点，见表5-2。

表5-2　建筑艺术的要点

要点	具体内容
建筑的含义	指建筑物和构筑物的通称，在原始的巢居和穴居的基础上发展而来，是人类用物质材料修筑的居住和活动的场所。建筑的基本形式是利用固体材料来建造一个空间，以满足人的居住的需要
建筑艺术的内涵	指遵循美的规律，运用建筑艺术独特的艺术语言，使建筑在具有象征性与形式美的同时，也兼具文化价值与审美价值，体现出民族文化和时代底蕴
类别	可以分为民用建筑、公共建筑、工业建筑、宾馆建筑、文化建筑、交通建筑、园林建筑、纪念性建筑、宗教性建筑、宫殿陵墓建筑等
造型手段	包括空间、形体、比例、尺度、韵律、布局、色彩、装饰和风格等
基本特性	包括：①双重性；②象征性；③空间广阔性

续表

要点	具体内容
原则	①古罗马建筑师维特鲁威提出建筑的三条基本原则："实用、坚固、美观"。随着技术发展，现代建筑艺术中"美观"的地位愈发重要。 ②建筑艺术应注重"建筑"与"艺术"的和谐统一，在满足人的物质需要和使用需要的同时，又能满足人的精神需求和审美需求
主要特征	包括：①空间与实体统一；②艺术与技术结合；③风格性与象征性
理论发展	①20 世纪 20 年代开始，以德国建筑家格罗皮乌斯为代表的"包豪斯学派"，主张按现代美学原则结合运用建筑、美术、工艺等艺术形式。 ②美国建筑家赖特提出"有机建筑"理论，提倡建筑应融人周边的自然环境，如同植物从自然环境中自然生长一样
现代建筑艺术的代表作	纽约的古根汉姆艺术馆、华盛顿的国家美术馆东馆、巴黎的蓬皮杜文化艺术中心、澳大利亚的悉尼歌剧院、巴西的议会大厦、法国的朗香教堂等

（2）建筑艺术的造型美和文化美，见表 5－3。

表 5－3　建筑艺术的造型美和文化美

要点		具体内容
造型美	空间	指建筑的基本形式要素。建筑通过筑造内外空间来满足人们的实用需要
	形体	指建筑物的总体轮廓。通过组合不同的线条和形体、空间和实体，同时结合建筑所处的环境，突出建筑的特色与艺术魅力
	比例	指处理建筑长宽高、凹与凸、虚与实等各部分之间的比例关系，是直接影响建筑造型美的因素
	均衡	指建筑在布局上的对称和谐，包括建筑物前后、左右、上下各部分之间的关系
	节奏	指通过建筑物的各个构成部分有规律的变化和排列方式所形成的韵律美
	色彩	指构成建筑特有艺术形象的重要手段，能带来心理上的独特的审美感受
	装饰	指构成建筑物艺术形象的有机组成部分，能给建筑物增辉添彩、画龙点睛
文化美		建筑艺术以直观的形式体现出民族文化和时代精神，反映出一定的社会意识形态和深刻的历史文化内涵

2. 园林艺术（见表 5－4）

表 5－4　园林艺术

要点	具体内容			
含义	指在一定的地域运用工程技术和艺术手段，通过适宜的建筑艺术手法创作而成的优美的自然环境和游憩区域，是广义上的建筑艺术之一，但有一定的相对独立性			
总特征	实用性与审美性、技术性与艺术性相结合，园林艺术更侧重审美性和艺术性			
分类	东方园林［以中国园林为代表］	类型	北方大型皇家园林	富丽堂皇，气魄宏大，如北京的圆明园、颐和园，承德的避暑山庄等
			江南小型私家园林	精巧别致，水石相映，饶有情趣，如苏州的拙政园、网师园，上海的豫园等

续表

要点	具体内容			
分类	东方园林［以中国园林为代表］	艺术风格	自然美	充分利用自然，呈现出一种花木众多、小桥流水、生态和谐的自然景致，如拙政园
			建筑美	运用民族建筑艺术形式，讲究亭、台、楼、阁、厅、堂、廊、榭等建筑形式感，追求周边自然环境和谐统一，如何园
			文化美	中国园林的精华与核心。中国园林艺术植根于中华民族文化，民族风格浓郁，民族底蕴丰厚，如留园
			境界美	追求情景交融的意境美，形成了独树一帜的艺术风格
			构思美	蕴藏着深厚的美学思想，运用借景、隔景、分景等各种艺术手法创造空间美感
	欧洲园林	①以法国园林为代表，追求几何形图案的形式，崇尚人工机械美，法国的凡尔赛宫花园是欧洲最具古典主义风格的园林艺术的杰作。 ②其他风格还有意大利台地园和英国自然风景园		
	阿拉伯式园林	从古代巴比伦园林和波斯园林发展起来，形成了以十字形道路口的水池为中心的格局，典型性代表是印度的泰姬陵		

3. 工艺美术与现代设计

(1)工艺美术，见表5－5。

表5－5　工艺美术

要点	具体内容	
定义	又称实用工艺，指在造型和外观上具有审美价值，并与人的日常生活相关的美术品的总称。工艺美术与物质材料和生产技术紧密联系，具有时代感和民族风格	
类别	日常生活实用品	艺术处理过后的日常生活用品。以实用性为主，装饰性为辅，在实用的基础上兼具观赏的功能
	民间工艺美术品	如竹编器件、木雕、剪纸等，原材料常见，制作工艺简单，价格亲民，实用的同时具有观赏价值
	特种工艺美术品	如景泰蓝器皿、玉雕等，原材料珍贵，制作工艺精细，价格昂贵，多为观赏、收藏用
基本特性	实用与审美的统一	①实用工艺品中实用性占主导，在艺术处理和加工时考虑实际需求。工艺美术品遵循适用、经济、美观的原则，审美价值要服务于实用目的。 ②装饰工艺中审美性占主导，追求装饰性
	因材施艺	工艺美术品是对一定的物质材料进行加工而成的，需遵循形式美的规律，根据原材料的性能以发挥其特长，显示出材料质地的自然美感，如玉雕中有“巧用俏色”，木雕利用天然形态，随物赋形

(2)现代设计，见表5－6。

表5－6　现代设计

要点	具体内容	
含义	狭义上又称工业设计或工业美术，从传统的工艺美术中衍生而来，并非纯粹的手工业品制作和纯艺术品创作，是20世纪中叶发展起来的新兴艺术范畴	
本质	针对现代化流水线式的工业生产，通过设计活动在产品中寻找艺术与技术的最佳融合点，使产品能完美地结合功能与形式、审美与功效	
分类和内容	产品设计	①追求功效与审美、功能与形式、技术与艺术之间的完美统一。 ②包括家具设计、服装设计、家用物品设计、办公用品设计，以及范围极广的工业产品设计(包括汽车设计、飞机设计、电器设计)等
	环境设计	①指人类改造和组织各种自然环境因素和人工环境因素，再对物质环境进行空间设计，使其符合人的行为需求和审美需求。 ②包括室内设计、庭园设计、建筑设计、城市设计、国土设计等，是基于整个社会和人类，围绕空间进行规划的创造性活动
	视觉设计	①指为了传达信息或使用标记所进行的视觉形象设计，又称平面设计。随着现代科技的发展，视觉设计已经突破平面设计，在色彩、图形等方面变得更加三维化、立体化，具有动态性，并扩展到新媒体等领域。 ②包括装帧设计、印刷设计、包装设计、展示陈列设计、视觉形象设计、广告设计等

考点三：实用艺术的审美特征　★★★★

1. 实用性与审美性的基本特点(见表5－7)

表5－7　实用性与审美性的基本特点

要点	具体内容	
实用性	应用范围广	实用艺术有各种门类，能够分别符合人类不同活动的实际需求
	审美从属、服务于实用	实用艺术的基本特点是实用性与审美性的有机统一。大多实用艺术品的实用性大于审美性，审美性从属于实用性、服务于实用性
	受生产技术影响	实用艺术与生产技术关系密切，物质材料直接制约和影响着实用艺术的发展
	受经济因素影响	实用性应考虑产品的经济利益问题，既压缩成本，又具使用价值
审美性	实用艺术常见于日常生活，发挥审美作用，带来美的享受，达到实用性的基础上兼有审美功能，以求物质和精神的统一	
实用性与审美性的关系	实用性是审美性的前提和基础，审美性又反作用于实用性，二者之间是相互促进、相辅相成、有机统一的关系，共同构成了实用艺术最基本的原则和特征	

2. 表现性与形式美(见表5－8)

表5－8　表现性与形式美

要点	具体内容
表现性	①英国美学家克莱夫·贝尔将其总结为“有意味的形式”，指利用线条、色彩、图案等来传达一定的思想情感与审美特征。 ②建筑、园林、工艺美术需要有“意味”，要包含艺术家的情感、美学风格和艺术修为。表现性是实用艺术的一个典型的美学特征

续表

要点	具体内容
形式美	①指各种形式因素的有规律、有安排的组合，形成某些共同特征和法则。 ②既包括色彩、线条、形体等因素，也包括对称均衡、多样统一等形式法则［“黄金分割”比例］
表现性和形式美的关系	在实用艺术中，表现性与形式美关系紧密，形式美是表现性的外在体现，表现性是形式美的内在灵魂

3. 民族性与时代性（见表5-9）

表5-9　民族性与时代性

要点	具体内容
民族性	建筑、园林、工艺美术等各类实用艺术，都具有强烈的民族风格和特色。如中国古典园林、西方园林、阿拉伯式园林都各自具有其独特的民族风格
时代性	①实用艺术往往反映了所处时代的社会情感、理想与时代特色。 ②社会生产力与科学技术是实用艺术发展的基础，这一点体现在实用艺术的材料与技术都反映了所处时代的技术特色与风格

考点四：中外实用艺术精品赏析 ★

1. 建筑艺术：北京故宫和悉尼歌剧院（见表5-10）

表5-10　建筑艺术：北京故宫和悉尼歌剧院

建筑	概述	赏析
北京故宫	①指中国古代皇宫建筑群，为明清两朝的皇宫。 ②建筑群位于北京中轴线的中心，为中国古代宫廷建筑之精华，也是全世界现存最大、最完整的宫殿式古建筑群。 ③故宫代表了中国古代建筑的最高水平	①故宫建筑群设计突出了皇权至高无上和封建等级森严的社会观念。 ②其色彩和装饰渗透着儒家思想，凝聚着封建社会的历史文化
悉尼歌剧院	①指澳大利亚悉尼市班尼朗岛上的一座风格独特的建筑，为悉尼市的地标建筑物。 ②由丹麦设计师约翰·伍重于1957年设计，1973年建成。 ③悉尼歌剧院是后现代建筑最成功的作品之一	①澳大利亚的悉尼歌剧院是“有机建筑”的重要代表作。 ②根据班尼朗岛的地理环境，设计师运用人机工程学原理，在人、环境、机械三者间建造，建筑与周围环境融为一体，成为生态环境的艺术

2. 园林艺术：北京颐和园和苏州拙政园（见表5-11）

表5-11　园林艺术：北京颐和园和苏州拙政园

建筑	概述	赏析
北京颐和园	①颐和园为中国古典园林之首，始建于1750年，位于北京西郊，为中国现存规模最大、保存最完整的皇家园林。	①颐和园气势磅礴、工艺精湛，运用“借景”式的设计手法，汇集各地有名建筑和胜景，融合中国历代园林艺术之精华。 ②颐和园以水取胜，主要建筑和风景点都面临湖水，或是俯览湖面。湖山结合，抱山环湖的长廊和石栏将昆明湖与万寿山巧妙联系成一个整体。

续表

建筑	概述	赏析
北京颐和园	②颐和园主要由万寿山和昆明湖组成，建筑风格吸收了中国各地精华，被誉为“皇家园林博物馆”	③巧妙地结合了自然景色和人工建筑，并大量采用了对比手法。 ④采用了“借景”“分景”“隔景”等多种建筑艺术手法。 ⑤“园中有园”。造园工匠利用地势较低、聚水成池的地方，布置了一处自成格局的小园“谐趣园”，给人焕然一新之感
苏州拙政园	①拙政园为江南古典园林代表，是中国四大名园之一，被誉为“中国园林之母”。始建于1509年，占地51950平方米。 ②主要建筑有远香堂、雪香云蔚亭、待霜亭、留听阁、十八曼陀罗花馆、三十六鸳鸯馆等	①拙政园独具东方艺术美感，蕴含诗情画意的中国传统艺术精神，反映出文人士大夫的审美情趣。 ②拙政园以水为主，水面约占全园面积3/5，建筑群多依水而建，饶有情趣。 ③拙政园的造园艺术特点为小中见大，以少胜多，因地制宜，采用借景、对景等手法，体现了“咫尺之内再造乾坤”的理想品质。 ④拙政园以“林木绝胜”著称，大部分是以植物为主体的景观

5.2　课后习题详解

一、单选题

1.“建筑和艺术虽然有所不同，但实质上是一致的，我的目标是寻求二者的和谐统一”是由以下哪位建筑师提出的观点？(　　)

A. 梁思成　　B. 吴良镛　　C. 安藤忠雄　　D. 贝聿铭

【解析】世界著名的华人建筑大师贝聿铭先生认为，建筑是艺术，不是钢筋和水泥的简单堆砌。贝聿铭指出：“建筑和艺术虽然有所不同，但实质上是一致的，我的目标是寻求二者的和谐统一。”

2. 提倡“有机建筑”理论，认为建筑应当从属于周围的自然环境，就像植物从它所在的环境中自然而然地生长出来一样的建筑师是(　　)。

A. 密斯·凡·德·罗　　B. 格罗皮乌斯

C. 赖特　　D. 勒·柯布西耶

【解析】被称为西方现代建筑四位大师之一的美国著名建筑家赖特提倡“有机建筑”理论，认为建筑应当从属于周围的自然环境，就像植物从它所在的环境中自然而然地生长出来一样。

3. 中国园林十分重视营造自然美和建筑美，北京的颐和园就采用了借景、分景、隔景等多种艺术手法来创造空间美感。如颐和园中的隔景，有一处自成格局的江南园林风格的“园中之园”，称为(　　)。

A. 谐趣园　　B. 佛香阁　　C. 仁寿殿　　D. 玉澜堂

【解析】中国园林十分重视营造自然美和建筑美，也蕴藏着十分丰富的美学思想，北京的颐和园就采用了借景、分景、隔景等多种艺术手法来创造空间美感。其中，颐和园中的

1D　2C　3A

隔景，是指颐和园中的谐趣园，是一个自成格局的江南园林风格的“园中之园”，从而使游人在颐和园这座北方大型皇家园林中，也能欣赏到南方小型私家园林的风光。

4. 早在两千余年前，古罗马建筑师维特鲁威就提出了建筑的三条基本原则：“______、______、______”。直至今天，它们仍然是建筑师们遵循的基本规律。(　　)

A. 实用；坚固；美观　　B. 坚固；时代；美观

C. 形式；坚固；审美　　D. 实用；时代；审美

【解析】早在两千余年前，古罗马建筑师维特鲁威就提出了建筑的三条基本原则：“实用、坚固、美观”。直至今天，它们仍然是建筑师们遵循的基本规律。尽管建筑的类型很多，尽管它们的实际使用功能不同，其实用成分与艺术成分的比重也各不相同，但毫无疑义，都必须遵循“实用、坚固、美观”的基本原则。

5. 世界三大园林体系，包括______(以中国园林为代表)、______(以法国园林为代表)，以及______，都具有极高的艺术性和观赏性。(　　)

A. 古典园林；西欧园林；西亚园林

B. 东方园林；西欧园林；西亚园林

C. 东方园林；欧洲园林；阿拉伯式园林

D. 古典园林；欧洲园林；阿拉伯式园林

【解析】世界三大园林体系，包括东方园林(以中国园林为代表)、欧洲园林(以法国园林为代表)，以及阿拉伯式园林，都具有极高的艺术性和观赏性。中国园林特别重视人与自然的亲和，可称为自然式；欧洲园林强调几何形图案，崇尚人工美，可称为几何式；阿拉伯式园林发源于古代巴比伦和波斯，主要是以十字形道路交叉处的水池为中心的格局。

6. ______、______、______，作为独立的艺术种类，都有它们各自的艺术规律和审美特征，它们共同组成了实用艺术这一大部类，因而，它们又具有某些共同的审美特征。(　　)

A. 民族艺术；建筑艺术；工艺美术和工业设计

B. 建筑艺术；园林艺术；现代美术和时代设计

C. 建筑艺术；园林艺术；工艺美术和现代设计

D. 民族艺术；建筑艺术；现代美术和工业设计

【解析】建筑艺术、园林艺术、工艺美术和现代设计，作为独立的艺术种类，都有它们各自的艺术规律和审美特征，它们共同组成了实用艺术这一大部类，因而，它们又具有某些共同的审美特征，包括：①实用性与审美性；②表现性与形式美；③民族性与时代性。

7. 从总体上讲，现代设计或工业设计大致包括以下三个方面的内容：______；______；______。(　　)

A. 现代设计(Modern Design)；结构设计(Structure Design)；形式设计(Form Design)

B. 产品设计(Product Design)；现代设计(Modern Design)；结构设计(Structure Design)

4A　5C　6C　7D

C. 视觉设计(Visual Design)；产品设计(Product Design)；结构设计(Structure Design)

D. 产品设计(Product Design)；环境设计(Environment Design)；视觉设计(Visual Design)

【解析】现代设计从狭义上讲，又被称作工业设计或工业美术，是从传统的工艺美术事业中发展起来的。20世纪中叶现代设计迅速发展起来，涉及范围十分广泛。从总体上讲，现代设计大致包括以下三个方面的内容：①产品设计(Product Design)；②环境设计(Environment Design)；③视觉设计(Visual Design)。

8. 建筑艺术、园林艺术、工艺美术和现代设计，作为独立的艺术种类，都有它们各自的艺术规律和审美特征，它们共同组成了实用艺术这一大部类，因而，它们又具有某些共同的审美特征，即：______；______；______。( )

A. 实用性与审美性；表现性与形式美；民族性与时代性

B. 实用性与表现性；主观性与共存性；民族性与时代性

C. 民族性与共存性；实用性与审美性；表现性与形式美

D. 形式美与审美性；表现性与共存性；主观性与时代性

【解析】建筑艺术、园林艺术、工艺美术和现代设计具有以下三个共同的审美特征：①实用性与审美性。任何实用艺术首先都应当具有实用性，如建筑应使人们在居住时感到舒适方便，实用工艺品应使人们在使用时感到称心如意等。实用艺术又具有审美性，即能够满足人的审美需要和精神需要。②表现性与形式美。实用艺术另一个重要的审美特点，就是特别注重表现性与形式美。③民族性与时代性。实用艺术具有浓郁的民族风格和鲜明的时代特色。因此，民族性与时代性的有机统一是实用艺术的重要审美特征之一。

二、判断题

1. 实用艺术不注重模仿客观事物，而是注重表现艺术家的审美理想或美学追求，因此，它不强调再现性，而强调表现性，从而形成了实用艺术表现性的特点。

【答案】正确

2. 现代建筑虽然仍然遵循“实用、坚固、美观”这三个原则，但是，“实用”被提到越来越重要的地位。

【答案】错误

【解析】现代建筑虽然仍然遵循“实用、坚固、美观”这三个原则，但是，“美观”被提到越来越重要的地位。这是因为随着现代科技的迅猛发展，人们的物质需要基本得到满足，从而提出了更高的精神需要，对于建筑的审美性或艺术性提出了更高的要求。

3. 包豪斯(Bauhaus)是1919年法国创办的一所建筑及产品设计学校，它的创始人就是著名建筑家格罗彼乌斯。

【答案】错误

【解析】“包豪斯”是1919年德国魏玛市创办的一所建筑及产品设计学校，它的创始人就是著名建筑家格罗彼乌斯。

三、名词解释

1. 实用艺术

答：实用艺术是指实用与审美相结合的表现性空间艺术，主要包括建筑艺术、园林艺术、工艺美术与设计艺术等。具体参见本章考点难点归纳相关内容。

2. 建筑艺术

答：参见本章考点难点归纳相关内容。

3. 空间

答：空间，是构成建筑艺术的造型美的重要因素之一，是建筑的基本形式要素。建筑主要通过创造各种内外空间来满足人们的实际需要。巧妙地处理空间，可以大大增强建筑艺术的表现力，如北京的天坛，就是用有形的建筑实体来表现无形的天宇，以具象的造型来体现象征的意蕴。

4. 形体

答：形体，是构成建筑艺术的造型美的重要因素之一，主要是指建筑物的总体轮廓，通过线条和形体、空间和实体的不同组合方式，以及建筑与环境的和谐统一，突出建筑物独特的个性色彩和特有的艺术感染力。例如南京的中山陵依山而建，把连绵不断的自然山势当作建筑空间的有机组成部分，再加上宽阔绵长的多层台阶，造成了一种雄壮崇高的感觉，中山陵独特的建筑艺术形象，也增强了它的纪念性和造型美。

5. 比例

答：比例，是构成建筑艺术的造型美的重要因素之一，主要是指巧妙处理建筑物各部分之间的比例关系，建筑物长宽高的比例、凹与凸的比例、虚与实的比例等，都直接影响到建筑美。如北京人民大会堂除了整个建筑的巨大形体外，外观给人突出印象的就是那些巨大的圆柱了，当年在设计和施工时，这些圆柱的尺寸和比例经过反复研究，使其既与整个建筑相协调，又显示出擎天柱一般的雄伟景象。

6. 均衡

答：均衡，是构成建筑艺术的造型美的重要因素之一，主要是指建筑在构图上的对称。包括建筑物前后、左右、上下各部分之间的关系，均衡对称常常给人一种严肃庄重的感觉，增加崇高的美感。最常见的均衡方式是在中轴线的左右实现对称，如北京的故宫，作为一个完整的建筑群非常均衡对称，其中每座建筑物都是在以高大的太和殿为中心的由南到北的中轴线上展开。

7. 节奏

答：节奏，是构成建筑艺术的造型美的重要因素之一，是指通过建筑物的墙、柱、门、窗等构成部分有规律的变化和排列，产生一种韵律美或节奏美。在这一点上，建筑和音乐具有共同之处，因而人们把它们分别说成是“凝固的音乐”和“流动的建筑”。例如，我国著名的建筑学家梁思成先生就曾经专门研究过故宫的廊柱，并从中发现了十分明显的节奏感与韵律感，从天安门经过端门到午门，就有着明显的节奏感，两旁的柱子有节奏地排列，形成连续不断的空间序列。

8. 园林艺术

答：参见本章考点难点归纳相关内容。

9. 工艺美术

答：参见本章考研真题与典型题详解名词解释第3题答案。

10. 现代设计

答：参见本章考点难点归纳相关内容。

11. 产品设计

答：产品设计是指对产品的造型、结构和功能等方面进行综合性的设计，以便生产制造出符合人们需要的实用、经济、美观的产品。具体参见本章考点难点归纳相关内容。

12. 环境设计

答：参见本章考点难点归纳相关内容。

13. 视觉设计

答：参见本章考研真题与典型题详解名词解释第4题答案。

四、简答题

1. 在欧洲，人们把建筑称作“石头的史书”，应如何理解？请举例说明。

答：建筑艺术作为民族文化的体现和时代精神的镜子，又总是以直观形象的方式反映出一定的社会意识形态和深刻的历史文化内涵。中外古今的建筑，真可以称得上是千姿百态。由于历史的悠久、数量的众多、风格的差异、民族和时代的特色，这些建筑具有很高的审美认识价值和文化价值。在欧洲，人们甚至把建筑称作“石头的史书”，认为从中可以通览人类的文化史和文明史。显然，在欣赏建筑艺术时，除了欣赏它外观的造型美之外，更应当鉴赏它内在的艺术意蕴和文化内涵，从而认识时代、认识社会、认识历史。例如，中世纪的欧洲，宗教统治根深蒂固，在建筑艺术中也鲜明地体现了出来，如有名的“哥特式建筑”，就几乎反映了整个中世纪社会生活的复杂内容。最典型的哥特式建筑可以巴黎圣母院为例，这座教堂的正面是一对高60余米的钟塔，靠近后面是一座高达90米的尖塔。这座建筑物的高度是惊人的，它象征着中世纪教会的无上权威，高高地凌驾于整个城市之上。尤其是它的尖塔，那尖形的拱顶，那又高又细的柱子等，都是垂直向上，直刺青天，给整个教堂制造出一种上升、凌空、缥缈的艺术效果，目的是把那些饱尝人世痛苦的信徒的目光引向苍天，使他们忘却现实，憧憬天堂。

到了18世纪初叶，反映贵族审美趣味的“洛可可式建筑”风格，从法国兴起后很快盛行于欧洲。洛可可式建筑大多外形富丽堂皇，装饰奇特精巧，复杂的曲线，故意造成不对称感，室内装饰广泛采用昂贵的壁画和巨大的镜子，表现出贵族上层阶级的审美理想。

从18世纪后半叶开始，封建贵族文化进入了衰落期，启蒙运动的思想在欧洲大陆广泛传播，洛可可式建筑也逐渐让位给“新古典主义建筑”了。

显然，建筑艺术的历史具有丰富的时代和文化内涵。苏联美学家鲍列夫甚至认为：“人们惯于把建筑称作世界的编年史，当歌曲和传说都已沉寂，已无任何东西能使人们回想一去不返的古代民族时，只有建筑还在说话。在‘石书’的篇页上记载着人类历史的时代。”

2. 中国古典园林有哪些类型，各自的特点是什么？

答：中国古典园林的类型及各自的特点有：

(1)北方大型皇家园林，如北京的圆明园、颐和园、承德的避暑山庄等。特点有：

①气魄宏大、富丽堂皇、面积巨大、以大见长，堪称崇高或壮美。

②将自然景色和人工建筑巧妙地结合在一起，人工美和自然美形成强烈对比。

③使用借景、分景、隔景等多种艺术手法。

(2)江南小型私家园林，如苏州的拙政园、网师园、西园、留园、扬州的何园、个园、上海的豫园等。特点有：

①精巧别致、饶有情趣、小巧玲珑、曲径通幽、诗情画意、以小取胜，堪称优美或秀美。

②更富于中国传统艺术精神，更具有情景交融的艺术意境，更能反映文人士大夫的审美情趣。

③造园艺术通过以少胜多的方法，在不大的天地里创造出美妙的空间。

④重含蓄、重神韵，咫尺山林、小中见大。

总而言之，不管是北方大型园林，还是南方小型园林，都是将自然美和建筑美有机地融合在一起，在有限的空间里创造出深远的意境，将山水、花木和亭台楼阁、厅堂廊榭等巧妙地结合起来，并且特别注意从诗词歌赋中吸取精华，追求情景交融的意境美，从而形成了鲜明而独特的艺术风格。

3. 为什么说“中国园林真正的精华与核心是它的文化美”？

答：中国园林真正的精华与核心是它的文化美是因为中国园林艺术深深植根于民族文化沃土，因而具有浓郁的民族风格和民族色彩。

(1)中国古典园林中，大量采用楹联、匾额、碑刻、书画题记等，有的还流传着许多为园林增添异彩的传说或典故，真可以说是将自然风景美、建筑艺术美和历史文化知识三者融为一体，处处使人感受到悠久民族文化传统的氛围。

例如，作为苏州四大古名园之一的留园，不仅建筑宏伟，内部装饰陈设古朴典雅，还有著名的长廊，廊壁上嵌历代书法家石刻300余方，被称为“留园法帖”。另一座苏州四大古名园之一的狮子林，嵌有《听雨楼帖》等书条石刻60余方，镌有宋代四大名家苏轼、黄庭坚、米芾、蔡襄的书法，以及文天祥的《梅花诗》等，尤其引人注目。

(2)中国传统文化强调情景交融，借景抒情，创造诗情画意的意境，古典园林艺术在这方面有许多实例。

如避暑山庄水心榭北面的临湖建筑，原是清帝书斋，建筑布局取北方四合院手法。康熙皇帝亲笔题额为“月色江声”，就是取意于苏轼《赤壁赋》，每当月上东山、万籁俱寂之时，只见满湖清光、波涛拍岸，颇有诗情画意。避暑山庄正门有乾隆题额“丽正门”三字，也是取《易经》中“日月丽乎于天”之意，用汉、满、蒙、藏、维五种文字刻成。避暑山庄分宫殿区与苑景区两大部分，苑景区分为湖区、平原、山峦三个景区，包括康熙以四字题名的三十六景和乾隆以三字题名的三十六景，如上所举“月色江声”与“丽正门”等，都是根据传统文化艺术的各种典故，取山、水、林、泉等不同自然景观而命名。

因此，正是由于中国传统园林将风景美、艺术美和文化美融为一体，而更加富有魅力。

4. 请简述工艺美术品的三大类型。

答：工艺美术直接受到物质材料和生产技术的制约，具有鲜明的时代风格和民族特色。工艺美术品的范围极其广泛，几乎包括除建筑以外人类所有的日常生活用品。具体来讲，主要包括以下三大类：

(1)经过艺术处理的日常生活实用品，如漂亮的绣花枕套、精致的被面床单、美观的玻璃器皿等，这些用品多是以实用为主，装饰为辅，或者说，它们是在实用的基础上兼有观赏的功能。

(2)民间工艺美术品，如竹编器件、草编器件、蜡染织物、泥塑、木雕、剪纸等，它们采用的原材料一般比较普通，工艺比较简单，价格也比较便宜，既可供使用，又可供观赏。

(3)特种工艺美术品，如景泰蓝器皿、象牙雕刻、瓷器、玉雕等，它们采用的原材料比较珍贵，工艺非常精细，价格也比较昂贵，主要供观赏和珍藏之用，这些特种工艺品实际上已经不具有实用价值，而主要是具有审美价值和艺术价值了。

5. “任何实用艺术首先都应当具有实用性”，应如何理解？

答：参见本章课后习题详解论述题第2题答案。

五、论述题

1. 从总体上讲，现代设计或工业设计包括哪些内容？请结合具体设计作品说明。

答：从总体上讲，现代设计或工业设计，涉及范围十分广泛，主要内容大致分为三类：

(1)产品设计

产品设计，是现代三大设计的一个大类之一，从家具、餐具、服装等日常生活用品到汽车、飞机、电脑等高新技术产品，都属于产品设计的范畴。它最突出的特点，是将造型艺术与工业产品结合起来，使得工业产品艺术化。产品设计或称作狭义的工业产品设计，其本质是追求功效与审美、功能与形式、技术与艺术的完美统一。如深泽直人为无印良品设计的一款音乐播放器，它的设计融入了儿时的回忆，小的时候电灯和电扇都是拉线的，这款CD Player也采用了相同的设计，以拉线代替开关。这个设计曾获日本国家优秀设计奖和德国IF设计金奖。

(2)环境设计

环境设计是指人类对于各种自然环境因素和人工环境因素加以改造和组织，对物质环境进行空间设计，使之符合人的行为需要和审美需要。环境设计包括室内设计、庭园设计，建筑设计、城市设计和国土设计等，它是以整个社会和人类为基础，以对空间进行规划为中心的创造性活动。著名设计大师贝聿铭为苏州博物馆设计的建筑是他的经典代表作之一，他设计了一座结合园林、本地传统建筑的现代化馆舍，把古建筑、新建筑和创新山水园林三位一体展现出来。在整体布局上，新馆巧妙地借助水面，与紧邻的忠王府、拙政园水乳相融，成为其建筑风格的延展。

(3)视觉设计

视觉设计是指人们为了传递信息或使用标记所进行的视觉形象设计。从狭义上讲，视觉设计又被称作平面设计。视觉设计范围十分广泛，包括装帧设计、印刷设计、包装设计、展示陈列设计、视觉形象设计、广告设计等。尤其是随着现代科技的发展，视觉设计已经不再局限于平面设计，而是充分调动了光、色、文字、图形、运动等多种手段，扩展到电视、计算机等领域。

综上可知，现代设计已经同传统的工艺美术有了根本的区别。现代设计针对的是现代化的工业批量生产，体现出技术与艺术的完美统一，使产品既能够满足人的物质需要(使用功能)，又能满足人的精神需要(审美功能)。随着社会的进步、科技的发展，以及人们物质文化与精神文化水平的不断提高，现代设计这门新兴学科将发挥出越来越重要的作用。

2. 如何理解实用艺术的实用性与审美性？请举例说明。

答：(1)实用艺术的实用性

任何实用艺术首先都应当具有实用性，如建筑应使人们在居住时感到舒适方便，实用工艺品应使人们在使用时感到称心如意等。认识实用性应当注意以下几点：

①应当对实用性作比较宽泛的理解。因为人类的实际活动是多种多样的，包括生产劳动、日常生活、社交活动、文化生活等许多领域，所以实用艺术中的各个门类，甚至每一门类中的不同类型，都应当分别符合人类不同实际活动的需要。例如，住宅楼的实用性主要是适宜人们日常的起居生活，剧院的实用性主要是保证观众充分欣赏演出，而陵墓、纪念堂的实用性则主要是创造肃穆庄严的气氛。

②实用艺术以实用性与审美性相结合为基本特点，但对于大多数实用艺术品来讲，实用是为主的，审美应当从属于实用，服务于实用。如陶瓷茶具、酒具，以及竹编篮子、筐子等，都首先应当让人感到方便适用，然后才谈得上漂亮美观。因此，实用工艺品在设计制作过程中，常常都是首先考虑到使用效果，根据实用特点来进行艺术处理与美化装饰。例如河北满城出土的西汉“长信宫灯”，既是一件造型新颖独特的青铜工艺品，又是一件方便适用的生活用品。

③实用艺术与生产技术具有紧密的联系，物质材料直接制约和影响着实用艺术的发展。建筑材料从木石砖瓦到钢筋水泥，不仅直接影响到建筑的设计和施工，而且直接影响到建筑美学思想的变化。实用工艺美术与科学技术和生产成就的联系更为密切，甚至在一定的意义上可以讲，工艺美术生产的水平常常代表了那个时代生产力发展的水平，例如陶器时代、青铜器时代等。

④由于实用艺术往往需要耗费大量的物质材料和人工劳力，所以它的实用性也应当考虑产品的用料、费时、加工和成本等经济方面的问题，尽量做到省工省料和降低成本。

(2)实用艺术的审美性

实用艺术具有审美性，即能够满足人的审美需要和精神需要。由于实用艺术在我们日常生活中随时随地都可以见到，所以它几乎每时每刻都在发挥着审美作用，给人以美的感受，从而在实用的前提下兼有审美的功能，达到物质和精神的统一。例如，我国数量众多的古代建筑艺术和园林艺术，以其独特的艺术魅力，成为名胜风景区的精华，使人们在游览观赏时，不但能够欣赏到自然风光之美，还能领略到传统艺术之美，并进而获得丰富的历史文化知识。仅杭州西湖园林风景区中，就有大型的亭榭、楼阁、寺庙、园林等三十多处，为风景如画的自然风光增色添彩，处处让人感受到悠久民族传统文化的氛围。

实用艺术应当是实用性与审美性的有机统一。实用性是审美性的前提和基础，审美性反过来也可以增强实用性，二者相互促进，缺一不可，密不可分，共同构成了实用艺术最基本的原则和特征。尤其需要指出，随着社会生产力的不断发展和人民群众生活水平的不断提高，审美性在实用艺术中的比重越来越大，人们对实用艺术美的要求，比过去任何时候都更加广泛和迫切。

3. 为什么说在实用艺术中，表现性与形式美密不可分？

答：在实用艺术中，表现性与形式美密不可分，可以从以下几个方面来理解：

(1)实用艺术一个重要的审美特点，就是特别注重表现性与形式美。实用艺术作为表现性空间艺术，不注重模仿客观事物的再现性，而是注重表现某种朦胧抽象的情调和意味。实用艺术的这种表现性，正如英国现代著名美学家克莱夫·贝尔所说的那样，是一种“有意味的形式”，也就是用色彩、线条、造型、图案等外部形式，来传达和表现出一定的情绪、气氛、格调、意味。而所谓“意味”，就是某种朦胧宽泛的情绪或情感。建筑艺术、园林艺术、工艺美术都需要表现出“意味”来，也就是要表现出艺术家的情感、风格和美学追求。因而，表现性是实用艺术一个重要的美学特征，也构成了它与戏剧、小说、电影等再现艺术的根本区别。

(2)实用艺术的这种表现性，使得它比其他艺术更加偏重于形式美。所谓形式美，主要是指各种形式因素的有规律的组合，从而形成了某些共同的特征和法则，它包括色彩、线条、形体等因素，也包括对称均衡、多样统一等形式法则。人类在长期实践活动中发现和总结了许多形式规律，并且不断地创造出新的形式规律，从而大大提高了美的创造力和艺术的表现力。例如建筑艺术中，自从古希腊的毕达哥拉斯学派发现了“黄金分割”的比例后，历代的建筑师们一直把它奉为重要的形式美法则来遵循。两千多年前，古希腊罗马的建筑师就精心设计出他们认为比例关系最美的五种柱式，形成了建筑艺术史上有名的“五种典范”或“五种柱式”。

(3)当然，形式美的法则并不是凝固不变的，随着时代的发展和科技的进步，形式美的法则也在不断变化和发展。对于实用艺术来说，由于它与生产技术的密切联系，这种变化更为明显，值得我们在欣赏它的形式美时加以注意。尤其是20世纪以来，随着大工业生产的发展和建筑艺术的突飞猛进，建筑家们开始扬弃传统的形式美法则，反对历来推崇的对称均衡、整齐划一等，追求建筑艺术形式美的探索和创新。

总之，在实用艺术中，表现性与形式美密不可分。形式美是表现性的外部体现，表现性是形式美的内在灵魂。

4. 为什么说实用艺术是民族性与时代性的有机统一？请举例说明。

答：参见本章考研真题与典型题详解论述题第1题答案。

5. 实用艺术具有哪些审美特征？请结合具体作品说明。

答：实用艺术有如下三大审美特征：

(1)实用性与审美性

参见本章课后习题详解论述题第2题答案。

(2)表现性与形式美

参见本章课后习题详解论述题第3题答案。

(3)民族性与时代性

参见本章考研真题与典型题详解论述题第1题答案。

5.3 考研真题与典型题详解

一、填空题

1. 实用艺术分为(　　)、(　　)、(　　)与(　　)。(山西师大2012年研)

【答案】建筑艺术；园林艺术；工艺美术；现代设计

【解析】实用艺术是指既强调实用性，又注重审美价值的表现性空间艺术，通常可分为建筑艺术、园林艺术、工艺美术以及现代设计等不同种类。

2. 实用艺术既具有(　　)，又具有审美价值。(浙农林大2014年研)

【答案】实用价值

【解析】实用艺术既具有实用价值，又具有审美价值。大多实用艺术品都是采用实体性物质材料而创造，同时兼具实用性与审美性。

3. 一般说来，我国古代的园林可分为两大类，一类是(　　)，另一类是(　　)。(浙农林大2012年研)

【答案】北方大型皇家园林；江南小型私家园林

【解析】中国古代的园林主要分为两大类：①北方大型皇家园林，气势宏大，雍容华贵；②江南小型私家园林，精巧别致，水石相映。

二、选择题

1. 建筑属于艺术门类划分中的(　　)。(四川师大2015年研)

A. 表演艺术　　B. 实用艺术　　C. 想象艺术　　D. 时间艺术

【解析】建筑属于艺术门类中的实用艺术。建筑是技术与艺术的综合体，是建筑物与构筑物的总称，是人们为了满足社会生活需要，利用所掌握的物质技术手段，并运用一定的科学规律、风水理念和美学法则创造的人工环境。

2. 建筑最基本和最主要的功能是(　　)。(首都师大2012年研)

A. 观赏性　　B. 审美性　　C. 技术性　　D. 实用性

【解析】古罗马建筑师维特鲁威在两千年前提出了建筑的三条基本原则："实用、坚固、美观"。直至今天，它们仍然是建筑师们遵循的基本原则，实用是建筑最基本和最主要的功能，但"美观"被提到越来越重要的地位。

1B　2D

3. 在中世纪的七种机械艺术：商贸、农业、狩猎、编织、医药、装备和演剧中，建筑艺术被划分在(　　)机械艺术之中。(首都师大2011年研)

A. 商贸　　B. 农业　　C. 编织　　D. 装备

【解析】在中世纪的七种机械艺术中，建筑艺术被划分于装备机械艺术之中。建筑艺术是指按照美的规律，运用建筑艺术独特的艺术语言，使建筑形象具有文化价值和审美价值，具有象征性和形式美，体现出民族性和时代感。

4. “有意味的形式”是英国美术批评家(　　)和罗杰·弗莱提出的。(首都师大2012年研)

A. 雷诺兹　　B. 克莱夫·贝尔　　C. 罗斯金　　D. 格林伯格

【解析】英国美术批评家克莱夫·贝尔将实用艺术的表现性总结为“有意味的形式”，是指可以激起审美感情的线条、色彩所组成的纯粹形式。克莱夫·贝尔和罗杰·弗莱都是著名的“形式派”美学家。罗杰·弗莱积极宣传欧洲大陆的艺术和设计，在其编著的《视觉与设计》中，他强调了“形式”比“内容”更重要，即一件艺术作品的视觉特征，其重要性要超过它的主题内容。该书迄今仍被认为是现代主义理论的发展过程中最杰出的贡献之一。

三、名词解释

1. 实用艺术(浙江理工2018年研；昆明理工2018年研；北京城市学院2018年研；北影2016年研；南航2015年研；杭州师大2014年研；辽宁大学2013年研；陕西师大2012年研)

答：实用艺术是指结合了实用性与审美性的表现性空间艺术，主要种类有建筑艺术、园林艺术、工艺美术与现代设计等。具体参见本章考点难点归纳相关内容。

2. 建筑艺术的三条基本原则(福州大学2018年研；广西民大2017年研；广州大学2016年研；山东师大2016年研)

相关试题：建筑艺术(宁波大学2018年研)

答：参见本章考点难点归纳相关内容。

3. 工艺美术(齐鲁工业2019年研；宁波大学2018年研；首都师大2016年研；武汉科技2016年研；华南理工2015年研；福州大学2015年研；辽宁大学2015年研)

相关试题：工艺与设计艺术(聊城大学2018年研)

答：工艺美术，又称实用工艺，是指在造型和外观上具有审美价值，并与人的日常生活相关的美术品的总称。工艺美术与物质材料和生产技术紧密联系，具有时代感和民族风格。工艺美术品主要包括三类：①日常生活实用品，以实用性为主，装饰性为辅，在实用的基础上兼具观赏的功能；②民间工艺美术品，如竹编器件、木雕、剪纸等，原材料较常见，制作工艺简单，价格亲民便宜，实用的同时具有观赏价值；③特种工艺美术品，如景泰蓝器皿、玉雕等，原材料珍贵，制作工艺精细，价格昂贵，多用于观赏和收藏，已不具有实用价值。

3D　4B

4. 视觉设计（深圳大学 2013 年研）

答：视觉设计是指为了传达信息或使用标记所进行的视觉形象设计，又称平面设计。随着现代科技的发展，视觉设计已经超越了平面设计，在色彩、图形等方面变得更加三维化、立体化，具有动态性，并扩展到新媒体等领域，包括装帧设计、印刷设计、包装设计、展示陈列设计、视觉形象设计、广告设计等。

5. 形式美（中传 2018 年研；河南大学 2018 年研；宁夏大学 2018 年研；郑州大学 2017 年研；宁波大学 2017 年研；重庆大学 2014 年研）

答：形式美是指各种形式因素通过有规律、有安排的组合，形成某些共同特征和法则，既包括色彩、线条、形体等因素，也包括对称均衡、多样统一等形式法则。人类在长期实践活动中发现和总结了许多形式规律，并且不断地创造出新的形式规律，从而大大提高了美的创造力和艺术的表现力。在实用艺术中，表现性与形式美关系紧密。形式美是表现性的外在体现，表现性是形式美的内在灵魂。

6. 有意味的形式（东南大学 2022 年研；首都师大 2017 年研；湖北美院 2017 年研；清华大学 2016 年研）

答："有意味的形式"是英国艺术批评家克莱夫·贝尔提出的对艺术本质理解的表述，是指可以激起审美感情的线条、色彩所组成的纯粹形式。建筑艺术、园林艺术、工艺美术都需要表现出"意味"来，也就是要表现出艺术家的情感、风格和美学追求。贝尔认为这种形式既让我们了解实物，又创造了审美感情。它是艺术家主观审美情感的表现和主观创造，是独立于外部事物的一种新的精神性的现实，它可传达创作者的感情，是区别艺术品与非艺术品的"最基本的性质"。审美活动是对这种"有意味的形式"的观照。

7. 巴洛克艺术（扬州大学 2019 年研；武汉理工 2010 年研）

答：巴洛克艺术是指 17 世纪风行于欧洲的一种艺术风格。巴洛克艺术在建筑和雕塑上的代表有贝尼尼，在绘画上的代表为鲁本斯。巴洛克艺术的特点主要有：①豪华。既有宗教特色又有享乐主义的色彩。②激情。打破理性的宁静和谐，具有浓郁的浪漫主义色彩，强调艺术家的丰富想象力。③运动与变化。巴洛克艺术的灵魂在于运动感和不断的变化。④空间感和立体感。⑤综合性。巴洛克艺术强调艺术形式的综合手段，例如在建筑上重视建筑与雕刻、绘画的综合。此外，巴洛克艺术还吸收了文学、戏剧、音乐等领域的元素。⑥浓重的宗教色彩。

8. 包豪斯

答：包豪斯是 1919 年著名建筑家格罗皮乌斯于德国魏玛市创办的一所建筑及产品设计学校。包豪斯的创立标志着现代设计的诞生，也是世界上第一所完全为发展现代设计教育而建立的学院。包豪斯主张适应现代大工业生产和生活需要，以讲求建筑功能、技术和经济效益为特征，提倡客观地对待现实世界，在创作中强调以认识活动为主，并且猛烈批判复古主义。在设计理论上，包豪斯提出了三个基本观点：①艺术与技术的新统一；②设计的目的是人而不是产品；③设计必须遵循自然与客观的法则来进行。这些观点对于工业设计的发展起到了积极的作用，使现代设计逐步由理想主义走向现实主义，即用理性的、科学的思想来代替艺术上的自我表现和浪漫主义。包豪斯于1932年迁往柏林，不久停办，学派的许多重要成员先后流亡国外，包豪斯的学术观点和教育观点随之传播四方，促进了工业设计的发展。

四、简答题

1. 近现代艺术理论关于艺术分类的主要方法有哪几种？（陕西师大2018年研；江苏师大2017年研）

相关试题：

(1)什么是艺术的分类？（东南大学2018年研）

(2)简述艺术门类的分类方式。（四川师大2021年研；山东大学2017年研）

答：参见本章考点难点归纳相关内容。

2. 简要介绍建筑艺术的分类、特征及基本常识。（河北大学2011年研）

答：建筑艺术是指遵循美的规律，运用建筑艺术独特的艺术语言，使建筑具有文化价值和审美价值、象征性和形式美，体现出民族文化和时代底蕴的艺术形式。其分类、特征及基本常识如下：

(1)建筑艺术的分类

根据功能的不同，建筑艺术可分为民用建筑、公共建筑、工业建筑、宾馆建筑、文化建筑、交通建筑、园林建筑、纪念性建筑、宗教性建筑、宫殿陵墓建筑等。

(2)建筑艺术的特征

①造型美

建筑艺术是一种空间造型艺术，建筑的审美特性主要表现为造型美。建筑有丰富的艺术语言和表现手段，通过空间、形体、比例、均衡、节奏、色彩、装饰等多种元素共同构成建筑艺术的空间造型美。

②文化美

建筑艺术是民族文化的体现和时代精神的镜子，能反映出一定的社会意识形态和深刻的历史文化内涵。建筑具有极高的审美认识价值和文化价值，在欣赏建筑艺术时，除欣赏其外观造型美，还应鉴赏其内在的艺术意蕴和文化内涵，从而认识时代、认识社会、认识历史。

(3)建筑艺术的基本常识

①建筑有三条原则：实用、坚固、美观。

②任何建筑都应是物质功能与审美功能、实用性与审美性、技术性与艺术性的统一。

③建筑艺术是一种空间造型艺术，也是一种环境艺术。

五、论述题

1. 怎样理解实用艺术的审美特征之民族性和时代性的有机统一？（浙农林大2017年研）

相关试题：你如何理解实用艺术的民族性与时代性？请举例谈谈。（南航2017年研）

答：民族性与时代性的有机统一是实用艺术的重要审美特征之一。实用艺术是民族性与时代性的有机统一，是因为实用艺术具有浓郁的民族风格和鲜明的时代特色，二者是有机统一的，具体表现为：

(1)实用艺术的民族性。

①建筑艺术的民族风格和特色格外鲜明。例如北京的故宫与法国巴黎的凡尔赛宫具有截然不同的宫廷风格，我国古代建筑自成体系，在建筑结构、组群布局、艺术形象、城市园林等各方面，都体现出鲜明的东方建筑特点。

②园林艺术中，例如中国古典园林追求诗情画意、天人合一，而西方园林和阿拉伯式园林更追求对称大气。我国古典园林与文化传统关系密切，许多园林意境取材于古代文化，引用神话传说，借鉴文化典故，诗化自然风光，追求诗情画意的审美境界。

③传统工艺中，例如中国陶瓷，我国在制瓷方面有杰出成就，被誉为"瓷器之国"，英语中 China 即为"中国"，而原意是"瓷器"，可见，瓷器已作为中国民族特色的代表工艺产品走向世界，成为了中国一张闪亮的名片。

(2)实用艺术的时代性。

①工艺美术中，例如中国古代青铜器的纹饰就体现出鲜明的时代特色，殷商时期的青铜器纹饰大多是兽面纹亦即"饕餮纹"，具有明显的奴隶社会印记，象征着奴隶主阶级统治的权威和秩序。

②建筑艺术中，例如古埃及金字塔是古埃及奴隶社会时期建筑的代表；哥特式教堂则是西欧中世纪建筑的代表；法国新古典主义建筑是欧美资产阶级革命时期建筑的代表；德国包豪斯校舍可以说是现代建筑艺术的开端等。

③实用艺术的时代性还表现为社会生产力与科学技术是实用艺术发展的基础，这一点体现在实用艺术的材料与技术都反映了其所处时代的技术特色与风格。以建筑为例，第二次工业革命爆发以来，机器大生产与工业大发展极大地促进了科学技术的进步。最新技术与材料应用至建筑中，催生了一大批高层新型建筑物，且形式愈发多元，最终演化成现今丰富多彩的现代建筑艺术风格。

2. 建筑的主要艺术语言和表现手段有哪些?

答：建筑的艺术语言和表现手段非常丰富，包括空间、形体、比例、均衡、节奏、色彩、装饰等许多因素，共同构成了建筑艺术的造型美。具体参见本章考点难点归纳相关内容。

3. 西方建筑艺术经历了哪些发展阶段？各阶段的特点是什么？

答：西方建筑艺术经历了以下几个发展阶段：

(1)古希腊和古罗马建筑。古希腊建筑，主要是柱式建筑，属于梁柱体系，早期主要建筑材料是石料。建筑样式较单一，内部空间封闭简单。古希腊的毕达哥拉斯学派发现"黄金分割"比例，罗马建筑师由此设计出了建筑艺术史上有名的"五种柱式"，如距今 2400 年前的采用了雄浑刚健的多立克柱式的古希腊帕提农神庙。

(2)拜占庭式建筑。公元 395 年，罗马帝国分裂为东西两个国家，这一时期的拜占庭帝国，就产生了拜占庭建筑风格。"拜占庭"原是古希腊的一个城堡。从历史发展的角度来看，拜占庭建筑是在继承古罗马建筑文化的基础上发展起来的，同时，由于地理关系，它又汲取了波斯、两河流域、叙利亚等东方文化，形成了自己的建筑风格。最突出的特点是在拱券结构上形成帆拱结构，比如土耳其的圣索菲亚大教堂的穹窿顶。

(3)哥特式建筑。中世纪的欧洲，宗教统治根深蒂固，在建筑艺术中具有鲜明的体现，即“神权至上”。最典型的哥特式建筑是巴黎圣母院，高度惊人，象征着中世纪教会的无上权威，尖形的拱顶和又高又细的柱子，垂直向上，直刺青天，给整个教堂制造出一种上升、凌空、缥缈的艺术效果。哥特式建筑特点是全石材，具有尖形拱券结构，高耸挺拔，轻巧神秘。

(4)巴洛克建筑。巴洛克风格是17世纪初至18世纪上半叶流行于欧洲的主要艺术风格。巴洛克建筑起源于17世纪的意大利，在文艺复兴的基础上，将原本罗马人文主义的文艺复兴建筑，添上新的华丽、夸张及雕刻风气，发展出的一种彰显出国家与教会的专制主义的丰功伟业的建筑。巴洛克建筑具有富丽豪华的特点，综合各种艺术手段，集绘画、雕塑、建筑为一体，气势宏伟壮丽，如位于罗马的圣彼得广场。

(5)洛可可式建筑。18世纪初叶，法国兴起了代表贵族审美趣味的洛可可式建筑风格，随之风靡于欧洲。这类建筑风格以曲线设计打破了建筑的对称均衡原则，奢靡华丽，外形富丽堂皇、内部精致奇巧，装饰上多配以昂贵的壁画与巨大的镜子，反映了欧洲贵族的审美理想。

(6)新古典主义建筑。新古典主义建筑风格最早出现于18世纪中叶欧洲的建筑装饰设计界，以及与之密切相关的家具设计界。从法国开始，革新派的设计师们开始改良传统作品，运用新材料和工艺，但保留古典主义其典雅端庄的高贵气质。这一风格很快取得了成功，新古典主义自此成为欧洲家居文化流派中经久不衰的风格之一。

(7)现代主义建筑。现代主义建筑风格是在20世纪中叶，在西方建筑界居主导地位的一种建筑思想。这种建筑强调要摆脱传统建筑形式的束缚，大胆创造适应于工业化社会的条件、要求的崭新建筑。因为具有鲜明的理性主义和激进主义的色彩，又称现代派建筑。

(8)后现代主义建筑。后现代主义建筑是20世纪60年代以来，在美国和西欧出现的反对或修正现代主义建筑的思潮。二战结束后，现代主义建筑成为世界许多地区占主导地位的建筑潮流。但是一些人对现代主义的建筑观点和风格提出怀疑和批评，由此而出现了后现代主义建筑。

4. 中国古典园林的主要特征有哪些?（河北大学2016年研）

相关试题：联系实例，说明园林艺术的特点、功能以及与建筑的关系。（陕西师大2019年研；湖南师大2019年研；广西民大2017年研；福州大学2016年研；辽宁大学2015年研）

答：中国古典园林的主要特征包括审美特征和文化特征。

(1)中国古典园林的审美特征。

中国古典园林最突出的特点就是追求“诗情画意”的氛围，有机融合自然美和建筑美，巧妙结合山水、花木和亭台楼阁、厅堂廊榭等，并从诗词歌赋中吸取精华，追求情景交融的意境美。

①造园艺术，师法自然。

a. 总体布局、组合要合乎自然。山与水的关系以及假山中峰、涧、坡、洞各景象因素的组合，要符合自然界山水生成的客观规律。

b. 每个山水景象要素的形象组合要合乎自然规律。如假山峰峦是由许多小的石料拼叠合成，叠砌时要仿天然岩石的纹脉，尽量减少人工拼叠的痕迹。水池常作自然曲折、高下起伏状。花木布置应是疏密相间，形态天然。乔灌木也错杂相间，追求天然野趣。

②分隔空间，融于自然。中国古代园林用种种办法来分隔空间，其中主要是用建筑来围蔽和分隔空间。分隔空间力求从视角上突破园林实体的有限空间的局限性，使之融于自然，表现自然。为此，必须处理好形与神、景与情、意与境、虚与实、动与静、因与借、真与假、有限与无限、有法与无法等种种关系。如此，则把园内空间与自然空间融合和扩展开来。

③园林建筑，顺应自然。中国古代园林中，有山有水，有堂、廊、亭、榭、楼、台、阁、馆、斋、舫、墙等建筑。人工的山，石纹、石洞、石阶、石峰等都显示自然的美色。

④树木花卉，表现自然。中国古代园林对树木花卉的处理与安设，讲究表现自然。松柏高耸入云，柳枝婀娜垂岸，桃花数里盛开，乃至于树枝弯曲自如，花朵迎面扑香，其形与神，其意与境都十分重在表现自然。

(2)中国古典园林的文化特征。

师法自然，融于自然，顺应自然，表现自然——这是中国古代园林体现"天人合一"的民族文化所在，是独立于世界之林的最大特色。

①本于自然、高于自然。中国古典园林中讲究自然美，有山必有水，以山水为基础，点缀以植被，植被以树木为主调，以花卉为辅，不同的花卉具有不同的象征寓意。经过改造、调整、加工、剪裁等，最终呈现一幅本于自然又高于自然的景象，即"虽由人作，宛若天开"。

②建筑美和自然美。中国园林力求将建筑融于自然，建筑布局因山就水，高低错落，达到人与自然高度协调的境界——"天人合一"的境界。

③诗画情趣。中国古典园林讲究"动静结合"，在行进中欣赏静态的山石和流动的水，融诗画艺术于园林艺术。不仅运用景名、匾额、楹联等文学艺术做点缀，还借鉴文艺章法、手段来规划设计布局结构，如钱泳说"造园如做诗文，必使曲折有法，前后呼应"。

④意境蕴涵。意境是中国艺术中重要的美学标准。园林意境的表现不仅通过视觉感受、文字信号感受，还涵盖听觉、嗅觉等感官。如曹雪芹笔下的潇湘馆"风味森森，龙吟细细"，绘声绘色，点出其意境蕴涵。

5. 请结合具体的艺术作品，简述中国园林的艺术风格。

答：中国古典园林追求一种诗情画意的审美境界。不管是北方大型园林还是南方小型园林都有机地融合了自然美和建筑美，巧妙结合山水、花木和亭台楼阁、厅堂廊榭等，在有限的空间内创造出深远意境。中国园林的艺术风格主要包括以下几个方面：

(1)自然美。

①中国古典园林充分利用与创造自然美，几乎所有园中都有水池、假山、花草、树木等，呈现出一种小桥流水、荷花飘香的自然风光。

②中国园林善于用景。景是园林的主体，欣赏的对象。自然造化的天然景(野景)是没有经过人力加工的。江河、湖沼、海洋、瀑布林泉、高山悬崖、洞壑深渊、古木奇树、斜阳残月、花鸟虫鱼、雾雪霜露等天然景致，是中国园林艺术的重要组成部分。比如北京颐

和园即是利用万寿山和山南昆明湖的自然山水作为园林的主体所营造的园林景观。

(2)建筑美。

①中国古典园林非常重视建筑美，注意运用中华民族的建筑艺术形式，讲究亭、台、楼、阁、厅、堂、廊、榭等建筑形式的美感。

②中国园林善于造景。造景方法主要有：a. 挖湖堆山，塑造地形，布置江河湖沼，辟径筑路，造山水景；b. 构筑楼、台、亭、阁、堂、馆、轩、榭、廊、桥、舫、照壁、墙垣、梯级、磴道、景门等建筑设施，造建筑景；c. 用石块砌叠假山、奇峰、洞壑、危崖，造假山景；d. 布置山谷、溪涧、乱石、湍流，造溪涧景；e. 堆砌巨石断崖，引水倾泻而下，造瀑布景；f. 按地形设浅水小池，筑石山喷泉，放养观赏鱼类，栽植荷莲、芦荻、花草，造水石景。

(3)文化美。

①文化美是中国园林的精华与核心。

②中国古典园林中大量运用楹联、匾额、碑刻、书画题记等，还有许多为园林增添异彩的传说或典故，融合了自然风景美、建筑艺术美和历史文化知识，处处体现悠久民族文化传统的氛围。例如，苏州古名园之一——留园，既具有江南水乡园林的柔和古典之感，建筑上又恢弘大气。其中著名的"留园法帖"镶嵌我国历代书法家的石刻300余方，展示了园林的文化底色。

③中国园林中古人诗词与园林景色的结合，可营造出极具中国文化特色的诗情画意之氛围。如康熙皇帝将避暑山庄水心榭北面的临湖建筑亲笔题额为"月色江声"，这一题额源自苏轼《赤壁赋》"月上东山""波涛拍岸"的月景描写。体现了我国传统艺术追求情景交融、天人合一的审美特征与审美理想。

第六章　造型艺术

6.1　复习笔记

【知识框架(庖丁解牛)】

- 造型艺术
  - 造型艺术概述
  - 造型艺术的主要种类
    - 绘画艺术
      - 定义与分类
      - 中国画
      - 西方画
    - 雕塑艺术
      - 定义与分类
      - 历史
      - 审美特征
    - 摄影艺术
      - 定义与分类
      - 审美特征
      - 摄影风格和流派
    - 书法艺术
      - 定义与分类
      - 起源和发展
      - 基本技法和表现形式
      - 书法艺术与其他艺术的联系
      - 书法艺术的作用
  - 造型艺术的审美特征
    - 造型性与直观性
    - 瞬间性与永固性
    - 再现性与表现性
  - 中外造型艺术精品赏析
    - 绘画艺术
      - 《韩熙载夜宴图》
      - 《清明上河图》
      - 《最后的晚餐》
      - 《蒙娜·丽莎》
      - 《日出·印象》
    - 雕塑艺术：《巴尔扎克像》
    - 摄影艺术：《二次大战时的丘吉尔》
    - 书法艺术：《兰亭集序》

【通关提要(提纲挈领)】

本章主要介绍了造型艺术的概念、主要种类和审美特征，详细论述了绘画、雕塑、摄影、书法这四门造型艺术的基本特点和发展状况。学习时，要整体把握造型艺术的基本概念和四大种类的具体内容，着重掌握造型艺术的审美特征，并能评析常见的中外造型艺术精品。本章专业名词较多，易考名词解释，另外简答题、作品分析也是常考题型。

【考点难点归纳(厚积薄发)】

考点一：造型艺术概述(见表6－1)　★★★

表6－1　造型艺术概述

<table>
<tr><th>要点</th><th colspan="3">具体内容</th></tr>
<tr><td>定义</td><td colspan="3">指以一定物质材料(如绘画用颜料、墨、绢、布、纸、木板等，雕塑、工艺用木、石、泥、玻璃、金属等，建筑用多种建筑材料等)和手段所创造的可视、静态的空间形象，来反映社会生活与表现艺术家的思想情感</td></tr>
<tr><td rowspan="3">与实用艺术的关系</td><td>联系</td><td colspan="2">造型艺术与实用艺术都是再现空间艺术、静态视觉艺术。静态的艺术形象是以物质材料平面或立体的方式创造出来的，可以通过视觉器官直接感受。它们紧密相连，常被称为“美术”或“视觉艺术”</td></tr>
<tr><td rowspan="2">区别</td><td>基本特征</td><td>①造型艺术[摄影、绘画、书法、雕塑]：造型性。对客观物体进行直接的模拟或再现，其表现力隐藏在再现性之中，属于再现性的空间艺术。
②实用艺术[园林、建筑、现代设计与工艺美术]：表现性。通过形式美进行展现，而不是直接模仿或复制，属于表现性空间艺术</td></tr>
<tr><td>功能</td><td>①造型艺术：以发挥审美功能为主，满足内在的精神需求。
②实用艺术：实用功能与审美功能并存，满足物质和精神需要</td></tr>
</table>

考点二：造型艺术的主要种类　★★★

1. 绘画艺术

(1)绘画艺术的定义和种类，见表6－2。

表6－2　绘画艺术的定义和种类

<table>
<tr><th>要点</th><th colspan="2">具体内容</th></tr>
<tr><td>定义</td><td colspan="2">指以线条、色彩、块面等造型手段，塑造具有一定内涵和意味的平面视觉形象的艺术样式</td></tr>
<tr><td rowspan="4">种类</td><td>体系</td><td>分为东方绘画和西方绘画</td></tr>
<tr><td>物质材料和技法</td><td>分为油画、水墨画、版画、水彩画、水粉画、素描等</td></tr>
<tr><td>题材内容</td><td>分为历史画、肖像画、宗教画、风俗画、风景画、静物画、动物画等</td></tr>
<tr><td>作品形式</td><td>分为连环画、壁画、宣传画、年画、漫画等</td></tr>
</table>

(2)中国画的特点和历史脉络，见表6－3。

表6－3　中国画的特点和历史脉络

要点	具体内容
概述	又称“国画”，是东方绘画体系中独具特色的主流画种

续表

要点		具体内容
特点	工具材料	在工具材料上往往采用中国特制的毛笔、墨或颜料，于宣纸或绢帛上作画，因此又称“水墨画”或“彩墨画”
	构图方法	采取散点透视的观察与表现方式，不受焦点透视的束缚，画中的物象也可以更加随意地列置，具有很大的自由度
	与其他艺术结合	①中国画与诗、书、画、印的有机结合。中国画与中国书法之间有着很深的渊源，历来有“书画同源”之说，而“画中有诗”也是古代艺术家追求的审美境界。 ②中国画经常使用印章，印章可以起到说明与标识的作用，还能够在画面上起到点缀的效果，增加绘画艺术的美感与韵味
	根源于传统文化和美学思想	①传统绘画分为工笔和写意两种。前者笔法工整、结构严谨，具有细致的人物或景色；后者笔画简洁、高度概括，能够自由地表达形象，抒发作者的情感。 ②中国画讲究“立意”与“传神”。一般来说，审美追求是通过笔墨情趣来表达情感。画家有意留白，留有想象的空间，增强了作品的意境
历史脉络	战国至秦汉	拥有高水平的帛画、画像砖与画像石
	魏晋六朝	名家辈出，百花齐放。东晋的顾恺之、南朝宋的陆探微和梁的张僧繇并称“六朝三杰”
	唐宋时期［高峰时代］	人物画、山水画、花鸟画等都成了独立的画科，更涌现出了“画圣”吴道子，以及擅长历史画与肖像画的阎立本等人
	元明清时期［承前启后］	“元四家”［黄公望、吴镇、王蒙、倪瓒］、“明四家”［沈周、文徵明、唐寅、仇英］、“四大名僧”“扬州八怪”等都推动了传统水墨山水画的发展，形成了各自的风格流派
	近现代	中国画坛更是人才辈出，涌现出了赵之谦、任伯年、吴昌硕、高剑父，以及齐白石、黄宾虹、徐悲鸿、潘天寿、张大千、刘海粟、林风眠、傅抱石等名家

(3)西方画的种类、审美趣味和历史脉络。

①西方画的种类，见表6－4。

表6－4 西方画的种类

要点		具体内容
油画［最有影响］	概述	西方绘画艺术的代表，具有极高的造型能力和色彩表现力，因使用油质颜料作画而得名
	特点	色彩丰富鲜艳，能够充分表现物体的质感。油画的颜料覆盖力强，易修改，为画家提供了便利的艺术创作条件
	代表人物	文艺复兴时期，油画艺术的创作曾取得极高的成就，达·芬奇、拉斐尔和米开朗基罗并称“画坛三杰”
版画	特点	通过制版来印制作品的一种绘画样式，主要体现在制版上。制版完成之后，可以反复印制作品
	种类	包括：a. 木刻和麻胶版面的“凸版”类。b. 铜版画等“凹版”类。c. 石版画等“平版”类
其他	水彩画、水粉画、素描等	

②西方画的审美趣味，见表6－5。

表6－5　西方画的审美趣味

要点	具体内容	
概述	西方传统绘画以“再现性”为其主要特征，力求描绘对象和环境的真实。但是这种再现绝非对自然一成不变的描摹，这种写实风格带有浓厚的时代感、民族性以及艺术家鲜明的个人风格。注重比例、明暗、透视、色度等法则的运用	
中西对比	中国画[重写意]	尚意；不受空间和时间的局限；以线条为主要造型手段；注重表现、情感
	西方画[重写实]	尚形；严格遵守空间和时间的界限；由光和色来表现物象；注重再现、理性

③西方画的历史脉络，见表6－6。

表6－6　西方画的历史脉络

要点	具体内容
14～16世纪	这一阶段崇尚传统观念中的“模仿”原则，艺术家在作画时，严格遵循符合视觉原理的焦点透视法进行创作，并强调以写生为基础的光效和色彩
17～18世纪	西方绘画开创了一个以意大利、佛兰德斯、荷兰、西班牙和法国为代表的新局面，进一步摆脱宗教的束缚，画作体裁得到更大发展
18～19世纪	欧洲进入近代史阶段，法国成为欧洲美术的中心，在画作的形体和色彩上带有更多的主观因素
20世纪以来	西方画坛出现了现代主义美术的各种思潮和流派，呈现多元化的发展趋势，其中野兽派、未来派、立体派、抽象主义、表现主义、超现实主义、构成主义、新造型派、波普艺术等流派都在形式上不断翻新，力求打破固有的局限，在手法上标新立异，形成了十分复杂的艺术现象

2. 雕塑艺术

(1)雕塑艺术的定义、分类和审美特征，见表6－7。

表6－7　雕塑艺术的定义、分类和审美特征

要点	具体内容		
定义	雕塑是立体[三维空间]的空间艺术和视觉艺术，运用一定的物质材料制作出具有实体形象的艺术品，是最具有实体感的造型艺术类型		
分类	制作工艺	分为雕和塑两大类，可细分为刻、镂、塑、凿、琢、铸等技艺手法	
	体裁	分为纪念性雕塑、建筑装饰性雕塑、城市园林雕塑、宗教雕塑、陵墓雕塑、陈列性雕塑等	
	样式	包括头像雕塑、胸像雕塑、半身像雕塑、全身像雕塑、群雕等	
	表现手法和形式	圆雕[浑雕]	指完全立体的雕塑形式，可以从不同的角度去欣赏。创作时应注意作品的体积感与厚重感
		浮雕[凸雕]	在深度上有所压缩，形体的背面会结合在一定的平面底版上，观赏角度局限于正面。可分为高浮雕、浅浮雕
		透雕	界乎圆雕和浮雕之间，是在浮雕的基础上，将其背景部分镂空制作而成，犹如一件附着在平面背景上的圆雕
审美特征	与其他艺术相比，雕塑艺术更加注重形式，也特别强调作品对形式美规律的服从。雕塑艺术更加凝练、集中、概括		

（2）雕塑的历史，见表6－8。

表6－8 雕塑的历史

要点		具体内容
东方雕塑的历史	从远古到先秦	石制的雕刻器具最早出现于旧石器时代。陶器的出现促进了原始雕塑的发展。商周时期，青铜器铸造达到了鼎盛时期
	秦汉时期	是我国古代雕塑艺术（尤其是陵墓雕塑）的高峰阶段
	魏晋南北朝和唐宋时期	随着宗教雕塑的迅速发展，敦煌石窟、龙门石窟、云冈石窟、麦积山石窟蓬勃发展。魏晋隋唐时期最为显著的成就是石窟雕塑
	元明清时期	大型石窟日渐衰落，小型装饰性雕塑繁荣。各种民间雕刻、工艺装饰发展迅速
	新中国成立以来	我国雕塑艺术有了更长足的发展
西方雕塑的历史［四个高峰］	古希腊罗马时期	米隆、菲狄亚斯等一批杰出的雕塑家的出现，引领着西方雕塑艺术走向更高的水平
	欧洲文艺复兴	西方雕塑艺术的第二个高峰，米开朗基罗在这一时期取得了相当高的成就
	19世纪法国雕塑	出现了法国浪漫主义流派代表人物吕德［《马赛曲》］以及法国现实主义流派大师罗丹［《巴尔扎克像》《思想者》等］
	20世纪以来	出现多元化、多流派并存的局面，雕塑艺术不断演进发展。 ①法国著名雕塑家马约尔的《地中海》标志着现代雕塑出现新途径［从具象到抽象，写实到象征］。 ②法国的阿尔普和英国的亨利·摩尔等人取得了相当高的成就

3. 摄影艺术

（1）摄影艺术的定义和审美特征，见表6－9。

表6－9 摄影艺术的定义和审美特征

要点			具体内容
定义			指以照相机和感光材料为工具，运用画面构图、光线、影调等造型手段来表现主题并求得其艺术形象的艺术类型。拍摄者使用照相机反映社会生活和自然现象，表达思想感情。根据艺术创作构思，运用摄影造型技巧，经过暗房制作的工艺程序，制成有艺术感染力的照片
审美特征	纪实性		①纪实性是摄影艺术独特的本质特性，是它区别于造型艺术其他门类而独立的基础。摄影的艺术形象与它的原型在一定意义上具有同一性。 ②纪实性是摄影的巨大优势。它可以真实地记录下现实生活中的事件和场面等等，发挥特殊的社会功能，把艺术价值与新闻价值、史料价值结合在一起
	艺术性	光线	光线是完成摄影技术，继而实现画面艺术造型的一种重要手段。没有光线便没有事物的影像
		影调［色调］	摄影创作一般追求影调层次的丰富性，使画面显得深厚、生动；有时也根据构思的需要，突出黑、白两极的鲜明对比而形成“硬调”

（2）摄影艺术的分类及流派。

①摄影艺术的分类，见表6－10。

表 6－10　摄影艺术的分类

要点	具体内容	
按感光材料和画面颜色分	分为黑白摄影和彩色摄影	
按摄影器材和技术分	分为航空摄影、全息摄影、红外线摄影、水下摄影等	
按题材分	新闻摄影	以及时地反映和报道现实生活中的重要事件为基本任务，以确切、直观的形象呈现在人们眼前，具有强大的说服力和感染力
	生活摄影	以人们的日常生活为题材，广泛深入地反映人们的生存状态、精神面貌、风俗习惯、趣味和情操等，具有很高的欣赏价值和认识价值
	风光摄影	注重内容与形式的美，令人赏心悦目，起着愉悦心灵、陶冶情操、开阔眼界、美化生活的作用
	体育摄影	需要高超的抓拍技巧，能够在人们的运动过程中，拍摄清晰的、具有表现力的形象。作品通常体现出奋发进取的精神和对人的体能、毅力和技艺的赞美，起着宣传和推广体育运动的作用，许多还具有新闻价值
	舞台摄影	以艺术表演为拍摄对象，一般采用抓拍的方式，有时也请演员做出规定情境中的某种姿势进行摆拍
	花卉摄影	讲究技巧，重在表现美。花卉千姿百态，争妍斗艳，装点着生活，受人们喜爱
	广告摄影	推销商品的一种手段，在市场经济条件下得到日益广泛的使用，要求很高的清晰度，并且突出商品的优点和质感

②摄影艺术的流派，见表 6－11。

表 6－11　摄影艺术的流派

要点	具体内容
绘画主义摄影	指 20 世纪初摄影领域中兴起的一种艺术美学活动，它产生于 19 世纪中叶的英国。该派摄影家在创作上追求绘画的效果或“诗情画意”的境界
纪实主义摄影	一直是摄影艺术中最重要的一个流派，注重对现实的“再现”，纪实的价值绝不在于原封不动地“复制”现实，而在于创作者对现实的“再现”，一种包含认知价值与审美价值的再现
印象主义摄影	借鉴绘画中印象主义风格，艺术上追求明暗和色彩在人的视觉印象中的感受，作品中的形象没有明确的线条和轮廓界线，亦不强调立体感和质感
超现实主义摄影	兴起于 20 世纪 30 年代的一种形式主义的摄影流派。用现实主义创作方法表现现实世界是古典艺术家早已完成的任务，而现代艺术家的使命是挖掘新的、未被探讨过的那部分人类的“心灵世界”

4. 书法艺术

(1)书法艺术的定义、起源、发展和书体。

①书法艺术的定义和起源，见表 6－12。

表 6－12　书法艺术的定义和起源

要点	具体内容
定义	指中华民族特有的一种文字美的艺术表现形式。书法艺术通过汉字书写过程中的笔墨、点画和章法等造型美，来构成美学境界，从而表现出人的精神、气质和品格。书法艺术运用抽象的“点、线、笔、画”，将本来只有实用价值的文字书写，升华到艺术的境界
起源	书法是汉字的书写艺术。它不仅是华夏的文化瑰宝，而且在世界文化艺术宝库中独放异彩。汉字在漫长的演变发展的历史长河中，一方面起着思想交流、文化继承等重要的社会作用，另一方面它本身又形成了一种独特的造型艺术。其产生原因是：a. 在象形基础上演化而来。b. “书画同源”。汉字在象形的基础上继续发展，形成一定的形式法则和规律

②书法艺术的发展和书体，见表 6－13。

表 6－13　书法艺术的发展和书体

要点		具体内容
发展	商周至战国	刻在龟甲、兽骨上的甲骨文，奠定了书法艺术的基本要素
	秦代	统一文字，小篆成为最主要的书体，在泰山、琅琊、碣石、会稽等地的刻石上，都能见到这一时期的书迹
	汉代	出现了雄浑豪放的隶书与自由飞动的草书
	魏晋	是书法历史上的一个重要的时代，不仅篆、隶、楷、行、草等各种书体渐趋完备，而且还出现了钟繇、王羲之、王献之等成就卓著的书法大家，对后代书法艺术的风格产生了深远影响
	唐代	这一时期，楷书的成就达到了新的高峰，出现了颜真卿、柳公权、欧阳询等楷书名家
	宋代	受到文艺思潮的总体影响，书法艺术更加注重书家情感的表达和个性的表现，形成了所谓“宋人尚意”的整体艺术风貌
	元明清	上承古意，各种书体都得到了繁荣的发展，个人风格更加鲜明，是书法历史上具有新起色的繁荣时期
	当代	书法艺术出现振兴局面，且逐步国际化
书体	篆书	是大篆、小篆的统称。形体均匀齐整、字体较籀文容易书写。其笔法瘦劲挺拔，曲线较多，直线较少，起笔有方笔、圆笔，也有尖笔，收笔“悬针”较多
	隶书	有秦隶、汉隶等，一般认为由篆书发展而来，字形多呈宽扁，横画长而竖画短，讲究“蚕头燕尾”“一波三折”
	楷书	又称正楷、真书、正书、小楷。由隶书逐渐演变而来，更趋简化，横平竖直
	行书	分为行楷和行草两种。它在楷书的基础上起源发展，是介于楷书、草书之间的一种字体，楷法多于草法的叫“行楷”，草法多于楷法的叫“行草”
	草书	形成于汉代，是为了书写简便，在隶书基础上演变出来的，具有很大的灵活性

（2）书法艺术的基本技法和表现形式，见表 6－14。

表 6－14　书法艺术的基本技法和表现形式

要点	具体内容
用笔	指行笔的方式、方法及其所产生的效果，有出锋、藏锋、侧锋、方笔、圆笔、轻重、疾徐等

续表

要点	具体内容
用墨	墨的着色程度，如浓淡、枯润等；“墨分五彩”[焦、浓、重、淡、清]
结构	又称布白，它要求每一个字的落墨处与空白处都要安排适当，达到虚实相生的效果
章法	指一幅字的整体结构的法则，它要求安排好全篇的布局
韵律	指书法作品中由笔画和线条的动静、起伏、枯润等变化而形成的整体线条的生动气韵
风格	指作品整体的艺术特征及书法家的个人审美水平与特征

(3)书法艺术的作用及与其他艺术的联系，见表6－15。

表6－15 书法艺术的作用及与其他艺术的联系

要点		具体内容
作用	陶冶情操	书法作品的创作或欣赏，不仅能使人感到满足和愉悦，而且还能陶冶情操和提高审美情趣
	美化环境	书法可以创造一种社会美的环境，如碑文铭记、石刻等书法艺术可提高某一景区的文化内涵
与其他艺术的联系	文学	诗文是书法作品的主要内容和对象，书法家必须具有较高的文学素养
	绘画	“书画同源”。书法和中国画都是用毛笔来塑造线条，两者有许多相似之处
	音乐	书法作品中的节奏和韵律具有音乐的美
	舞蹈	书法是千姿百态的舞蹈，它的线条和形状就像一场优美的舞蹈
	建筑	书法不仅有其丰富的形体和造型，而且有其自身的形式和力量

考点三：造型艺术的审美特征 ★★★★★

1. 造型性、直观性和瞬间性(见表6－16)

表6－16 造型性、直观性和瞬间性

审美特征	具体内容
造型性	①造型性的基本表现方式是塑造客观事物的形象。造型性使造型艺术注重物体的外形，实现“形”与“神”、外在与内在的有机结合。 ②只有通过间接方式的艺术联想才能充分调动观众的外部想象力，达到以有形表现无形的效果
直观性	又称视觉性。造型艺术创造的艺术形象直接作用于欣赏者的视觉感官，使其进行直观感受，更加注重对直观、生动的形式美的追求
瞬间性	为了反映客观现实，造型艺术必须找到恰当的表现方式，把握客观事物发展变化的瞬间形象，并用材料和艺术语言加以固定

2. 永固性、再现性和表现性(见表6－17)

表6－17 永固性、再现性和表现性

审美特征		具体内容
永固性	含义	瞬间形象一旦被创作出来，也就同时被物质材料固定下来，可以供人们多次欣赏，甚至流传千百年
	意义	这些古老的艺术品能够被若干年后的现代人欣赏，成为人类灿烂文化宝库中的重要财富，具有很高的艺术、经济价值

续表

审美特征		具体内容
再现性	摄影	最能真实地还原现实生活中的人、事、景。摄影作品具有特殊的现实价值、纪实价值、审美价值和认知价值
	绘画	通过光影、色彩、透视、比例等手段，达到视觉上的立体感和逼真效果
	雕塑	用物质材料创造出一个占据三维空间的立体形象，具有更生动的直观性和实体感，能产生更强的真实效果
表现性		艺术家的思想感情和审美追求通过艺术作品表达出来。其表现性主要集中在：①体现客观对象的内在气质；②反映艺术家的审美理想与思想情感；③艺术家进行创作时，自觉遵循形式美的原则

考点四：中外造型艺术精品赏析 ★★★

1. 绘画艺术

(1)《韩熙载夜宴图》，见表6－18。

表6－18 《韩熙载夜宴图》

要点		具体内容
概述		是五代十国时期南唐画家顾闳中的绘画作品，描绘了官员韩熙载家设夜宴载歌行乐的场面
特色	情节发展	此画绘写的是一次完整的韩府夜宴过程，即琵琶演奏、观舞、宴间休息、清吹、欢送宾客五段场景。整幅作品线条遒劲流畅，工整精细，构图富有想象力
	人物塑造	主人公的沉郁寡欢与夜宴歌舞欢乐的热闹场面形成了鲜明的对比，表现了主人公在当时形势下身置华宴歌舞中的苦闷空虚、无可奈何的复杂内心世界，刻画了人物特殊的个性，十分传神
	风格	作品造型准确精微，线条工细流畅，色彩绚丽清雅。不同物象的笔墨运用又富有变化，尤其敷色更见丰富、和谐，仕女的素妆艳服与男宾的青黑色衣衫形成鲜明对照

(2)《清明上河图》，见表6－19。

表6－19 《清明上河图》

要点		具体内容
概述		是中国绘画史上最著名的社会风俗画作品，中国十大传世名画之一，作者张择端。生动记录了北宋都城东京（又称汴京，今河南开封）的城市面貌和当时社会各阶层人民的生活状况
分段	“城郊景色”	描绘汴京郊区农村春意盎然、生机勃勃的景象
	“汴河虹桥”	描绘汴河两岸的繁荣景象，是全画的中心
	“市区街道”	描绘汴梁城内市区的繁华气象
特色	价值	展现了北宋时期都城汴京当年的繁荣，也是北宋城市经济情况的写照，表现了宋代建筑的特征。具有很高的历史价值和艺术价值
	题材	中下层百姓的市井生活
	形式	结构严谨，繁而不乱，长而不冗，段落分明。在如此丰富多彩的内容中，主体突出，首尾呼应，全卷浑然一体
	技法	大手笔与精细的手笔相结合。善于选择那些既具有形象性、富于诗情画意，又具有本质特征的事物、场面及情节加以表现

(3)《最后的晚餐》，见表6－20。

表6－20　《最后的晚餐》

要点		具体内容
概述		取材于《新约圣经》，是意大利艺术家列奥纳多·达·芬奇所创作的，以《圣经》中耶稣跟十二门徒共进最后一次晚餐为题材
特色	结构	让十二门徒分坐于耶稣两边，耶稣孤寂地坐在中间，他的脸被身后明亮的窗户映照，显得庄严肃穆
	人物	草图上的每一个人，几乎都照搬了来自生活的素材，人物都具有剧烈的情态，动作幅度较大，却少有相互的联系
	空间	使用“交点透视法”，以景物中的天花板、墙角、地砖、壁柱连线、桌椅左右边线、窗框上下边线或斜角阴影边线等的假设延长线，相交于画面深处消失的一点，营造出景观深入的感觉

(4)《蒙娜·丽莎》，见表6－21。

表6－21　《蒙娜·丽莎》

要点		具体内容
概述		达·芬奇创作的油画，该画作主要表现了女性典雅和恬静的典型形象，塑造了资本主义上升时期一位城市有产阶级的妇女形象
特色	构图	该画完全消除了中世纪绘画中的呆木僵硬表情，表现出一股鲜活的气息；其美学价值首先就体现于这种先进的审美理想中
	内涵	该作品最完美地表达了文艺复兴时期人文主义的理想，折射出来的女性的深邃与高尚的思想品质，反映了文艺复兴时期人们对于女性美的审美理念和审美追求
	技法	运用了“渐隐法”绘画技法，让眼角和嘴角渐渐融入柔和的阴影之中，从而造成了含蓄的艺术效果，极大地丰富了形象的意蕴

(5)《日出·印象》，见表6－22。

表6－22　《日出·印象》

要点	具体内容
概述	是法国印象派画家克劳德·莫奈于1872年在勒阿弗尔港口创作的一幅油画。该画描绘了晨雾笼罩中的日出港口景象，用美妙的光的变幻与运动展现了迷人景色，画家用轻快跳跃的笔触刻画了光在宽阔的海面上反射与颤动的生动景象
特点	该幅作品突破了传统题材和构图的限制，完全以视觉经验的感知为出发点，侧重表现光线氛围中变幻无穷的外观，是莫奈画作中最典型的一幅，也是日后最具声誉的经典画作，是印象画派的开山之作
影响	标志着印象派绘画的产生。印象派后来成为一个风靡全球，影响深远的世界性画派。它强调自然界的光和色，把光与色的变化作为绘画的主流。莫奈被认为是第一个采用外光技法进行绘画的印象派大师

2. 雕塑艺术:《巴尔扎克像》(见表6-23)

表6-23 雕塑艺术:《巴尔扎克像》

要点	具体内容
概述	《巴尔扎克像》由雕塑家奥古斯特·罗丹创作。这尊耗时七年的伟大塑像融合了无数关于这位法国大文豪的史料和罗丹最深邃的理解
特色	该作品轻形似、重神似,将巴尔扎克这位大文豪的个性形象与精神魅力生动地传达出来
影响	打开了现代雕塑的大门,使写实不再是现代雕塑的主要追求,而是通过雕塑传达出人物内核的本质

3. 摄影艺术:《二次大战时的丘吉尔》(见表6-24)

表6-24 摄影艺术:《二次大战时的丘吉尔》

要点	具体内容
概述	又称《愤怒的丘吉尔》,是加拿大摄影大师尤瑟夫·卡希最著名的摄影作品,拍摄于二战期间,作品记录下丘吉尔意欲发怒时的威严神情。被认为是丘吉尔肖像中"最有性格"的一张,鼓舞了人们与法西斯决战的斗志
特色	"传神"是肖像摄影的最高艺术境界,即以形传神、气韵生动。丘吉尔瞪大眼睛,愤怒又坚定的眼神成功地塑造了他的性格。整幅画以浓烈的黑色为基调,在庄重的气氛中衬托人物

4. 书法艺术:《兰亭集序》(见表6-25)

表6-25 书法艺术:《兰亭集序》

要点	具体内容
概述	又称《兰亭宴集序》《临河序》《禊序》《禊贴》,是著名的行书法帖,被称作"天下第一行书",《兰亭集序》中记叙兰亭周围山水之美和聚会的欢乐之情,抒发作者对于生死无常的感慨
特色	①描绘了兰亭的景致和王羲之等人集会的乐趣,抒发了作者盛事不常、"修短随化,终期于尽"的感叹。②体现了王羲之积极入世的人生观,和老庄学说主张的无为形成了鲜明的对比

6.2 课后习题详解

一、单选题

1. "中国的书法,是节奏化了的自然,表达着深一层的对生命形象的构思,成为反映生命的艺术。因此,中国的书法,不像其他民族的文字,停留在作为符号的阶段,而是走上艺术美的方向,而成为表达民族美感的工具。"这是以下哪位学者的观点?( )

A. 季羡林　　B. 熊十力　　C. 宗白华　　D. 朱光潜

【解析】宗白华先生认为:"中国的书法,是节奏化了的自然,表达着深一层的对生命形象的构思,成为反映生命的艺术。因此,中国的书法,不像其他民族的文字,停留在作为符号的阶段,而是走上艺术美的方向,而成为表达民族美感的工具。这也可说是中国书

1C

法的一个特点。”确实，书法艺术在形式美中蕴藏着意蕴美，体现出博大精深的民族传统美学思想，体现出书法家的精神气质和美学追求。这些抽象的“点、线、笔、画”仿佛成了有机生命体的“筋、骨、血、肉”，一个个汉字仿佛具有了生命，从而使本来只有实用书写价值的书法升华到艺术境界，传达出民族的情感和思想。

2.《掷铁饼者》是以下哪位雕塑家的代表作品？(　　)

A. 贝尼尼　　B. 米开朗基罗　　C. 菲狄亚斯　　D. 米隆

【解析】《掷铁饼者》是古希腊雕塑家米隆的代表作品。《掷铁饼者》一直保留至今，它栩栩如生地再现了运动员娴熟、优美的投掷姿态。米隆在这一作品中出色地概括了掷铁饼这一运动的整个连续的过程，创造了一个出色的充满活力的运动员形象，表现了一种动态美。

3. 造型艺术最佳的一瞬间，应当选取即将到达顶点前的那一顷刻，因为“最能产生效果的只能是可以让想象自由活动的那一顷刻了，我们愈看下去，就一定在它里面愈能想象出更多的东西来”。这一观点由以下哪位美学家提出？(　　)

A. 尼采　　B. 席勒　　C. 莱辛　　D. 康德

【解析】18世纪德国启蒙运动美学家莱辛在他的名著《拉奥孔》中，通过比较拉奥孔这个题材在古典诗歌(《荷马史诗》)和古代雕塑中的不同表现手法，来论证文学与造型艺术在本质特征上的根本区别。他以古希腊雕塑《拉奥孔》为例证，说明造型艺术不能表现激情的顶点，因为顶点就意味着止境，就无法调动欣赏者的想象力了。他认为最佳的一瞬间，应当选取即将到达顶点前的那一顷刻，因为“最能产生效果的只能是可以让想象自由活动的那一顷刻了，我们愈看下去，就一定在它里面愈能想象出更多的东西来”。

4. 绘画种类繁多，范围广泛。从体系来划分，绘画分为______和______两大体系。(　　)

A. 东方绘画；西方绘画　　B. 连环画；版画

C. 水彩；素描　　D. 水墨画；油画

【解析】绘画种类繁多，范围广泛。从体系来划分，绘画分为东方绘画和西方绘画两大体系。从使用的材料、工具和技法来划分，则分为中国画、油画、版画、水彩画、水粉画、粉笔画等等。从题材内容来划分，又可以分为肖像画、风景画、风俗画、静物画、历史画、宗教画、动物画等题材。从作品的形式来划分，还可以分为壁画、年画、连环画、宣传画、漫画等样式。

5. 中国画营造的空间多种多样，但其中最主要的有三种，即“______”“______”和“______”。(　　)

A. 散点透视空间；分段式空间；全景式空间

B. 全景式空间；分段式空间；分层式空间

C. 重叠空间；散点透视空间；分层式空间

D. 全景式空间；重叠空间；分段式空间

2D　3C　4A　5B

【解析】中国画的一个重要特点，是在构图方法上不受焦点透视的束缚，多采用散点透视法(即可移动的远近法)，使得视野宽广辽阔，构图灵活自由，画中的物象可以随意列置，冲破了时间与空间的局限。中国画营造的空间多种多样，但其中最主要的有三种，即“全景式空间”“分段式空间”和“分层式空间”。

6. 中国艺术精神，我们用六个字来概括，就是：“______”(中国传统艺术的精神性)、“______”(中国传统艺术的生命性)、“______”(中国传统艺术的主体性)、“______”(中国传统艺术的乐舞精神)、“______”(中国传统艺术的直觉思维)、“______”(中国传统艺术的辩证思维)。正是这种中国传统艺术的精神，使中国艺术迥异于西方艺术，中国绘画迥异于西方绘画，而具有自己鲜明的民族风格与民族特色。(　　)

A. 和；道；心；乐；悟；气　　B. 道；气；心；舞；思；和

C. 和；气；心；乐；思；道　　D. 道；气；心；舞；悟；和

【解析】以儒家美学、道家美学、禅宗美学为代表的中国传统美学，对中国传统艺术产生了巨大而深远的影响，从而形成了独具特色的中国艺术精神。这种中国艺术精神，用六个字来概括，就是：“道”(中国传统艺术的精神性)、“气”(中国传统艺术的生命性)、“心”(中国传统艺术的主体性)、“舞”(中国传统艺术的乐舞精神)、“悟”(中国传统艺术的直觉思维)、“和”(中国传统艺术的辩证思维)。正是这种中国传统艺术的精神，使中国艺术迥异于西方艺术，中国绘画迥异于西方绘画，而具有自己鲜明的民族风格与民族特色。

7. 魏晋六朝时期出现了“六朝三杰”，即东晋的______、南朝宋的______和梁的______三大家。(　　)

A. 顾恺之；陆探微；曹仲达　　B. 展子虔；陆探微；曹仲达

C. 顾恺之；陆探微；张僧繇　　D. 顾恺之；陆探微；展子虔

【解析】中国绘画具有悠久历史和优良传统。战国时代的帛画，汉代的画像砖与画像石，都已经具有很高的水平。自魏晋南北朝以来，更是涌现出许许多多著名的画家和流派，具有各自鲜明的艺术特色和风格。魏晋六朝时期出现了“六朝三杰”，即东晋的顾恺之、南朝宋的陆探微和梁的张僧繇三大家。

8. “元代四大家”是指元代山水画家______、______、______、______等人，他们对传统水山水画的发展起了重要作用。(　　)

A. 高克恭；赵孟顺；曹知白；钱选　　B. 赵孟頫；吴镇；王蒙；倪瓒

C. 黄公望；高克恭；曹知白；钱选　　D. 黄公望；吴镇；王蒙；倪瓒

【解析】元明清时期是中国绘画艺术承前启后的时代。“元代四大家”是指元代山水画家黄公望、吴镇、王蒙、倪瓒等人，他们对传统水墨山水画的发展起了重要作用。他们的艺术成就，体现了中国画又一次创造性的发展，对明清两代绘画理论和创作，均起了极为深刻的影响。

9. “明代四大家”又称“吴门四家”，是指明代中期在苏州从事绘画活动的画家______、

6D　7C　8D　9B

______、______、______，以他们为首形成了明代影响最大的画派。（ ）

A. 戴进；孙克弘；周臣；徐渭 B. 沈周；文徵明；唐寅；仇英

C. 沈周；文徵明；唐寅；徐渭 D. 沈周；孙克弘；周臣；仇英

【解析】“明代四大家”又称“吴门四家”，是指明代中期在苏州从事绘画活动的画家沈周、文徵明、唐寅、仇英，以他们为首形成了明代影响最大的画派。四人中沈周、文徵明都擅长画山水，上承北京山水画的传统；唐寅山水、人物都很擅长；仇英以人工笔人物、青绿山水见称。四人各有所长，先后齐名。

10. 从表现手法和形式来区分，雕塑一般又可分为______、______和______三类。（ ）

A. 圆雕；浮雕；透雕 B. 圆雕；石雕；透雕

C. 石雕；浮雕；透雕 D. 石雕；浮雕；圆雕

【解析】从表现手法和形式来区分，雕塑一般又可分为圆雕、浮雕和透雕三类。圆雕的特点是，立于空间中的实体形象，在创作时必须考虑它的体积感与厚重感，在塑造形象时还必须照顾到人们从不同的角度进行观赏。浮雕，又称“凸雕”，是在平面上雕出凸起的艺术形象。透雕，界乎圆雕和浮雕之间，它是在浮雕的基础上，将其背景部分镂空制作而成，但又不脱离平面，犹如一件附着在平面背景上的圆雕。

二、判断题

1. 我国现已发现的最早的帛画，是湖南长沙出土的战国楚墓帛画《人物龙凤图》（原称《人物夔凤图》）。

【答案】正确

2. “虚实相生，无画处皆成妙境”是清代画论家笪重光在《画筌》中提出的观点。

【答案】正确

3. 摄影是现代科技发展的产物。自从1895年法国人达盖尔发明摄影技术以来，摄影在技术与艺术两方面都有了迅速的发展，逐渐成为一门科学与艺术相结合的独立的艺术门类。

【答案】错误

【解析】摄影是现代科技发展的产物。自从1839年法国人达盖尔发明摄影技术以来，摄影在技术与艺术两方面都有了迅速的发展，逐渐成为一门科学与艺术相结合的独立的艺术门类。作为一门实用技术，摄影被广泛地应用于人类现代生活的各个领域，如科学实验、太空探险、新闻报道和教育卫生等各条战线。

三、名词解释

1. 造型艺术

答：参见本章考研真题与典型题详解名词解释第1题答案。

10A

2. 绘画艺术

答：参见本章考研真题与典型题详解名词解释第4题答案。

3. 雕塑艺术

答：参见本章考点难点归纳相关内容。

4. 摄影艺术

答：参见本章考研真题与典型题详解名词解释第9题答案。

5. 肖像摄影

答：肖像摄影，又称人物摄影，是指以表现人物形象为主的摄影，包括特写镜头、头像、半身像、全身像和群像等。肖像摄影应当通过人物的姿态、动作、外貌和面部表情，来揭示被拍摄者的思想感情、性格特征和精神气质。以形传神、气韵生动，可以说是人物肖像摄影的最高审美标准。肖像摄影可以通过抢拍和摆拍的方式来完成，摄影者应当善于观察，捕捉最佳时机，注意角度的选择和光线的运用，在自己的作品中充分体现出人物的性格特征和内心情感。

6. 风光摄影

答：风光摄影，是指以表现大自然的风景为主的摄影，它一般分为自然风景、都市风景、乡村风景等。风光摄影不仅要表现大自然的美，更需要表现人对自然美的感受，表现作者的审美体验与艺术追求，通过对自然风景的拍摄来传达摄影师对自然的审美感受和情感体验。风光摄影的关键是将自然美转化为艺术美，它不能停留在仅仅再现自然景物，而是必须寓情于景，使作品情景交融、意境盎然，在富有诗情画意的自然风光中，表现艺术家的思想情感和美学追求。

7. 舞台摄影

答：舞台摄影，是指以舞台演出为拍摄对象的一种摄影艺术形式。它一般需要较高的摄影造型技术，还需要摄影师对所拍摄的艺术表演有较全面的了解，能充分掌握舞台演出的风格样式、艺术特征以及演员的表演特色，这样才能充分展现舞台艺术的风采和演员高超的表演水平。

8. 体育摄影

答：体育摄影，是指以表现各种体育运动或竞赛中运动员的技术水平、健美姿态和优异成绩为内容的一种摄影艺术形式。为了适应体育运动通常在快速度中进行的特点，体育摄影大多采用抓拍方式，并用较高的快门速度抓取动态，使作品具有高度的真实感和强烈的现场感。

9. 建筑摄影

答：建筑摄影是摄影艺术的一个品种，是指摄影师运用一定的摄影技术和手段，专门拍摄精心挑选出来的建筑物，将摄影美和建筑美结合起来的一种方式。建筑摄影需要摄影师懂得建筑艺术的基本规律和历史，认真观察和研究建筑物的特点，选择最理想的拍摄位置、角度和光线，通过建筑物的形体、质感和色调等特征，充分体现建筑物特有的社会文化内涵和科学技术水平，形象地展现建筑美。

10. 书法艺术

答：参见本章考研真题与典型题详解简答题第10题答案。

四、简答题

1. 请简述造型艺术与实用艺术二者之间的联系与区别？

答：参见本章考研真题与典型题详解简答题第1题答案。

2. 中国画的特点有哪些？请简要说明。

答：中国画简称国画，在世界美术领域中自成体系，独具东方特色，成为东方绘画体系中的主流画种，中国画的特点具体参见本章考点难点归纳相关内容。

3. 请简述中西绘画在审美趣味上的差异。

答：中国画的特点来源于中华民族悠久的传统文化和丰富的美学思想。中国画总体上的美学追求，不在于将物象画得逼真、肖似，而是通过笔墨情趣抒发胸臆、寄托情思，尤其是以儒家美学、道家美学、禅宗美学为代表的中国传统美学，对中国传统艺术产生了巨大而深远的影响，从而形成了独具特色的中国艺术精神。而西方绘画的审美趣味在于真和美，力求描绘对象和环境的真实。为了达到逼真的效果，特别讲究比例、明暗、透视、解剖、色度、色性等科学法则，运用光学、几何学、解剖学、色彩学等作为科学依据。

概括地讲，中西绘画的审美趣味的差异体现在以下方面：

(1)中国画尚意；西方画尚形。

(2)中国画注重表现、情感；西方画注重再现、理性。

(3)中国画以线条为主要造型手段；西方画由光和色来表现物象。

(4)中国画不受空间和时间的局限；西方画严格遵守空间和时间的界限。

总而言之，西方绘画注重再现与写实，中国绘画注重表现与写意，两者形成了鲜明差异。

五、论述题

1. 请结合具体作品，简述西方雕塑艺术史上的几个高峰时期。

答：西方雕塑艺术史源远流长，作品繁多。一般认为，西方雕塑史上有四个最为辉煌的高峰期，具体参见本章考研真题与典型题详解简答题第8题答案。

2. 如何理解造型艺术的瞬间性与永固性审美特征？

答：参见本章考研真题与典型题详解简答题第2题答案。

3. 造型艺术具有哪些审美特征？

答：参见本章考研真题与典型题详解简答题第2题答案。

6.3 考研真题与典型题详解

一、填空题

1. 在中国传统绘画理论中，“三远”指的是“高远”“深远”和“(　　)”。(央美2010年研)

【答案】平远

【解析】中国传统山水画的“三远”指的是“高远”“深远”“平远”。北宋画家郭熙总结了前人绘画创作经验和自己的绘画实践后，在思想理论上创立了“三远”法。郭熙提出“山有三远：自山下而仰山巅谓之高远；自山前而窥山后谓之深远；自近山而望远山谓之平远”。“三远”不仅概括了中国山水画的透视法则对空间关系的处理，而且还体现了中国画家独特的空间审美意识。“三远”中的“平远”之景，尤其受到画家的青睐和重视，在文人、士大夫的情思之中，“平远”的山水画含有更丰富的意境。

2. “徐黄异体”指的是五代画家(　　)和(　　)的花鸟画风格。(西南大学2011年研)

【答案】徐熙；黄筌

【解析】“徐黄异体”指五代花鸟画中出现的两大阵营，以西蜀黄筌为代表的一派，因为他们多描绘宫廷苑囿中的珍禽奇花，画法精细，以轻色渲染而成，被称为“黄家富贵”；而江南的徐熙所代表的一派，则多取材于水鸟野卉，画法多用墨笔，色彩极少，相对黄筌一派的风格，这一派被称作“徐熙野逸”。

3. “苏、黄、米、蔡”四大家是我国(　　)的四位著名书法家。(中传2014年研)

【答案】宋代

【解析】宋代四大书法家是指苏东坡、黄庭坚、米芾和蔡襄，人称“苏、黄、米、蔡”。苏轼天然，黄庭坚劲健，米芾纵逸，蔡襄蕴藉，各具仪态，堪称精品。“宋四家”广汲晋唐遗蕴，锐意革新，各具所长。

4. 《掷铁饼者》雕像是(　　)的代表作品。(武汉理工2010年研)

【答案】米隆

【解析】《掷铁饼者》是古希腊雕塑家米隆的代表作品。米隆的作品突破了古风时期雕刻的拘谨形式，把希腊雕刻艺术推向新的高峰。他善于把握人体的准确结构及其在运动中的变化关系，并达到精神和肉体的平衡和谐。《掷铁饼者》一直保留至今，它栩栩如生地再现了运动员娴熟、优美的投掷姿态。作者米隆在这一作品中出色地概括了掷铁饼这一运动的整个连续的过程，创造了一个出色的充满活力的运动员形象，表现了一种动态美。

5. 《韩熙载夜宴图》是画家(　　)的代表作。(武汉理工2010年研)

【答案】顾闳中

【解析】《韩熙载夜宴图》是五代十国时期南唐画家顾闳中的绘画作品，顾闳中曾任南唐画院待诏，用笔圆劲，间以方笔转折，设色浓丽，擅描摹人物神情意态。《韩熙载夜宴图》描绘了官员韩熙载家设夜宴载歌行乐的场面，绘写的是一次完整的韩府夜宴过程，即“听乐”“赏舞”“休息”“演奏”“散宴”五段场景。整幅作品线条遒劲流畅，工整精细，构图富有想象力。

6.《匡庐图》是画家(　　)的代表作。(武汉理工 2010 年研)

【答案】荆浩

【解析】《匡庐图》是五代时期荆浩创作的绢本墨笔画。全幅用水墨画出，画法皴染兼备，充分发挥了水墨画的长处。《匡庐图》采用的是立轴构图，鸟瞰式纵向全景布局，层次分明，山水壮阔。画家将“高远”“平远”“深远”结合运用，群峰耸峙的巍峨山峦与开阔平旷的山野幽谷，山径盘旋的山中小路及渐远渐淡的远处诸峰相映成趣，自然地呈现在画卷之中。

二、选择题

“空本难图，实景清而空景现；神无可绘，真境逼而神境生；位置相戾，有画处多属赘疣；虚实相生，无画处皆成妙境。”这段话的作者是(　　)。(中传 2012 年研)

A. 笪重光　　B. 郑板桥　　C. 齐白石　　D. 顾恺之

【解析】题干中的这段话出自笪重光的著作《画筌》，它是笪重光画论思想的精髓。这段话的大意是：空灵的景致很难得，只有去除了实在的景物，空灵的景致才能浮现于画面；神妙也不是靠画得来，只有真境隐去，神妙之境才能被感觉得到。当位置安排不和谐时，有画的地方反而是处处皆病；只有当虚实相互生发时，虚处无画之地才是通篇之灵境妙地所在。人只知有画处是画，不知无画处也是画。

三、名词解释

1. 造型艺术(中国艺术研究院 2021 年研；陕西师大 2019 年研；华中师大 2018 年研；南航 2017 年研；北影 2016 年研；湖南师大 2016 年研；福州大学 2015 年研)

答：造型艺术是指以一定物质材料(如绘画用颜料、墨、绢、布、纸、木板等，雕塑、工艺用木、石、泥、玻璃、金属等，建筑用多种建筑材料等)和手段所创造的可视、静态的空间形象，来反映社会生活与表现艺术家的思想情感的艺术形式。

2. 视觉艺术(暨南大学 2019 年研)

答：视觉艺术是指运用一定的物质、材料、技术手法，创作可供人观看欣赏的艺术作品，从广义上说，雕塑、绘画、摄影等艺术门类都属于其范畴。视觉艺术不仅创作方式多样，造型手法也十分多样。艺术作品既包括二维和三维形态，也包括动态和静态等多种艺术形式。其中，三维立体的空间艺术，例如雕塑和建筑艺术，通常也被称为造型艺术。此外，视觉艺术与听觉艺术不同，视觉艺术主要强调人的视觉感受。从狭义上说，视觉艺术通常是指绘画、版画、油画、摄影等以观看为欣赏方式的平面艺术作品。

3. 空间艺术(中传 2006 年研)

答：空间艺术是以空间为存在方式的艺术，包括雕塑、绘画等。造型是空间艺术的必要手段和必备因素，造型艺术必然存在于一定空间中，因而空间艺术的本质是对造型艺术存在方式的把握。造型艺术、实用艺术等都是其各自特点与审美相结合的表现性空间艺术。空间艺术有特定性、永久性、大众性、特殊性、技术性等特点，有其独特的审美特点。

4. 绘画（山东师大 2018 年研；江西财经 2018 年研；扬州大学 2017 年研；广西民大 2017 年研；北京城市学院 2017 年研；云南师大 2015 年研；大连大学 2014 年研）

答：绘画是忠实于客观物象的自然形态，对客观物象采用经过高度概括与提炼的具象图形进行设计的一种表现形式。它具有鲜明的形象特征，是对现实对象的浓缩与精炼、概括与简化，突出和夸张其本质因素。绘画种类繁多，范围广泛。从体系来划分，绘画分为东方绘画和西方绘画两大体系。从题材内容来划分，可以分为肖像画、静物画、风景画、风俗画、历史画、宗教画、动物画等。从使用的材料、工具和技法来划分，则可分为中国画、油画、水彩画、水粉画、版画以及粉笔画等类型。从作品的形式来划分，又可以分为壁画、年画、漫画、连环画、宣传画等。可以说，绘画是样式和体裁十分繁多的一个艺术类型。

5. 阎立本（武汉理工 2010 年研）

答：阎立本是唐代政治家、画家，善画人物、车马、台阁，尤擅长肖像画与历史人物画。阎立本的人物画形象逼真传神，注重个性描绘，且多取材于历史事件和人物，用以鉴戒贤愚、弘扬治国安邦大业，时人誉之为“丹青神话”。阎立本的线描画部刚劲圆润，画衣物简练粗重，设色也较前代更浓重，多用朱砂、石绿，有时还用金银等贵重矿物质材料。代表作有《历代帝王图》《步辇图》等。

6. 文人画（扬州大学 2019 年研；武汉理工 2010 年研）

答：文人画又称士大夫写意画、士夫画，是指画中带有文人情趣、画外流露着文人思想的绘画。文人画作为正式的名称由元代画家赵孟頫首次提出。“文人画”多取材于山水、花鸟、梅兰竹菊和木石等，借以抒发个人“性灵”，标举“士气”“逸品”，崇尚品藻，讲求笔墨情趣，脱略形似，强调神韵，重视文学、书法修养和画中意境的缔造。文人画具备学养深厚、言之有物、格调高雅的特征，其在题材内容、思想情趣、笔墨技巧等方面呈现不同的追求，并形成纷繁的风格和流派。历代文人画对中国画的美学思想和水墨、写意等技法的发展都有很深的影响。文人画的代表人物有北宋的苏轼、南宋的李唐、明朝的戴进等。

7.《日出·印象》（温州大学 2016 年研；山东师大 2016 年研；南京师大 2015 年研；广西师大 2015 年研；江苏师大 2014 年研；河北大学 2014 年研）

相关试题：《日出·印象》（作品分析题，山东科技 2017 年研）

答：《日出·印象》是法国印象派画家克劳德·莫奈于 1872 年在勒阿弗尔港口创作的一幅油画。该画描绘了晨雾笼罩中的日出港口景象，用美妙的光的变幻与运动展现了迷人景色，画家用轻快跳跃的笔触刻画了光在宽阔的海面上反射与颤动的生动景象。该幅作品突破了传统题材和构图的限制，完全以视觉经验的感知为出发点，侧重表现光线氛围中变幻无穷的外观，是莫奈画作中最典型的一幅，也是日后最具声誉的经典画作，是印象画派的开山之作。

8.《格尔尼卡》（武汉理工 2010 年研）

答：《格尔尼卡》是西班牙立体主义画家毕加索于 20 世纪 30 年代创作的一幅巨型油画。此画是毕加索受西班牙共和国政府的委托，为 1937 年巴黎世界博览会西班牙馆而创作。画面结合立体主义、现实主义和超现实主义风格，表现了 1937 年德国空军疯狂轰炸西班牙小城格尔尼卡时民众的痛苦、受难和法西斯的兽性。画中右边有一个妇女举手从着火的屋上掉下来，另一个妇女拖着畸形的腿冲向画中心；左边是一个母亲与她已死的孩子，地上有一个战士的尸体，他那只断了的手上握着断剑，剑旁是一朵正在生长着的鲜花。该画采用了写实的象征性手法和单纯的黑、白、灰三色营造出低沉悲凉的氛围，渲染了悲剧性色彩，表现了法西斯战争带给人类的灾难。

9. 摄影艺术（郑州大学 2018 年研；北京城市学院 2017 年研；西安建大 2017 年研；聊城大学 2016 年研；广州大学 2016 年研；福州大学 2014 年研）

答：摄影艺术是指以照相机和感光材料为工具，运用画面构图、光线、影调（或色调）等造型手段来表现主题并求得其艺术形象的一种现代造型艺术。拍摄者使用照相机反映社会生活和自然现象，表达思想感情。根据艺术创作构思，运用摄影造型技巧，经过暗房制作的工艺程序，制成有艺术感染力的照片。“摄影艺术”可通俗理解为摄影的艺术，广义上包括一切与摄影有关的艺术活动；狭义上特指可以作为一个艺术品种存在的那一部分摄影，是《辞海》所说的“造型艺术的一种”。

10. 纪实主义摄影（河南师大 2017 年研；浙江师大 2011 年研）

答：纪实主义摄影是摄影家对现实的“再现”，以突出画面中心以及想表达情绪的一种摄影方式。纪实的价值绝不在于原封不动地“复制”现实，而在于创作者对现实的“再现”，一种包含认知价值与审美价值的再现。纪实的前提是要对现实材料作有效的选择，不能为了追求和达到所谓的客观纪录、原汁原味而放弃了思想、思考、态度，导致内容空泛而浅薄，手法技法粗糙低劣。

四、简答题

1. 造型艺术与实用艺术的关系。（南京师大 2008 年研）

相关试题：简述造型艺术和实用艺术的联系与区别。（北影 2016 年研）

答：造型艺术与实用艺术两者之间既有联系，又有区别。

（1）造型艺术与实用艺术的联系。

造型艺术和实用艺术都是空间艺术的类型之一，都是利用物质材料，并以平面或立体的方式创造出一种静态的艺术形象，使人们可以直接依靠视觉感知到。因为二者密切相关，所以有时人们经常把它们归为同一类，统称为美术，或视觉艺术。

（2）造型艺术与实用艺术的区别。

①基本特征不同。造型艺术（摄影、绘画、书法、雕塑）以造型性为基本特征，通过外在形象的表现和塑造来反映内心的精神世界。它的表现力藏于再现性之下，因此又称再现性空间艺术。而实用艺术（建筑、工艺美术、风景园林、现代设计）以表现性为基本特征，它不直接再现或模拟客观对象，而是以美的形式表达艺术家的思想感情和丰富的文化内涵。

因此，这类艺术属于表现性空间艺术。

②功能不同。造型艺术主要为了满足观赏者的审美需要，因此审美功能是第一位的。而实用艺术兼具审美与实用两大功能，既可满足观赏者精神审美需要，又可满足其物质需要。

2. 造型艺术的审美特征。（山东师大2019年研；浙江大学2018年研；福州大学2018年研；华中师大2018年研；内蒙古大学2017年研；武汉科技2016年研；山东师大2015年研；首都师大2014年研；辽宁大学2013年研；陕西师大2012年研；南开大学2012年研）

答：造型艺术的审美特征主要包括：

(1)造型性与直观性。

造型性是整个造型艺术中最基本的特征，是指艺术家可以通过一些物质材料，直接创造出欣赏者可直观感受的艺术形象。造型性的基本表现方式是塑造客观事物的形象。造型性使造型艺术注重物体的外形，实现"形"与"神"、外在与内在的有机结合。只有通过间接方式的艺术联想才能充分调动观众的外部想象力，达到以有形表现无形的效果。

直观性，又称视觉性，由造型性衍生而来。造型艺术的直观性是指任何造型艺术创造的艺术形象可直接作用于欣赏者的视觉感官，使其进行直观感受，且更加注重对直观、生动的形式美的追求。

(2)瞬间性和永固性。

造型艺术通常要反映客观事物与艺术家的思想感情。艺术家则需要在动与静交叉点的合适位置抓住客观对象的某一瞬间形象，借助于一定的物质材料和艺术语言加以固定。这是造型艺术瞬间性的基本特点。能否较好地选取与抓取客观对象的瞬间形式往往决定着艺术作品最终成功与否。

永固性是与瞬间性相伴而生的造型艺术特征，它是指瞬间形象一旦被创作出来，也就同时被物质材料固定下来，可以供人们多次欣赏，甚至流传千百年。不同于舞蹈、曲艺、戏曲等需一次次表演来创造形象的表演艺术或综合艺术，造型艺术可使瞬间性的客观形象以固定的物质形式保存下来，且不需要借助于录音录像等现代化传播技术。这一永固性特征使得古老、具有很高的艺术与经济价值的艺术品能够被若干年后的现代人欣赏，成为人类灿烂文化宝库中的重要财富。

(3)再现性与表现性。

造型艺术的基本特征是再现性空间艺术，再现性自然成为它最重要的审美特点之一。但是，造型艺术同样要表现形象的内在意蕴，表现艺术家的情感。因此，表现性也是造型艺术一个重要的审美特征。造型艺术中，摄影可以最逼真地再现现实生活中的人物、事物和景物。摄影作品被当作真实可靠的历史文献，具有认识和审美双重价值，成为珍贵的文献资料。造型艺术离不开表现性，需要通过艺术作品来表现艺术家的思想情感与审美追求。

3. 造型艺术的表现性体现在哪几个方面？（南航2015年研）

答：艺术是社会客观现实与艺术家主观情感结合下的产物，是主观性与客观性的结合，即是再现因素与表现因素的结合，造型艺术作为艺术的重要品类之一也具有以上特征，但造型艺术更注重"再现"，而音乐、舞蹈、建筑更加注重"表现"。造型艺术的表现性，主要体现在以下三个方面：

(1) 体现客观对象的内在气质。

造型艺术体现客观对象的内在气质，强调“以形写神”，艺术家在进行创作时要正确对待“形似”与“神似”的关系，既要表现出客观对象的外观形态，更要刻画出人、物的性格气质与精神特征。这与我国国画与书法流传下来的创作理念不谋而合，东晋画家顾恺之提出“以形写神”，把绘画中主观精神的表现看作是重于客观形式的因素，在绘画等视觉艺术形式上，中国传统上也重视“写意”和“写情”，注重艺术品对自我思想、情趣的表达，重意而轻形。例如南宋人物画家梁楷的《太白行吟图》用寥寥数笔就勾勒出了李白桀骜不驯、才华横溢的气质神韵。

(2) 反映艺术家的审美理想与思想情感。

任何艺术都是主客观因素的统一，造型艺术也不例外，其中，中华民族特有的书法艺术在一定程度上对这一特点体现得更为明显。书法艺术蕴含着博大精深的传统艺术思想，在体现书法家品格、心性的同时，更将艺术家的精神气质外化到作品中，使艺术接近了自然生命的律动，人们常说的“字如其人”，即是对书法这一独特艺术表现力的概括。例如，被誉为“天下第一行书”的王羲之《兰亭集序》，既体现出了魏晋风度影响下鲜活的人格风采和自然天性，整幅作品既具有流畅的笔势，一气呵成，又含蓄蕴藉，给人以变化莫测而有法度、清俊典雅而又不失活泼的审美体验。

(3) 艺术家进行创作时，自觉遵循形式美的原则。

造型艺术家在进行创作时，不是对社会生活的盲目模仿与照搬。在这一创作过程中，艺术家既需要选择合适的表现手法、构思创新性的“点子”，同时还需融入自身的审美情感。以摄影艺术为例，摄影师为寻求好的呈现效果，需要从构图、取景、搭景、拍摄、后期制作等多方面进行布局，在整个过程中，付出了极大的脑力劳动与体力劳动。同时，不同的造型艺术家在进行创作时，也遵循着约定俗成的规则。这种融入艺术家独特兴趣、个性风格与俗成规则的创造成果，往往也能向欣赏者传达艺术家的审美追求。例如唐代画家吴道子的线条笔势强劲有力、圆转多变；李思迅的线条格律严密、工整有序。

4. 简述宋代花鸟画的艺术风格和艺术特点。（武汉理工2010年研）

答：宋代是古代花鸟画空前发展并取得重大成就的时期，宫廷中装堂饰壁务求华美，使花鸟画在贵族美术中占重要地位；社会上中上阶层的需求及工艺装饰，也促进了花鸟画的发展和活跃。其艺术风格和艺术特点主要表现为：

(1) 艺术风格。

宋代花鸟画善用“勾勒填彩”法，旨趣浓艳，墨线不显，绘画以“徐黄异体”风格为主导。“徐黄异体”指五代的花鸟画中出现的两大阵营，以西蜀黄筌为代表的一派，因为他们多描绘宫廷苑囿中的珍禽奇花，画法精细，以轻色渲染而成，被称为“黄家富贵”；而江南的徐熙所代表的一派，则多取材于水鸟野卉，画法多用墨笔，色彩极少，相对黄筌一派的风格，这一派被称作“徐熙野逸”。

(2) 艺术特点。

①绘画表现自然环境中花鸟的运动变化及相互关联。北宋中后期的崔白工画花竹翎毛，尤其以画带有野情野趣的花鸟题材驰名。崔白善于表现在不同季节自然环境中花鸟的运动

变化及相互关联，如《双喜图》等。宋徽宗赵佶酷爱和重视绘画，大力扩充画院，画院内一时人才济济，成为中古宫廷绘画最为兴盛的时期。赵佶擅花鸟画，重视写实，现存所传为他的作品多数为细腻柔丽的典型宫廷花鸟画，如《瑞鹤图》《芙蓉锦鸡图》等。

②绘画善用梅兰竹菊等题材，抒情寄兴，状物言志。宋代的绘画抒情寄兴，状物言志，不完全拘泥于形似格法，多好水墨写意，爱画梅兰竹菊等题材，以表现高洁品格。文人画赋予梅兰竹菊以道德品格，号称“四君子画”。以拟人化的手法将崇高、贞洁、虚心、向上、坚强寄于“四君子”上，这种文人画思想的加入，为花鸟画注入新的内容。文同精通诗词书画，爱画墨竹，开创了“湖州竹派”；扬补之的墨梅成就最高；郑思肖以画墨兰著名；法常擅长水墨写意花鸟画，用笔恣肆而形神兼备，对明清水墨写意画产生重大影响。

③描绘生活化的场景。宋代花鸟画家作品主要体现了社会生活化的特点，反映了宋代农民企盼吉祥如意的美好愿望。宋代世俗化花鸟画多表现生活化的场景，画家们深入到农民生活之中。取大自然之物来表达画家对生活的热爱，使人与自然都被纳入宋代世俗化的花鸟画中，给自然以人性化的特征。如陈居中的《四羊图》，这是一幅生动又极具生活气息的动物画，画家用极为普通平凡的山羊来组织画面，将动物之间的情爱描绘得十分真实且富有生活气息。

5．简述南宋山水画的特点，南宋山水画派有哪些代表画家和代表作？（武汉理工 2010 年研）

答：山水画是中国画的重要画科，以山川流水等自然景观为主要描写对象。古代书画家通常将情性抱负寄托于自然景象中，经绘画表现出来。至南宋，山水作品不但继承了前代优良传统与画风，还另辟蹊径创造出以小见大、讲究意境创造的“偏角山水”。

（1）南宋山水画的特点。

①“以小观大”是画家创作和观者欣赏的最主要方法。“以小观大”是“边角之景”的绘画形式在美学思想上的反映。“小”不是体积被缩小的全景山水的个体，而是一个浓缩的点，是画家深入观察和深刻认识对象后提炼而出的点，并由此点作为物象之灵魂、意境之窗口。这大大增强了南宋绘画的概括性、含蓄性和象征性。中国画热衷于“小”的趣味，在南宋时期达到了一个高峰。

②水墨苍劲的“大斧劈皴”。“大斧劈皴”与局部特写的“边角之景”是一脉相承的。前者是由后者带动的产物，是顺应了后者的形式变化而出现的技法改革。从前的那些雨点皴、披麻皴、云头皴、拖泥带水皴等便不再适于这种表现，于是清刚利爽的大斧劈皴便应时而生。特别是当边角之景和局部特写从扇面小形制回归到长卷、立轴的大画面上，这进一步放大和凸显出山石等物坚硬、凝重的质感，大斧劈皴的侧笔猛扫，锋芒毕露，恰能实现画面所需要的质感效果。

（2）南宋山水画派的代表画家和代表作。

南宋山水画作家以“南宋四家”为代表，即李唐、刘松年、马远、夏圭。

①李唐是开创“偏角山水”画风的宗师，北宋徽宗时入画院，南渡后以成忠郎衔任画院待诏。他创格变体，开南宋绘画一代风气。代表作品有《万壑松风图》《清溪渔隐图》《采薇图》等。

②刘松年，淳熙初画院学生。其代表作《四景山水图》描绘西湖庭院别墅的四时景色：

春外游；夏纳凉；秋观景；冬踏雪。在《四景山水图》中，四时变化清晰，四景描绘入木，笔墨严谨细密，刚健兼有滋润，既继承了界画用笔精细的传统，又把人物与环境有机地融为一体，笔墨生妙，诗意浓郁。

③马远对于山水、人物、花鸟无一不精，其山水画的成就尤为突出。马远有“马一角”之称，意指马远多作山水一角之景致，所画的树石线条刚劲坚凝，有如折钗股似的弯折之角。他常常不作全景式铺陈格局，而描绘边角之景。马远继承并发展了李唐的画风，以雄健的大斧劈皴画奇峭坚实的山石峰峦，代表作品有《踏歌图》《寒江独钓》《水图》等。

④夏圭初学人物，后工山水。夏圭有“夏半边”之称，意指夏圭多作山水滩岸林带半边之景致。夏圭能作小品，更能作长卷，是一位极有创造力的艺术天才。代表作品有《溪山清远图》《西湖柳艇图》《长江万里图》等。

6. 简述《韩熙载夜宴图》的艺术特色。（安徽大学 2019 年研；江苏大学 2018 年研；西北大学 2018 年研；江汉大学 2018 年研；陕西师大 2017 年研；福州大学 2017 年研；天津美院 2016 年研；温州大学 2016 年研；辽宁师大 2016 年研；河南大学 2015 年研；聊城大学 2015 年研；青岛大学 2015 年研）

相关试题：

(1)《韩熙载夜宴图》（作品分析，江西师大 2017 年研；沈阳师大 2014 年研）

(2)简答南唐顾闳中《韩熙载夜宴图》的绘画特色。（扬州大学 2017 年研）

(3)韩熙载夜宴图（名词解释，汕头大学 2018 年研）

答：《韩熙载夜宴图》诞生于五代十国时期。这是一个社会时局动荡、政治黑暗的时代，这种时代的不稳定性使得艺术家的创作十分困难。在这种时代背景下，能够流芳百世的艺术品很少。但是，能够经历动荡时代的艺术家们，他们对艺术的看法也变得十分独特。例如五代十国时期，社会状况十分特别，它承前启后，既继承了隋唐时期宝贵而丰富的文化，也为元明清时期中国封建王朝的繁荣昌盛打下了深厚基础。

(1)情节发展。《韩熙载夜宴图》采用了我国的传统表现手法，在一幅作品中展现出一段连续的故事。画面用数个屏风隔开，整幅作品从左往右共分为“听乐”“观舞”“小憩”“演奏”和“散宴”五个段落。随着情节的进展，每一个段落都用屏风作为间隔，前后连续发展但各个情节段落又各自独立。韩熙载则分别出现在每一个段落中。这幅长卷描绘了一次韩府夜宴的全过程。

(2)画面结构。整幅画卷看上去构思精细，画面结构也十分清晰，和谐而优美，节奏感强烈。贯穿于整个画面的是变化转换的屏风。画家非常灵活地用屏风作为掩映，使五段故事既互相独立又有机整合在一起，场景过渡得十分自然和有趣，使时间的发展和空间的转变也有机地融为一体。在人物的设定和布置上面，也体现出画家的独特心思。作品每一部分场景中的人物设立疏密得当，展现出独特的节奏感。整幅画卷看上去精致、细腻，却也弥漫着沉郁而忧伤的气息。

(3)人物刻画。《韩熙载夜宴图》中，画家对人物的刻画，以形写神，显示出了高超的艺术水平。顾闳中对不同形体的姿态、目光手势进行描绘，画中人物有的弹奏琵琶，有的挥手舞蹈，有的按拍欣赏，情态生动。而画家对主人公韩熙载的刻意描绘，曲尽神形。韩熙载形体高大轩昂，成为了全图的中心。长髯，戴高巾，从倚栏倾听，到回收击鼓，最后曲终人散，各个不同场合始终眉峰双锁，若有所思，心不在焉。他的沉郁寡欢与夜宴歌舞欢乐的热闹场面形成了鲜明的对比，表现了主人公在当时形势下身置华宴歌舞中的苦闷空虚、无可奈何的复杂内心世界，刻画了人物特殊的个性，十分传神。也由此深化了《韩熙载夜宴图》的内涵。

7. 简述《清明上河图》的艺术价值和历史价值。（清华大学 2018 年研；北京印刷 2017 年研；四川大学 2016 年研；湖南师大 2016 年研；央美 2016 年研；山东大学 2015 年研）

相关试题：

(1)《清明上河图》的艺术特点。（聊城大学 2014 年研）

(2)论述《清明上河图》的绘画内容，艺术特色以及历史地位。（论述题，青岛理工 2014 年研）

(3)《清明上河图》（名词解释，北影 2021 年研；汕头大学 2018 年研；陕西师大 2017 年研；华侨大学 2016 年研；湖南师大 2016 年研；华东师大 2015 年研）

答：《清明上河图》是北宋著名画家张择端的经典名作。整幅画为绢本，宽 24.8 厘米、长 528.7 厘米，是中国十大传世精品绘画之一。整幅作品笔法细腻而严谨，用全景构图的方式将北宋都城汴京的生活风貌和繁荣景象展现在世人面前，有力地见证了当年汴京的繁荣昌盛，真实地反映出了北宋时期的社会经济发展状况。这幅作品的历史研究价值极高，通过研究这幅画作，可以清晰地感受到北宋时期的社会生活和风土人情。作品中共描绘人物 815 位，木船 20 多只，亭台楼阁各种建筑 30 多座，各种牲畜动物 60 多只，乘轿推车共计 20 多件，是北宋城市生活的真实写照。画作真实地表现了北宋时期的经济、商业、服装、建筑等多方面的生活状况，具有极高的研究价值。

(1)艺术价值。

①绘画主题突破传统。汉唐以来，人物画多以帝王将相、宗教信仰、达官显宦的生活为主题，而张择端在创作《清明上河图》时却将社会最底层人民的生活状态真实地展现了出来，突破了传统的绘画主题，体现了画家独特的生活体验和创作视角。关注普通百姓的生活状态，并将平凡的百姓生活体现在绘画中，这种打破传统的选题具有划时代的历史意义。画家在一幅作品中生动而形象地描绘了三教九流的各色人物多达 550 多人，并且在创作手法上聚散有理，疏密有致，可谓生活百态，洋洋大观，令人拍案叫绝。

②形神兼备的人物刻画。人物始终是《清明上河图》的刻画核心，画家通过散点透视的方式，在一幅画面中安排了各种形形色色的人物，形成了一幅自然和谐的景象。纵观画面，每个人物都有其适当的位置。不同社会阶层、不同行业、不同性格和年龄的数百个人物，虽高不过寸许，但是形态各异，栩栩如生。甚至能从每个人物的脸上看出他们的生活情趣和思想感情，或闲适，或紧张，或焦虑，或冷漠，画家入木三分地刻画了不同人物的神情形态，足见其深厚的功底。横跨汴河的虹桥是整幅作品的最经典部分，桥上看热闹的人有的指指点点，有的静心沉思，有的愁容满面，有的大声吆喝，有的手舞足蹈；桥下更是热闹非凡，船只穿梭不息，激流中一条大船穿过，船上有船夫二十余人，形态更是生动。画家对这些看热闹和参与搏斗的人们从不同角度进行了生动而细腻的描绘。

③画面的节奏感。《清明上河图》画卷的三个部分之间既有一定的相互衔接而又相对独立。虽然这三个部分的画面的内容都不相同，但是在一个部分与另一个部分之间是互相衔

接的，并没有给人一种分离生吞的感觉，就好像是画家一气呵成的。另外，对于每一部分的景物，画家进行具体处理时所采用的视角并不是一成不变的，这也是画家创作意图的体现。例如，画家在创作《清明上河图》的时候，第一段主要是对城外的郊野的场景进行描述，这部分采用的是一种低视点的角度。从而使得画面之中的丛林、牲畜和人物与观众之间产生了一种距离感，并且能够感受到城外郊野的荒寒以及幽静的情景。而在创作第二部分时，画家采用了一种较高的俯视角度。从而对于大面积的桥面空间进行了比较详尽的描述，体现出来熙熙攘攘的商旅以及摊贩等形形色色的人物，但是这些人物却和画中的桥面形成了一种十分恰当的视觉效果。在桥洞内，画家主要描绘了人们正待过桥的紧张，以及忙碌的船工们正在撑着巨型的货船过桥洞的场景。画家对于这种情景的刻画恰恰又与桥面实现了互相呼应，从而使得桥上和桥下融为一体，生动地描绘了虹桥繁华热闹的景象。综上所述，在《清明上河图》画卷中，随着场面的不断展开，透视角度的变化使得整个画面有了主次之分，并且使得整个画面在不断的延伸之中体现了一定的节奏感。

(2)历史价值。

《清明上河图》不仅有极高的艺术价值，而且它所描绘的内容更是包罗万象，充分展现了那个时代的生活画面，堪称北宋时期的时代缩影。唐宋时期是我国封建社会发展的顶峰，尤其是北宋时期，社会经济空前繁荣，艺术文化也得到了长足的发展。经济文化的大发展有力地推动了当时绘画艺术的发展，许多世俗的市井生活开始逐渐进入画家们的画卷，成为创作的主题。而张择端是当时最具代表性和最具影响力的画家，他的传世之作《清明上河图》更是代表了北宋时期绘画艺术的巅峰。市井生活风俗画真实地反映了当时的社会生活风貌和经济繁荣状况，是封建社会商品经济发展到一定阶段的产物，也是当时新兴市民审美情趣的需要，所以这些作品受到了民众的广泛欢迎，并逐渐进入宫廷，成为统治者们喜闻乐见的艺术。

8. 雕塑艺术的发展阶段。(曲阜师大 2018 年研；合肥工业 2017 年研；河北大学 2016 年研；西南交通 2016 年研；西安建大 2016 年研)

相关试题：简述西方雕塑史上四个最为辉煌的高峰期。(聊城大学 2017 年研)

答：雕塑是立体(三维空间)的空间艺术和视觉艺术，运用一定的物质材料制作出具有实体形象的艺术品，是最具有实体感的造型艺术类型。雕塑是人类文化史上最古老的艺术种类之一。无论在东方还是西方，雕塑艺术都有着悠久的历史。

(1)东方雕塑的历史。

①从远古到先秦。石制的雕刻器具最早出现于旧石器时代。陶器的出现促进了原始雕塑的发展。商周时期，青铜器铸造达到了鼎盛时期。

②秦汉时期，是我国古代雕塑艺术(尤其是陵墓雕塑)的高峰阶段。

③魏晋南北朝和唐宋时期，随着宗教雕塑的迅速发展，敦煌石窟、龙门石窟、云冈石窟、麦积山石窟蓬勃发展。魏晋隋唐时期最为显著的成就是石窟雕塑。

④元明清时期，大型石窟日渐衰落，小型装饰性雕塑繁荣。各种民间雕刻、工艺装饰发展迅速。

⑤新中国成立以来，我国雕塑艺术有了更长足的发展。

(2)西方雕塑的历史。

西方雕塑史经历了以下四个高峰时期：

①第一个高峰是古希腊罗马时期。在整个西方美术传统中，古希腊时期的雕塑占有十分重要的地位。希腊艺术是理想主义的、简朴的、强调共性的、典雅精致的，用外在的形式表现内在的力量，西方美术崇尚的典范模式可以说都是从古希腊开始的。古希腊悠久的神话传说是古希腊雕塑艺术的源泉，也是古希腊时期雕塑的题材，是希腊人对自然与社会的美丽幻想，他们相信神与人具有同样的形体与性格，因此，古希腊时期的雕塑参照人的形象来塑造神的形象，并赋予其更为理想、更为完美的艺术形式。

②第二个高峰是欧洲文艺复兴时期。意大利的文艺复兴是一次著名的历史运动，始于1401年，是文化艺术的一次再生。整个西方文化的知识面貌产生了巨大的变化。它不仅恢复了古典时期古典美术的形式和题材中的关于人文主义文化的含义，同时强调以科学的态度观察客观事物，这一时期的艺术作品突出地表现了艺术家对透视学和解剖学的深刻认识。个性的解放和世俗文化是文艺复兴时期的两大特点。这一时期产生了许多杰出的艺术家，其中多那太罗和米开朗基罗是雕塑的杰出代表。被称为"文艺复兴三杰"之一的米开朗基罗的艺术成就不仅仅表现在雕塑上，还深入到美术的各个领域。

③第三个高峰是19世纪法国雕塑。法国著名雕塑家让·巴普希斯特·卡尔普以强烈的浪漫主义精神创作了《舞蹈》。整个作品充满了生气，节奏流畅优美。弗朗索瓦·吕德的《凯旋门》浮雕充满了激情和民族自豪感。梅达尔村·罗索把印象派绘画理论用于雕塑，从而把绘画和雕塑融合在一起。他的作品表现了在色光的照耀下雕塑最闪动最精彩的部分，而让其他部分减弱，表现了丰富的光影和人物性格变化。

④20世纪以来，出现多元化、多流派并存的局面，雕塑艺术不断演进发展。20世纪雕塑的两大主流是康丁斯坦·布朗库西和"未来派"。布朗库西对现代雕塑的贡献是多方面的。他最重要的贡献是创造了一种具有普遍意义的象征物，这种象征物的雕塑形式简洁、强调形体的基本属性；"未来派"宣称："绝对地和彻底地放弃有限的线条和封闭的雕塑。""让我们把人体打开，把环境关闭到人体里面去。"

9. 什么是石窟寺艺术？魏晋南北朝时期的代表石窟寺有哪些？

答：(1)石窟寺艺术是我国佛教的一种艺术形式，佛教石窟是用于礼佛和修炼的地方。它始于公元4世纪，盛于5至8世纪，其多依山开凿，主要表现形式是佛教壁画和佛教造像。

(2)石窟寺艺术的特征。

①神性与人性区分。石窟中佛教造像要遵从教义的规范，使形象与人之间保持距离，具有一定的神性。

②环境与心境融合。石窟艺术，在某种程度上说也是环境的艺术。环境可为石窟造像提供合适的场所，烘托造像的艺术效果。

③佛门等级与造像布局配合。佛教宣传的是众生平等，但在佛教艺术形象的处理上却采取不平等的形式。佛居于中心地位，形体格外高大突出。菩萨、弟子、天王、力士等，按等级逐渐递矮，侍立两旁，如众星捧月。

④妆彩与眼神结合。石窟造像最初都是妆彩的，花花绿绿，效果强烈。石窟雕像的目光都比较固定，凝视一个方向，这与希腊雕刻目光大都分散游离、避免盯一处的情况形成

对比。

⑤象征性与艺术处理结合。佛教艺术是一种象征艺术，但其更深层的含意并不能从形象本身直观地看出，而是需要就形象所暗示的一种较为普遍的意义方面去领悟。

(3)魏晋南北朝时期石窟寺的代表主要有甘肃的敦煌莫高窟、山西大同的云冈石窟、河南洛阳的龙门石窟、甘肃天水的麦积山石窟等。

10. 中国书法艺术的基本技法和表现形式有哪些？（山东师大2017年研；湖南师大2016年研；首都师大2015年研；北京城市学院2015年研；辽宁大学2014年研；大连大学2012年研）

相关试题：

(1)书法艺术（名词解释，聊城大学2016年研）

(2)简述书法艺术的涵义及基本特征。（华南理工2013年研）

(3)书法有什么艺术特征？（赣南师大2013年研）

答：书法艺术是指中华民族特有的一种展现文字美的艺术表现形式。书法艺术通过汉字书写过程中的笔墨、点画和章法等造型美，来构成美学境界，并表现出人的精神、气质和品格。书法艺术运用抽象的“点、线、笔、画”，将本来只有实用价值的文字书写，升华到艺术的境界。中国书法艺术的基本技法和表现形式由用笔、用墨、结构、章法、韵律、风格等构成。

(1)用笔是指行笔的方式、方法及其所产生的效果。以我国书法的点画为例，在使用尖锋毛笔时，要注重出锋、藏锋、侧锋、方笔、圆笔、轻重、疾徐等，才能达到最终精到的书写效果。

(2)用墨主要指墨的着色程度，涉及到浓淡、枯润等；中国传统书法中“墨分五彩”，即焦、浓、重、淡、清，墨色在不同书法家的笔下有不同的呈现效果。如颜真卿的楷书墨色浓润，恢弘大气。

(3)结构，又称布白，指字的字体、结构、大小等等，它要求每一个字的落墨处与空白处都要安排适当，符合比例，遵循平衡对称的原则，达到虚实相生的效果。

(4)章法是指一幅字的整体结构的法则，它要求安排好全篇的布局，即整幅字在行次布局中应当复杂多变，密度、节奏、气势要适当，从而体现作品的内在魅力。章法主要体现在作品收放、停留、长度、宽度、整体大小与字体结构等方面。

(5)韵律是指笔画和线条的变化，如动静、起伏、枯润等。这种节奏来源于书法作品整体线条所形成的生动魅力，如王羲之行书中线条的中和，董其昌行草中线条的明快，构成了书法艺术中不同类型的韵律。

(6)风格是指作品的整体艺术特征，反映了书法家不同的艺术追求。它是由用笔、用墨、结构、章法、韵律等艺术效果所共同形成的。书法的风格丰富多彩，有含蓄、雄健、优美、朴素、豪迈、稚气等多样的风格。

五、论述题

1. 试举例并论述不同艺术门类之间的相互联系。（杭州师大2015年研）

答：在艺术领域，各门类之间相互联系和融通的现象是普遍存在的，从艺术的发展史上看，有一些现在作为独立门类的两门或多门艺术本来就是结合在一起的。不同的艺术门类之所以能够相互联系甚至结合在一起，首先是因为它们有着共同的本质。不同艺术之间相互吸收与借鉴，相互配合与结合。艺术在自身的发展中，不断地经历着分化与综合的过程。

(1)各种艺术的相互联系分为以下几种关系：吸收与借鉴、配合、结合。

①吸收与借鉴，是指一种艺术经常会从其他艺术中吸收自身需要的东西或某种实质性的成分，或在象形手法等方面得到借鉴，但并不改变它本身独立的性质。例如，电影吸收小说的情节。

②配合，是指两种或两种以上的艺术出现在同一件作品中，形成统一、和谐的整体，但并不改变各自的性质。例如，诗书画印的形式。

③结合，是指两种以上的艺术结合成为一个整体，不可分离，也没有相互独立的价值。每个艺术门类及其中的样式，都是一个个开放式的体系，而不是各自闭关自守的领地，总的发展趋势是分化与综合。艺术种类分化和相互综合的趋势共同促进了艺术反映生活的手段的不断丰富，这是与人类社会的进步、技术和工具的进步以及人类思想文化的不断发展相联系的。

(2)艺术在分化与综合中发展。

艺术在自身的发展中，不断地经历着分化与综合的过程。例如，诗歌和音乐从原始歌舞艺术中分离出来，成为各自独立的艺术门类，这可能是第一次分化。文学在诗歌之后，又出现了散文，继而出现了小说、戏剧文学等。音乐逐渐形成器乐和声乐两大部分，其中器乐又发展为各自演奏形式，直到规模较大的交响乐。声乐也形成了许多样式，与戏剧结合，产生了歌剧。舞蹈也在发展中形成了独舞、双人舞、群舞和舞剧等。

2．请结合具体的艺术作品，论述中国绘画的审美特色。（福州大学 2018 年研；武汉理工 2018 年研；南航 2017 年研；西安建大 2016 年研；广西民大 2015 年研；辽宁大学 2014 年研）

答：中国画的审美特点来源于中华民族悠久的传统文化和丰富的美学思想。其审美特色主要表现在以下几个方面：

(1)中国画在处理再现与表现、具体描绘与情感抒发的关系上，由于侧重点不同，形成了工笔画和写意画的不同样式。写意画强调传神生动，笔致简练放纵、纵横淋漓而又简练概括，着重描绘物象的意态神韵，绘画方式较为灵活。工笔画重在写实，着重线条美、工整细致、严谨。设色艳丽明快，色调统一，具有浓郁的中国民族色彩审美意趣。也有工笔与写意结合的做法。如齐白石的昆虫与花卉，昆虫是精雕细刻，花卉是恣意挥洒，在一幅画面上，两种手法各得其所，相得益彰。

(2)工笔画与写意画都十分注重“形神兼备”“气韵生动”。在具体的实践过程中，工笔画更为细腻写实，强调“形”，而写意画笔触恣意洒脱，重在“传神”，但二者的“形”与“神”都为表达作者的思想感情而服务。许多画家在创作时极尽“含蓄之美”，采用大量留白的方式为观众留下想象空间。

(3)中国画十分注重“传神”与“立意”，东晋顾恺之曾提出“以形写神”，把绘画中主观精神的表现看作是重于客观形式的因素，在绘画等视觉艺术形式上，中国传统上也重视“写意”和“写情”，注重艺术品对自我思想、情趣的表达，重意而轻形。晋代文学家陆机在《文赋》中提出“诗缘情而绮靡”的主张，是对“诗言志”传统的回应和深化，到明清时期杰出的艺术家更把渗透自身理想与情感作为绘画的第一要务。

以五代时期画家顾闳中的《韩熙载夜宴图》为例。南唐后主李煜派遣顾闳中以“心识默记”的方式窥探隐退大臣韩熙载的居家动态。全画共分为“听乐”“赏舞”“休息”“清吹”“散宴”五段，其精彩、深刻之处不仅在于展现夜宴的全过程，而且在于对韩熙载的形象的刻画。韩熙载本是南唐大臣，因看到政局日下、前途难卜，故有意纵情于声色犬马，借以回避朝政，画中韩熙载的神色始终郁郁不乐，画家巧妙地运用视觉形象传达了韩熙载的真实心境。

3. 试论宋代文人画与元代文人画各自的特点与成就。

相关试题：结合具体的作品，试论宋代文人画与明代文人画各自的特点与成就。（广西民大 2014 年研）

答：(1)宋代文人画。

宋代是宫廷美术、民间美术、文人美术三家开始分野的重要时期，同时又是文人画理论形成期。

①身份地位。这个时期“文人”作为一个概念被明确地提出来，苏轼将“文人”称为“高人逸士”“名卿士大夫”，画工则被称为“俗人”，两者社会地位和身份是截然不同的。

②艺术态度。文人士大夫和画工在对待艺术态度上也有区别。北宋文人的画既有行家画，又有文人与院体结合的一类，而典型的文人画则以文同、苏轼、二宋和米芾为代表。他们兼有诗文与书法之长，文名与书名多在画名之上。文、苏的竹石，除士气外，还因或有比兴寄托而具文学意味。二宋和米芾的山水，不求形似，与行家的山水画相异，而有特殊的意趣。

(2)元代文人画。

元明时期是中国文人画发展的最高峰时期，总的发展趋势是由“工”趋于“写”，由“收”趋于“放”；重笔法的同时注重墨法，为后继者的发展提供了新的格调。元代绘画是整个中国绘画史的分水岭，文人画开始成为画坛主流。文人画逐渐融入书法的笔意，开始强调画家的个性抒发。诗、书、画的结合，丰富了中国绘画的艺术表现力。元代绘画在继承唐、五代、宋绘画传统的基础上有进一步发展，其显著特点是“文人画”的兴起。与宋代文人画相比，元代文人画有四大特征：

①绘画题材由简单的枯木竹石、梅、兰等扩展到山水，并使之从此以后成为中国绘画史上最重要的一个永恒主题和无限象征。

②画法较宋人的墨戏更为严谨。

③重视绘画中的书法趣味，要求“以书入画”。

④在画面的意境构成上追求以诗题画，讲求诗情画意的相得益彰。

元初钱选和赵孟頫在理论和创作实践上开元画之风气，继之而起的黄公望、吴镇、王蒙、倪瓒被称为“元四大家”。他们的艺术成就，体现了中国画又一次创造性的发展，对明清两代绘画理论和创作，均有极为深刻的影响。

六、作品分析

1. 王羲之的《兰亭集序》。（山东师大 2019 年研；福建师大 2016 年研；华南理工 2014 年研；福州大学 2014 年研）

相关试题：书法赏析：《兰亭集序》（宁波大学 2018 年研）

答：魏晋书画艺术，从“形神兼备”发展到“离形神似”，讲求自然，顺乎神理，既有道家的“飘逸”，又有儒家的“文质”，是华美与质朴的结合，后来又将它上升到“得意忘形”的境界，使书画艺术从对外在客观世界的表现转向人的内在精神世界的抒发。王羲之是晋代书法的杰出代表，后世尊为“书圣”，其《兰亭集序》也被尊崇为“天下第一行书”。

（1）创作背景。东晋永和九年三月三日，王羲之和谢安、孙绰等四十余居住在山阴的一些文人来到兰亭举行“修禊”之典，参加雅集的多为当世名士，一道曲水流觞，饮酒赋诗，大家即兴写下了许多诗篇，事后这些诗篇汇编成集，《兰亭集序》就是王羲之为这个诗集写的序文手稿。序文受当时南方士族阶层信奉的老庄思想影响颇深，在文学史上占有一定的地位。王羲之的行书在当时独树一帜，这是他三十三岁时的得意之作，后人评道“右军字体，古法一变。其雄秀之气，出于天然，故古今以为师法”。历代书家都推《兰亭集序》为“天下第一行书”。

（2）文字结构。“兰亭集序”文风清秀、语语珠玑，是古代序跋散文中的妙品，更珍贵的是书法艺术达到了登峰造极之巅。此序共二十八行、三百廿四字，每一字都被王羲之创造出一个生命的形象，有筋骨血肉完足的丰躯，且被赋予了各自的秉性、精神、风仪：或坐、或卧、或行、或走、或舞、或歌，虽尺幅之内，群贤毕至，众相毕现。王羲之智慧之富足，不仅表现在异字异构，而且更突出地表现在重字的别构上。“天马行空，游行自在”，凡重复的字，写法各不相同，如五个“怀”字、七个“不”字，不同的位置，不同的表现，都依类赋形，千变万化。其中“之”字多达二十字，有的如楷书工整，有的似草书流转，但都大小参差，千姿百态，令人赞叹不已。

（3）后世评价。《兰亭集序》表现了王羲之书法艺术的最高境界。作者的气度、风神、襟怀、情愫在这件作品中得到了充分表现。古人称王羲之的行草如“清风出袖，明月入怀”，堪称绝妙的比喻。最卓越的艺术品，往往在极小的空间里蕴含着极丰裕的艺术美。《兰亭集序》就是一座袖珍式地屹立于尺幅之中的辉煌的书艺殿堂。唐太宗赞叹它“点曳之工，裁成之妙”。黄庭坚称扬道：“《兰亭集序》草，王右军平生得意书也。反复观之，略无一字一笔，不可人意。”

《兰亭集序》点画注重提按顿挫，精到而多变，同一点画，写法多样，无法而有法，能寓刚健于优美。结构强调款正开合，生动而多姿，同一字形，绝不重复，能尽字之真态，寓欹侧于平正。章法疏密有致，自然天成。总览全篇，挥洒自如，收放有度，点画从容而神气内敛。自始至终流露着一种从容不迫，潇洒俊逸的气度，给人以高雅、清新、华美、蕴藉的艺术感受。从形质到神韵均成为后人学习行书的典范。

《兰亭集序》表现了晋人特有的超然玄远的深情与风采，这种深情与风采为晋人所独有，为后人景仰。《兰亭集序》符合传统书法的最基本审美观，“文而不华，质而不野，不激不厉，温文尔雅”。其笔法刚柔相济，线条变化灵活，点画凝练，书体以散求正，具有敬侧、揖让对比的间架美感，成为“中和之美”书风的楷模。

2.《最后的晚餐》。（首都师大 2018 年研；福州大学 2018 年研；河南大学 2018 年研；中南大学 2016 年研；天津美院 2016 年研；江苏师大 2015 年研；大连大学 2014 年研）

相关试题：

(1)达·芬奇《最后的晚餐》。（昆明理工 2017 年研）

(2)简要赏析达·芬奇的作品《最后的晚餐》。（简答题，武汉科技 2016 年研）

(3)简述达·芬奇的代表作品和他的艺术思想。（简答题，广西民大 2014 年研）

答：《最后的晚餐》是意大利艺术家列奥纳多·达·芬奇所创作的，以《圣经》中耶稣跟十二门徒共进最后一次晚餐为题材。画面中人物的惊恐、愤怒、怀疑、剖白等神态，以及手势、眼神和行为，都刻画得精细入微，惟妙惟肖，是所有以此题材创作的作品中最著名的一幅。

(1)形式结构。

在观赏绘画作品的时候，最先映入眼帘的是它的形式，对于欣赏画作的观看者来说，构图给人的美感经验也是最直观的，构图带来的对艺术作品的形式美的感受也是最为果断的，构图十分考验作者对一幅画作的把控才能，同时在一定程度上也决定了作品自身的内涵。

达·芬奇构思巧妙，布局卓越，通过光影和人物细微表情的塑造来营造透视感，使作品中的人物栩栩如生，呼之欲出，让人有身临其境之感。这幅作品注重画面的前后透视关系，将科学贯通于绘画之中，画家的视点固定不变，运用几何学的焦点透视来展示人物瞬间的、静态的和三维的效果，更多地追求物理空间，注重写实。

(2)构图分析。

达·芬奇在这幅画里使用了平行辐射线式的构图，以几何图形为根底来散布画面，展现出了几何的对称美感。让耶稣处在画面的中央处，也正是因为平行线的轴心在视觉上拥有使人的视觉自然集中于此处的效果，所以画面中所有的人物、物品、景色，看起来都与耶稣紧紧相连，在作品中产生了联系。

(3)绘画表现手法。

达·芬奇在这幅画作中运用了透视原理，使观众感觉整个房间随画面有了平行且自然的延伸。越靠近耶稣的门徒越显得激动，耶稣背后的门外是祥和的外景，明亮的天空在他头上仿佛一道光环。整幅画作的一切都以耶稣为中心，同时为了更加突出激动的人物以及当时的潮流暗涌，把整个环境和道具处理得并不花哨，比较单纯。

(4)选材特点。

这幅作品取自《圣经》中的经典故事，描绘了圣子耶稣蒙难前夜，与众门徒进行晚宴，在席间透露有人出卖他的情景。一幅成功的绘画艺术作品，选材很重要，同时能抓住事物最精彩的瞬间尤为关键。达·芬奇做到了这一点，他在《最后的晚餐》中所表现的，正是画面感冲突反差最为剧烈的那一刻。

(5)寓意内涵。

《最后的晚餐》是用耶稣与门徒们之间的事件来隐喻一些内涵，耶稣已经知道有人出卖了自己这件事，他也了解到自己即将牺牲，但是却大无畏地以爱和顺从来接受上帝传达的旨意，来展示人世间正义与罪恶的对立，表达了时代特殊的主旨，传达人文主义的精神面貌。

3. 赏析《步辇图》。（山东大学2015年研）

答：《步辇图》是唐代著名画家阎立本绘制的人物画，是现藏故宫博物院中国十大传世名画之一。作品设色典雅绚丽，线条流畅圆劲，构图错落富有变化，为唐代绘画的代表性作品，具有珍贵的历史和艺术价值，是至今沉淀下来的文化瑰宝。

（1）从图卷的内容来看，《步辇图》以唐太宗时期吐蕃王松赞干布迎娶文成公主入藏为背景，讲述了吐蕃使臣禄东赞晋见唐太宗时的情景，是汉藏兄弟民族友好情谊的历史见证。图卷右半部分描绘的是在宫女簇拥下坐在步辇中的唐太宗，左侧三人前面是典礼官，中间是禄东赞，后面是通译者。唐太宗的形象是全图焦点。作者煞费苦心地加以生动细致的刻画，画中的唐太宗面目俊朗，目光深邃，神情庄重，充分展露出盛唐一代明君的风范与威仪。作者为了更好地突现出太宗的至尊风度，巧妙地运用对比手法进行衬托表现。一是以宫女们的娇小、稚嫩，以她们或执扇或抬辇、或侧或正、或趋或行的体态来映衬唐太宗的壮硕、深沉与凝定，是为反衬；二是以禄东赞的诚挚谦恭、持重有礼来衬托唐太宗的端肃平和、蔼然可亲之态，是为正衬。该图不设背景，结构上自右向左，由紧密而渐趋疏朗、重点突出，节奏鲜明。

（2）从构图的角度来讲，这幅画很明显将所有人物分成两组：以画卷中轴线为界，左边三个男士依次排开，井然有序，没有任何装饰，在规矩中略显拘谨；右边以唐太宗为中心的人物群，左右簇拥的仕女形象，以及装饰物"两把屏风扇""一展旌旗""步辇"等等，把人物的布局按照其功能自然分工成不同的角色，而且仕女衣带飘飘和晁盖的迎风招展都有意刻画一种充满了柔情、安详、和善的情调。左右这种对比，尤其是译官谨小慎微、诚惶诚恐和仕女们神情自若、仪态万方的表情形成鲜明的对比。一张一弛、一柔一刚，让人的视觉得到了充分的享受。就像弹琴时的左手伴奏一样，稳健而低沉；右手高音区炫音技巧的展示，华丽而不俗脱；一唱一和，和谐有序。另外，只有典礼官一个人是红袍在身，未免显得孤零零的，仍然显示不出喜庆的气氛。于是作者巧妙地利用了晁盖顶和宫女服饰的配色，映衬出一团祥和、喜庆的气氛。

（3）从绘画艺术角度看，作者的表现技巧已相当纯熟。衣纹器物的勾勒墨线圆转流畅中时带坚韧，畅而不滑，顿而不滞；主要人物的神情举止栩栩如生，写照之间更能曲传神韵；图像局部配以晕染，如人物所着靴筒的褶皱等处，显得极具立体感；全卷设色浓重淳净，大面积红绿色块交错安排，富于韵律感和鲜明的视觉效果。

（4）艺术价值。《步辇图》作为一幅流传千年的画作，有着不可估量的艺术价值，是唐初民族关系大调整和西藏与祖国关系确立的光辉见证。从艺术价值方面来说，由于该图深藏十分重要的历史文化气息，现已成为研究唐朝与吐蕃民族关系的图证。欣赏人物画中栩栩如生的人物让观赏者觉得人本身就是这大千世界里最鲜活独特的生命体，而人物画力求把人物的个性刻画得逼真传神，气韵生动且形神兼备。画家们常把对人物性格的表现，寄托于环境、气氛和动态的渲染中。通过对画中人物所处的环境和人物神态的不断解析，仿佛能看到画中人物的喜怒哀乐，听到画中人物的喋喋细语。画家在状物传神的同时又在抒情达意，还展现了一代大家的成熟风范，其困难强度远超山水画，非实力强劲的画家不可为之。《步辇图》历经三千年的风风雨雨，如今看到的阎立本的作品，虽然不能有确切证据说明是阎立本的真迹，但这丝毫不能掩盖《步辇图》珍贵的艺术价值。

第七章　表情艺术

7.1　复习笔记

【知识框架(庖丁解牛)】

- 表情艺术
  - 表情艺术的主要种类
    - 音乐艺术
      - 含义与种类
      - 交响乐的要点
      - 音乐的历史
    - 舞蹈艺术
      - 舞蹈的定义
      - 舞蹈的历史
      - 生活舞蹈和艺术舞蹈
  - 表情艺术的审美特征
    - 抒情性与表现性
    - 表演性与形象性
    - 节奏性与韵律美
  - 中外表情艺术精品赏析
    - 音乐艺术
      - 《第三交响曲》
      - 《第九交响曲》
      - 歌剧《费加罗的婚礼》
    - 舞蹈艺术：芭蕾舞剧《天鹅湖》

【通关提要(提纲挈领)】

本章主要介绍了表情艺术的主要种类和审美特征。学习时，需重点掌握音乐与舞蹈两种表情艺术的概念、分类，把握其审美特征在社会生活中的具体表现与反映，并能赏析中外表情艺术实例，熟悉表情艺术所反映的社会生活和内心情感。表情艺术的审美特征是本章的重点，多考查名词解释，也可能考查论述题。

【考点难点归纳(厚积薄发)】

考点一：表情艺术(见表7－1)　★★★

表7－1　表情艺术

要点	具体内容
含义	指通过音响、人体等物质媒介来直接表现人的情感，从而间接反映社会现实生活的一类艺术，主要指音乐、舞蹈这两门具有表现性和表演性的艺术。音乐和舞蹈能最直接、最强烈、最细腻地表现内心情感，表露人的心灵

续表

要点	具体内容	
特点	①表情艺术是最古老的艺术门类。 ②表情艺术是生活中最普及、最广泛的艺术门类。 ③最基本的美学特征：抒情性和表现性	
分类	音乐艺术	指在时间上通过有组织的乐音流动来诉诸听觉、传达思想感情、表现生活感受的一种表现性艺术。从艺术类型的划分来看，音乐是听觉的艺术、时间的艺术，也是表现的艺术、传达情感的艺术
	舞蹈艺术	指以有韵律的人体动作为主要表现手段，运用舞蹈语言、表情和构图等多种要素，塑造出具有直观性和动态性的舞蹈形象，并表达人们思想情感的一种艺术类型

考点二：音乐艺术 ★★★

1. 音乐的种类（见表 7 – 2）

表 7 – 2　音乐的种类

种类	具体内容	
声乐 [人声歌唱]	歌唱特点	分为童声、男声、女声
	演唱方式	分为独唱、齐唱、合唱、重唱、对唱、伴唱等多种形式
	近年我国声乐分类	分为民族唱法、美声唱法和通俗唱法
	欧美声乐分类	①一般分为声乐套曲、康塔塔、艺术歌曲、清唱剧、歌剧等体裁。 ②美国以乡村歌曲、艺术歌曲、摇滚音乐来区分。 ③近年来音乐剧[融合歌剧、舞剧和话剧]风靡欧美发达国家
器乐 [乐器发声]	器乐种类和演奏方法	分为管乐、弦乐、弹拨乐和打击乐四大类
	演奏方式	分为独奏、齐奏、重奏、合奏、伴奏等多种形式
	体裁形式	分为序曲、组曲、夜曲、进行曲、谐谑曲、叙事曲、幻想曲、狂想曲、随想曲、舞曲、协奏曲、交响音画、交响曲等

2. 音乐的欣赏理论、艺术语言和表现手段（见表 7 – 3）

表 7 – 3　音乐的欣赏理论、艺术语言和表现手段

要点	具体内容	
欣赏理论	戏剧性欣赏	强调欣赏音乐中的背景故事内容，如小提琴协奏曲《梁祝》的音乐主题内容就是中国古代爱情悲剧的戏剧性情节
	技术性欣赏	强调音乐欣赏的形式，主张“音乐的内容就是乐音的运动形式”，音乐美是从乐音的各种方式的有规律的组合中表现出来的
	情感性欣赏	强调音乐表达感情的特殊方式，从而给听众带来音乐欣赏的特殊性的感受

续表

要点	具体内容	
艺术语言和表现手段	旋律［音乐的灵魂］	又称曲调，是音乐最有表现力的因素，也是其内在灵魂。旋律是一系列乐音的创造性构成，乐曲的情感和形象特征主要由旋律来确定。旋律既可以是单声部音乐，也可以是多声部乐曲的主要声部
	节奏［音乐的时间感］	指有规律地组合音响的长短、强弱、轻重，是组织音响的必要手段，也是情感表达、增强音乐张力、表现起伏变化的重要因素
	和声［音乐的空间感］	指两个以上不同的音节按一定法则同时发声而构成的音响组合，是音乐的基本表现手段之一，能增强音乐的立体感与结构感
	其他	其他艺术语言和表现手段还有复调、曲式、调式、调性、速度、力度等，都是通过有规律的变化组合，从而塑造出富有情感色彩的音乐形象

3. 交响乐(见表7－4)

表7－4　交响乐

要点	具体内容
含义	指大型管弦乐队演奏的奏鸣曲，是音乐艺术的最高表现形式与精髓，也是人类文化的长期积淀
组成	由大型管弦乐队演奏的，包含四个独立乐章的器乐套曲： ①第一乐章，快板，奏鸣曲式(包括引子、呈示部、展开部、再现部)。 ②第二乐章，慢板，多选取抒情的民间素材，三段曲式或回旋曲式。 ③第三乐章，快板或稍快，通常采用舞曲的形式。 ④第四乐章，快板或急板的终曲，通常采用回旋曲式或变奏曲式，有时采用奏鸣曲式
创作原则	奏鸣曲式包括引子、呈示部、展开部和再现部，丰富的曲式结构为音乐中的色彩对比、音乐展开提供了艺术表现的空间，使音乐能够呈现出丰富且蕴涵哲理性的艺术内容，而对比、展开的创作手法，也成为交响曲创作的基本原则

4. 音乐的历史

(1)我国音乐的历史，见表7－5。

表7－5　我国音乐的历史

时期	具体内容
原始社会至先秦时期	①原始社会时期，音乐与氏族部落的祭祀仪式有密切的关系。 ②先秦时期，著名思想家孔子、墨子、老子、庄子等人的著作都谈及了音乐方面的内容。先秦时期的曾侯乙墓编钟是我国古代最庞大的乐器，是世界音乐史上的重大发现。 ③西周设立了乐官并制定了“雅乐”，民间流行的音乐称为俗乐，即“郑、卫之音”
汉魏时期	汉魏时期，北方相和歌与南方清商乐的艺术成就都发展到了一定的高度，是我国古代音乐史上的重要发展时期，汉武帝时期还正式组建了专业音乐机构——乐府

续表

时期	具体内容
隋唐时代	诞生了新俗乐，即燕乐，还有其他众多曲目
宋元明清时期	民间音乐迅速发展，元杂剧、南北曲、昆曲等就是在这个时期得到了长足的发展，是中国传统音乐文化中的宝贵财富
近现代	①我国近现代音乐史奠基人之一萧友梅在蔡元培的支持下，筹建了国立音乐院[我国第一所音乐学校]，后改名为上海音专[现上海音乐学院]。 ②现代音乐史上，涌现了刘天华、华彦钧[阿炳]、黄自、聂耳、冼星海等音乐名家，并创作出众多的杰出音乐作品

(2)西方音乐的历史，见表7－6。

表7－6　西方音乐的历史

时期	具体内容	
古代	古希腊音乐已达到很高的水平，音乐理论与音乐的教化功能是当时许多思想家着重研究的方向	
中世纪	欧洲中世纪受到教会的控制，宗教艺术中的赞美歌、多声部合唱等宗教音乐得到很大发展，但由此也限制和扼杀了民间音乐和世俗音乐	
16世纪末以后	世俗音乐受到广泛关注，复调音乐被主调音乐逐渐取代，器乐音乐也获得较大的发展，还产生了歌剧这一新的艺术形式	
近现代	古典乐派[18世纪下半叶到19世纪初]	形成于维也纳，代表人物有海顿、莫扎特和贝多芬。古典乐派以古典风格为创作标志，主张理性和情感的统一，追求严谨完美的艺术形式；在创作手法上，强调戏剧的对比、冲突和发展，是当时音乐艺术的典范
	浪漫乐派[19世纪初]	兴起于欧洲，产生于德奥。浪漫乐派最大的特点就是强调激情，主张抒发艺术家主观情感和展现个性。代表人物有： ①前期：舒曼[德国]、舒伯特[奥地利]、李斯特[匈牙利]、肖邦[波兰]、柏辽兹[法国]等； ②后期：勃拉姆斯和瓦格纳[德国]、柴可夫斯基[俄国]等
	民族乐派[19世纪中叶以后]	民族乐派强调音乐中鲜明的民族风格和特色，音乐创作多取材于本国的民间音乐，并将传统音乐成果与本民族音乐紧密联系在一起。代表人物有格里格[挪威]、德沃夏克[捷克]，以及俄国“强力集团”的一批著名音乐家如穆索尔斯基、里姆斯基－柯萨科夫和鲍罗丁等
	20世纪	流派众多，包括表现派音乐、印象派音乐、新古典主义音乐等。20世纪的音乐创作呈现出两极发展的趋势，一种向严谨、科学的方向发展，另一种则向自由、随意的方向发展

考点三：舞蹈艺术　★★★

1. 中国舞蹈和欧洲舞蹈(见表7－7)

表 7－7　中国舞蹈和欧洲舞蹈

<table>
<tr><th>要点</th><th colspan="2">具体内容</th></tr>
<tr><td>中国舞蹈</td><td colspan="2">①商代的巫舞，周代的文舞与武舞，春秋战国时期的优舞，汉代百戏中的舞蹈等都非常受欢迎，在当时广泛流传于宫廷和民间。
②唐代舞蹈发展更为繁荣，有“立部伎”“坐部伎”“健舞”以及歌舞大曲[如《霓裳羽衣舞》]等。另外民间舞蹈也非常流行。
③宋代民间盛行“舞队”，宋朝以后，宫廷舞蹈逐渐衰败，但却流传于民间，后逐渐形成了戏曲[中国特有的综合表现艺术]，是戏曲发展过程中的重要组成部分</td></tr>
<tr><td rowspan="3">欧洲舞蹈</td><td>芭蕾舞</td><td>起源于意大利，发展于法国，盛行于16世纪末到19世纪的欧洲。19世纪是芭蕾舞艺术的黄金时代，芭蕾舞的脚尖舞与外开性技巧以及系统的训练方法得到了完善与发展，并出现了许多著名的芭蕾舞艺术派别：意大利学派、法国学派和俄罗斯学派。优秀的芭蕾舞剧作品有《吉赛尔》《天鹅湖》《睡美人》等</td></tr>
<tr><td>现代舞</td><td>20世纪初，以有“现代舞蹈之母”之称的美国舞蹈家邓肯为代表，主张自然的舞蹈动作，从而打破了古典芭蕾舞传统的程式束缚，能够更加自由地表现艺术形象的内在情感。现今，现代舞广泛流行于欧美各国</td></tr>
<tr><td>其他地区舞蹈</td><td>印度尼西亚的巴厘舞、印度的古典舞、斯里兰卡的象舞、日本的盆舞、波兰的马祖卡舞、爱尔兰的踢踏舞，以及非洲众多极具力量感的民间舞蹈等，使世界舞蹈艺术丰富多彩</td></tr>
</table>

2. 舞蹈的分类(见表 7－8)

表 7－8　舞蹈的分类

<table>
<tr><th>要点</th><th colspan="3">具体内容</th></tr>
<tr><td rowspan="2">生活舞蹈</td><td>含义</td><td colspan="2">指与人们日常生活紧密结合的一类舞蹈，动作简单，对学习人群的专业水准要求较低，生活舞蹈的目的主要表现为自娱或社交，具有较强的群众性和普及性</td></tr>
<tr><td>分类</td><td colspan="2">包括交际舞、习俗舞蹈、宗教舞蹈、体育舞蹈与教育舞蹈等</td></tr>
<tr><td rowspan="6">艺术舞蹈</td><td>含义</td><td colspan="2">指专业或业余舞蹈家在舞台上表演的、通过艺术创作而成的艺术作品。这类舞蹈需要表演者具有较高的技艺水平、完整的艺术构思、鲜明的主题思想和鲜活的艺术形象</td></tr>
<tr><td rowspan="3">分类</td><td>按表现形态分</td><td>独舞、双人舞、三人舞、群舞、组舞和歌舞等</td></tr>
<tr><td>按表现特征分</td><td>情绪舞、情节舞和舞剧等</td></tr>
<tr><td>按表现风格分</td><td>古典舞与现代舞、宫廷舞与民间舞等</td></tr>
<tr><td rowspan="2">代表舞种</td><td>民间舞</td><td>指在民间广泛流传、深受群众喜爱的传统的舞蹈形式，具有强烈的民族风格和鲜明的地方色彩，能鲜明地表现出各地区、各民族的性格爱好、风俗习惯以及审美趣味等特点。汉族民间舞与少数民族民间舞构成了我国丰富多彩的民间舞</td></tr>
<tr><td>芭蕾舞</td><td>指一种欧洲古典舞蹈艺术，起源于意大利，发展于法国。古典芭蕾舞有着一整套严格的程式和规范，特别讲究脚尖鞋的运用和脚尖舞的技巧，这是芭蕾舞与其他舞蹈品种最大的区别。芭蕾舞的动作具有严格范式，尤其注重稳定性和外开性，这些特征使芭蕾舞有着鲜明的艺术表现力。著名的芭蕾舞剧有《吉赛尔》《天鹅湖》《睡美人》等</td></tr>
</table>

【考点拓展】舞蹈的基本特征(见表7-9)

表7-9 舞蹈的基本特征

要点	具体内容
动态性	舞蹈形象是一种直觉的艺术形象，但它不是一种静止状态的直觉形象[如绘画、雕塑]，而是流动状态的直觉形象。一般可大致分为表情性[表现性]动作和说明性[再现性]动作
节奏性	任何舞蹈都是有节奏的，没有节奏便没有舞蹈。所以说舞蹈的动态形象是一种具有节奏性的动态形象。舞蹈节奏一般是通过人体的律动呈现出来的，即通过人体动作的力度强弱、速度快慢，以及动作幅度、能量的大小等，从而表现出舞蹈的节奏。节奏一般可分为内在节奏和外在节奏
造型性	造型性是使舞蹈动作具有美感形式的最基本条件和主要因素。斜线一般表现有力的推进，并有延续和纵深感，常用于表现开放性、奔驰性的舞蹈。径直向前的竖线，具有强劲的动势，可以使观众产生迎面而来的紧迫感和压力感，常用于表现那些正面前进的舞蹈。横线一般表现缓和、稳定、平静自如的情绪。圆线一般给人以柔和、流畅、匀称和延绵不断的感觉。曲折线一般给人活泼、跳荡和游动不稳定的感觉
抒情性	抒情性是舞蹈艺术的基本属性，在舞蹈中更多是一种情绪的抒发，舞蹈中的很多情节都需要被淡化地表现。舞蹈的表现就要求把情节精简到极致，以更好地抒发情感。舞蹈不仅能够直接地表现出人类各种细微的、复杂的情感和情绪，而且还可以深入到人的内心，激发和宣泄出人内心的欲望和激情

考点四：表情艺术的审美特征 ★★★★

1. 抒情性与表现性(见表7-10)

表7-10 抒情性与表现性

要点	具体内容
抒情性[基本属性]	音乐和舞蹈不仅能够直接地表现出人类各种细微的、复杂的情感和情绪，而且还可以深入到人的内心，激发和宣泄出人内心的欲望和激情。音乐、舞蹈的抒情性主要来源于它们内在的本质属性和特殊的表现手段
表现性	音乐、舞蹈艺术擅长呈现创作主体的情感情绪，具有丰富的感染力和表现力，但这类表情艺术却又非常难以模拟或再现客观对象。例如舞蹈中有大量的抒情舞蹈(即情绪舞)，尤其是当今欧美各国广泛流行的现代舞，表演时所要表达的内容就是某种特定的情绪，舞蹈通过强烈的情感氛围来使观众的内心得到触动。而音乐则更是富于表现情感的艺术
局限性	①音乐作品的情感内涵往往具有不确定性、非语义性、多义性和模糊性，需要欣赏者调动联想和想象来感受和体验，从而完成音乐情感的传达和接受。 ②这种局限性同时也是长处，可以给听众的联想、想象和情感体验提供十分广阔的想象空间，从而感受到更加丰富的审美体验

2. 表演性与形象性(见表7-11)

表7-11 表演性与形象性

要点		具体内容
表演性	概述	①音乐和舞蹈都属于表演艺术，即演员通过表演，并借助舞台来完成的艺术形式，表演艺术还包括戏曲、戏剧等。表演艺术的过程一般包括一度创作和二度创作。 ②这一特征，也是与作家和画家直接创造的文学、绘画形象的区别之处

续表

<table>
<tr><th>要点</th><th colspan="2">具体内容</th></tr>
<tr><td rowspan="2">表演性</td><td>舞蹈</td><td>舞蹈以人体的表情、造型、姿态、动作来表达内心的情感，尤其是人体的动作，因此表演对舞蹈形象的塑造有着至关重要的意义</td></tr>
<tr><td>音乐</td><td>①音乐作品的好坏往往取决于表演（演奏、演唱、指挥）艺术家对作品的解读水平与表现能力。
②音乐表演艺术家需要在表演时对作品进行二度创作，将其对作品的理解和感受通过表演将音乐形象传达给听众，使听众沉浸在艺术美中</td></tr>
<tr><td rowspan="3">形象性</td><td>概述</td><td>是音乐艺术和舞蹈艺术重要的审美特征，但音乐形象与舞蹈形象各自又具有独特之处</td></tr>
<tr><td>舞蹈</td><td>舞蹈形象是指通过舞蹈动作、姿态、表情和造型从而塑造出的生动鲜明的人物形象，具有直观性、表情性、动态性的美学特征。舞蹈形象的塑造完全依靠演员的肢体动作来展现。在舞蹈中，表演性是形象性的基础</td></tr>
<tr><td>音乐</td><td>音乐形象的塑造是需要通过演员的演唱或演奏来呈现的。在音乐中，表演性也是形象性的基础。塑造形象完全通过声音来完成，这是音乐形象塑造过程中的特殊之处，这就要求欣赏者通过审美感受力，全身心地体验、想象和联想，从而激起内心的情感意象，最终完成音乐形象的塑造</td></tr>
</table>

3. 节奏性与韵律美（见表7－12）

表7－12　节奏性与韵律美

<table>
<tr><th>要点</th><th colspan="3">具体内容</th></tr>
<tr><td rowspan="5">节奏性</td><td>概述</td><td colspan="2">节奏是表演艺术中最重要的艺术表现形式之一，对音乐和舞蹈这类表情艺术更是起着十分重要的作用，是表情艺术的核心</td></tr>
<tr><td rowspan="3">音乐</td><td>构成</td><td>音乐节奏指乐音的高低、强弱、长短等变化组合在一起的形式，是最基本、最重要的表现手段。节奏是音乐旋律的基础，也是乐曲结构的基本组成要素</td></tr>
<tr><td>表现作用</td><td>不同的节奏都有各自不同的表现作用，能够使旋律个性特征更加突出，区分出不同的音乐体裁</td></tr>
<tr><td>情感作用</td><td>节奏直接影响着音乐的抒情性，能够直接反映出作品所表达的情感脉律，使听众感受到作品所传达的情绪情感，由此产生音乐所独有的审美心理效果</td></tr>
<tr><td>舞蹈</td><td colspan="2">①节奏是音乐与舞蹈之间结合的纽带，是舞蹈艺术最基本的要素和表现手法。舞蹈节奏一般是通过人体的律动呈现出来的，即通过人体动作的力度强弱、速度快慢，以及动作幅度、能量的大小等，从而表现出舞蹈的节奏。
②舞蹈中人体动作的节奏是以音乐旋律的节奏为基础来呈现的</td></tr>
<tr><td rowspan="2">韵律美</td><td>概述</td><td colspan="2">舞蹈动作节奏的起伏变化，不仅可以传达作品的内容和情感，同时可以形成舞蹈的韵律美</td></tr>
<tr><td>舞蹈</td><td colspan="2">富有韵律美的舞蹈动作是建立在节奏基础上的，但音乐的节奏，又是通过适当的舞蹈动作来形象直观地呈现出来的。因此节奏将舞蹈音乐与舞蹈动作紧密结合在一起，从而呈现出完美的舞蹈作品</td></tr>
</table>

【考点拓展】音乐作品中情感内涵及音乐形象的特点

（1）音乐作品中情感内涵的非语义性和音乐表现情感的特殊性。音乐内容的非语义性和音乐表现情感的特殊性，表现在：同一首作品，由不同的听众欣赏，会产生出不同的审美感受和情感体验，语言难以表达出朦胧多义的情感，而音乐则能够表现出最复杂、最深刻、最细微的内心情感。

（2）音乐形象具有多义性、模糊性和朦胧性的特点。具体表现为：人们都有着各自的生活经历、文化修养和审美风格，所以在欣赏同一首作品时，则会产生完全不同的审美感受。而音乐形象的朦胧性也有着只可意会不可言传的特点。因此，同一首乐曲可以多次反复地欣赏，百听不厌，每次聆听都会产生不同的感受。

（3）音乐形象具有抽象性、象征性和复杂性的特点。使音乐具有形而上学的意义、富有哲理性的深度，是由音乐形象的抽象性、象征性和复杂性的特点所决定的。因此，许多思想家和哲学家都十分重视音乐。例如，著名德国诗人、哲学家尼采曾说过，"就算人生是场梦，也要有滋有味地做好这场梦；就算人生是场悲剧，也要有声有色地演完这场悲剧，不要失掉了悲剧的壮丽和快慰"。尼采还在《悲剧的诞生》中提到，从美学的角度出发，认识到艺术的两种根源是日神冲动和酒神冲动，分别对应造型和音乐，强调日神精神和酒神精神都源于人的深层本能，提倡审美的人生态度，反对伦理性、功利性的人生态度。尼采认为，对人生悲剧有过深刻了解的人，要不走向颓废和轻浮，要不就在艺术中寻找精神的慰藉。

考点五：中外表情艺术精品赏析　★★

1. 音乐艺术

（1）《英雄交响曲》，见表7－13。

表7－13　《英雄交响曲》

要点		具体内容
概述		1803年，由德国著名音乐家贝多芬创作而成，又称《第三交响曲》。全曲共分四个乐章，选用英勇刚健的英雄主题，从情感、理想等多个方面塑造了为革命理想而奋斗的英雄形象
赏析	地位	这部交响曲在内容、形式上都极大地突破了维也纳古典交响曲的局限，是西方音乐史上的一部传奇巨著，也是西方交响乐发展史上的一个里程碑和转折点。《英雄交响曲》的创作标志着贝多芬音乐创作转向成熟时期，此后，贝多芬在交响乐创作的表现手段和艺术风格上也打破原有风格进行了重大的创新
	乐章结构	①第一乐章为快板乐章，奏鸣曲式，降E大调，3/4拍子。乐章主部的主题坚毅庄严，副部主题富于深情，从多个侧面塑造了英雄的性格特点。 ②第二乐章为慢板的葬礼进行曲，c小调，贝多芬是首位把哀悼英雄这样深刻的主题思想融入交响乐的作曲家，整个乐章传达出深沉肃穆、庄重悲怆的音乐情感。 ③第三乐章是充满能量、活泼的谐谑曲，降E大调，3/4拍子，该乐章带有轻松、喜悦的音乐色彩。 ④第四乐章是终曲，降E大调，2/4拍子，变奏曲式，在该乐章，贝多芬将传说中的神话英雄形象与理想中的人间英雄形象结合起来，凸显出英雄壮阔的人生历程

（2）《e小调第九交响曲》，见表7－14。

表7－14　《e小调第九交响曲》

要点	具体内容
概述	由捷克作曲家德沃夏克创作而成，又称《自新大陆交响曲》《新世界交响曲》，是19世纪民族乐派交响曲的著名代表作，在音乐史上有着举足轻重的地位。全曲共分为四个乐章，以美国印第安民谣及黑人民歌为题材，

续表

要点	具体内容		
概述	还融入了他的波希米亚情结、斯拉夫音韵，与独特的民族性手法相结合创作而成，有着鲜明的捷克民族音乐风格		
赏析	乐章结构	第一乐章	奏鸣曲式，乐章主部的主题体现了美国作为新兴工业国家的紧张的生活节奏
		第二乐章	慢板乐章，被誉为所有交响乐中最著名、最动人的慢板乐章，主题旋律甜美忧伤，经常被用来单独演奏
		第三乐章	谐谑曲，既有活泼轻快的印第安舞曲，也有捷克民间舞蹈的节奏和音调的音乐色彩
		第四乐章	快板，奏鸣曲式，是具有总结性特征的乐章，气势宏大而雄伟。乐章新主题与前三乐章主题交织出现，在宏伟的音乐情感高潮中结束
	思想感情	乐曲表达出作曲家对于美国这片新大陆的憧憬，以及传达出异乡人生活在实现工业化发展的美国的思想感受，表达了浓郁深沉的思乡之情，是德沃夏克交响乐创作的顶峰之作	

(3)歌剧《费加罗的婚礼》，见表7－15。

表7－15 歌剧《费加罗的婚礼》

要点	具体内容
概述	由奥地利著名音乐家莫扎特作曲，也是其创作生活中最杰出且最有影响的一部歌剧，取材于法国著名戏剧家博马舍的同名喜剧，由剧作家达·彭特改编
赏析	全剧采用抒情喜剧的形式，音乐部分由序曲、幕间曲及大量的重唱、咏叹调、宣叙调等歌唱形式组成。作曲家运用轻松的主题塑造出鲜明的音乐人物形象，并通过重唱的歌唱形式来表现剧情和戏剧冲突，成为全剧中最具有特色的片段。这部歌剧中有一些能够作为独立作品单独演出的咏叹调，由于其极高的艺术性而广为流传，许多著名歌唱家曾多次在世界各国的音乐会上进行表演

2. 舞蹈艺术：芭蕾舞剧《天鹅湖》(见表7－16)

表7－16 舞蹈艺术：芭蕾舞剧《天鹅湖》

要点	具体内容
概述	经典的芭蕾舞剧目，是俄国作曲家柴可夫斯基所作的第一部舞剧，1877年首演于莫斯科，1895年在彼得堡重新排练演出并获得一致好评。作品背景故事取材于德国中世纪的民间童话，讲述了美丽的公主奥杰塔与王子齐格弗里德动人的爱情故事
赏析	①《天鹅湖》中最有特点的当属群舞、独舞和双人舞，尤其第二幕和第四幕的“天鹅群舞”，是流传最为广泛的、最为人们所熟知的舞蹈动作，是芭蕾舞艺术的基本特征。 ②《天鹅湖》将舞蹈和音乐、戏剧、舞台美术等多种艺术形式巧妙地融合在一起，并通过独特的抒情性将芭蕾舞艺术的审美价值完美地表达出来，其艺术价值极高，从而被人们誉为古典芭蕾舞剧的光辉巅峰。 ③柴可夫斯基一生致力于将俄罗斯民族风格与世界音乐文化紧密结合，并创作了多种体裁的众多音乐作品。他为多部歌剧和舞剧创作音乐，并取得了很大的成功，被公认为近代音乐史上最伟大的俄罗斯作曲家

7.2　课后习题详解

一、选择题

1. 圆舞曲《蓝色的多瑙河》是19世纪哪位作曲家的代表作品？（　　）

A. 门德尔松　　B. 瓦格纳

C. 约翰·施特劳斯　　D. 德沃夏克

【解析】圆舞曲《蓝色的多瑙河》是奥地利作曲家小约翰·施特劳斯最负盛名的圆舞曲作品。被誉为"奥地利第二国歌"。此曲原为一首由乐队伴奏的男声合唱，后去掉人声，成为一首独立的管弦乐曲。

2. 20世纪初被称为"现代舞蹈之母"的美国舞蹈家是（　　）。

A. 艾莎道拉·邓肯　　B. 玛丽·魏格曼

C. 杜丽丝·韩福瑞　　D. 玛莎·葛兰姆

【解析】20世纪初以美国著名舞蹈家艾莎道拉·邓肯为先驱的现代舞，以自然的舞蹈动作打破了古典芭蕾舞传统的程式束缚，更加自由地表现内心情感。经过潜心研究尼采的哲学、惠特曼的诗歌与贝多芬的音乐，被称为"现代舞蹈之母"的邓肯强调古典艺术与现代艺术的有机统一。

3. 被俄国文学泰斗列夫·托尔斯泰誉为"已经接触到饱受苦难的俄罗斯人民的灵魂深处"的音乐作品是柴可夫斯基创作的（　　）。

A.《如歌的行板》　　B.《罗科主题变奏曲》

C.《花之圆舞曲》　　D.《1812年》

【解析】1876年俄国文学泰斗列夫·托尔斯泰，在莫斯科音乐学院为他举办的专场音乐会上，听到了当时的青年作曲家柴可夫斯基创作的《如歌的行板》(《第一弦乐四重奏》的第二乐章)之后，禁不住流下了热泪，这位大作家对乐曲给予了极高的评价，他说在这个作品中，"已经接触到饱受苦难的俄罗斯人民的灵魂深处"。

4. "音乐是心情的艺术，它直接针对着心情"是以下哪位哲学家的观点？（　　）

A. 康德　　B. 尼采　　C. 黑格尔　　D. 费尔巴哈

【解析】抒情性是音乐、舞蹈的基本属性。对于这一点，中外美学史上都有许多精辟的论述。黑格尔认为："音乐所特有的因素是单纯的内心方面的因素，即本身无形的情感"，"音乐是心情的艺术，它直接针对着心情"。

5. "就算人生是场梦，也要有滋有味地做好这场梦；就算人生是场悲剧，也要有声有色地演完这场悲剧。"这是以下哪位哲学家的名言？（　　）

A. 黑格尔　　B. 叔本华　　C. 尼采　　D. 萨特

【解析】尼采提倡审美的人生态度，反对伦理的和功利的人生态度。尼采认为，凡是深刻理解了人生悲剧性的人，若要不走向"出世"的颓废和"玩世"的轻浮，就必须在艺术中寻

1C　2A　3A　4C　5C

找精神的家园。因此，尼采的名言是："就算人生是场梦，也要有滋有味地做好这场梦；就算人生是场悲剧，也要有声有色地演完这场悲剧。"

6. 任何艺术样式都必然要表现情感，在这点上可以说毫无例外。但总体来讲，人们一般将______、______这两门长于抒情的艺术称作表情艺术。(　　)

A. 音乐；话剧　　B. 话剧；歌舞剧

C. 音乐；舞蹈　　D. 音乐；歌舞剧

【解析】总的来讲，任何艺术样式都必然要表现情感，在这点上可以说毫无例外。但是，音乐与舞蹈这两种艺术样式，同其他艺术样式相比较，能够最直接、最强烈、最细腻地表现内心情感，袒露人的心灵。因此，人们常将音乐、舞蹈这两门长于抒情的艺术称作表情艺术。

7. 近年来，我国声乐一般又被划分为______、______和______三大类。历届中央电视台青年歌手大奖赛均采用这种划分法。(　　)

A. 传统唱法；流行唱法；美声唱法　　B. 民族唱法；美声唱法；流行唱法

C. 民族唱法；美声唱法；通俗唱法　　D. 传统唱法；美声唱法；通俗唱法

【解析】音乐的种类相当繁多，有各种不同的分类方法。一般来讲，人们常将音乐划分为声乐和器乐两大类，还可以细分为多种多样的乐种、样式和体裁。近年来，我国声乐一般又被划分为民族唱法、美声唱法和通俗唱法三大类。

8. 器乐的划分法也很多，根据器乐的不同种类和演奏方法，可以分为______、______、______和______四大类。(　　)

A. 管乐；弦乐；弹拨乐；电声乐　　B. 管乐；弦乐；打击乐；电声乐

C. 弦乐；管乐；弹拨乐；打击乐　　D. 管弦乐；弹拨乐；打击乐；电声乐

【解析】器乐的划分法也很多，根据器乐的不同种类和演奏方法，可以分为弦乐、管乐、弹拨乐和打击乐四大类。根据演奏方式的不同，区分为独奏、重奏、齐奏、伴奏、合奏等多种形式。从体裁形式来划分，器乐又可以分为序曲、组曲、夜曲、进行曲、谐谑曲、叙事曲、幻想曲、狂想曲、随想曲、舞曲、协奏曲、交响音画，以及气势磅礴、结构宏大的交响曲等等。

9. 汉魏时期是我国古代音乐史上的一个重要发展时期，当时北方的______和南方的______都达到了很高的艺术成就。(　　)

A. 鼓吹乐；清商乐　　B. 相和歌；鼓吹乐

C. 相和歌；清商乐　　D. 晨钟暮鼓；相和歌

【解析】我国的音乐有着悠久的历史。汉魏时期是我国古代音乐史上的一个重要发展时期，当时北方的相和歌和南方的清商乐都达到了很高的艺术成就，汉武帝时还正式建立了乐府这种音乐机构，大量采集民歌民谣，制定乐谱，配乐演唱，培训乐工等。

10. 汉武帝时还正式建立了(　　)这种音乐机构，大量采集民歌民谣，制定乐谱，配

6C　7C　8C　9C　10A

乐演唱，培训乐工等。

A. 乐府　　B. 教坊　　C. 唱班　　D. 剧园

【解析】参见本章课后习题详解选择题第9题解析。

二、判断题

1. 我国迄今发现的最早乐器，是在距今7000余年的江苏余姚河姆渡遗址发现的骨哨和陶埙。

【答案】错误

【解析】我国迄今发现的最早乐器，是在距今7000余年的浙江余姚河姆渡遗址发现的骨哨和陶埙。

2. 西方音乐史上比较重要的时期，是从16世纪末叶开始的，从这个时期起，世俗音乐逐渐占据主导地位，主调音乐取代了复调音乐，器乐得到了相当大的独立发展，特别是诞生了歌剧这一综合了音乐、戏剧、美术、舞蹈的新的艺术形式。

【答案】正确

3. 欧洲舞蹈早已在宫廷和民间盛行，不少国家将舞蹈作为普遍的风尚，尤其是1581年意大利籍艺术家们在法国演出了第一部真正的芭蕾舞作品《王后的喜剧芭蕾》后，芭蕾舞迅速在欧洲各国传播开来。

【答案】正确

三、名词解释

1. 表情艺术

答：参见本章考研真题与典型题详解名词解释第1题答案。

2. 音乐艺术

答：参见本章考研真题与典型题详解名词解释第4题答案。

3. 旋律

答：参见本章考点难点归纳相关内容。

4. 节奏

答：节奏是指音响的长短、强弱、轻重等有规律的组合，它是旋律的骨干，也是乐曲结构的主要因素，使乐曲体现出情感的波动起伏，增强了音乐的表现力。在音乐中，节奏是最基本和最重要的表现手段，音乐节奏具体是指乐音将节奏的根源归结为运动。在艺术领域里，节奏是最重要的艺术表现形式之一，不仅时间艺术，如诗歌等离不开节奏，甚至空间艺术，如建筑等也同样离不开节奏。

5. 和声

答：和声是指多声部音乐按照一定关系构成重叠复合的音响现象。和声是音乐最基本的表现手段之一，使音乐具有结构感、色彩感和立体感。音乐的艺术语言和表现手段非常丰富，主要包括旋律、节奏、和声、复调、曲式、调式、调性等。其中，最主要的是前三者：①旋律堪称音乐的灵魂；②节奏体现出音乐的时间感；③和声体现出音乐的空间感。

6. 交响乐

答：参见本章考点难归纳相关内容。

7. 舞蹈艺术

答：参见本章考研真题与典型题详解名词解释第12题答案。

8. 民间舞

答：民间舞是指在民间广泛流传的传统舞蹈形式，它生动地反映出各地区、各民族的性格爱好、风俗习惯和审美趣味，具有强烈的民族风格和鲜明的地方色彩。我国的民间舞源远流长，十分丰富，一般可以分为：①汉族民间舞。常常采用载歌载舞的形式。②少数民族民间舞。我国55个少数民族以能歌善舞著称，各民族几乎都有自己的传统舞蹈形式，舞种繁多。众多的汉族民间舞和少数民族民间舞，共同组成了我国绚丽多彩的民间舞蹈。

9. 芭蕾

答：参见本章考研真题与典型题详解名词解释第13题答案。

10. 表演艺术

答：参见本章考研真题与典型题详解名词解释第16题答案。

四、简答题

1. 请简述表情艺术的审美特征。

答：参见本章考点难点归纳相关内容。

2. 应如何理解音乐艺术形象的不确定性、非语义性、多义性和朦胧性特点？

答：音乐艺术形象的不确定性、非语义性、多义性和朦胧性，既是它的局限，也是它的长处。为听众的联想、想象和情感体验留下了更加广阔的自由空间，从而可以获得更加丰富隽永的审美感受。

(1)音乐作品的情感内涵往往具有多义性和模糊性，因此它更需要欣赏者充分调动自身的联想和想象，用全部身心去感受和体验，才能最终完成音乐情感的传达和接受。不同的听众对同一首曲子完全可以产生彼此各异的审美感受和情感体验，这也证明了音乐内容的非语义性和音乐表现情感的特殊性，也说明了音乐能够表现最复杂、最深刻、最细微的内心情感，而这些朦胧或多义的情感常常是语言所难以表现的。

(2)由于音乐形象具有多义性、模糊性和朦胧性的特点，常常是只可意会不可言传。不同的人欣赏同一首乐曲，由于各自的生活经历、文化修养和审美趣味不同，经常会有不同的审美感受。正因为如此，音乐艺术才有百听不厌的特点，同一首乐曲完全可以多次欣赏，常听常新。而这种欣赏特点，恰恰是其他艺术欣赏诸如读小说、看电影等所不具备的。

(3)由于音乐形象具有抽象性、象征性和复杂性的特点，使得音乐最具有形而上学的意义，最富有哲学的深度。正因为如此，许多思想家和哲学家都格外看重音乐。例如，著名的德国诗人、哲学家尼采在《悲剧的诞生》一书中，强调“酒神精神”，体现为醉态，其特点是酒醉狂喜的忘我之境，象征情绪的纵情宣泄，代表“酒神精神”的是音乐。“酒神精神”通过音乐和悲剧的陶醉，把人生的痛苦化为欢乐。在他看来，“酒神精神”是最根本的冲动，在醉的状态中，人与存在达到了沟通。

五、论述题

1. 近现代欧洲音乐史上最重要的音乐流派主要有哪些？请举例说明。

答：近现代欧洲音乐史上最重要的音乐流派主要有：

(1)古典乐派

古典乐派是从18世纪下半叶至19世纪初在维也纳形成的以古典风格为创作标志的音乐流派，以海顿、莫扎特和贝多芬三人为主要代表。古典乐派推崇理性和情感的统一，追求艺术形式的严谨和完美，创作手法上注重戏剧的对比、冲突和发展，成为当时的典范。

(2)浪漫乐派

浪漫乐派是19世纪在欧洲兴起的音乐流派。浪漫乐派音乐最大的特点是：①强调激情；②强调抒发主观情感；③强调表现个性。前期浪漫乐派的代表人物主要是德国作曲家舒伯特和舒曼、匈牙利的李斯特、波兰的肖邦、法国的柏辽兹等；后期浪漫乐派的代表人物主要是德国音乐家瓦格纳和勃拉姆斯、俄国音乐家柴可夫斯基等。

(3)民族乐派

19世纪中叶以后，欧洲各国兴起和发展了民族乐派。民族乐派主张音乐应当具有鲜明的民族风格和民族特色，注意采用本国的民间音乐作为创作素材，将传统音乐成果与本民族音乐密切结合起来。民族乐派的主要代表人物有挪威的格里格、捷克的德沃夏克以及俄国“强力集团”的一批著名音乐家如穆索尔斯基、里姆斯基－柯萨科夫和鲍罗丁等。

(4)20世纪西方音乐流派

20世纪西方音乐更是流派繁多，难以尽述。其中主要有：①以法国音乐家德彪西为代表的印象派音乐；②以奥地利音乐家勋伯格为代表的表现派音乐；③以意大利音乐家布梭尼为代表的新古典主义音乐等。并且相继出现了爵士乐、摇滚乐、电子音乐等等，尤其是“偶然音乐”与观念艺术，在20世纪中期影响很大。

2. 请结合具体艺术作品，说明音乐、舞蹈艺术的表演性审美特征。

答：(1)音乐艺术的表演性审美特征

音乐作品有赖于艺术家对作品的理解和表现。英国艺术理论家科林伍德认为，写在纸上的总谱还不能算作一部交响乐，必须通过指挥家和演奏家的表演才能使它成为交响乐作品，因此“任何表演者都是他所表演的艺术作品的合作者”，甚至同一部作品，由不同的艺术家来表演，也会产生迥然不同的艺术风格，给听众不同的审美感受。例如：

①波士顿乐团演奏的贝多芬《命运交响曲》激昂、亢奋，费城乐团演奏的同一音乐曲则显得悲壮、深沉；

②人们所熟悉的《饮酒歌》，意大利著名男高音歌唱家帕瓦罗蒂的演唱气势磅礴、激越高亢，西班牙著名男高音歌唱家多明戈的演唱则热情洋溢、清脆流畅。

所以，音乐表演艺术家总是需要通过自己的二度创作，把他们自己对于原作的理解和感受，通过精湛的、恰到好处的表演，将音乐形象传达给听众，使听众获得艺术美的享受。

(2)舞蹈艺术的表演性审美特征

由于舞蹈是以人体的姿态、表情、造型，尤其是动作来表现思想情感，表演在塑造舞蹈形象时具有更加重要的意义和作用，舞蹈中的表演性是形象性的基础。比如同样是著名的民族舞蹈家，同样演出以吉祥的孔雀为题材的女子独舞，傣族舞蹈家刀美兰演出的《金色的孔雀》和白族舞蹈家杨丽萍演出的《雀之灵》各有自己不同的艺术风格：刀美兰的艺术植根在傣族民间艺术的深厚土壤里，同时又借鉴了东方其他民族舞蹈艺术的语言和手法，主要借助于整个身体来模仿孔雀的形态，使她的舞蹈作品具有引人入胜的东方色彩；杨丽萍的表演既有强烈的民族特色，又有鲜明的时代风韵，她从生活的土壤中吸取了大量的丰富营养，创作出新颖的舞蹈语言和别致的艺术手法，特别是手指、手臂的细腻表演，以及腰部、胯部的婀娜身姿，精巧别致地塑造了一个美丽的孔雀形象，使她的作品在这个题材领域中脱颖而出，具有非凡的艺术感染力。

对于音乐、舞蹈这一类表演艺术，表演性具有举足轻重、不可或缺的重要地位。正是这一审美特征，使它们区别于作家直接创造的文学形象和画家直接创造的绘画形象。

3. 有观点认为音乐与舞蹈艺术的生命在于节奏，对此应如何理解？

答：(1)强烈的节奏性与韵律美是音乐与舞蹈这两门艺术的一个鲜明的美学特征。

①音乐艺术的节奏

在音乐中，节奏是最基本和最重要的表现手段，音乐节奏是指乐音的长短、高低、强弱等变化组合的形式，它是旋律的骨干，也是乐曲结构的基本构成因素。舒缓的节奏使人沉静，激越的节奏使人振奋，沉重的节奏使人压抑，欢快的节奏使人陶醉。作为时间艺术的音乐，靠乐音有规律的运动变化来构成艺术形象，因此音乐必然需要将节奏作为最核心的艺术表现手段。

②舞蹈艺术的节奏

节奏同样是舞蹈艺术最基本的构成要素和表现手段，舞蹈节奏一般表现为人体的律动，即人体动作的力度强弱、速度快慢，以及动作幅度和能量的大小等。因此，舞蹈节奏常常体现为人体动作的韵律美。

(2)音乐艺术中节奏的作用：

①节奏可以使旋律具有鲜明的个性

不同的节奏具有不同的表现作用，从而使旋律具有鲜明的个性，有时甚至可以用不同的节奏类型区别出各种不同的音乐体裁。

②节奏可以增强乐曲的艺术表现力

旋律离不开节奏，节奏不仅可以增强乐曲的艺术表现力，还可以使旋律具有特色，因而人们能够以节奏为依据来把握不同的音乐体裁。一般来讲，节奏缓慢、沉重的音乐作品，传达给听众的情绪情感偏于忧郁、悲伤，如柴可夫斯基著名的《悲怆交响曲》，充满了深刻的矛盾和无法排遣的郁闷，表现了自己对理想的热烈追求以及最后希望破灭的悲惨结局。

③节奏直接影响到音乐的抒情性

音乐家们常常利用节奏，在音乐作品中反映出一定强度的情感情绪的脉律，并且通过如格式塔心理学家们所发现的同形同构的原理，使听众产生情绪情感的共鸣，造成音乐特殊的审美心理效果。节奏轻快、急促的音乐作品，传达给听众的情绪情感偏于欢快、热烈，如贝多芬著名的钢琴奏鸣曲《黎明》，处处洋溢着朝气蓬勃的活力，明朗的曲调和清澈的音色，体现出音乐家对大自然的热爱，对生活的赞美和对光明与幸福的向往。

(3)舞蹈艺术中节奏的作用：

①节奏构成舞蹈的韵律美

舞蹈动作节奏的起伏变化，不仅可以表达一定的内容，传达一定的情感，同时也可以形成舞蹈的韵律美。我国著名舞蹈理论家吴晓邦认为，“舞蹈的节奏”是表情上“人体动作”的基础。例如大型民族舞剧《丝路花雨》最鲜明的艺术特色，就是以壁画上的舞姿为基础创作出新颖的舞蹈语汇，并且运用中国古典舞蹈的节奏和韵律，取得了很好的艺术效果。

②节奏是舞蹈与音乐的纽带

舞蹈既是视觉艺术，又是听觉艺术，音乐在舞蹈中起着十分重要的作用，舞蹈中动作的节奏常以音乐旋律的节奏为基础。在舞蹈作品中，音乐与舞蹈紧密结合，没有成功的音乐就没有完美的舞蹈，而节奏正是它们结合的纽带。富有韵律美的舞蹈动作，建立在节奏的基础之上；而音乐的节奏，又需要通过优美的舞蹈动作来形象地展现。因此，正是节奏将舞蹈音乐与舞蹈动作紧紧地联系在一起，使之成为一个完美的舞蹈作品。

4. 表情艺术具有哪些审美特征？

答：参见本章考点难点归纳相关内容。

7.3　考研真题与典型题详解

一、连线题

用直线将作者与其作品连起来。(中传 2013 年研)

柴可夫斯基　　　《三姐妹》
张彦远　　　　　《琵琶记》
高则诚　　　　　《天鹅湖》
莫奈　　　　　　《历代名画记》
契诃夫　　　　　《日出·印象》

【答案】作家与作品对应关系如下所示：

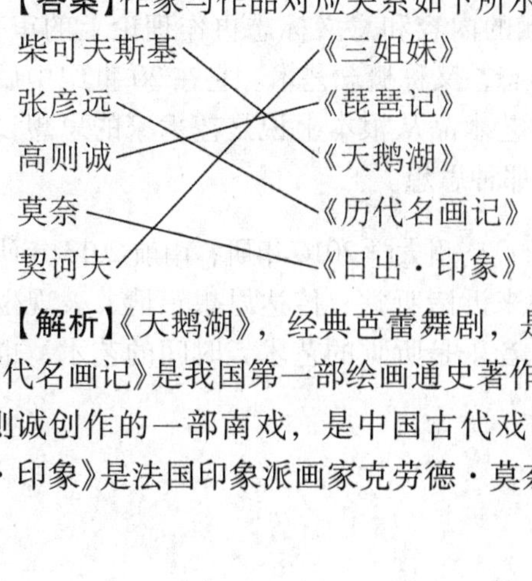

【解析】《天鹅湖》，经典芭蕾舞剧，是俄国著名作曲家柴可夫斯基所作的第一部舞剧。《历代名画记》是我国第一部绘画通史著作，为唐代张彦远所著。《琵琶记》是元末戏曲作家高则诚创作的一部南戏，是中国古代戏曲中的一部经典名著，被誉为“传奇之祖”。《日出·印象》是法国印象派画家克劳德·莫奈于1872 年在勒阿弗尔港口创作的一幅油画。《三姐妹》是契诃夫所著的四幕剧本，三姐妹为：奥尔加、玛莎和伊林娜。

二、填空题

1. 何占豪、陈钢创作的《梁山伯与祝英台》是一部（　　）。（浙农林大 2012 年研）

【答案】小提琴协奏曲

【解析】小提琴协奏曲《梁山伯与祝英台》是作曲家何占豪、陈钢在上海音乐学院的毕业作品，完成于 20 世纪 50 年代，由俞丽拿独奏，在上海音乐厅首演，从此风靡世界。

2. 现代舞创始人是美国女舞蹈家（　　）。（中传 2016 年研）

【答案】伊莎多拉·邓肯

【解析】伊莎多拉·邓肯，是美国著名舞蹈家，现代舞的创始人，是世界上第一位赤脚在舞台上表演的艺术家。她的舞蹈动作完全自由，从人为的技术性限制中解放出来，随兴而发，经常有即兴创作，她为现代舞发展成为一种重要的舞蹈艺术铺平了道路。她的著作有《邓肯自传》和《论舞蹈艺术》。

三、名词解释

1. 表情艺术（浙江理工 2019 年研；南京师大 2018 年研；福州大学 2018 年研；山西师大 2014 年研；聊城大学 2010 年研；西安电子科技 2008 年研；武汉理工 2007 年研）

答：表情艺术是指通过音响、人体等物质媒介来直接表现人的情感，从而间接反映社会现实生活的一类艺术，主要指音乐、舞蹈这两门具有表现性和表演性的艺术。具体参见本章考点难点归纳相关内容。

2. 时间艺术（杭州师大 2009 年研）

答：时间艺术是指有变化，在心理感受中有节奏的一种艺术，包括音乐、文学等。在日常生活中，影像与表演，音乐与舞蹈都有很好的体现。音乐、舞蹈这两门表现性和表演性艺术是表情艺术的表现，其中音乐艺术是通过有组织的音乐在时间上的流动来创造艺术形象、传达思想感情、表现生活感受的。音乐是时间艺术，因为它并不占据空间，只是在一定的时间限度以内，通过一定的时间来表现。

3. 观念艺术（中传 2007 年研）

答：观念艺术是指艺术家对“艺术”一词所蕴涵的内容和意义标志再作理论上的审查，并企图提出更新现有“艺术”概念的一种现代艺术形态，又称概念艺术。它在 20 世纪中后期出现，其基本概念源于马塞尔·杜尚的思想：一件艺术品从根本上说是艺术家的思想，而不是有形的实物，即绘画和雕塑；有形的实物出自那种思想。

4. 音乐（北师大 2019 年研；江西师大 2018 年研；广州大学 2016 年研；南航 2013 年研）

答：音乐是指在时间上通过有组织的乐音流动来诉诸听觉、传达思想感情、表现生活感受的一种表现性艺术。从艺术类型的划分来看，音乐是听觉的艺术、时间的艺术，也是表现的艺术、传达情感的艺术。

5.《费加罗的婚礼》(辽宁大学 2012 年研)

答：参见本章考点难点归纳相关内容。

6. 听觉艺术(中传 2012 年研)

答：听觉艺术是与视觉艺术相对的，以听觉为主要感知方式的艺术。听觉艺术作品塑造的形象和情感内容要通过音响、旋律等组合在时间流动中，直接为欣赏者的听觉所感知和把握。音乐是听觉艺术，其一切实践都须依赖于听觉，“听”是音乐艺术最基本的特征。人们用听觉感知音乐，一切音乐活动都离不开听觉。音乐是用声音塑造艺术形象，通过听觉在头脑中唤起联想、想象中的形象。音乐的声音主要是乐音，乐音有高低、长短、强弱、音色等特性，这些特性使音乐艺术具有丰富多彩的艺术表现力。

7. 古典乐派(福州大学 2015 年研)

答：古典乐派是指从 18 世纪下半叶至 19 世纪初产生于欧洲的音乐潮流及创作风格。在“启蒙运动”的影响下，欧洲的音乐文化发生了一系列深刻的变化。古典乐派讲究严谨的结构、完美的形式、和谐的音响与严密的逻辑。乐曲多以严肃、稳重为主，崇尚理性，而对感情的表现含蓄内在。器乐曲多是无标题音乐。主要作曲家有亨德尔、巴赫、海顿、莫扎特、贝多芬等人。在音乐史上，“古典主义时期”是西方音乐历史发展到高峰的一个阶段，介于巴洛克和浪漫主义时期之间，包含了“前古典时期”和“维也纳古典时期”两大阶段。

8. 浪漫主义音乐

答：浪漫主义音乐是19 世纪在欧洲兴起的音乐创作思潮，浪漫主义音乐承袭古典乐派作曲家的传统，在此基础上也有了新的探索。浪漫主义音乐的特点是：①强调音乐要与诗歌、戏剧、绘画等音乐以外的其他艺术相结合，提倡一种综合艺术；②提倡标题音乐；③强调个人主观感觉的表现，作品常常带有自传的色彩；④强调表现个性。浪漫主义乐派前期的代表人物有德国作曲家舒曼、奥地利的舒伯特、匈牙利作曲家李斯特、波兰作曲家肖邦、法国作曲家柏辽兹等；浪漫主义乐派后期的代表人物有德国音乐家勃拉姆斯和瓦格纳、俄国音乐家柴可夫斯基等。

9. 民族乐派(杭州师大 2013 年研)

答：参见本章考点难点归纳相关内容。

10. 旋律(中传 2018 年研；陕西师大 2016 年研)

答：旋律是音乐的灵魂，称得上是音乐最主要的表现手段。具体参见本章考点难点归纳相关内容。

11. 交响乐(人大 2021 年研)

答：参见本章考点难点归纳相关内容。

12. 舞蹈(上海体育学院 2018 年研；山东大学 2017 年研；浙江理工 2016 年研；华侨大学 2015 年研；厦门大学 2014 年研；南航 2012 年研)、**舞蹈艺术**(北师大 2022 年研)

答：舞蹈是指运用舞蹈语言、表情、节奏和构图等多种基本要素，并以加工过的人体动作为主要表现手法，塑造出具有直观性和动态性特点的舞蹈艺术形象，来表现人们思想感情的一种艺术。具体参见本章考点难点归纳相关内容。

13. 芭蕾舞(青岛大学2019年研)

相关试题：芭蕾(人大2021年研)

答：芭蕾舞是起源于意大利文艺复兴时期，发展于法国，盛行于16世纪末到19世纪的欧洲的一种舞蹈艺术。古典芭蕾舞有着一整套严格的范式，特别讲究脚尖鞋的运用和脚尖舞的技巧，同时十分注重舞蹈的稳定性和外开性，这是芭蕾舞与其他舞蹈品种最大的区别之处。著名的芭蕾舞剧有《吉赛尔》《天鹅湖》《睡美人》等。正是芭蕾舞独特的脚尖舞技巧，以及稳定性与外开性的程式化动作，使芭蕾舞具有了鲜明的艺术表现形式和美学特征。芭蕾舞剧以舞蹈为主要表现手段，将舞蹈、音乐、戏剧、美术等融合在一起，来刻画人物性格，表现故事情节和传达情感氛围。

14. 芭蕾舞剧《天鹅湖》(福州大学2018年研；山东大学2017年研；江西师大2017年研)

答：芭蕾舞剧《天鹅湖》是俄国作曲家柴可夫斯基所作的第一部舞剧，是经典的芭蕾舞剧目，1877年首演于莫斯科，1895年在彼得堡重新排练演出并获得一致好评。作品背景故事取材于德国中世纪的民间童话，讲述了美丽的公主奥杰塔与王子齐格弗里德动人的爱情故事。《天鹅湖》中的群舞、独舞和双人舞非常有特点，第二幕和第四幕的“天鹅群舞”是流传最为广泛的、最为人们所熟知的舞蹈动作，是芭蕾舞艺术的基本特征。全剧将舞蹈和音乐、戏剧、舞台美术等多种艺术形式巧妙地融合在一起，并通过独特的抒情性将芭蕾舞艺术的审美价值完美地表达出来，其艺术价值极高，因而被人们誉为古典芭蕾舞剧的光辉巅峰。

15. 现代舞(南京艺术学院2017年研)

答：现代舞是20世纪初在西方兴起的一种与古典芭蕾相对立的舞蹈派别。这种舞蹈主张摆脱古典芭蕾舞过于僵化的动作程式的束缚，以合乎自然运动法则的舞蹈动作，自由地抒发人的真实情感，强调舞蹈艺术要反映现代社会生活。现代舞的创始人为美国舞蹈家伊莎多拉·邓肯。系统地为现代舞派建立起一套较为完整的理论和训练体系的是匈牙利人鲁道夫·拉班，他创造的“拉班舞谱”，至今仍为世界上最有影响的舞谱之一。

16. 表演艺术(南航2017年研；杭州师大2014年研；辽宁大学2014年研；中传2013年研)

答：表演艺术是指演员通过表演，并借助舞台来完成的艺术形式，表演艺术还包括戏曲、戏剧等。表演艺术的过程一般包括一度创作和二度创作，这一特征也是与作家和画家直接创造的文学、绘画形象的最大的区别之处。表演艺术家在表演时需对作品进行二度创作，将其对作品的理解和感受通过表演将音乐形象传达给听众，使听众享受在艺术美中。即使是同一个作品，不同风格的表演者对作品有着不同的理解和表现形式，会形成完全不同的艺术效果，因此，音乐形象和舞蹈形象非常依赖于二度创作，音乐和舞蹈若没有表演，也就不能够称其为艺术。

四、简答题

1．简述表情艺术的审美特征。（山东师大 2019 年研；湖南师大 2017 年研）

相关试题：

（1）结合艺术案例，论述表情艺术的审美特征。（论述题，四川轻化工 2016 年研）

（2）如何理解表情艺术的抒情性审美特征？（聊城大学 2013 年研）

答：表情艺术是指通过音响、人体等物质媒介来直接表现人的情感，从而间接反映社会现实生活的一类艺术，主要指音乐、舞蹈这两门具有表现性和表演性的艺术。表情艺术的审美特征包括抒情性与表现性、表演性与形象性、节奏性与韵律美。具体参见本章考点难点归纳相关内容。

2．简述舞蹈的基本含义与特征。（辽宁大学 2013 年研；扬州师大 2009 年研）

相关试题：简述舞蹈形象的艺术特性。（江西师大 2017 年研）

答：（1）舞蹈的基本含义。

舞蹈是指运用舞蹈语言、表情、节奏和构图等多种基本要素，并以加工过的人体动作为主要表现手法，塑造出具有直观性和动态性特点的舞蹈艺术形象，来表现人们思想感情的一种艺术。

（2）舞蹈的基本特征。

①动态性。舞蹈形象是一种直觉的艺术形象，但它不是一种静止状态的直觉形象（如绘画、雕塑），而是流动状态的直觉形象。一般可大致分为表情性（表现性）动作和说明性（再现性）动作。

②节奏性。任何舞蹈都是有节奏的，没有节奏便没有舞蹈。所以说舞蹈的动态形象是一种具有节奏性的动态形象。舞蹈节奏一般是通过人体的律动呈现出来的，即通过人体动作的力度强弱、速度快慢，以及动作幅度、能量的大小等，从而表现出舞蹈的节奏。节奏一般可分为内在节奏和外在节奏。

③造型性。造型性是使舞蹈动作具有美感形式的最基本条件和主要因素。斜线一般表现有力的推进，并有延续和纵深感，常用于表现开放性、奔驰性的舞蹈。径直向前的竖线，具有强劲的动势，可以使观众产生迎面而来的紧迫感和压力感，常用于表现那些正面前进的舞蹈。横线一般表现缓和、稳定、平静自如的情绪。圆线一般给人以柔和、流畅、匀称和延绵不断的感觉。曲折线一般给人活泼、跳荡和游动不稳定的感觉。

④抒情性。抒情性是舞蹈艺术的基本属性，在舞蹈中更多的是一种情绪的抒发，舞蹈中的很多情节都需要被淡化地表现。舞蹈的表现就要求把情节精简到极致，以更好地抒发情感。舞蹈不仅能够直接地表现出人类各种细微的、复杂的情感和情绪，而且还可以深入到人的内心，激发和宣泄出人内心的欲望和激情。

五、论述题

1．什么是表情艺术？表情艺术的主要种类有哪些？

相关试题：表情艺术的主要种类有哪些？（简答题，福州大学 2018 年研）

答：参见本章考点难点归纳相关内容。

2. 为什么说“音乐艺术最适合表现哲理，最富有哲理性的作品就是音乐”？

答：音乐是指在时间上通过有组织的乐音流动来诉诸听觉、传达思想感情、表现生活感受的一种表现性艺术。从艺术类型的划分来看，音乐是听觉的艺术、时间的艺术，也是表现的艺术、传达情感的艺术。之所以说“音乐艺术最适合表现哲理，最富有哲理性的作品就是音乐”，主要原因在于：

(1)音乐具有抒情性。

抒情性是音乐艺术的基本属性。音乐不仅能够直接地表现出人类各种细微的、复杂的情感和情绪，而且还可以深入到人的内心，激发和宣泄出人内心的欲望和激情。音乐是通过有规律、有组织的乐音在时间上的流动，再加入力度的强弱、节奏的快慢、幅度和能量的大小等多种艺术表现方式，来表现人们细腻、复杂的情绪情感。音乐的抒情性主要是来源于它们内在的本质属性和特殊的表现手段。艺术的两种基本功能是再现生活与表现情感。音乐、舞蹈艺术擅长呈现创作主体的情感情绪，具有丰富的感染力和表现力，但这类表情艺术却又非常难以模拟或再现客观对象。

(2)音乐的抒情性带来了音乐的多义性和模糊性。

音乐形象多义性、模糊性和朦胧性的特点，具体表现为：人们都有着各自的生活经历、文化修养和审美风格，所以在欣赏同一首作品时，则会产生完全不同的审美感受。而音乐形象的朦胧性也有着只可意会不可言传的特点。因此，同一首乐曲可以多次反复地欣赏，百听不厌，每次聆听都会产生不同的感受。

(3)音乐情感内涵的多义性带来了音乐的哲理深度。

使音乐具有形而上学的意义、富有哲理性的深度，是由音乐形象的抽象性、象征性和复杂性的特点所决定的。因此，许多思想家和哲学家都十分重视音乐。例如，著名德国诗人、哲学家尼采曾说过，“就算人生是场梦，也要有滋有味地做好这场梦；就算人生是场悲剧，也要有声有色地演完这场悲剧，不要失掉了悲剧的壮丽和快慰”。尼采还在《悲剧的诞生》中提到，从美学的角度出发，认识到艺术的两种根源是日神冲动和酒神冲动，分别对应造型和音乐，强调日神精神和酒神精神都源于人的深层本能，提倡审美的人生态度，反对伦理性、功利性的人生态度。尼采认为，对人生悲剧有过深刻了解的人，要不走向颓废和轻浮，要不就在艺术中寻找精神的慰藉。

3. 如果要在2010年中央电视台春节联欢晚会上插入一段音响作品，你认为它会是什么样的？为什么？(中传2010年研)

答：我认为在2010年中央电视台春节联欢晚会上插入的音响作品会是管弦乐《茉莉花》，原因如下：

(1)《茉莉花》在海内外享有较高的知名度和地位。

《茉莉花》初名《鲜花调》，是著名的江苏民歌，最早源于清朝乾隆年间，后由著名军旅作曲家何仿整理而成。它在中国有多个版本流传，现在流传最广的是南京六合、扬州、天长到泰州一带的民歌。此歌曲先后在香港回归祖国政权交接仪式、雅典奥运会闭幕式、北京奥运会开幕式、南京青奥会开幕式等重大场面上演出。《茉莉花》在中国民歌、海内外华人和西方音乐界中均具有较高地位，许多人将其誉为“中国的第二国歌”。

(2)茉莉花具有浓厚的文化意蕴和使用价值。

①爱情与友谊的象征。茉莉花素洁、浓郁、清芬、久远，它的花语表示忠贞、尊敬、清纯、贞洁。许多国家将其作为爱情之花，青年男女之间，互送茉莉花以表达坚贞爱情。它也作为友谊之花，在人们中间传递。

②难能可贵的医药价值。茉莉花、叶和根都可药用，一般秋后挖根，切片晒干备用；夏秋采花，晒干备用，具有辛、甘、凉、清热解毒、利湿作用。

③赏心悦目的观赏价值。茉莉花叶色翠绿，花色洁白，香味浓厚，茉莉花盆景为常见观赏花卉。多用盆栽，点缀室容，清雅宜人，还可加工成花环等装饰品。

(3)《茉莉花》舒缓、欢快的主旋律与春晚的氛围十分贴切。

《茉莉花》民歌小调流传最广，其曲调委婉流畅，结构严谨，五声音阶曲调，有着经久不衰的艺术生命力。其所选意象突出、鲜明，能使感情很好地表达出来；表现手法一唱三叹，反复回旋，主题集中；融注着浓郁的民族性情，古老而又新鲜，体现了当代人们的审美风尚。《茉莉花》舒缓、欢快的旋律切合阖家团圆之春节联欢晚会的意旨。

(4)《茉莉花》中流露出淡然、恬静的民族意蕴。

《茉莉花》不但是阖家团圆的温馨之乐，更是中华民族淡然、恬静的民族意蕴的深刻彰显。乐声委婉中带着刚劲，细腻中含着激情，飘动中蕴涵坚定，似乎向世人诉说：《茉莉花》的故乡——古老的中国正在阔步向前。

综上所述，《茉莉花》无论是从其自身的音乐价值，还是从人们的欣赏水平，抑或是从中华民族的整体向心力和凝聚力而言，它都是一部极具意蕴的音乐作品，所以，在春节联欢晚会这一举国欢庆、阖家团圆的时刻，播放管弦乐《茉莉花》是可行而合理的。

4. 举例说明中国民间舞蹈的特色。(赣南师大2017年研)

答：民间舞蹈是指在民间广泛流传、深受群众喜爱的传统的舞蹈形式，具有强烈的民族风格和鲜明的地方色彩，能鲜明地表现出各地区、各民族的性格爱好、风俗习惯以及审美趣味等特点。我国的民间舞可分为汉族民间舞和少数民族民间舞两大类。其特色体现在以下几个方面：

(1)汉族民间舞蹈。

汉族民间舞有秧歌、花灯、二人转等，具有自娱性和表演性相结合的特征，参与人数众多，运用载歌载舞的形式，并通过各种道具来加强造型能力和舞蹈的表现能力，如狮子舞、龙舞、高跷、跑旱船等就是运用了特别制作的精美生动的道具，来增强表演时的艺术效果。

(2)少数民族民间舞蹈。

少数民族民间舞则是指我国55个少数民族各自的传统舞蹈形式，舞种繁多，如蒙古族动作矫健、节奏强烈、奔放豪迈的民间舞蹈安代舞、筷子舞、盅子舞等；还有维吾尔族活泼风趣的民间舞蹈赛乃姆、多朗舞等，表演中急速的舞蹈旋转是维吾尔族舞蹈中最具特色的部分。

汉族民间舞和少数民族民间舞共同组成了我国多姿多彩的民间舞蹈。

六、作品分析

1. 分析贝多芬《英雄交响曲》的艺术特色。（山东师大2016年研）

答：《英雄交响曲》，又称《第三交响曲》，1803年，由德国著名音乐家贝多芬创作而成，全曲共分四个乐章，展现英勇刚健的英雄主题，从情感、理想等多个方面塑造了为革命理想而奋斗的英雄形象。其艺术特色可从以下几个方面进行赏析：

(1)第一乐章为快板乐章，奏鸣曲式，降E大调，3/4拍子。乐章主部的主题坚毅庄严，副部主题富于深情，从多个侧面塑造了英雄的性格特点。作曲家采用了多种配器手法，并在乐章的调性布局上进行复杂转换，使得乐章主题再现时极富新意，将整个乐章的情绪推向高潮，热情澎湃、势不可挡。

(2)第二乐章为慢板的葬礼进行曲，c小调，贝多芬是首位把哀悼英雄这样深刻的主题思想融入交响乐的作曲家，该乐章被称为"英雄葬礼"，罗曼·罗兰称之为"全人类抬着英雄的棺椁"，足以看出这一乐章的宏大庄重。该乐章也是贝多芬所创作的作品中，最有影响力的作品之一。其庄重、哀伤，又充满美感和独特的感情张力，由简单主题发展出多种变化，是贝多芬成熟风格的代表。

(3)第三乐章是充满能量、活泼的谐谑曲，"谐谑"即滑稽或幽默的意思。降E大调，3/4拍子，该乐章带有轻松、喜悦的音乐色彩。

(4)第四乐章是终曲，降E大调，2/4拍子，变奏曲式。该乐章变奏曲的主题选材于作曲家早年所写的舞剧《普罗米修斯》。在该乐章中，贝多芬将传说中的神话英雄形象与理想中的人间英雄形象结合起来，凸显出英雄壮阔的人生历程。作曲家采用了多次变奏主题的写作手法，将高潮进行的情绪不断推进。在乐章急板的尾声中，乐队齐奏，雷鸣般的音响仿佛呈现出节日欢庆与英雄凯旋的壮丽场面，使整部交响曲结束在一片辉煌热烈的氛围中。

《英雄交响曲》在内容、形式上都极大地突破了维也纳古典交响曲的局限，是西方音乐史上的一部传奇巨著，也是西方交响乐发展史上的一个里程碑和转折点。《英雄交响曲》的创作，标志着贝多芬在交响乐创作的表现手段和艺术风格上也打破原有风格，进行了重大的创新，音乐创作转向成熟时期。这部交响曲包含着贝多芬自由、平等、博爱的理想追求，这也成为他之后音乐创作的精神追求与力量源泉。

2. 简述《霓裳羽衣舞》的艺术特色。（扬州大学2012年研）

答：《霓裳羽衣舞》是唐代歌舞大曲中的典型代表，是一种唐代的宫廷乐舞。为唐玄宗所作之曲，用于在太清宫祭献老子时演奏，出现在各种政治外交、娱乐休闲以及宗教活动中，其集宫廷音乐、宗教音乐、西域音乐等多种艺术成分于一身。配合《霓裳羽衣曲》的《霓裳羽衣舞》是唐代极著名的舞蹈，是中国宫廷舞蹈的经典之作，其艺术特色表现为：

(1)在音乐风格方面，具有浓重的商调色彩。

《霓裳羽衣舞》除散序部分源于佛教、充满佛教音乐的特征之外，曲终的长引，音调清丽，与现存道教音乐的特征相对应；伴奏乐器组合、套曲结构、演奏方式等与道教音乐的形式也相互呼应；"绛节"和"节蟠"这些具有道家色彩的道具器具有助于舞者对仙女形象的塑造。

(2)舞蹈形式上，既有独舞的形式，又有群舞的形式。

《霓裳羽衣舞》成功塑造了仙女美妙的形象，仙界的意境，给人美妙的艺术享受。乐声初起时，由磬、萧、筝、笛参差交错地进入，奏出悠扬、自由的散序，使乐舞一开始就给观众提供了一个含蓄朦胧的诗的意境，让人们不由得从音乐的流动中去展开舞蹈的想象，感受它的氛围和情调。接着，慢拍子的中序，引出了翩翩舞人，使观众从听觉引起的遐想转向视觉的审美——舞人时而急旋回转，时而婆娑轻舞，时而像弱柳拂风，时而如蛟龙戏水。

(3)吸收了民族的传统文化并加以创新，因而独具魅力，取得了辉煌成就。

《霓裳羽衣舞》吸收了吴地民乐舞成分，吴地主要继承的是楚文化，有学者认为楚文化与道家文化又都继承了原始巫文化。在乐舞文化上，楚乐舞与道家的乐舞思想有许多共通之处，都具有奇特的想象力，都崇尚飘逸、灵动的意境。道家的天乐思想的理想境界是流动、虚实相映、变化无常的，与《霓裳羽衣舞》的“嫣然纵送游龙惊”有“异曲同工”之妙。

3. 芭蕾舞剧《天鹅湖》分析。（山东大学2017年研；江西师大2017年研）

答：《天鹅湖》是俄国作曲家柴可夫斯基所作的第一部舞剧，是经典的芭蕾舞剧目，1877年首演于莫斯科，1895年在彼得堡重新排练演出并获得一致好评。至今100多年的时间内重演不断，世界各地的芭蕾舞团都有不同版本的《天鹅湖》上演。

(1)《天鹅湖》的主要内容。

作为古典芭蕾舞蹈艺术当中的重要典范，《天鹅湖》这一故事的内容主要取材于德国中世纪民间最为古老的童话。在故事当中，被魔法师罗德伯特变成了天鹅的奥杰塔公主，在湖边与王子齐格弗里德相遇，并倾诉着自身所遭遇到的不幸，告诉他，只有忠诚的爱情才能够促使她摆脱魔法师的控制，这时候，王子开始发誓永远要爱她。在为王子挑选新娘的晚会上，魔法师化成勇敢的武士，通过外貌与奥杰塔相似的女儿奥洁丽雅欺骗了王子。王子在发现自己受到欺骗的时候，激动地奔向湖岸，并在奥杰塔以及一群天鹅的帮助和鼓舞之下，战胜了魔法师。天鹅们在恢复了人形之后，奥杰塔与王子终于结合到了一起，而就是这样一个看起来相对普通的故事，成为了整个芭蕾舞剧当中的传奇神话，其主要的原因就是《天鹅湖》在感情传达、主题立意以及配乐作曲方面表现极为突出。

(2)《天鹅湖》音乐的主要特征。

在古典芭蕾舞剧《天鹅湖》的音乐表现当中，融合了许多戏剧的成分，增强了整个舞蹈的感染力，并进一步增加了整个作品音乐的表现力，促使《天鹅湖》整个作品剧情跌宕起伏、深入人心。在《天鹅湖》所表现的音乐当中，渗透着浓厚的俄罗斯民族的音乐风格，同时，在《天鹅湖》当中还进一步融合了欧洲各国的音乐特征，这也就促使《天鹅湖》当中的音乐逐渐走向了民族化的特征，并促使听众通过听觉引起心理上的共鸣，增强芭蕾舞剧视觉感染力与表现力。

(3)《天鹅湖》舞蹈的主要特征。

芭蕾舞蹈动作主要是通过舞蹈者的个体动作姿态对人物形象进行塑造，进而对人类的情绪、情感进行表现，促使舞剧当中的内容以及故事情节得到更好的延续和发展。而在《天鹅湖》芭蕾舞蹈当中，主要是通过一种独特的行为艺术，以一种优美的动作、完美的姿态以及高压的技巧等，对人物丰富的情感进行体现。可见，在《天鹅湖》这部芭蕾舞剧当中，对演员舞蹈功底有很高的要求。例如：在女演员当中，由于女主人公在进行表演时要对俄罗斯人民所具有的热情进行展现，因此，编导列夫·伊凡诺夫创编了很多轻盈的“打击”“大跳”等不同的跳跃技巧，而且还伴随着许许多多不同的旋转姿态，如“平转”“鹤立转”“五位转”等，用以对个人的形象进行渲染。

《天鹅湖》作为世界上极为著名的一部芭蕾舞剧作品，深受世界各国人民的喜爱，也是许多人对芭蕾舞剧进行了解、被芭蕾舞剧所吸引进而入门的重要作品，甚至成为了整个“芭蕾”的代名词。

第八章　综合艺术

8.1　复习笔记

【知识框架(庖丁解牛)】

- 综合艺术
  - 综合艺术的主要种类
    - 戏剧艺术
      - 定义和分类
      - 悲剧
      - 戏剧的特征
      - 戏剧理论体系
    - 戏曲艺术
      - 概念
      - 民族特色
      - 审美特征：综合性、格式化、虚拟性
    - 电影艺术
      - 概念、诞生及样式
      - 特性：科技性、综合性、艺术性
      - 影响
    - 电视艺术
      - 电视的发展和功能
      - 电视艺术的类型
      - 电视的独特性：技术性、参与性、迅速性
  - 综合艺术的审美特征
    - 综合性与独特性
    - 情节性与主人公
    - 文学性与表演性
  - 中外综合艺术精品赏析
    - 戏剧艺术
      - 《哈姆雷特》
      - 《老妇还乡》
      - 《雷雨》
      - 《窦娥冤》
    - 电影艺术
      - 《一江春水向东流》
      - 《卧虎藏龙》
      - 《罗生门》
      - 《现代启示录》

【通关提要(提纲挈领)】

本章主要阐述了综合艺术的主要种类和审美特征。学习时，要整体把握综合艺术的四大主要种类——戏剧艺术、戏曲艺术、电影艺术、电视艺术的概念、类型和特征等，要着重掌握造型艺术的审美特征，并能赏析常见的中外综合艺术精品。本章常考题型有名词解

释、简答题、作品分析等，考试面广，题型多样，可按知识点重要程度识记。

【考点难点归纳(厚积薄发)】

考点一：综合艺术概述 ★

综合艺术是指戏剧、戏曲、电影、电视等一类艺术的总称。综合艺术借鉴了各门艺术的长处，融合了多种手段和方式的艺术表现力，形成了综合艺术所独有的审美特征。它将时间艺术与空间艺术、听觉艺术与视觉艺术、表现艺术与再现艺术、造型艺术与表演艺术等多种艺术的特点结合起来，使得自身具有极大的艺术感染力。

考点二：戏剧艺术 ★★★

1. 戏剧的定义、分类和特征(见表8－1)

表8－1 戏剧的定义、分类和特征

要点	具体内容		
定义	指演员在舞台上为观众进行现场表演，并以对话和动作为主要表现手段的一门综合艺术。戏剧艺术是需要二度创作的艺术，包括：①演员创造舞台形象的表演艺术；②作为舞台演出基础的戏剧文学。广义的戏剧包括话剧、歌剧、戏曲、音乐剧、舞剧等。狭义的戏剧主要指话剧		
分类	容量	分为多幕剧和独幕剧	
	题材	分为历史剧、现代剧、儿童剧等	
	样式	分为悲剧、喜剧和正剧三大类型	
特征	戏剧性	指在假定情境中人物心理的直观外现。从广义角度讲，它是美学的一般范畴。戏剧性是把人物的内心活动(思想、感情、意志及其他心理因素)通过外部动作、台词、表情等直观外现出来，直接诉诸观众的感官。戏剧冲突和戏剧动作是构成戏剧性的中心环节。没有冲突，戏剧就无法进展	
	剧场性	含义	指进行戏剧和戏曲表演时，需要演员在舞台上为观众现场进行表演，表演可多次进行
		演员表演［中心］	①要深刻剖析剧本的思想内涵，通过情感体验与艺术分析，掌握角色内心丰富的思想情感，从而打破自身与角色之间的距离。 ②不仅要形似，更需要神似，表现出角色独特的性格气质和生动的内心世界
		现场反馈	戏剧演员在进行演出时，能够直观地感受到观众的情感变化，与观众有着直接的感情交流。观众在欣赏舞台上的演员演出时，自己会产生一定的情绪波动变化，这个变化能够直接影响戏剧演员在舞台上表演的艺术效果，这种现场反馈的现象是戏剧艺术的重要特点

2. 悲剧(见表8－2)

表8－2 悲 剧

要点	具体内容
审美价值	①通过正义的毁灭、英雄的牺牲或主人公多舛的命运，表达出人在面临困难时的巨大精神力量和伟大人格。 ②通过毁灭式的艺术效果给予观众心灵上的震慑，使人们在悲痛中感受艺术美的熏陶和净化作用

续表

要点		具体内容
类型	命运悲剧［第一阶段，古希腊时期］	题材多取材于神话传说与英雄史诗，反映命运作为不可理解和不可抗拒的社会力量和自然规律，与人相对立。而人在与自然和命运进行艰苦斗争后仍无法挣脱命运的束缚，从而呈现出悲剧结局的艺术效果。埃斯库罗斯、索福克勒斯和欧里庇得斯为古希腊三大悲剧家，代表着古希腊悲剧艺术的最高成就
	性格悲剧［第二阶段，欧洲中世纪末］	表现出反封建的社会力量对封建伦理制度和宗教统治的矛盾斗争，呈现了人文主义理想与黑暗社会现实的戏剧冲突。性格悲剧的代表作品有莎士比亚的《哈姆雷特》等
	社会悲剧［第三阶段，19世纪近代社会］	表现出近代社会中不合理的社会现象及现实的罪恶，表达出强烈的批判精神。社会悲剧的代表作品有小仲马的《茶花女》、易卜生的《玩偶之家》等
	悲喜剧［第四阶段，现当代社会］	指将悲剧性与喜剧性融合到一起的戏剧作品，创作风格十分多样。悲喜剧的代表作品有迪伦马特的《老妇还乡》等

3. 戏剧理论体系（见表8－3）

表8－3　戏剧理论体系

要点	具体内容
斯坦尼斯拉夫斯基体系	又称"体验派表演艺术"，是由苏联著名戏剧家斯坦尼斯拉夫斯基创立的一种戏剧表演体系，主张演员要将自身置于角色情境中，"感角色之所感，思角色之所思"，并在演出时与角色进一步融合，将投身于角色中的情感表演出来。这一体系还提出了"贯串行为"，即强调"我就是角色"，在角色情境中做出一连串表演
布莱希特戏剧体系	又称"表现派表演艺术"，是由德国著名戏剧家布莱希特提倡的一种"间离效果"的表演方式，打破传统"三一律"结构的束缚，强调场景变换的自由化，主张演员在表演时要保持清醒，要始终意识到"我是在演戏"，与角色的感情保持距离，用理性的艺术效果代替感情的艺术效果，从而让观众能够冷静地去分析和判断戏剧内容

考点三：戏曲艺术　★★★

1. 概念

戏曲是中国传统戏剧形式的总称。古希腊戏剧、印度梵剧和中国戏曲在世界艺术史上被称为三种古老的戏剧艺术。

作为戏剧艺术的一个重要组成部分，中国戏曲艺术既有戏剧艺术的共同特征，但又与其他戏剧形式有所区别。中国戏曲艺术从中华民族传统文化中吸取营养与精华，有着鲜明的民族特色及其特有的审美特征。表现艺术审美的意境是戏曲艺术所追求的最高的艺术境界，是一种具有丰富表现性的综合艺术。戏曲艺术以其独特的艺术风格和艺术表现力傲然屹立于世界戏剧艺术中。

2. 中国古典戏曲(见表8-4)

表8-4 中国古典戏曲

要点	具体内容
是传统文化的集中表现	①中国戏曲是在长期农耕社会中发展而来的，深受儒家文化、民俗文化，以及宗教文化的影响，充分地体现出中国传统艺术精神与美学追求。 ②从剧目题材看，极大一部分戏曲内容取材于历史演义。这是受到儒家文化在传统文化中的主导地位的影响，儒家文化主张以史为鉴，因此，中国戏曲也具有重要的历史教化意义
是传统美学的表现	中国古典戏曲主张美与善的统一，推崇"天人合一"的宇宙意识以及完美圆满的世俗心理。因此，中国许多戏曲冲突即便是悲剧的底色，但冲突最后的结果却是喜剧式的大团圆

3. 中国戏曲的审美特征(见表8-5)

表8-5 中国戏曲的审美特征

要点		具体内容
综合性[最基本]		是中国戏曲与西方话剧的重大区别。戏曲是一门歌、舞、剧高度综合的艺术，中国戏曲是歌舞化的"剧诗"，戏曲演员在舞台上通过唱腔与舞蹈、念白与表演，呈现出极具诗情画意的戏剧艺术效果
程式化	角色行当	根据角色不同的性别、身份、性格、年龄等特点，分为生、旦、净、丑四种基本类型，每种类型之下又有细分
	表演动作	各种角色的演员在舞台上的一举一动、一招一式都有固定的表演模式，一些常用的程式性动作还有固定的名称
	音乐、唱腔和器乐伴奏	表演中的戏曲音乐、唱腔及人物出场的伴奏音乐都有着固定的曲牌和板式；每个器乐曲牌都分别有着特定的用途，用于不同的表演场合，不能相互混淆或调换
虚拟性	演员表演	演员进行表演时常采用虚拟动作，即不用或只用部分表演实物，演员通过特定的动作表演出舞台上并不存在的实物或情境
	道具布景	戏曲舞台一般不用舞台布景，只通过几件很少的道具来表现出艺术情境。这既能为演员留出更大的舞台表演空间，使演员的表演动作能够充分呈现；又能使观众通过联想与戏曲表演产生交流互动，积极主动地参与演出，充分获得艺术上的审美享受
	舞台时空	不展现现实世界的时空，而是通过演员的唱腔、念白和动作，运用虚拟的表现手法呈现时空，具有高度的灵活性和自由的主观性

考点四：电影艺术 ★★★

1. 电影艺术概述(见表8-6)

表8-6 电影艺术概述

要点	具体内容
概念	电影艺术被称为"第七艺术"，指通过运用画面、声音和蒙太奇等电影语言创造出感性直观的形象，从而在银幕上再现和表现生活的一门艺术

续表

要点	具体内容	
诞生	①1895年12月28日，法国卢米埃尔兄弟放映了自制的《火车进站》《水浇园丁》等短片，这一天是电影正式诞生之日，是无声电影时代的开端。 ②1905年，北京丰泰照相馆拍摄了由著名京剧演员谭鑫培主演的第一部舞台纪录国产片《定军山》，标志着中国电影由此诞生。我国第一部故事片是1913年拍摄的《难夫难妻》	
样式	分为故事片、科教片、纪录片、美术片四大部类，其中故事片作为最主要的电影艺术样式，又可细分为诗电影、小说电影、散文电影和戏剧式电影等各种体裁	
影响	群众性和影响力	电影作为大众文化和大众传播的媒介，有十分广泛的群众基础和巨大的影响力，传播发展至世界各个国家、地区和民族，曾被誉为"盛在铁盒子里的大使"。电影既是一种物质生产，又是一种精神生产；既是一门艺术，又可将其看作是一种特殊形态的商品，电影是将艺术、文化、传媒、商品综合于一身的艺术
	经济效益	多年来在美国，出口商品中，影视音像制品始终占据高位，好莱坞的电影受到世界各地人们的喜爱和欢迎
	社会性和时代性	影视艺术能够呈现出一幅幅不同时代的社会生活的辉煌画面
	民族性和国际性	优秀的影视作品承载着国际文化交流的重任，呈现出鲜明的民族风格和特色
	思想意蕴和艺术追求	中外优秀影视作品均具有深刻的思想内涵和独特的艺术追求，展现出精良的文化品格和特有的艺术创新，其艺术魅力经久不衰

2. 电影艺术的特性

(1)科技性，见表8－7。

表8－7　科技性

要点	具体内容	
概述	电影是一门从诞生到发展都始终与现代科学技术紧密结合的艺术。科学技术的进步深刻影响着电影艺术的发展、电影语言的创新乃至电影美学观念的演变。世界电影艺术发展史上的三次重大变革，都与现代科学技术的发展紧密相连	
变革	从无声到有声	1927年美国的《爵士歌王》标志着有声电影诞生，也使得电影由纯视觉艺术[默片]发展为视听综合艺术。1931年，中国第一部有声片《歌女红牡丹》诞生
	从黑白到彩色	1935年世界上第一部彩色电影《浮华世界》诞生。1948年，中国第一部彩色故事片《生死恨》诞生，由著名戏曲艺术家梅兰芳主演
	进入高科技时代	20世纪90年代至今，计算机三维动画、数字技术、多媒体技术和虚拟现实等高科技手段在电影领域得以运用，高科技手段赋予了电影多种艺术创作手法，从而呈现出极其逼真的艺术效果，使得电影艺术的魅力逐渐发展扩大

(2)综合性。

①电影是各门艺术的综合。

a. 戏剧是综合艺术与表演艺术的结合，戏剧艺术在表演、导演、编剧等方面所形成的艺术规律，推动了电影艺术的发展。

b. 不同体裁的文学都曾对电影产生直接且重大的影响，出现过戏剧式电影、诗电影、小说电影和散文电影。

c. 电影从绘画、雕塑中汲取了造型艺术运用光影、点线面变化、色彩、形体等艺术规律和特点，推动了电影艺术的画面造型的发展，从而使得造型性成为电影艺术重要的美学特性之一。

d. 音乐是影视作品传达主题、烘托情感、渲染气氛的重要艺术途径，而影视歌曲则成为影视艺术美的重要组成部分。

e. 电影与摄影有着天然无法割舍的联系，德国电影理论家克拉考尔曾提出，电影的基本特性即照相性。

②电影是科学与艺术的综合体。

③电影是美学层次上的综合体。

(3)艺术性，见表8－8。

表8－8　艺术性

要点		具体内容
概述		影视艺术特性表现在运动着的画面、声音以及完成画面、声音组合的蒙太奇之中
影视语言	画面	通过摄像机的镜头拍摄记录下来的景别、焦距、镜头运动、角度以及光线、色彩和画面构图等影视画面造型
	声音	人声、音乐、音响共同组成了影视的声音造型，并与影视画面造型相互配合，大大丰富了影视艺术的表现力和感染力
	蒙太奇	蒙太奇是从法文 Montage 音译过来的，原意是建筑学用语，指装配、组合、构成等。蒙太奇在影视艺术中主要指画面、镜头和声音的结构方式。蒙太奇的完整概念包括三层含义： ①从技术角度讲，蒙太奇即剪辑。 ②从艺术角度讲，是电影的基本结构手法和叙事方式。镜头与镜头、段落与段落、画面与声音都能构成蒙太奇的组合关系。 ③从美学角度讲，是影视艺术中特有的思维方式和创作手法

考点五：电视艺术　★★★

1. 电视的发展、功能和独特性(见表8－9)

表8－9　电视的发展、功能和独特性

要点	具体内容
发展	①1936年，英国广播公司(BBC)在伦敦亚历山大宫播出了一场隆重的歌舞表演，这也是世界上第一座电视台正式开播的标志，被视为电视事业的开端。 ②1954年，美国彩色电视节目开始创办，成为世界上首个播出彩色电视节目的国家。 ③1958年，北京电视台［我国第一座电视台］开播，是中国电视事业的开端的标志，同年6月，我国第一部电视剧《一口菜饼子》播出，中国电视艺术由此诞生发展
功能	包括新闻信息功能、文艺娱乐功能、服务功能和社教功能，其中前两者是最主要的

续表

<table>
<tr><th>要点</th><th colspan="2">具体内容</th></tr>
<tr><td rowspan="3">独特性</td><td>技术性
［特性］</td><td>电视画面小，清晰度差，在众多的人物和较大的场面出现时无法清晰表现，因此多选用中、近景和特写的镜头运用，较少使用远景和全景，场景转换时也不宜太快</td></tr>
<tr><td>参与性
［观赏性］</td><td>电视观众可以随意选择收看并当场提出评论，因此电视剧应从表演、画面场景、情节等方面调动观众情绪，使观众产生共鸣</td></tr>
<tr><td>迅速性
［生活性］</td><td>电视节目和晚会可以进行现场直播；在制作周期上，电视剧所用时间较短，成本较低，并能够深入生活，将现实生活中人们关心讨论的问题用艺术的形式呈现出来</td></tr>
</table>

2. 电视艺术的类型(见表8－10)

表8－10 电视艺术的类型

<table>
<tr><th>要点</th><th colspan="3">具体内容</th></tr>
<tr><td>概述</td><td colspan="3">指在电视屏幕上播出的各种文艺节目，是电视节目重要的组成部分之一，包括电视剧、电视艺术片、电视综艺节目、电视娱乐节目、音乐电视(MTV)、电视戏剧、电视电影等</td></tr>
<tr><td rowspan="4">电视剧</td><td>单本剧</td><td colspan="2">是电视剧中一种常见的艺术形式，有着独立的故事或情节，播放时能够一次播完(或分上中下三集)，故事情节紧凑，人物角色不多，时长在半小时至两小时之间</td></tr>
<tr><td>连续剧</td><td colspan="2">是电视剧中一种重要的艺术形式，故事情节曲折复杂，剧中人物角色一般数量都比较多，其中主要人物和故事情节是连贯起来的，播出时每集演播全剧中的某一段故事或情节，结束时往往会留下悬念，勾起观众连续收看的欲望</td></tr>
<tr><td>系列剧</td><td colspan="2">是一种与电视连续剧相类似的艺术形式，在剧中有几个主要人物角色贯穿于全剧，但每集故事情节往往并不连贯，每集都演播一个独立、完整的故事，观众可连续观看或选择观看</td></tr>
<tr><td>电视小品</td><td colspan="2">是电视剧中的轻骑兵，播放时间短，剧中人物角色和故事情节往往都比较简单，常常将生活中的一件小事或人物的一个特征作为剧中内容主题，展现现实生活的某一方面，与近年来出现的“微电影”风格相类似</td></tr>
<tr><td rowspan="4">真人秀</td><td>诞生</td><td colspan="2">20世纪90年代荷兰的电视“真人秀”节目《老大哥》，标志着世界“真人秀”的诞生</td></tr>
<tr><td rowspan="3">特征</td><td>“真”与“秀”结合</td><td>是运用纪录片的拍摄手段，引用电视剧的表演元素，综合综艺节目的娱乐手法，从而产生的一种新的电视节目形态</td></tr>
<tr><td>平民性与参与性结合</td><td>平民性、参与性、草根性、大众性成为“真人秀”的一大卖点</td></tr>
<tr><td>游戏性、竞争性</td><td>游戏是电视“真人秀”节目的核心，游戏性与竞争性是其最突出的特点</td></tr>
</table>

考点六：综合艺术的审美特征 ★★★★

1. 综合性与独特性(见表8－11)

表8－11 综合性与独特性

<table>
<tr><th>要点</th><th colspan="2">具体内容</th></tr>
<tr><td>综合性</td><td>从艺术学层次来讲</td><td>综合艺术从各门艺术中汲取多种元素的营养与精华，使自己的艺术表现力大大增加</td></tr>
</table>

续表

要点	具体内容	
综合性	从美学层次来讲	综合艺术将时间艺术与空间艺术、视觉艺术与听觉艺术、造型艺术与表演艺术结合在一起，使其综合表现力得到了充分的发展，观众的审美感受得以扩大丰富，成为最具有群众性特征的艺术门类
独特性	从话剧艺术来讲	①侧重于再现生活，舞台美术常常是写实以及具象的，将社会生活环境形象地展现在舞台上。 ②话剧艺术是舞台表现艺术，建立在体验基础之上，话剧演员必须从现实生活出发，从中找到人物角色创造的依据，从而能够演绎出真实、生动的角色形象
	从戏曲分析来讲	①侧重于表现生活，其舞台美术往往是写意乃至抽象的，让观众有更多的想象空间。 ②戏曲艺术是表现性艺术，将生活中的动作转化为变形和夸张的艺术表演，通过戏曲表演艺术特有的唱、念、做、打的程式以及手、眼、身、步的身段呈现在舞台上。戏曲表演还将不同人物划分成生、旦、净、丑等不同的行当，各行当在唱腔、宾白、台步、动作等方面都有各自不同的程式

2. 情节性与主人公(见表8－12)

表8－12 情节性与主人公

要点	具体内容		
情节性	概述	事件和人物是情节的核心成分。情节对于综合艺术而言，其意义和作用十分重大，它能够使综合艺术作品成为一个有机的整体，而且还能够从不同的情节结构方式中体现出不同的艺术风格	
	结构方式	戏剧性情节	指按照戏剧冲突律法则来结构的情节，具有强烈的戏剧冲突和曲折的故事情节，多采用巧合、悬念等艺术创作技巧，情节结构由开端、发展、高潮和结局组成。戏剧和戏曲主要采用戏剧性情节
		非戏剧性情节	在纪实性美学的基础上构建而成，较多地采用心理结构、情绪结构等表现方式，致力于从生活中发掘情节，强调挖掘人物内心的情感冲突，使故事情节与生活事件相结合
主人公	又称中心人物，指戏剧、戏曲、电影、电视剧作品中的主要角色，是戏剧影视作品着重刻画描绘的人物形象，是作品内容的中心以及矛盾冲突的主体，是故事情节展开的依据和主线。戏剧影视作品往往是通过对人物活动以及人物关系的刻画来反映生活，从而表达出剧作家对生活的想法和感触。因此，戏剧影视艺术的最根本任务就是塑造出鲜明、生动且富有个性特征的主人公形象		

3. 文学性与表演性(见表8－13)

表8－13 文学性与表演性

要点	具体内容	
文学性 [基础]	概述	文学剧本作为综合艺术的基础，是创作的第一道工序，也是导演和演员进行二度创作的依据

续表

要点	具体内容		
文学性 [基础]	戏剧文学		要综合考虑到舞台、场景、演出时间以及观众在剧场中的欣赏条件等种种情况，并通过刻画激烈的矛盾冲突以及起伏的戏剧情节，使剧中的人物、情节、场景都集中起来，从而激起观众观看的欲望
	影视文学		要综合考虑到拍摄需要以及最终的放映效果，运用影视艺术语言，将剧本中的一切人物和事件情节刻画为具体直观的视觉形象，并通过影视手段将其呈现在银幕或荧屏上，使观众产生最直接的效果感受
表演性 [中心环节]	概述		是戏剧、戏曲、电影、电视剧等表演艺术最突出的审美特征。表演是将各类艺术元素有机地结合起来，所以综合艺术才能够将各门艺术各自的元素综合在一起
	表演		指演员根据剧作家创作的剧本，在剧本的规定情境和角色的思想感情下，通过导演的指导进行二度创作，并运用语言、动作等艺术表现方式塑造出鲜明的人物形象。演员与角色的统一，体验与表现的统一，生活与艺术的统一是优秀表演艺术的最高追求
	表演艺术	核心	解决演员与角色之间的矛盾，这需要演员突破自我与角色之间的距离，深入剖析和感受角色内心，最终塑造出具有鲜明性格特征的人物形象
		关键	掌握好“体验角色”和“表现角色”之间的矛盾，具体指： ①“体验角色”指演员设身处地地生活在角色的情境中，感受角色生活及内心感情，将自身和角色结合起来。 ②“表现角色”指演员通过自身的形体、言语和内心等艺术表现形式将体验角色的艺术效果呈现出来

考点七：中外综合艺术精品赏析 ★★★

1. 戏剧艺术

(1)《哈姆雷特》，见表 8－14。

表 8－14 《哈姆雷特》

要点	具体内容	
概述	是英国文艺复兴时期的伟大诗人、戏剧家莎士比亚的剧作，创作于1601年，是莎士比亚最具代表性的“四大悲剧”之一，大约首演于1603年	
赏析	悲剧容量大，情节曲折	将篡位的叔父和复仇的王子之间的矛盾冲突作为故事的情节线索，又将哈姆雷特自己内心的矛盾冲突作为情绪线索，两条矛盾线索交错进行，推动故事的发展
	抒情风格和诗化语言	独白和对话蕴涵丰富的哲理性，并流传至今，脍炙人口，哈姆雷特那段著名的独白揭示了他内心世界的复杂，并生动地刻画出他的性格特征，可谓是戏剧语言中最具有典范意义的片段

(2)《老妇还乡》，见表8－15。

表8－15　《老妇还乡》

要点	具体内容
概述	又称《贵妇还乡》，是瑞典当代著名作家迪伦马特创作于1956年的悲喜剧，这部经典的悲喜剧使迪伦马特享誉国际
赏析	《老妇还乡》是悲喜剧中最具代表性的作品。故事情节荒诞滑稽，在许多细节中还能看到漫画式的夸张手法，剧中人物的行为动作刻画得极为可笑，运用幽默的艺术语言表现出尖锐的讽刺意味，使得这出戏剧颇具喜剧的表现风格，但是剧中主人公的命运最终是悲剧性的结局。剧作家通过这样悲喜交织的故事情节表现出悲喜剧鲜明的主题特色

(3)《雷雨》，见表8－16。

表8－16　《雷雨》

要点	具体内容	
概述	中国话剧艺术经典，四幕话剧，1933年由我国著名戏剧家曹禺创作而成。该剧是中国话剧史上的悲剧杰作，它奠定了曹禺在中国话剧史上杰出的现实主义作家的地位，是中国戏剧史的里程碑	
赏析	精湛的艺术结构	①运用“三一律”原则，生动地描绘了两个家庭几个人物在一个昼夜的时间内发生的悲剧性的故事。 ②采用回溯式的戏剧结构创作方法，并通过顺叙与倒叙相结合的艺术表现方式，将过去的戏剧冲突与现在的戏剧冲突相互交叉进行，从而推动故事的发展
	尖锐的戏剧冲突	整部剧从一开始就将尖锐的戏剧冲突呈现给观众，随着故事情节的推进发展，一个埋藏30年的惊人秘密被揭露于世，戏剧冲突陡然升级，愈演愈烈，直到剧作最后一幕戏剧冲突达到全剧的最高点，从而呈现出悲剧性的结局，给人以极大的震撼，值得人们深省
	独特的人物形象	全剧只塑造了8个人物，但几乎每个人物都塑造得极为成功，每个人都具有时代和社会的个性特征，生动地刻画出性格鲜明的艺术形象

2. 戏曲艺术：《窦娥冤》(见表8－17)

表8－17　戏曲艺术：《窦娥冤》

要点	具体内容
概述	中国十大古典悲剧之一，由元代著名杂剧家关汉卿创作而成。关汉卿在元代剧坛的地位十分重要，并与郑光祖、白朴、马致远合称为“元曲四大家”
赏析	中华文化是一种伦理型的文化范式，注重道德教化的作用，注重艺术的伦理价值，对中华文明产生了深刻的影响。因此在中国戏曲中，受苦的会有善报，作恶的会受到惩罚。佛教所宣扬的轮回报应理念也对中国戏曲艺术产生了很大的影响，并体现在中国戏曲艺术惩恶扬善的教化功能中，而“善有善报，恶有恶报”的大团圆式的完美结局在《窦娥冤》中也充分体现了出来

3. 电影艺术

(1)《一江春水向东流》，见表8－18。

表 8－18　《一江春水向东流》

要点	具体内容	
概述	①中国电影故事片，1947 年由联华影艺社、昆仑影业公司联合摄制而成，该片被誉为中国 20 世纪 30～40 年代中，现实主义电影艺术的巅峰之作。 ②影片分为上下两集，上集名为《八年离乱》，下集名为《天亮前后》，全片的主线是张忠良和素芬这一普通家庭的悲欢离合，影片真实、生动地反映了当时社会的精神面貌，影片通过运用细腻质朴的艺术风格，展现出不同性格的人物和坎坷曲折的故事情节，揭示了上层社会的腐朽荒淫及官场的黑暗，从而表达出抗战时期广大人民群众的心情和愿望。 ③艺术手法极具特色，两条情节线相互交错进行，层次清晰分明，脉络清楚明了	
赏析	融合传统美学思想	从中国传统美学思想中吸取养分，并将我国古典小说、诗歌、戏曲、绘画等艺术的表现技巧与影片内容相结合
	民族风格和民族特色	①巧妙利用中国戏曲和章回小说展开情节的艺术手法，运用悲欢离合的戏剧性情节来使观众产生共鸣。影片的各个部分组成了完整的线性结构方式，故事情节之间层层递进，脉络清晰，影片还从当时民众的审美心理出发，使其深受老百姓的欢迎和喜爱。 ②借鉴了戏曲艺术的叙事创作手法，采用了大量悬念、巧合、误会、偶然等多种艺术手段，创作出尖锐激烈的矛盾冲突，从而使影片的故事情节跌宕起伏，极具看点。 ③采用中国传统艺术的对比手法，在人物关系和环境设计上形成鲜明的对比。 ④具有情节剧的艺术特点，故事侧重于以情动人

(2)《卧虎藏龙》，见表 8－19。

表 8－19　《卧虎藏龙》

要点	具体内容
概述	2000 年，由中国电影集团公司、中国电影合作制片公司、英国联华影视公司合作出品。李安导演，周润发、杨紫琼、章子怡、张震等著名影星主演。影片还荣获了第七十三届奥斯卡最佳外语片奖等四个奖项
赏析	用人类共同的情感和共同关心的问题来吸引西方观众的共鸣，如爱情、亲情、友情和生命、死亡、人生价值、真善美等[终极关怀]。《卧虎藏龙》提示我们，中国电影想走向海外，必须用现代的艺术手法来呈现中华民族优秀的传统文化

(3)《罗生门》，见表 8－20。

表 8－20　《罗生门》

要点	具体内容	
概述	日本黑白故事片，编剧桥本忍、黑泽明，导演黑泽明。该片荣获威尼斯国际电影节大奖(1950)，美国奥斯卡最佳外语片奖(1951)。《罗生门》的主题思想具有多义性和哲理性，艺术表现极为出色，影片运用独特的叙事手法、高超的摄影技巧、动态的视觉造型以及鲜明的演员表演等艺术手法，使观众留下了深刻的印象	
赏析	叙事结构	是黑泽明的《罗生门》最独特之处，即对于同一个事件，三个人却有着三种不同的说法
	摄影风格	大量采用运动摄影，通过运用高超的摄影机运动来叙述整个故事文本。影片中采用的运动摄影有着十分强烈的主观色彩，仿佛是用特殊的摄影方式来提醒观众，影片中每个人的叙述都是从各自主观的立场出发的

(4)《现代启示录》，见表8－21。

表8－21　《现代启示录》

要点	具体内容
概述	美国宽银幕彩色故事片，根据康拉德小说《黑暗的心》改编，1979年出品，由科波拉导演，马龙·白兰度和马丁·希恩主演。1979年，荣获法国戛纳国际电影节金棕榈奖，以及奥斯卡最佳摄影、最佳音响两项金像奖。《现代启示录》被评论界誉为是最深刻、最有代表性的一部越战影片
赏析	①导演在战争题材中融入了对人性、对战争乃至对现代文明的哲理性的思考，并将哲理性与象征性巧妙地融入影片的故事情节之中。 ②《现代启示录》的视觉冲击力令人震惊。该片呈现出一种歌剧风格的戏剧光效，多采用逆光、轮廓光、背景光等戏剧光效，还运用了各种颜色的烟雾和烟火，使战场和丛林呈现出舞台的艺术效果，从而表达出对美国现代文明和侵越战争的讽喻意味。 ③在人物塑造上，《现代启示录》做得十分成功，该片是一部非常典型的男性题材战争片，主要人物中没有女性角色。著名影星马龙·白兰度成功刻画了拥有复杂内心的库尔兹上校一角

8.2　课后习题详解

一、单选题

1. “悲剧将人生的有价值的东西毁灭给人看”，相反，“喜剧将那无价值的撕破给人看”是由以下哪位作家提出的观点？(　　)

A. 鲁迅　　B. 巴金　　C. 矛盾　　D. 郭沫若

【解析】但凡优秀的艺术作品总是在生动感人的艺术形象中，富有更多形而上意蕴的追求。这种艺术意蕴常常是只可意会，不可言传，它使艺术作品在有限中体现出无限，在偶然中蕴藏着必然，在个别中包含着普遍。审美升华阶段正是需要鉴赏主体去思索、理解、领悟这种艺术意蕴。鲁迅认为，“悲剧将人生的有价值的东西毁灭给人看”，相反，“喜剧将那无价值的撕破给人看”。

2. 精神分析学派的创始人、奥地利著名心理学家是(　　)。

A. 拉康　　B. 荣格　　C. 弗洛伊德　　D. 萨特

【解析】西格蒙德·弗洛伊德是奥地利精神病医师、著名心理学家、精神分析学派的创始人。他开创了潜意识研究的新领域，促进了动力心理学、人格心理学和变态心理学的发展，奠定了现代医学模式的新基础，为20世纪西方人文学科提供了重要理论支撑。

3. 在迄今为止的所有艺术种类中，只有电影和电视是人们知道其诞生日期的两门艺术。一般认为，世界电影诞生于(　　)。

A. 1936年　　B. 1895年　　C. 1839年　　D. 1905年

【解析】1895年12月28日晚上，法国人卢米埃尔兄弟在巴黎一家大咖啡馆的地下室里，放映了他们自己拍摄的《火车进站》《水浇园丁》等短片，这一天被电影史学家们定为电影正

1A　2C　3B

式诞生的日子，标志着无声电影时代的开始。

4. 以下哪一种艺术曾被称为“盛在铁盒子里的大使”？(　　)

A. 雕塑艺术　　B. 版画艺术　　C. 电视艺术　　D. 电影艺术

【解析】电影的影响力，遍及世界各个国家、地区和民族，曾被称为“盛在铁盒子里的大使”。电影艺术是通过画面、声音和蒙太奇等电影语言，在银幕上创造出感性直观的形象，再现和表现生活的一门艺术。

5. 被称为“传播学鼻祖”的美国传播学家是(　　)。

A. 威尔伯·施拉姆　　B. 马歇尔·麦克卢汉

C. 拉扎斯菲尔德　　D. 哈罗德·拉斯韦尔

【解析】美国传播学家威尔伯·施拉姆是传播学科的集大成者和创始人，人们称他为“传播学鼻祖”“传播学之父”。他建立了第一个大学的传播学研究机构，编撰了第一本传播学教科书。

6. 戏剧艺术历史悠久，种类繁多。按照作品的样式类型，可以分为______、______和______三大类型。在世界戏剧史上，这三种类型具有很大的影响。(　　)

A. 悲剧；喜剧；正剧　　B. 历史剧；现代剧；儿童剧

C. 东方剧；西方剧；默剧　　D. 歌剧；音乐剧；话剧

【解析】戏剧按照作品的样式类型，可以分为悲剧、喜剧和正剧三大类型。悲剧，是表现特定环境下的正义善良的人物遭受邪恶势力的迫害而失败甚至毁灭，揭示进步力量与美好事物受压抑、被摧残的矛盾冲突，并抒发忧患意识与悲愤情感的一种戏剧。喜剧的性质与悲剧相反，一般是以嘲笑丑恶落后的现象或揭露不合理的伪善的东西来肯定美好、进步的现实或理想。正剧就是悲喜剧，它兼有悲剧和喜剧的因素。

7. 西方戏剧史上，最早出现的古希腊悲剧，题材大多来自神话传说与英雄史诗，代表古希腊悲剧艺术最高成就的是______、______、______，他们并称为古希腊三大悲剧家。(　　)

A. 埃斯库罗斯；索福克勒斯；欧里庇得斯

B. 阿里斯托芬；埃斯库罗斯；索福克勒斯

C. 埃斯库罗斯；欧里庇得斯；阿里斯托芬

D. 阿里斯托芬；索福克勒斯；欧里庇得斯

【解析】最早出现的古希腊悲剧属于第一阶段的西方悲剧，题材大多来自神话传说与英雄史诗。代表古希腊悲剧艺术最高成就的是埃斯库罗斯、索福克勒斯和欧里庇得斯，他们并称为古希腊三大悲剧家。

8. 古典主义戏剧的“三一律”原则是指______、______、______。(　　)

A. 时间一律；情节一律；人物一律　　B. 情节一律；地点一律；人物一律

C. 时间一律；地点一律；情节一律　　D. 时间一律；地点一律；人物一律

4D　5A　6A　7A　8C

【解析】“三一律”原则又称“三整一律”，是17世纪欧洲古典主义戏剧创作的规则。约于1554年，文艺复兴时期意大利戏剧理论家琴提奥最早提出“三一律”原则。“三一律”原则要求戏剧创作在时间、地点和情节三者之间保持一致性。即要求一出戏所叙述的故事发生在一天(一昼夜)之内，地点在一个场景，情节服从于一个主题。

9. 正因为戏剧艺术对表演有着很高的要求，因而戏剧理论家们都十分重视对戏剧表演艺术的研究，其中，影响最大的是斯坦尼斯拉夫斯基体系和布莱希特戏剧体系，这两种体系分别被称为“______”和“______”两大类型。(　　)

A. 现实派表演艺术；狂野派表演艺术　　B. 现实派表演艺术；表现派表演艺术

C. 体验派表演艺术；表现派表演艺术　　D. 体验派表演艺术；狂野派表演艺术

【解析】斯坦尼斯拉夫斯基体系又称“体验派表演艺术”，强调演员应当在剧本的规定情境中设身处地地体验角色的生活、情感和思想，并且，在演出时再体现于表演之中。布莱希特戏剧体系又称“表现派表演艺术”，主张场景变换的自由化，在表演艺术上主张演员与角色在感情上保持距离，始终清醒地意识到自己是在演戏，“他一刻也不能完全彻底地转化为角色”，以便让观众冷静地去分析和判断。

10. 人们常把______、______和______称作戏剧艺术的三要素。(　　)

A. 语言；舞台；演员　　B. 剧本；动作；演员

C. 剧本；演员；观众　　D. 语言；动作；舞台

【解析】人们常把剧本、演员和观众称作戏剧艺术的三要素，其中最本质的要素是演员。因此，戏剧的中心应当是演员的表演艺术。

11. 在世界上，______、______和______，被称为三种古老的戏剧艺术。(　　)

A. 古希腊戏剧；印度梵剧；中国京剧　　B. 古希腊戏剧；印度梵剧；中国昆曲

C. 古希腊戏剧；中国京剧；中国昆曲　　D. 古希腊戏剧；印度梵剧；中国戏曲

【解析】在世界上，古希腊戏剧、印度梵剧和中国戏曲，被称为三种古老的戏剧艺术。古希腊戏剧是世界上最古老的戏剧。古希腊的剧场和剧作对西方戏剧和文化的发展产生了持续而深远的影响。印度古典梵剧，题材上多为史诗、传说和现实生活，以刻画都市世态人情为主，此外还有一些宗教题材。戏曲是中国传统的戏剧形式的总称。

12. 中国戏曲具有自身的审美特征，尤其是表现在______、______、______这三个方面。(　　)

A. 综合性；程式化；虚拟性　　B. 写实性；比喻性；程序化

C. 综合性；写实性；虚拟性　　D. 综合性；写实性；比喻性

【解析】中国戏曲具有自身的审美特征，尤其是表现在综合性、程式化、虚拟性这三个方面。从综合性来看，相比之下，戏曲比话剧更具有综合性，它是一门歌、舞、剧高度综合的艺术。从程式化来看，中国戏曲的程式化，是指戏曲演员的角色行当、表演动作和音乐唱腔等，都有一些特殊的固定规则。从虚拟性来看，中国戏曲的虚拟性，是指戏曲充分

9C　10C　11D　12A

吸收了我国古典美学注重写意的特点，通过“虚实相生”“以形写神”，使演员能够更加充分地利用戏曲舞台有限的时空，更加广阔地反映现实生活与表现思想感情。

13. 从总体上讲，电影的样式分为______、______、______、______等四大部类。(　　)

A. 故事片；纪录片；科教片；美术片　　B. 纪录片；科教片；动画片；剧情片

C. 动作片；剧情片；喜剧片；爱情片　　D. 歌舞片；动作片；纪录片；科幻片

【解析】从总体上讲，电影的样式分为故事片、纪录片、科教片、美术片等四大部类。其中故事片是最主要的电影艺术样式。

14. 影视艺术最主要的艺术语言就是______、______和______。(　　)

A. 声音；镜头；蒙太奇　　B. 构图；声音；镜头

C. 画面；声音；蒙太奇　　D. 构图；镜头；声音

【解析】影视艺术特性，体现在运动着的画面、声音以及完成画面、声音组合的蒙太奇之中。因此，影视艺术语言主要就是画面、声音和蒙太奇这三种。

二、判断题

1. 正剧是出现较晚的戏剧类型，自从文艺复兴之后逐渐发展，但是直到18世纪，法国思想家狄德罗和剧作家博马舍称这种剧为“严肃剧”，并且大力倡导之后，这种取材于日常生活并具有社会现实意义的正剧才迅速发展起来。

【答案】正确

2. 电视的崛起和普及，使加拿大传播学家麦克卢汉早在20世纪60年代就提出了“地球村”的概念，认为电视和卫星等技术的出现，使地球“越来越小”，人类已跨越空间和时间的限制，使信息在瞬息间便可传送到世界的每一个角落，因而地球已变成了一个村庄。

【答案】正确

3. 1954年11月2日，英国广播公司(BBC)在伦敦郊外的亚历山大宫，播出了一场规模盛大的歌舞，标志着世界上第一座电视台正式开播，人们普遍把这一天作为电视事业的开端。

【答案】错误

【解析】1936年11月2日，英国广播公司(BBC)在伦敦郊外的亚历山大宫，播出了一场规模盛大的歌舞，标志着世界上第一座电视台正式开播，人们普遍把这一天作为电视事业的开端。

4. 我国第一座电视台——中央电视台的前身——北京电视台，于1958年5月1日开始实验播出，标志着中国电视事业的开端，同年6月15日又播放了我国第一部电视剧《一口菜饼子》，中国电视艺术从此诞生。

【答案】正确

13A　14C

5. 表演性是综合艺术的中心环节。戏剧、戏曲、电影、电视剧都属于表演艺术，表演性是它们最突出的审美特征。

【答案】正确

三、名词解释

1. 综合艺术

答：参见本章考点难点归纳相关内容。

2. 戏剧艺术

答：参见本章考研真题与典型题详解名词解释第 2 题答案。

3. 戏剧性

答：戏剧性是指戏剧艺术通过演员扮演的角色之间的冲突来展开剧情、刻画人物，借以吸引观众，实现其艺术效果和审美作用的特性。构成戏剧性的中心环节是戏剧冲突和戏剧动作，或者说是行动中的人物的冲突。没有冲突就没有戏剧。

4. 戏曲艺术

答：参见本章考研真题与典型题详解名词解释第 3 题答案。

5. 电影艺术

答：参见本章考研真题与典型题详解名词解释第 9 题答案。

6. 电视艺术

答：参见本章考研真题与典型题详解名词解释第 10 题答案。

7. 表演

答：表演是指演员依据剧作家提供的剧本，按照剧本的规定情境和角色的思想感情，在导演指导下进行二度创作，运用语言、动作创造人物形象。优秀的表演艺术应当达到演员与角色的统一，生活与艺术的统一，体验与体现的统一。表演艺术的核心，是解决演员与角色间的矛盾，这就需要演员努力克服自我与角色的距离，认真分析和理解角色，塑造出性格化的人物形象。

四、简答题

1. 应如何理解戏剧艺术的戏剧性特征？请举例说明。

答：戏剧性是戏剧艺术通过演员扮演的角色之间的冲突来展开剧情、刻画人物，借以吸引观众，实现其艺术效果和审美作用的特性。构成戏剧性的中心环节是戏剧动作和戏剧冲突。戏剧动作是戏剧冲突的外在表现，戏剧冲突是戏剧动作的内在因素。

(1) 戏剧动作是戏剧塑造人物形象的关键

戏剧动作就是演员扮演的剧中人物的所作所为，包括语言、动作、表情、态度等。既包括外部的、形体的动作，也包括内部的、心理的活动。因此，戏剧动作首先是与剧中人物的性格直接关联的；行动是性格的外在表现，性格是行动的内在依据，所以观众常常通过演员的戏剧性动作来了解剧情的发展与把握剧中人物的性格。

(2)戏剧冲突是构成戏剧性的重要组成部分

戏剧冲突是指剧中展开的矛盾、纠葛和斗争，包括人与人之间、人与现实之间，以及人物内心的各种各样的冲突和斗争。戏剧冲突不是一般的动作和冲突，而是通过内心冲突引发外在冲突，通过性格冲突强化人物冲突，由此达到戏剧尖锐冲突的高潮。

(3)举例

《哈姆雷特》全剧以哈姆雷特同篡夺王位的叔父之间的外部冲突，以及他本人灵魂深处的内心冲突构成丰富而深刻的戏剧矛盾。曹禺的名著《雷雨》则是以周朴园一家错综复杂的人物关系和人物之间的矛盾来展开戏剧冲突，故事情节曲折，矛盾冲突纷繁，具有很强的戏剧性。一方面，全剧的矛盾冲突始于30年前周朴园对女仆侍萍的始乱终弃，这些外部冲突作为情节线索，酿成了罪恶的根源。另一方面，造成了30年后，大儿子周萍与继母蘩漪的乱伦关系，周萍与女仆四凤同母异父兄妹间的不伦之恋，直到造成最后周萍、周冲、四凤相继死去，侍萍和蘩漪发疯的悲惨结局，这些内心冲突与外在冲突的碰撞创造出一种高潮迭起的局面。直到最后一幕达到全剧的戏剧性高潮。这充分证明戏剧性是戏剧艺术首要的特征，也是使戏剧作品获得舞台生命的重要因素。

2. 为什么说“剧场性”是戏剧艺术的重要特点之一？请简要说明。

答：剧场性是指戏剧和戏曲需要演员在舞台上为观众进行现场表演的特性。

(1)剧场性是戏剧艺术的重要特点之一的原因

在综合艺术中，戏剧和戏曲需要演员在舞台上为观众进行现场表演，可以多次进行。而电影和电视则是一次性演出，用胶片或录像带将这种表演固定下来。因此，剧场性是戏剧艺术的重要特点之一。

(2)剧场性的作用

①剧场性对戏剧演员的表演要求

a. 要深刻挖掘剧本的内涵，掌握角色丰富的思想情感，通过情感体验与艺术分析，克服自我与角色之间的距离；

b. 演员的表演既要形似，更要神似，传达出角色独特的性格气质和内心世界。

②戏剧性使戏剧艺术有了现场反馈现象

戏剧在演出时，演员与观众的感情可以直接交流，观众一方面欣赏舞台上演员的精彩表演，另一方面又以自己的情绪情感的反应直接影响着演员的表演，这种现场反馈的现象构成了戏剧艺术的重要特点。

3. 请简述我国戏曲艺术的发展历史。

答：戏曲艺术具有悠久的历史和深厚的传统。中国戏曲的渊源可以追溯到秦汉时期的乐舞、俳优、百戏。

唐代更有了较大的发展，出现了歌舞戏和参军戏，“戏”和“曲”进一步融汇，表演形式也更为多样。

宋金时期，戏曲艺术才真正趋于成熟，宋杂剧和金院本都能演出完整的故事，剧中角色也较前增多，初步形成了我国戏曲表演分行当的体系。

元代戏曲创作和演出空前繁荣，涌现出了一批杰出的剧作家和作品，元杂剧在中国戏曲史上占有重要的地位，不少作品在思想性和艺术性上都取得了较高的成就，其中，尤以关汉卿的《窦娥冤》和王实甫的《西厢记》最为著名，堪称世界戏剧艺术的不朽作品。

明清时期，是中国戏曲史上又一个繁荣时期，特别是传奇作品大量涌现，包括中国戏曲史上划时代的浪漫主义杰作汤显祖的《牡丹亭》等。这个时期，大量戏曲理论论著的出现，更加促进了戏曲艺术的繁荣发展。最引人注目的是这个时期内，不但出现了昆曲、京剧等全国性的大剧种，而且涌现出几百个地方剧种，呈现出百花齐放的局面。

新中国成立以来，戏曲艺术更是有了长足的发展，一批著名戏曲表演艺术家和优秀的戏曲作品，深深受到广大人民群众的喜爱和欢迎。

4. 为什么说戏曲艺术比话剧艺术更具有综合性？应如何理解。

答：话剧艺术和戏曲艺术是古老的传统艺术，都是综合性舞台艺术。

(1)两者之间的区别

①话剧注重再现生活，而戏曲则注重表现生活。

a. 话剧注重再现生活，因此，话剧的舞台美术大多是写实和具象的，包括布景、化妆、服装、灯光、效果、道具等都力求真实，创造出使观众仿佛身临其境的舞台气氛，在舞台上形象地展现出社会生活环境；

b. 戏曲则注重表现生活，因此，戏曲的舞台美术基本上是写意和抽象的，戏曲的布景和道具都很简单，全凭演员的虚拟性表演来表现。

②源于西方的话剧注重写实，植根中国的戏曲注重写意。

a. 话剧艺术是一种建立在体验基础上的舞台表现艺术，演员对于角色必须有深切的体验，不管是本色表演还是性格化表演，话剧演员都必须从客观现实生活中找到创造角色的依据，塑造出真实，生动的人物形象。

b. 戏曲艺术作为一种表现性艺术，它是将生活中的动作加以变形和夸张，形成戏曲表演艺术特有的唱、念、做、打的程式和手、眼、身、步的身段来表现，戏曲表演还划分成生、旦、净、丑等不同的行当，在唱腔、宾白、台步、动作等各方面都有一整套各自不同的程式，这是戏曲艺术最明显的特点。

(2)戏曲艺术比话剧艺术更具有综合性的原因

戏曲艺术是一门歌、舞、剧高度综合的艺术。戏曲表演的艺术手段是唱、念、做、打，唱功在戏曲表演中占有重要地位，具有丰富的审美功能；戏曲中的舞则是指戏曲表演中的动作和造型都带有一种舞蹈性，具有舞蹈的韵律和节奏。这种高度的综合性，可以说是戏曲艺术最基本的审美特征，也是中国戏曲与西方话剧的重大区别。正是由于这种综合性，使中国戏曲成为歌舞化的“剧诗”，通过唱腔与舞蹈、念白与表演，在戏曲舞台上营造出富有诗情画意的戏剧氛围。

5. 为什么说中国的戏曲艺术具有“程式化”的审美特征，请简要说明。

答：中国戏曲的程式化是指戏曲演员的角色行当、表演动作和音乐唱腔等都有一些特殊的固定规则。程式化的具体表现主要有：

(1)戏曲演员的角色行当具有程式化的特点

根据角色不同的性别、年龄、身份、性格等特点，戏曲一般划分为生、旦、净、丑四种基本类型，每种类型又可以再分出许多更加细致的角色。

(2)戏曲演员的表演动作具有程式化的特点

戏曲的程式是从生活中提炼出来的规范化动作，它是戏曲表演艺术最明显的特点。程式是指不同角色的戏曲演员在舞台上一举一动、一招一式都有相对固定的模式，常用的程式性动作甚至还有固定的名称。例如，“起霸”就是指通过一整套连贯的戏曲舞蹈动作，来表现古代将士出征前整盔束甲的情景，又分为男霸、女霸、双霸等多种形式。

(3)戏曲音乐、唱腔和器乐伴奏有基本固定的曲牌和板式

戏曲表演中人物出场的伴奏音乐有一定的固定规则。例如京剧中，皇帝出场大多用[朝天子]等曲牌伴奏，主帅出场大多用唢呐曲牌[水龙吟]伴奏等。各种器乐曲牌都有自己特定的用途，分别用于不同场合，彼此不能混淆或替换。例如[万年欢]曲牌用于摆宴、迎亲等场合，[哭皇天]曲牌用于祭奠、扫墓等场合，都有严格的规定。戏曲唱腔和伴奏中的这些程式，既使戏曲具有了强烈的舞台节奏与鲜明的艺术表现力，又使戏曲具有了一种独特的形式美，培养了观众对于戏曲特殊的审美习惯，体现出戏曲特殊的艺术魅力。

6. 请举例说明中国戏曲艺术的虚拟性特征。

答：中国戏曲的虚拟性，是指戏曲充分吸收了我国古典美学注重写意的特点，通过“虚实相生”“以形写神”，演员能够更加充分地利用戏曲舞台有限的时空，更加广阔地反映现实生活与表现思想感情。

(1)所谓虚拟性，首先是指戏曲演员表演时多用虚拟动作，不用实物或只用部分实物，依靠某些特定的表演动作来暗示出舞台上并不存在的实物或情境。比如，演员手中一根马鞭就表示正在策马奔驰，一支船桨就意味着荡舟江湖。尽管舞台上并没有马和船，但通过演员的表演动作，观众完全能够心领神会。

(2)戏曲舞台上的道具布景也具有虚拟性，戏曲舞台大多不用布景，常常只用很少的几件道具。传统的戏曲舞台常常只设简单的一桌二椅，在不同的剧情中，通过演员不同的表演动作，可以展示出不同的环境，可以表现剧中官员升堂、宾主宴会、接待宾朋、家庭闲叙等不同场面，还可以当作门、床、山、楼等布景。戏曲舞台采用虚拟性的道具布景，一方面为演员留出了更多的舞台空间，很适合戏曲艺术歌舞性较强的表演方式，使演员的表演艺术得以充分展现；另一方面，戏曲这种虚拟性的舞台美术环境，能够更加激发观众充分发挥自己的想象力，使观众通过自己的联想和想象积极主动地参与演出，从而获得更加丰富隽永的审美享受。

(3)戏曲舞台的时空也具有极大的虚拟性。戏曲舞台时空同话剧舞台时空恰好相反，话剧舞台时空一般要求情节、时间、地点三方面保持完整一致，即古典主义戏剧的“三一律”法则；而戏曲舞台时空所表现的往往不是真实世界中的客观时空，只是通过演员的唱腔、念白和动作，以虚拟的手法来表现空间和时间，具有一种高度灵活自由的主观性。例如，京剧《萧何月下追韩信》，讲述了萧何星夜跋涉追回韩信的故事，演员在舞台上二跑几个圆场就表示赶了几十里路程。

7. 什么是电影艺术中的蒙太奇?

答：参见本章考研真题与典型题详解简答题第6题答案。

8. 一般认为，电影和电视是20世纪最重要的文化现象，作为姊妹艺术有许多相同之处。相比于电影艺术，电视艺术具有怎样的特征?

答：相比于电影艺术，电视艺术具有以下特征：

(1)电视的技术性形成了这门艺术的特性。

由于电视采用的是和电影完全不同的技术原理，加上电视荧屏较小的特点，因而，电视画面的面积较小，清晰度较差，难以表现众多的人物和较大的场面，在镜头运用方式上多用中、近景和特写，少用远景和全景，场景转换不宜太快，以便让电视观众弄清人物和剧情。

(2)电视的参与性形成了这门艺术独特的观赏特点。

由于电视观众一般都是在家里观看，观众可以随意选择收看并当场评论，因此电视剧应当照顾到观众对剧情内容的兴趣，调动各种艺术手段来吸引观众，在情节、场景、表演诸方面根据观众的审美心理作特殊的艺术处理，给观众以想象的空间和参与的机会，尽量使观众对剧中人物产生移情和共鸣，从而达到引人入胜的艺术效果。

(3)电视传播的迅速性形成了这门艺术更加生活化的特点。

许多电视节目和晚会可以现场直播；电视剧制作周期短，成本较低，又拥有技术设备轻便灵巧、室内戏较多等特点，因而能够深入生活，及时将现实生活中人们关心的问题用艺术形式表现出来；同时，电视剧在剧情内容、演员表演、服装道具环境布置等方面，都要求更加亲切、自然和生活化，直接和逼真地反映生活。

五、论述题

1. 请结合具体的艺术作品，说明西方戏剧史上的主要悲剧形态。

答：作为戏剧艺术的主要类型之一，悲剧历来被认为是戏剧之冠，具有崇高的地位。西方戏剧史上的主要悲剧形态有：

(1)古希腊时期的“命运悲剧”

西方戏剧史上，最早出现的古希腊悲剧，题材大多来自神话传说与英雄史诗，这一时期的悲剧，反映出这个历史阶段，社会力量与自然规律作为一种不可理解和不可抗拒的命运和人相对立，表现了人对自然和命运的抗争，最终因无法挣脱而导致悲剧的结局。如古希腊著名悲剧家索福克勒斯的《俄狄浦斯王》，深刻反映出早期人类迈入文明门槛的艰难历程。

(2)欧洲中世纪末的“性格悲剧”

性格悲剧反映出长期封建社会中，封建伦理制度和宗教统治与反封建的社会力量的矛盾斗争，体现了人文主义理想与黑暗现实的尖锐冲突。如莎士比亚的著名悲剧《哈姆雷特》等，表现了在欧洲中世纪封建宗教迷信长期压制下扭曲的人格。

(3)近现代社会的“社会悲剧”

社会悲剧揭露了各种不合理的社会现象和罪恶，具有鲜明强烈的批判精神。如19世纪挪威著名戏剧家易卜生的《玩偶之家》(又名《娜拉出走》)等，均对社会偏见与世俗势力作了一定程度的揭露，触及资本主义时代的尖锐社会矛盾，反映了个人与社会势力的抗争。

此外，现当代西方悲剧创作风格更加多样，尤其是出现了将悲剧性与喜剧性融会到一起的悲喜剧作品。如瑞士剧作家迪伦马特的《老妇还乡》，就是一部具有荒诞风格的悲喜剧作品。

2. 应如何看待电影艺术与科学技术的相互关系？请举例说明。

答：从诞生到发展的全部历史来看，电影始终是一门与现代科学技术紧密结合的艺术。科学技术的进步，对电影艺术的发展，对电影语言的创新，甚至对电影美学观念的演变，都有着重大影响。在世界电影艺术发展史上，曾经有过三次重大的变革，都与现代科学技术的发展有着十分密切的联系。

(1)电影艺术史上的第一次大变革是从无声到有声。

最初的电影都是无声电影，被称为“默片”。一般认为，有声电影诞生的标志，是1927年美国的《爵士歌王》，这部影片其实是在无声片中加进四支歌、一些台词和音乐伴奏，但不管怎样，它标志着电影史上一个新时代的开始。

(2)电影艺术史上的第二次大变革是从黑白到彩色。

最初的电影都是黑白片，早期电影曾经采用人工上色的办法，即在黑白电影的胶片上涂颜色。1935 年，使用彩色胶片拍摄的美国影片《浮华世界》诞生，这是世界上第一部彩色电影。中国第一部彩色故事片《生死恨》，是一部戏曲艺术片，由梅兰芳先生主演，费穆担任导演。

(3)电影艺术史上的第三次大变革。

发生在20 世纪 90 年代以来至今，电影正在大踏步地进入高科技时代，计算机三维动画、数字技术、多媒体技术和虚拟现实等高科技手段正在应用于电影领域，以极富想象力的艺术手法和极其逼真的艺术效果，大大增强了电影艺术的魅力。

3. 为什么说电影是一门综合性较高的艺术？请结合具体作品说明。

答：电影艺术是一门将视觉艺术与听觉艺术、时间艺术与空间艺术、纪实艺术与表演艺术、再现艺术与表现艺术有机地综合到一起的艺术，既是各门艺术的综合，又是科学与艺术的综合，更是美学层次上的综合。

(1)电影和电视剧都与戏剧有着密切的关系。戏剧既是综合艺术，又是表演艺术，戏剧艺术多年来在编剧、导演、表演等方面所形成的艺术规律，为电影艺术提供了许多可贵的经验。

(2)电影艺术也受到文学的极大影响。文学的各种体裁都曾经直接对电影产生过巨大影响，出现过诗电影、戏剧式电影、散文电影和小说电影。

(3)电影艺术从绘画、雕塑中，吸取了造型艺术的规律和特点，使得造型性成为电影艺术重要的美学特性之一。造型艺术善于处理光线、影调、色彩、线条和形体，为电影艺术的画面造型提供了丰富的艺术营养。如《黄土地》画面上大半黄土、小半蓝天的构图，《红高粱》片尾无边无际的红彤彤的高粱，都显示出电影艺术造型性的巨大生命力。

(4)电影艺术与音乐结下了不解之缘，音乐成为影视作品概括主题、抒发情感、渲染气氛的重要艺术手段，尤其是广为传唱的影视歌曲更是成为影视艺术美的重要组成部分。

(5)电影艺术与摄影艺术有着与生俱来的天然联系。德国电影理论家克拉索尔甚至认为，电影的基本特性就是照相性。

当然，必须强调指出，以上各门艺术的多种元素进入影视之后，已经发生了质的变化，被影视艺术所同化和吸收，使得电影和电视艺术成为与众不同的独立艺术。

4. 请结合具体的艺术作品，说明综合艺术的综合性审美特征？

答：综合艺术首要的审美特征就是综合性，而这种综合性又体现在如下两个层次上：

(1)从艺术学的层次上讲

戏剧、戏曲、电影和电视艺术等综合艺术，吸收了各门艺术中的多种元素，将它们有机融会在自己的表现手段之中，从而大大丰富了自己的艺术表现力。例如电影《一江春水向东流》采用典型的戏剧式叙事结构，将中国古典章回体小说、戏曲、绘画等传统艺术表现融汇于电影艺术表现中，真实地表现中国二十世纪三四十年代的社会生活，奠定其在中国电影史上不可撼动的地位。正是由于电影艺术综合了绘画、戏剧、音乐、雕塑、建筑、舞蹈、摄影、文学等各门艺术中的多种元素，并将这些元素有机融合，从而形成电影自身新的特性，使电影这一门新兴艺术在百年的时间内迅速发展起来。

(2)从更高一层的美学层次上讲

戏剧、戏曲、电影、电视艺术的综合性绝不仅限于各门艺术元素的有机融合，而是更加集中地体现在它们将时间艺术与空间艺术、视觉艺术与听觉艺术、造型艺术与表演艺术综合在一起，实现了美学层次上的高度综合，使得它们能够将视与听、时与空、动与静、再现与表现集于一身，从而具有了巨大的综合表现能力，极大地扩展和丰富了观众的审美感受，成为最具有群众性的艺术门类。如王家卫导演的《一代宗师》凭借绝佳的服化道、逼真的电影空间等呈现独特的东方美学，将东方武学与美学风格、视听觉、动态与静态相结合，营造出强烈的视觉审美冲击力。

综合艺术既有综合性，又有独特性。虽然都是综合艺术，戏剧和戏曲是古老的传统艺术，而电影和电视艺术则是现代科学技术的产物，它们之间的区别可以说是一目了然。此外，渊源于西方的话剧同植根于中国的戏曲，作为银幕艺术的电影和作为荧屏艺术的电视，它们之间也有着鲜明的区别。

5. 综合艺术具有哪些审美特征？

答：参见本章考点难点归纳相关内容。

8.3　考研真题与典型题详解

一、填空题

1. 京剧“四大名旦”是梅兰芳、尚小云、(　　)和荀慧生。(中传 2013 年研)

【答案】程砚秋

【解析】京剧“四大名旦”的称谓由沙大风于 1921 年的《大风报》创刊号上首次提出，“四大名旦”分别是指梅兰芳、尚小云、程砚秋、荀慧生，他们是我国京剧旦角行当中四大艺术流派的创始人。

2.《滚滚长江东逝水》是(　　)的主题曲。(中传 2010 年研)

【答案】《三国演义》

【解析】电视剧《三国演义》的主题曲是明代文学家杨慎所作《廿一史弹词》第三段《说秦汉》的开场词——《临江仙·滚滚长江东逝水》，由著名歌唱家杨洪基演唱。

3.《罗生门》的导演是(　　)。(浙农林大 2014 年研)

【答案】黑泽明

【解析】《罗生门》是由黑泽明导演，桥本忍、黑泽明任编剧的日本黑白故事片。该片讲述了一个武士在被杀之后，盗贼、妻子以及武士的亡魂为掩盖各自的过失及罪恶，向审判长讲述了三个不同的案件过程。影片通过死亡表达出导演黑泽明对人性的思考和理解，赋予了影片更为深刻的哲学内涵。该片 1950 年荣获威尼斯国际电影节大奖，1951 年荣获美国奥斯卡最佳外语片奖。

二、名词解释

1. 综合艺术(河北大学 2018 年研；四川轻化工 2017 年研；昆明理工 2017 年研；北师大 2015 年研；四川师大 2015 年研；山东师大 2013 年研；聊城大学 2009 年研；徐州师大 2008 年研)

答：综合艺术是戏剧、戏曲、电影、电视等一类艺术的总称。具体参见本章考点难点归纳相关内容。

2. 戏剧(华侨大学 2016 年研；中传 2007 年研)

答：戏剧是指以语言、动作、舞蹈、音乐、木偶等形式达到叙事目的的舞台表演艺术的总称，指演员在舞台上为观众进行现场表演，并以对话和动作为主要表现手段的一门综合艺术。戏剧艺术是需要二度创作的艺术，包括演员创造舞台形象的表演艺术和作为舞台演出基础的戏剧文学两个重要组成部分。广义的戏剧包括话剧、歌剧、戏曲、音乐剧、舞剧等。狭义的戏剧主要指话剧。戏剧艺术发展历史悠久，种类多种多样。根据作品容量大小，可将戏剧划分为多幕剧和独幕剧；根据作品题材不同，可将戏剧划分为历史剧、现代剧、儿童剧等；根据作品的样式类型，又可将戏剧分为悲剧、喜剧和正剧三大类型。

3. 戏曲艺术(湖南工业大学 2022 年研；山西师大 2019 年研；南航 2018 年研；陕西师大 2018 年研；四川师大 2016 年研)

相关试题：戏曲(宁波大学 2018 年研)

答：戏曲艺术是指中国传统戏剧形式的总称。作为戏剧艺术的一个重要组成部分，中国戏曲艺术既有戏剧艺术的共同特征，但又与其他戏剧形式有所区别。戏曲艺术从中华民族传统文化中吸取营养与精华，有着鲜明的民族特色和特有的审美特征。表现艺术审美的意境是戏曲艺术所追求的最高的艺术境界，是一种具有丰富表现性的综合艺术。戏曲艺术以其独特的艺术风格和艺术表现力傲然屹立于世界戏剧艺术中。

4. 戏剧性情节(武汉理工 2018 年研；山东师大 2016 年研)

相关试题：戏剧性(华南理工 2015 年研)

答：戏剧性情节是指按照戏剧冲突法则设置的情节，具有强烈的戏剧冲突和曲折的故事情节，多采用巧合、悬念等艺术创作技巧，情节结构由开端、发展、高潮和结局组成。例如，曹禺的话剧《原野》讲述了民国初年农民仇虎向恶霸一家复仇成功后，陷入了愧疚与自责，最终自杀身亡的悲剧性故事，剧中戏剧矛盾冲突尖锐激烈，人物关系复杂繁琐，故事情节跌宕起伏，具有典型的戏剧性情节。戏剧和戏曲主要采用戏剧性情节。与之相对应的是非戏剧性情节，非戏剧性情节是在纪实性美学的基础上构建而成，较多地采用心理结构、情绪结构等表现方式，致力于从生活中发掘情节，强调挖掘人物内心的情感冲突，使故事情节与生活事件相结合。

5．戏剧行动（山东大学 2016 年研；浙江理工 2014 年研）

答：戏剧行动又称戏剧动作，是戏剧的根本特征之一，即演员扮演的剧中人物的所作所为，包括语言、动作、表情、态度等。既包括外部的、形体的动作，也包括内部的、心理的活动。因此，戏剧动作首先是与剧中人物的性格直接关联的；行动是性格的外在表现，性格是行动的内在依据，所以观众常常通过演员的戏剧性动作来了解和把握剧情的发展与人物的性格。

6．戏剧冲突（西安建大 2017 年研；杭州师大 2017 年研；南航 2016 年研）

答：戏剧冲突是指剧中人与人之间、人与现实之间以及人物内心展开的矛盾、冲突和斗争，能够推进戏剧情节的发展，塑造出具有鲜明性格的人物形象。具体参见本章考点难点归纳相关内容。

7．戏剧的“三一律”模式

相关试题：三一律（南京艺术学院 2021 年研；中国电影资料馆 2021 年研；东南大学 2018 年研；上戏 2016 年研）

答：戏剧的“三一律”模式是西方戏剧的结构理论之一，又称“三整一律”，是 17 世纪欧洲古典主义戏剧创作的规则。约于 1554 年，文艺复兴时期意大利戏剧理论家琴提奥最早提出“三一律”原则，后由法国新古典主义戏剧家确定和推行。“三一律”原则要求戏剧创作在时间、地点和情节三者之间保持一致性。即要求一出戏所叙述的故事发生在一天，即一昼夜之内，地点在一个场景，情节服从于一个主题。这种“三一律”规则对于剧作情节创作来说简练集中，但却束缚限制了戏剧的发展。18 世纪以后，“三一律”模式逐步被打破。

8．京剧（中传 2014 年研）

答：京剧，曾称平剧，是中国五大戏曲剧种之一，腔调以西皮、二黄为主，用胡琴和锣鼓等伴奏，被视为中国国粹，位列中国戏曲三鼎甲“榜首”。自清朝时期“四大徽班”进京演出后逐渐形成并迅速发展。京剧广泛地从其他剧种中汲取了营养，拥有丰富多彩的剧目种类，有着丰富的曲调曲牌和通俗易懂的唱词，京剧中念白分为京白、韵白，表演各行当中均有一套各自规范的程式化动作，从而涌现了许多著名的京剧表演艺术家，很快发展成为中国戏曲艺术中最具有代表性的剧种，其艺术影响力遍及全国，享誉中外。京剧艺术有众多流派，例如“谭派”（谭鑫培）、“麒派”（周信芳）、“盖派”（盖叫天），以及“四大名旦”（梅兰芳、程砚秋、荀慧生、尚小云）和“四大须生”（马连良、谭富英、杨宝森、奚啸伯)等。

9. 电影艺术(广州大学 2018 年研；北师大 2018 年研；安徽师大 2018 年研；浙江师大 2008 年研)、**第七艺术**(南航 2014 年研)

答：电影艺术是指通过运用画面、声音和蒙太奇等电影语言创造出感性直观的形象，从而在银幕上再现乃至表现生活的一门艺术。电影是现代科学技术与艺术融合而发展出来的产物。由于电影诞生在音乐、舞蹈、绘画、雕塑、戏剧、建筑之后，所以电影又被称为“第七艺术”。电影是一门从诞生到发展都始终与现代科学技术紧密结合的艺术。科学技术的进步深刻影响着电影艺术的发展、电影语言的创新乃至电影美学观念的演变。电影也是一门综合艺术，其综合性可以分为三个层次：①它是各门艺术的综合；②它是科学与艺术的综合；③它是美学层次上的综合。电影艺术将视觉艺术与听觉艺术、时间艺术与空间艺术、纪实艺术与表演艺术、再现艺术与表现艺术巧妙有机地融合到了一起。

10. 电视艺术(安建大 2016 年研)

答：电视艺术是指在电视屏幕上播出的各种文艺节目，是电视节目重要的组成部分之一，包括电视剧、电视艺术片、电视综艺节目、电视娱乐节目、音乐电视(MTV)、电视戏剧、电视电影等。电视具有新闻信息功能、文艺娱乐功能、服务功能和社教功能，其中前两者是最主要的。电视艺术作为一门年轻的艺术，一方面还未形成独立科学的美学体系，因此往往将其与影视并提；另一方面电视作为一门独立的艺术，又有自己独具的特征：①电视的技术性是电视艺术最主要的特性；②电视的参与性使电视艺术具有独特的观赏特点；③电视传播的迅速性使电视艺术更具有生活化的特点。

11. 直播(中传 2010 年研)

答：直播是指节目的后期合成与播出同时进行的播出方式，分为电视现场直播和网络直播。电视现场直播是指在现场随着事件的发生、发展进程同时制作和播出电视节目的播出方式，其充分体现广播电视媒介传播的优势。网络直播是指在现场随着事件的发生、发展进程同步制作和发布信息，具有双向流通过程的信息网络发布方式。电视直播显现的时空既有现在时又有过去时；网络直播除具备电视的两大时空之外还具有压缩时空的功能，如同步的文字直播、图片直播、赛事直播、手机直播和比分直播等各种直播频道和样式。

12. 制片人(中传 2010 年研)

答：制片人是电影或电视剧的最高管理者，全权负责“挑本子、找款子、组班子、卖片子”等工作。他们负责、统筹并指挥影片的筹备和投产，有权改动剧本情节，决定导演和主要演员的人选等，并且他们大多懂得电影艺术创作，了解观众心理和市场信息，善于筹集资金，熟悉经营管理等，可以说制片人是一部影片或电视作品的主宰与核心。广义上的制片人包含三重含义：①制片人是指负责整个影片或电视剧摄制资金的融资人；②制片人是指在专业技术上负责整个影片或电视剧项目的制作人；③制片人是指影片或电视剧的投资者本人。

13. 类型电影(中传 2012 年研)

答：类型电影是美国好莱坞商业电影发展起来的一个重要流派，在二十世纪三四十年代曾占据世界影坛统治地位。大制片企业为确保商业利润而实行由制片专权，强调专业分工、各司其职的传送带式影片生产。类型电影，就是按照各种不同的标准化模式创作出来的影片。类型电影作为一种拍片方法，实质上是一种艺术产品标准化的规范。类型电影的基本特征有：①以叙事为主导的规范化审美形式；②它是大制片厂标准化生产的产物，追求利润的最大化是其目的和原则；③视听语言霸权同时带有强化政治文化的含义。好莱坞类型片大致可以划分为以下 12 种类型：西部片、喜剧片、犯罪片(惊险片)、科幻片、歌舞片、战争片、爱情片、动作片、伦理片、灾难片、儿童片、恐怖片(惊悚片)。近年来，随着数字技术的发展和观众审美趣味的变化，更是出现了受到广大观众欢迎的第 13 种类型，即“魔幻片”。

14. 蒙太奇(山东大学 2019 年研；郑州大学 2019 年研；陕西师大 2016 年研；中传 2015 年研；上海大学 2015 年研；厦门大学 2014 年研；南开大学 2012 年研)

相关试题：

(1) 蒙太奇的完整概念(华南理工 2013 年研)

(2) 杂耍蒙太奇(暨南大学 2016 年研)

(3) 交叉蒙太奇(河北大学 2017 年研)

答：蒙太奇是从法文 Montage 音译过来的，指将各种材料按照总的计划装配、组合在一起，达成“1 +1 >2”的效果。在影视艺术中，蒙太奇是电影构成画面语言的重要手法之一，它可以使镜头之间通过组接，获得更多更深的涵义。蒙太奇的产生是因为胶片在电影放映过程中被烧断了，人们只好用胶水将胶片粘起来，这中间的过程自然就被烧掉了，从而产生了剪辑的形式。蒙太奇的完整概念包括以下三层含义：①从技术角度讲，蒙太奇即剪辑。②从艺术角度讲，是电影的基本结构手法和叙事方式。镜头与镜头、段落与段落、画面与声音都能构成蒙太奇的组合关系。③从美学角度讲，是影视艺术中特有的思维方式和创作手法。蒙太奇不仅体现在后期剪辑之中，在前期的文学剧本和分镜头剧本中也有涉及，甚至在各个创作部门合作完成的整个创作拍摄过程之中，蒙太奇也贯穿于其中。

三、简答题

1. 综合艺术的审美特征及种类。(陕西师大 2019 年研；福州大学 2018 年研；内蒙古大学 2017 年研；湖南师大 2016 年研；山西师大 2016 年研；江苏师大 2013 年研)

相关试题：

(1) 综合艺术包括哪些艺术？其综合性主要体现在哪些方面？(南京师大 2018 年研)

(2) 试论戏剧、戏曲、电影、电视剧等综合艺术的表演性特征。(安徽师大 2017 年研)

(3) 简析综合艺术的主要种类和审美特征。(昆明理工 2016 年研)

答：参见本章考点难点归纳相关内容。

2. 文学性是综合艺术的基础。(辽宁大学 2016 年研)

答：文学性是综合艺术的基础，具体表现为：

(1) 戏剧影视作品的创作是从剧作者编写文学剧本开始的，导演、演员和其他艺术工作者只有在文学剧本的基础上才能进行二度创作，并将其展现在舞台、银幕以及荧屏上。文学剧本作为综合艺术的基础，是创作的第一道工序，也是导演和演员进行二度创作的依据。优秀的文学剧本，为导演和演员的再度创作奠定了基础，提供了广阔的创作天地和成功艺术效果的开端，相反，一部思想和艺术质量都很低的文学剧本要想呈现出一个出色的戏剧影视作品，是根本不可能的。正因为文学性在综合艺术中具有十分重要的地位和作用，戏剧、戏曲、电影、电视剧等艺术都十分重视文学剧本，并且各自都有一整套文学剧本的艺术创作规律。

(2)戏剧文学剧本是独立的文学艺术形式，它是戏剧性与文学性的结合；而影视文学剧本则是电影性与文学性的结合。戏剧文学要综合考虑到舞台、场景、演出时间以及观众在剧场中的欣赏条件等种种情况，并通过对激烈的矛盾冲突以及起伏的戏剧情节的刻画描写，使剧中的人物、情节、场景都集中起来，从而激起观众的观看欲望。影视文学则要综合考虑到拍摄需要以及最终的放映效果，运用影视艺术语言，将剧本中的一切人物和事件情节刻画为具体直观的视觉形象，并通过影视手段将其呈现在银幕或荧屏上，使观众产生最直接的效果感受。

(3)文学性对于戏剧影视作品来讲具有十分重要的意义。在所有的艺术门类中，综合艺术与文学密切相关，而且这种紧密的关系是实用艺术、造型艺术、表情艺术等其他艺术门类无法进行比较的。而戏剧文学、电影文学、电视文学等文学性特征也成为这些艺术种类自身最重要的组成部分。

3. 简述戏剧的三种基本类型(喜剧、悲剧和正剧)的基本特征。(杭州师大2013年研)

相关试题：

(1)简析戏剧艺术的内涵及特征。(安徽师大2017年研)

(2)悲剧(名词解释，山东大学2018年研；上海体育学院2018年研)

答：戏剧艺术历史悠久，种类繁多。按照作品的样式类型可以分为悲剧、喜剧和正剧三大类型。在世界戏剧史上，这三种类型具有很大的影响。悲剧和喜剧均在古希腊时代就取得了极大的成就；相对而言，正剧是出现较晚的戏剧类型。它们的基本特征分别表现为：

(1)悲剧作为戏剧艺术的主要类型之一，被誉为戏剧之冠，在世界戏剧史上有着崇高的地位。它是表现特定环境下的正义善良的人物遭受邪恶势力的迫害而失败甚至毁灭，揭示进步力量与美好事物受压抑、被摧残的矛盾冲突，并抒发忧患意识与悲愤情感的一种戏剧。悲剧的主人公必须具有某种值得肯定的正面素质，一般都是正面人物或英雄人物。观众对于悲剧主人公从事的正义斗争，往往产生崇敬和钦佩之情，对他们的失败受难或牺牲，产生由衷的同情。

(2)喜剧的性质与悲剧相反，一般是以嘲笑丑恶落后的现象或揭露不合理的伪善的东西来肯定美好、进步的现实或理想。喜剧的主人公大多是反面人物或有缺点的人物，矛盾冲突的结局往往是反面人物被揭露，代表进步力量的主人公取得胜利。

(3)正剧就是悲喜剧，将悲剧性与喜剧性融合到一起的戏剧作品，创作风格十分多样。悲喜剧从文艺复兴时期之后得以逐渐发展。直到18世纪，法国思想家狄德罗和剧作家博马舍将其称之为“严肃剧”，并进行大力的推广，使得这种取材于日常生活并具有社会现实意义的正剧迅速发展起来。

4. 什么是戏剧冲突？以曹禺先生的话剧《雷雨》为例，分析其中的戏剧冲突。（哈尔滨师大2019年研；广州大学2018年研；成都大学2018年研；西安建大2017年研）

相关试题：试从主题、人物、结构等角度，比较分析《雷雨》《日出》的创作成就及艺术特色。（论述题，杭州师大2017年研）

答：（1）戏剧冲突。

①戏剧冲突是构成戏剧性的中心环节。戏剧冲突是指剧中人与人之间、人与现实之间，以及人物内心的各种各样的冲突和斗争，没有冲突戏剧就无法进展。戏剧通过角色之间的对话与动作从而展开激烈尖锐的冲突和交锋，推进戏剧情节的发展，展现出人物的性格，在富于戏剧性的矛盾冲突和跌宕起伏的故事情节中，塑造出具有生动、鲜明性格的人物形象。

②戏剧冲突是戏剧动作深层的动力和原因。戏剧冲突不是一般的动作和冲突，而是通过内心冲突引发外在冲突，通过性格冲突强化人物冲突，由此达到戏剧尖锐冲突的高潮。

（2）对《雷雨》中戏剧冲突的分析。

曹禺的话剧《雷雨》是以周朴园一家错综复杂的人物关系和人物之间的矛盾来展开戏剧冲突，故事情节曲折，矛盾冲突纷繁，具有很强的戏剧性。一方面，全剧的矛盾冲突由30年前周朴园对女仆侍萍的始乱终弃而引发，这些外部冲突作为情节线索，种下了罪恶的根源。另一方面也造成了30年后，大儿子周萍与继母蘩漪之间乱伦的禁忌关系，以及周萍与女仆四凤作为同母异父的兄妹之间的不伦感情，从而引发周萍、周冲、四凤最终相继死去，侍萍和蘩漪发疯的悲惨性的收尾，这些内心冲突与外在冲突的碰撞创造出一种高潮迭起的局面。直到最后一幕达到全剧的戏剧性高潮。这充分证明戏剧性是戏剧艺术首要的特征，也是使戏剧作品获得舞台生命的重要因素。

5. 简述中国戏曲的主要审美特征。（山西师大2019年研；陕西师大2018年研；宁波大学2018年研；赣南师大2018年研；四川师大2016年研；南航2011年研）

相关试题：

（1）中国戏曲的虚拟性（名词解释，辽宁大学2013年研；江苏师大2012年研）

（2）戏曲的主要艺术特征。（华侨大学2016年研）

（3）戏曲的主要艺术特征有哪些？（西安工程2017年研）

答：戏曲艺术是指中国传统戏剧形式的总称。作为戏剧艺术的一个重要组成部分，中国戏曲艺术既有戏剧艺术的共同特征，但又与其他戏剧形式有所区别。戏曲艺术从中华民族传统文化中吸取营养与精华，有着鲜明的民族特色和特有的审美特征。表现艺术审美的意境是戏曲艺术所追求的最高的艺术境界，戏曲艺术是一种具有丰富表现性的综合艺术。戏曲艺术以其独特的艺术风格和艺术表现力傲然屹立于世界戏剧艺术中。中国戏曲的审美特征具体表现在综合性、程式化、虚拟性这三个方面：

（1）从综合性来看，戏曲是一门歌、舞、剧高度综合的艺术，中国戏曲是歌舞化的“剧诗”，戏曲演员在舞台上通过唱腔与舞蹈、念白与表演，呈现出极具诗情画意的戏剧艺术效果。综合性是戏曲艺术的最基本的审美特征，也是中国戏剧与西方话剧最大的区别之处。

（2）从程式化来看，中国戏曲的程式化主要是指戏曲艺术在演员的角色行当、表演动作和音乐唱腔等方面，有着一些特有的固定规则。

①戏曲演员的角色行当就具有程式化的特点。根据角色不同的性别、身份、性格、年龄等特点，分为生、旦、净、丑四种基本类型，每种类型之下又可细分。

②戏曲演员的表演动作也具有程式化的特点。各种角色的演员在舞台上的一举一动、一招一式都有固定的表演模式，一些常用的程式性动作还有固定的名称。

③表演中的戏曲音乐、唱腔及人物出场的伴奏音乐都有着固定的曲牌和板式；每个器乐曲牌都分别有着特定的用途，用于不同的表演场合，不能相互混淆或调换。

（3）从虚拟性来看，中国戏曲的虚拟性主要体现在戏曲充分吸收了"虚实相生，以形写神"的中国古典美学特点，演员在有限的舞台空间内，通过自身表演表现更广阔的社会生活、传达出更丰富的思想情感。

①演员进行表演时常采用虚拟动作，即不用或只用部分表演实物，通过演员特定的动作表演，表现出舞台上不存在的实物与情境。

②戏曲舞台一般不用舞台布景，只通过几件很少的道具来表现出艺术情境。这既能为演员留出更大的舞台表演空间，使演员的表演动作能够充分呈现；又能使观众通过联想与戏曲表演产生交流互动，积极主动地参与演出，充分获得艺术上的审美享受。

③不展现现实世界的时空，而是通过演员的唱腔、念白和动作，运用虚拟的表现手法呈现时空，具有高度的灵活性和自由的主观性。

6. 简述你对蒙太奇的理解。（西北师大 2015 年研）

相关试题：

（1）蒙太奇的完整概念包含哪些含义？（山东师大 2016 年研）

（2）简述叙事蒙太奇的含义及其类型。（中传 2010 年研）

答：蒙太奇是从法文 Montage 音译过来的，指将各种材料按照总的计划装配、组合在一起，达成"1 + 1 > 2"的效果。在影视艺术中，蒙太奇是电影构成画面语言的重要手法之一，它可以使镜头之间通过组接，获得更多更深的涵义。蒙太奇的产生是因为胶片在电影放映过程中被烧断了，人们只好用胶水将胶片粘起来，这中间的过程自然就被烧掉了，从而产生了剪辑的形式。蒙太奇原指影像与影像之间的关系，有声影片和彩色影片出现之后，在影像与声音（人声、音响、音乐），声音与声音，彩色与彩色，光影与光影之间，蒙太奇的运用又有了更加广阔的天地。蒙太奇的名目众多，迄今尚无明确的文法规范和分类，但电影界一般倾向分为叙事的、抒情的和理性的（包括象征的、对比的和隐喻的）三类。蒙太奇的完整概念包括以下三层含义：

（1）从技术角度讲，蒙太奇即剪辑。

（2）从艺术角度讲，是电影的基本结构手法和叙事方式。镜头与镜头、段落与段落、画面与声音都能构成蒙太奇的组合关系。

（3）从美学角度讲，是影视艺术中特有的思维方式和创作手法。蒙太奇不仅体现在后期剪辑之中，在前期的文学剧本和分镜头剧本中也有涉及，甚至在各个创作部门合作完成的整个创作拍摄过程之中，蒙太奇也贯穿于其中。

7. 简述电视艺术的几大类型。（河北师大 2014 年研）

相关试题：简要论述中国电视真人秀的主要类型。（北师大 2021 年研）

答：电视艺术作为电视节目的重要组成部分，主要是指电视屏幕上播出的各式各类文艺节目，包括电视剧、电视综艺节目、电视艺术片、电视专题文艺节目、音乐电视（MTV）、电视文艺谈话类节目、电视娱乐节目、电视文学、电视音乐、电视舞蹈、电视曲艺杂技、电视戏曲、电视戏剧、电视电影，乃至于众多亚艺术电视节目如艺术体操、冰上舞蹈、时装表演等。其主要类型有：

（1）电视剧，是电视艺术的主要类型。电视剧的品种较多，主要包括单本剧、连续剧、系列剧、电视小品等，具体参见本章考点难点相关内容。

（2）电视娱乐节目，包括游戏类、益智类、竞赛类节目，以及近年来多种多样的电视"真人秀"节目，等等。近年电视"真人秀"节目由于广大观众均可参与，受到受众的热烈欢迎。业界普遍认为，20 世纪 90 年代荷兰的《老大哥》开创了世界电视"真人秀"节目的先河，之后，美国、法国、英国等国也相继推出了多档"真人秀"节目。完全可以说，"真人秀"是当前国际上最热门的电视节目形态，在我国最近十多年里也发展得十分迅速，目前各个主要电视台都有受到广大观众欢迎的各种电视"真人秀"节目。其特征是：①"真"与"秀"的结合；②平民性与参与性结合；③游戏性、竞争性。

8. 试述中国电视新闻的未来发展趋势。

相关试题：请结合你所报考的方向谈谈中国电视与新媒体的结合趋势。（中传 2010 年研）

答：（1）多媒体视像文化的诞生。

人类社会从工业时代进入信息时代，随着计算机技术、多媒体技术、国际互联网、数字图像压缩技术、数字音频技术、信息高速公路等一大批传媒新技术的涌现，影视文化正在逐渐发展为与新媒体技术结合的多媒体的视像文化。

（2）多媒体视像文化的主要特征。

①信息的电子图像化。多媒体视像文化将面临全新的挑战和机遇，"在信息社会的高级阶段，信息的主流将是视像信息，或者说信息文明的一个重要表征便是视像文化的发达充溢"。一切信息——图像（包括非电子类）、图文（图表和文字）、声音（包括语言）——全被纳入电子图像系统。

②信息高速公路的出现。信息社会高级阶段的另一主要特征是电视、电脑、电信一体化，构成统一的电子信息网，即信息高速公路。多媒体视像文化的出现是现代科技发展的必然趋势，也是人类文化史上的一个重大转折。

（3）电视新闻的未来发展趋势。

①多终端收视和即时传播成为现实。

a. 随着智能手机、平板电脑的普及，受众将更多通过移动平台收看喜欢的电视新闻节目。

b. 移动平台以网络为依托，观众可以随时选择任意时段的电视新闻节目，打破传统电视新闻的时间限制。随时随地收看电视，并根据个人喜好进行定向接收。

②受众参与将进一步增强。受众在网络发达的背景下消费电视节目，主动搜寻、即时互动成为收视中的常见现象，将改变电视消费的形态，必然反作用于电视节目的制播，改变电视节目的生产模式。例如杭州电视台的《直播 12345》节目通过跟踪消费者对质量问题的投诉，将投诉过程直播，并且作为一个全媒体、开放式的平台，除三屏（电视、网络、手

机）互动、多点直播外，受众还可以随时参与到与主持人、嘉宾的对话中。

③新闻制作技术的立体化。台湾“动新闻”的出现，充分展示了“虚拟现实”技术的魅力。虽然备受争议，但能够真实地展示出现场的情景，降低新闻制作成本。在民生新闻中，目前国内大多采用演员再演一遍的方式制作；如果采用虚拟技术，用动画制作，可重塑当时的情景。随着3D技术的发展，未来电视新闻可以在3D环境下播放，因此，可以使用3D模拟制作，增强现场感、真实感和视觉冲击力。

④收视将实现个性化订制。未来的观众不再是被动地接收，而是主动获取个性化的资讯。对于电视节目的制作者来说，这种需求意味着需要重构节目制播理念和模式，对事件进行更充分、更独家的报道。因此，面向未来，电视媒体要在节目栏目化、栏目频道化、频道专业化的基础上实行全媒体化、个性化经营，根据分层理论和多元需求提供差异化服务。

⑤广告设计多样化。现在的广告更注重宣传的方式，经常以一个段子、一段剧情的形式展现在观众眼前，更加丰富，使产品的形象更饱满、鲜活，也不易引起观众的反感。

综上所述，未来电视媒体将全面融入数字化网络体系，传播渠道和消费方式都将改变，从而引发节目制播和节目编排方式的变革，节目形态会更加强调延展性，报道更加强调全方位性，节目编排模式将更加灵活。

四、论述题

1. 请以具体栏目或节目为例，谈谈它的参与性是如何实现的。（中传2010年研）

答：电视节目的观众参与是指普通电视观众参与电视节目的制作、表演，从而在一定意义上改变电视节目传播的内容和方式，有利于电视节目的健康发展。电视艺术因有受众接纳而获得社会价值，因有社会价值而发挥导向作用，因导向作用才可能有历史的延伸力。

湖南卫视《快乐大本营》栏目以新鲜的题材、多样的形式、新奇的内容、知识性、趣味性与参与性引领观众走向一个崭新的视听空间。其参与性的实现方式主要有以下几种：

（1）意见参与形式。

《快乐大本营》针对节目中的某一话题让观众发短信或在网络上留言发表各自的意见，大大提升了观众的参与度，突出了“全民娱乐”的新概念。

（2）辅助参与或辅助表演形式。

《快乐大本营》于1997年7月11日首播，在中国享有较高知名度。节目开始采用全民娱乐的类型，经常邀请一些有特殊才能的人物来表演；后转为选秀节目，来选举其主持人；后来多以嘉宾访谈、游戏型的综艺节目为主，经常邀请一些两岸三地的知名艺人来访谈、游戏等。并且十分注重嘉宾与观众间的互动，或观众现场参与提问，或表达自己的观点，或加入表演成分，以活跃现场气氛。

（3）观众互动性、参与性强的节目板块的设置。

《快乐大本营》既有“心有灵犀”“谁是卧底”“听前奏猜歌名”这类经典的游戏环节，还新加入了户外生活与水上游戏等新的栏目；传统的公益版块也在不断升级，节目携手芒果V基金、快乐粉丝会推出“温暖有你，快乐出发”的系列公益活动，为贫困地区儿童打造“快乐书屋”“快乐教室”等。这一节目将平台与观众的联结延伸至线下，平台方与观众共同参与社会公益活动，极大地丰富了真人秀“参与性”的内涵。

综上所述，《快乐大本营》突出了“全民娱乐”的新概念，为普通观众和草根团体、组合打造了一个展现个性的“全民娱乐”的平台，它通过多种方式不断提升自身参与性，赢得越来越多的观众喜爱，从而成为全国最有影响力的娱乐节目之一。

2. 中国古典戏曲多数以大团圆作为结局，请结合戏曲作品说明其具体的实现方法。

答：中国戏曲是在长期农耕社会中发展而来的，深受儒家文化、民俗文化，以及宗教文化的影响，充分地体现出中国传统艺术精神与美学追求。从剧目题材看，极大一部分戏曲内容取材于历史演义。这是受到儒家文化在传统文化中的主导地位的影响，儒家文化主张以史为鉴，因此，中国戏曲也具有重要的历史教化意义。中国古典戏曲多以大团圆作为结局，主张美与善的统一，推崇“天人合一”的宇宙意识以及完美圆满的世俗心理。例如清代著名戏曲理论家李渔曾提出，“有团圆之趣”（《闲情偶寄》）。不少戏曲在戏剧冲突的本质上是悲剧性的，但戏剧冲突的结尾却是喜剧性的大团圆。中国古典戏曲大团圆结局的实现方法主要有：

(1) 寄希望于清官。人间现实生活中有许多冤假错案，于是从古至今老百姓都将鸣冤的希望寄于清官。中国戏曲传统剧目中有许多“包公戏”，最为著名的就是《秦香莲》。《秦香莲》讲述了有家室的陈世美考中状元后被皇上赐为驸马爷，他贪图富贵，喜新厌旧，于是派杀手去刺杀发妻秦香莲和自己的孩子，杀手不忍下手，随后自尽身亡，陈世美却在国太和公主的包庇之下仍然逍遥法外。戏曲塑造出陈世美贪得无厌的鲜明生动的人物形象。秦香莲进京上告陈世美，包公受理此案后，在判案过程中不畏强权，坚持为秦香莲母子申冤，最终搬出先皇御赐的“龙头铡”处死陈世美，惩恶扬善，维护正义，为秦香莲母子讨回了公道。

(2) 寄希望于老天。古代社会现实存在清官少、贪官多的情况，老百姓的冤案只能寄希望于老天。著名戏曲作品《窦娥冤》是一个典型的寄希望于老天的例子。《窦娥冤》讲述了窦娥被人诬告，还遇到了昏庸至极的昏官，判处窦娥死刑。临刑时窦娥十分悲痛愤慨，于是她许下三桩“无头愿”，在老天的垂怜帮助下，违背自然法则的“六月飞雪”也都一一实现，使窦娥的冤屈昭然若揭。故事结局恶棍张驴儿被杀，仍然是中国传统“善有善报，恶有恶报”的圆满结局。

(3) 寄希望于想象。中国戏曲悲剧内容还在想象中完成愿望，与弗洛伊德讲的“梦是被压抑的无意识欲望在想象中完成”理论相类似。越剧《梁山伯与祝英台》就讲述了梁祝之间的真挚爱情，但二人却被活活拆散，爱情以悲剧告终。梁山伯在悲痛中患了重病，抱恨死去。祝英台则被迫嫁入马家。在完婚途中路过梁山伯的墓，遂下轿哭祭，这时风雨、雷电交加出现，坟墓也裂开了，于是祝英台纵身跳入坟墓中与梁山伯合葬。后来二人合葬的坟头长出连枝树，马家看到后想将树砍掉，但突然从坟墓中飞出一双彩蝶，原来是梁祝二人化作蝴蝶，自由飞舞于天地之间，最终仍为大团圆的结局。

(4) 寄希望于神话。例如，明代汤显祖的《牡丹亭》中，美丽的少女杜丽娘因爱而死，在书生柳梦梅的痴情感召下又因爱而生，最后仍然是大团圆的结局。又如戏曲《长生殿》，杨贵妃死后，唐明皇日夜思念她，感动了神灵，两人终于在天上相聚。再如聊斋故事电影《画皮》的结尾，女妖醒悟，男女主破镜重圆，整个故事得到了大团圆式结局。

综上所述，中国古典戏曲通过多种创作手法来实现大团圆的圆满结局，这正是由中国传统美学强调美与善的结合，宣扬善必胜恶的传统理念所决定的。

3. 以中外电影为例对人物造型或场景设计进行分析，并就其中反映的美术理论问题谈谈你的思考。（中传 2013 年研）

答：人物和场景都是电影艺术重要的元素。人物造型是戏剧、电影等塑造角色外部形象的艺术手段。演员根据剧作家创作的剧本，在剧本的规定情境和角色的思想感情下，通过导演的指导进行二度创作，并运用语言、动作等艺术表现方式塑造出鲜明的人物形象。演员与角色的统一，体验与表现的统一，生活与艺术的统一是优秀表演艺术的最高追求。场景不仅可以烘托情节，表达事件发生的年代，还能推进影视剧情的发展，增强艺术感染力。

（1）对《一江春水向东流》的分析。

①人物造型上，刻画出一批具有鲜明生动性格的人物形象，在辽阔的历史背景上从多层次、多方位、多角度呈现出整整一个时代的历史画卷，使这部影片在中国电影史上具有划时代的历史意义。

②场景设置上，《一江春水向东流》以现实主义的创作精神和手法，通过一个家庭的命运变化，表现出从抗战到胜利、从沦陷区到大后方、从城市到乡村、从平民到官僚等社会生活场景，并将这些场景都融合为一体。片尾绝望的素芬投江自尽，波涛滚滚的江水似乎也像是承载着无限的悲愤向东流去，情景与情感交融的艺术境界，使影片呈现出引人深思的悲伤意境，有着感人肺腑的艺术魅力。

（2）对《现代启示录》的分析。

①人物造型上，该片是一部典型的战争片。《现代启示录》在人物塑造上十分成功，该片主要人物中没有塑造女性角色，是一部非常典型的男性题材战争片。著名影星马龙·白兰度成功刻画了拥有复杂内心的库尔兹上校一角。现实生活中的马龙·白兰度彬彬有礼、风度翩翩，但在影片中，他所饰演的库尔兹上校是一个杀人不眨眼的恶魔，角色刚出场时的镜头拍得十分有意味，残酷的越南战争使库尔兹上校在昏暗的灯光下，看似平静却满怀杀气。

②场景设置上，《现代启示录》的视觉冲击力令人震惊。该片呈现出一种歌剧风格的戏剧光效，并大量采用了逆光、轮廓光、背景光等戏剧光效，还运用了各种颜色的烟雾和烟火，使战场和丛林呈现出舞台的艺术效果，从而表达出对美国现代文明和侵越战争的讽喻意味。由于《现代启示录》中蕴含了深刻的寓意，呈现了宏大的场面，展现了精彩的表演，再加上震撼人心的视觉造型，人们称之为“一部登峰造极的战争史诗片”。

从这两部中外电影对人物造型或场景设计上可以看出，场景的烘托和人物演绎的配合，在视觉感受上呈现出美感和震撼。

4. 请结合电影艺术的审美特征，谈谈影片《黄金时代》（许鞍华导演）的语言艺术。（南航 2015 年研）

答：电影是现代科学技术与艺术相结合的产物。影视艺术特性，体现在运动着的画面，声音以及完成画面、声音组合的蒙太奇之中。影视声音中有人声（包括对话、独白、旁白等）、音乐、音响这三大类型，《黄金时代》的画面及声音便融合了这样的语言艺术，极大地增强了表现力和感染力。

《黄金时代》以民国时代为大背景，以民国传奇女作家萧红特立独行的人生以及爱情经历为引子，塑造当年一群意气风发的热血青年，还原了一个充满自由理想、海阔天空的时代。为符合当时的年代感与塑造更完整统一的影片风格，《黄金时代》在语言艺术上做了探索：

（1）画面上。

①采用了特殊的叙事方式。影片使用间离效果向观众展现了一幕幕珍贵历史画卷。随着影片的不断深入，越来越多的次要人物纷纷跳脱出正在进行的情节，面对镜头，直接与观众进行交流。

②引入了纪录片式的采访模式。在一些关键情节中，直接穿插对当事人的采访，通过该事件当事人自己的叙述，表现影片情节的起伏。如影片前段，白朗、罗烽夫妇直接面对镜头，讲述萧红如何在哈尔滨的一场洪水中逃离东兴顺旅馆，仿佛纪录片中的采访。这种运动着的画面和间离的形式新颖、独特，在大荧幕电影中非常罕见。

（2）声音上。

"朗诵式"的旁白演绎，让电影的整体风格更具文学性、艺术性。萧红作品的语言本来就优美、细腻、富于诗意，将其通过旁白的方式表现在电影中，使其有声化，更是将这些优美的语言表现得淋漓尽致，极大地增强了电影的艺术风格。

《黄金时代》采用了一反常态的电影叙述方式，并穿插着"朗诵式"的旁白演绎手法和"讨论式"的情节，以尽可能尊重历史，在中国文艺电影领域大胆地迈出了重要一步。影片中的许多细节处理、史实探究、场景设置，都能看出剧组和主创人员对于电影的精益求精和一丝不苟。

5. 请结合电影艺术的审美特征，谈谈影片《红高粱》（张艺谋导演）的语言艺术。（南航2015年研）

答：电影艺术是一门视听艺术，电影艺术从绘画、雕塑中，吸取了造型艺术的规律和特点，使得造型性成为电影艺术重要的美学特性之一。影片《红高粱》运用全新的历史观念和艺术手法突破了传统，描写了二十世纪三四十年代中国农民古朴、野性的生活和他们与侵略者浴血奋战的过程。

（1）叙事技巧上，设置了亲缘叙事者的双重视角。虽然运用第一人称，但讲述的绝非第一人称视角范围内的事，即画外音。画外音在此影片中承担了一种"预叙"的功能，如抬轿出发时画外音"我爷爷"，这就增设了观众的"期待视野"，使画面故事的进展更富有张力。画外音在影片中是作为一个戏剧因素渗入故事之中的，它"缝合"了过去与现在、意念与故事，创造了多过程的叙述方式，讲一个故事分叙两次，每次的叙述各有侧重，合成一个多义、复调、立体化的艺术实体。

（2）造型色彩上，影片空间环境与造型处理，都在努力寻求一种色彩的单纯化。第一个空间是高粱地和酿酒作坊，体现生命的远古意识，透着生命的神圣。第二个空间，片尾无边无际的红彤彤的高粱，勾勒出了以红色为基调的"红高粱"世界，由开始大片象征生命力的红到后面布满银幕的血红，极具视觉冲击力与感染力。歌颂黄土高坡上中华儿女的抗日生活，显示出电影艺术造型性的巨大生命力。

(3)音乐的处理上，具有鲜明的民族气质，洋溢着热情奔放的西北性情。乐器唢呐集合大鼓，创造出了一种恢宏的气势。

《红高粱》通过这种特别的叙述方式、色彩与音乐烘托，艺术语言极其饱满，促进观者对艺术作品的内在意蕴和深刻哲理的认识。在《红高粱》中领悟到了人的意识的觉醒和生命本体的冲动。

第九章 语言艺术

9.1 复习笔记

【知识框架(庖丁解牛)】

- 语言艺术
  - 语言艺术的主要体裁
    - 诗歌
      - 定义
      - 代表性诗歌
      - 分类和特征
    - 散文
      - 定义
      - 分类
      - 特征
    - 小说
      - 定义
      - 分类
      - 三要素
    - 剧本
  - 语言艺术的审美特征
    - 间接性与广阔性
    - 情感性与思想性
    - 结构性与语言美
  - 中外语言艺术精品赏析
    - 诗歌：《离骚》
    - 史诗：《荷马史诗》
    - 长篇小说：《红楼梦》《安娜·卡列尼娜》

【通关提要(提纲挈领)】

本章主要介绍了语言艺术的概念、主要体裁和审美特征。学习时，要着重掌握诗歌、散文、小说、剧本等不同文学体裁的语言艺术的含义和审美特征，并能结合中外语言艺术作品实例加以赏析。本章考查题型多种多样，名词解释、简答题和作品分析都有可能涉及，要重点掌握语言艺术的审美特征。

【考点难点归纳(厚积薄发)】

考点一：语言艺术的主要体裁 ★★★

1. 诗歌(见表9－1)

表 9－1　诗　歌

要点			具体内容
含义			指通过语言塑造形象的方式传达作者感情，反映社会现实的语言艺术，也是最早的文学样式，具有极强的节奏性和韵律性
代表性诗歌	中国		①《诗经》是我国最早的一部诗歌总集，也是我国现实主义诗歌的源头，收集了西周初年至春秋中叶(公元前 11 世纪至前 6 世纪)的诗歌。 ②《离骚》是我国古代最早的抒情长诗，开创了我国浪漫主义诗歌的先河，采用了浪漫主义的表现手法，赋、比、兴三种修辞手法灵活穿插转换。其作者屈原是我国文学史上第一位杰出诗人
	西方		诞生于公元前 8 世纪左右的古希腊《荷马史诗》相传是由古希腊盲诗人荷马创作的两部长篇史诗《伊利亚特》和《奥德赛》的统称，是西方流传至今最早的文学作品，对诗歌发展产生深远影响
分类	按照作品的性质和塑造形象的方式分	抒情诗	指直接抒发作者的思想情感，袒露诗人的内心世界，来间接地反映社会生活的诗歌作品
		叙事诗	将叙事和抒情相结合，以故事描述或形象塑造来间接传达诗人的理想愿望以及对社会的态度、评价，包括史诗、叙事歌、田园诗等
	按照诗歌的历史发展和语言有无格律分	格律诗	又称旧诗，指形式有一定规格，音韵有一定规律的诗歌作品。如中国的五律、七律、五绝、七绝和欧洲的十四行诗等
		自由诗	又称新诗，是与格律诗相对而言的，指要求节奏和谐、押韵合辙，在句式、字数、行数、音韵上没有严格的限制和要求的诗歌作品
特征			①通过诗人强烈的情感和丰富的想象，集中而概括地反映客观现实生活。 ②注重运用优美的语言来创造情景交融的意境

2. 散文(见表 9－2)

表 9－2　散　文

要点		具体内容
内涵		指以文字为创作、审美对象的文学艺术体裁，是文学中的一种体裁形式。自由灵活、不受拘束，能够迅速表现作者对生活的感受，真实地反映社会生活；选材范围广泛，表现手法多样，结构自由，意境深邃，语言优美，形散而神聚，集中而凝练地体现主题思想
分类	抒情散文	指注重表现作者的思想感受，直接抒发作者感情的散文。虽然也有对具体事物的记叙和描绘，但通常没有贯穿全篇的情节，或直抒胸臆、或触景生情，一般都洋溢着浓烈的诗情画意。常常运用象征和比拟的手法，将思想寓于形象之中，因而具有强烈的艺术感染力。抒情散文在反映生活的方法上与诗近似，但又不像诗那样讲究节奏和声韵
	叙事散文	指以记人叙事为主，又洋溢着浓厚抒情气氛的散文。以对人和事物的具体叙述和描绘为其突出特色，同时表现作者的认识和感受。它侧重于从叙述人物和事件的发展变化过程中反映事物的本质，具有时间、地点、人物、事件等因素。它在表现手法上与小说相似，但不像小说那样用典型化的手法塑造人物形象
	议论散文	主要指用"散文"的笔法"发议论"，或者说是以阐述某个观点为中心的"散文"。从"议论"角度看，它是"议论文"，是要阐明一个论点；从"笔法"角度看，它是"散文"，不像一般议论文注重理性和逻辑，侧重的是形象的描绘和情感的抒发。它具有抒情性、形象性和哲理性的特点，给读者一种富于理性的形象和情感，从而提供一个广阔的思索和联想的空间

续表

要点	具体内容		
特征	语言优美	散文的语言清新明丽，生动活泼，富于音乐感，行文如涓涓流水，叮咚有声，如娓娓而谈，情真意切	
	自由灵活	题材	不受时间和空间的限制，作者的选材具有极大的自主性，古代历史、当代现实都可以作为题材
		手法	手法多元化，除叙事、抒情和议论的常用的手法外，不同作品里有其各自的侧重点
		风格	百花齐放，丰富多彩
		结构	不拘一格，文字可长可短，不同于追求韵律节奏的诗歌和需塑造典型人物、构思完整情节的小说，散文是一种最为自由、无拘无束的文学样式
	形散神聚	由于其题材广泛、写法多样，且结构自由，散文在外在结构形式上较“散”。但作者借生活中的人或事，意在抒发自己的思想感情，这种蕴藏在作品之中的深刻的思想意蕴，就是散文的“神”，即“形散神不散”	

3. 小说（见表9－3）

表9－3　小　说

要点	具体内容			
定义	是一种以刻画人物形象为中心的文学体裁，特点是通过完整的故事情节和环境描写来反映社会生活，在生活素材的基础上用虚构的方式再现生活的文学体裁。小说三要素是人物、情节和环境			
分类	题材	分为历史小说、神话小说、志怪小说、武侠小说、言情小说等		
	艺术结构和表现形式	分为日记体小说、章回小说、书信体小说、话本小说、新体小说、现代主义小说等		
	容量、篇幅	分为短篇小说、中篇小说和长篇小说		
三要素［特点］	人物	人物的核心是思想性格，人物描写的角度有正面描写和侧面描写。正面描写包括外貌、语言、动作、神态、心理等。侧面描写又称侧面烘托，通常以他人或事物来反映该人物。小说运用语言为媒介，比其他艺术种类有着更大的自由，可吸收各类艺术的表现手法来全方位地刻画人物		
	情节	指作品所描写的事件发展、演变的全过程。小说的情节要求曲折生动、真实感人、含蓄深沉，情节是小说审美价值的重要组成部分		
	环境	定义	指文艺作品中人物所活动的社会环境和自然环境	
		与背景的区别和联系	区别	小说中的环境只能存在于一定的社会环境和自然环境条件下，而背景则是指小说环境所存在的大的历史时代。背景能够更加深刻、精准地反映广阔的社会生活画面，揭示出人物之间各种错综复杂的关系
			联系	二者都是小说不可缺少的艺术要素，可以自由地表现现实人生的多样性、复杂性和广阔性，在渲染故事气氛、烘托人物形象、推动情节发展、暗示社会环境、深化作品主题等方面意义重大

4. 剧本

剧本可分为戏剧文学和影视文学，具体参见第八章“综合艺术”。

考点二：语言艺术的审美特征 ★★★★

1. 间接性与广阔性(见表9-4)

表9-4 间接性与广阔性

要点		具体内容
间接性	概述	文学形象无法通过人的视觉、听觉和触觉直接感受，需要读者充分发挥主观能动性，调动自身的生活经验和文学修养，借助积极活跃的联想和想象，使自己的头脑中浮现出生动的形象画面。因此文学又是“想象的艺术”
	体现	①要求通过一系列逼真、传神的语言描绘，将人物和事物的形象展现在读者面前，使读者感受到如见其人或如历其事。 ②通过暗示性的语言激发读者的想象，有意识地给读者留下更多的艺术空白，催促读者发挥想象力来加以填充
广阔性	概述	源自语言媒介的特性。语言具有广泛而深刻的表现力，用语言来刻画现实生活的画面，受到时间和空间的限制较小
	体现	①能全方面、多角度地展示复杂的社会生活面貌。 ②能深入人物的内心世界，揭示人物复杂、深刻的精神世界

2. 情感性与思想性(见表9-5)

表9-5 情感性与思想性

要点	具体内容
情感性	指文学作品能够表现、传达、交流和激起人的情感的特征。文学作品的情感性越强，就越富有艺术感染力。语言艺术相比于其他艺术更适合传达人物复杂、深刻而细腻的精神世界。文学在刻画人物的内心情感和精神世界上有着得天独厚的优势
思想性[灵魂]	语言能直观地表达人的思想观念，能够最深刻地表现人的思想认识、价值判断等。语言艺术的思想性蕴藏于作品的艺术形象之中，是作品传达艺术感染力的灵魂。创作者通过生动鲜活的艺术形象来传达自身的认识、理念和价值观念，揭示现实世界的生活哲理或社会发展规律
二者关系	①思想性总是暗含在情感之中，通过艺术形象来展现。 ②情感性离不开思想性，情感只有在理性的指导下才具有特定的爱憎情感倾向。 ③二者相互渗透、相互融会，成为一切文学作品必不可少的要素

3. 结构性与语言美(见表9-6)

表9-6 结构性与语言美

要点		具体内容
结构性	概述	结构是文学作品各部分之间的整体安排，是文学作品的内部联系和构成方式
	价值	①结构是创作文学作品的重要手段。 ②结构具有审美价值，使文学作品具有其独特的艺术风格

续表

要点	具体内容		
语言美	概述	语言是文学的第一要素。文学借助语言的魅力形成与其他艺术门类相区别的审美特征	
	特点	准确性	要求语言恰当、准确和精炼地表现对象
		鲜明性	要求语言表达清晰明确、特色鲜明
		生动性	指文学作品往往运用比喻、拟人、排比、夸张等多种修辞手法，使得作品富有变化、灵活有致，进而在读者心里留下深刻的印象
		形象性	指文学作品中通过准确、生动、鲜明的语言，达到感情浓郁、形象传神的艺术效果，使读者身临其境，从中获得深刻的审美感受

考点三：中外语言艺术精品赏析　★

1. 诗歌和史诗（见表9－7）

表9－7　诗歌和史诗

作品	概述	赏析
《离骚》［诗歌］	战国时期爱国诗人屈原创作的诗篇，是中国古代最长和最早的抒情诗。此诗围绕诗人的身世、遭遇、心志，表达了诗人的家国情怀。全诗采用了浪漫主义的表现手法，赋、比、兴三种修辞手法灵活地穿插转换，开创了中国文学史上的"骚体"诗歌形式，对后世影响深远	①开创楚辞文体及浪漫主义风格诗歌的先河，其浪漫精神表现为两个特点： a. 丰富奇特的想象。全诗运用美人香草的比喻、大量的神话传说和丰富的想象，超越时空的束缚，描绘出一幅气象万千的壮丽场景。 b. 具有强烈的情感。全诗表达了作者悲叹了无知音，举世混浊，时不我予的情感，充满着一种为理想献身的精神。 ②华美的辞藻。通篇采用比兴的手法，使该诗形成绚丽多彩的深远意境，开创了中国文学史上的"骚体"诗歌形式
《荷马史诗》［史诗］	相传是由古希腊盲诗人荷马创作的两部长篇史诗《伊利亚特》和《奥德赛》的统称，根据民间流传的关于特洛伊战争的传说改编而成，集古希腊口述文学之大成，是西方文学中最伟大的史诗	①具有相当高的文学、艺术、文化和历史价值。 ②生动地刻画了一批有血有肉、个性鲜明的英雄人物形象。 ③规模宏伟、布局巧妙、故事情节高度集中。 ④是古希腊文学中最早的一部史诗，也是西方文学中最伟大、最具影响力的史诗，是欧洲文学的开端

2. 长篇小说

（1）《红楼梦》，见表9－8。

表9－8　《红楼梦》

要点	具体内容
概述	中国古代经典的章回体长篇小说，又名《石头记》，位列中国古典四大名著之首，共一百二十回，前八十回为曹雪芹所作，后四十回由高鹗续写。小说以贾、史、王、薛四大家族的兴衰为背景，以贾府的家庭琐事、闺阁闲情为脉络，以贾宝玉、林黛玉、薛宝钗的爱情婚姻故事为主线，刻画了以贾宝玉和金陵十二钗为中心的正邪两赋有情人的人性美和悲剧美

续表

要点		具体内容
赏析	人物形象	除许多脍炙人口、鲜活生动、家喻户晓的经典人物形象之外，作者特别擅长于刻画人物心理，塑造出成群的有血有肉的个性化人物形象，其中小说中有名有姓的人物就多达四百多个
	社会风貌	《红楼梦》全面而深刻地反映了封建社会盛极而衰的时代特征，从建筑园林、饮食文化、诗词歌赋、器皿酒具、着装服饰等方面，勾勒了中国封建社会晚期的社会面貌，充分体现出中国传统文化的历史积淀
	艺术意蕴	真实反映了封建社会的社会面貌和人情世故。《红楼梦》通过美的毁灭的悲剧，表达出曹雪芹对人生的感悟。历代红学家基于多样化的研究视角，形成“点评派”“索隐派”“自传说派”等多个“红学”流派

(2)《安娜·卡列尼娜》，见表9－9。

表9－9 《安娜·卡列尼娜》

要点		具体内容
概述		俄国作家列夫·托尔斯泰创作的长篇小说，也是其最著名的代表作品之一。小说取材于俄国十九世纪六七十年代的现实生活，通过女主人公安娜的爱情悲剧和列文的农业改革及其婚姻生活这两条线索，再现了当时俄国土地的广阔而丰富多彩的图景，共描写了150多个人物，是一部社会百科全书式的杰作
赏析	思想性和艺术性	小说整体结构采用对比手法，作者通过安娜—卡列宁—沃伦斯基的线索展示了封建主义家庭关系的瓦解和道德的沦丧，描绘出在资本主义势力侵入农村后，地主经济面临危机的情景，生动地展现了农奴制度改革后经济生活上的矛盾现象，揭示出作者执着地探求出路的痛苦心情
	人物的形象塑造和心理刻画	作者用独到的笔触描写主角安娜在经历一系列生活变故后的心路变化和思想冲突，宿命论的结尾则反映了作者思想的矛盾性

9.2 课后习题详解

一、单选题

1. 唐代诗歌《枫桥夜泊》的作者是(　　)。

A. 杜牧　　B. 李白　　C. 王维　　D. 张继

【解析】唐代诗人张继的《枫桥夜泊》，其内容为：“月落乌啼霜满天，江枫渔火对愁眠。姑苏城外寒山寺，夜半钟声到客船。”

2. 五四时期的抒情长诗《凤凰涅槃》的作者是(　　)。

A. 巴金　　B. 郁达夫　　C. 郭沫若　　D. 茅盾

【解析】郭沫若作于五四时期的抒情长诗《凤凰涅槃》，熔中外神话于一炉，以有关凤凰的传说为素材，借凤凰“集香木焚，复从死灰中更生”的故事，抒发了强烈的爱国主义热情，以凤凰的形象来象征古老中华民族的觉醒。

1D　2C

3. “没有感情这个品质，任何笔调都不可能打动人心”出自以下哪位思想家的观点？(　　)

A. 伏尔泰　　B. 狄德罗　　C. 孟德斯鸠　　D. 霍尔巴赫

【解析】任何文学作品都包含着作家的主观情感。文学的情感性越浓烈，越能感染读者，就越富有艺术魅力。狄德罗强调“没有感情这个品质，任何笔调都不可能打动人心”。

4. 我国文学史上第一位杰出诗人屈原，创作了古代最早一篇抒情长诗(　　)，开创了我国浪漫主义诗歌的先河。

A.《离骚》　　B.《诗经》　　C.《尚书》　　D.《左传》

【解析】诗歌在文学发展历史上出现最早，在艺术起源时期，诗歌与音乐、舞蹈三者常常融为一体，只是到后来诗歌才逐渐发展成为一种独立的艺术形式。我国文学史上第一位杰出诗人屈原，创作了古代最早一篇抒情长诗《离骚》，开创了我国浪漫主义诗歌的先河。

5. 一般认为，美国 19 世纪诗人______是自由诗的创始者，他的代表作是诗集______。(　　)

A. 海涅；《聪明的星》　　B. 狄金森；《狂野的夜》

C. 朗费罗；《海草》　　D. 惠特曼；《草叶集》

【解析】一般认为，美国 19 世纪诗人惠特曼是自由诗的创始者，他的代表作是诗集《草叶集》。《草叶集》是惠特曼诗集最重要的著作，得名于其中这样的一句诗：“哪里有土，哪里有水，哪里就长着草。”它是世界闻名的佳作，开创了美国民族诗歌的新时代。

6. 散文的种类丰富多样，一般将其分为______、______和______三大类。(　　)

A. 抒情散文；叙事散文；小品文

B. 叙事散文；议论散文；小品文

C. 叙事散文；议论散文；游记散文

D. 抒情散文；叙事散文；议论散文

【解析】散文是一种自由灵活、不受拘束的文学样式，能够迅速地表现作者的生活感受，真实地反映社会生活，是文学的基本体裁之一。散文的种类丰富多样，一般将其分为抒情散文、叙事散文和议论散文三大类。

7. 小说是一种以叙述故事、塑造人物形象为主的文学体裁，它的特点是在生活素材的基础上用虚构的方式来再现生活。______、______和______是小说不可缺少的三个基本要素。(　　)

A. 时间；地点；情节　　B. 人物；情节；环境

C. 开端；高潮；结尾　　D. 时间；地点；人物

【解析】人物、情节和环境是小说不可缺少的三个基本要素。通过多个侧面和多种手法来塑造人物形象是小说最重要的特征。情节对于所有叙事文艺作品都是必不可少的。环境一般是指文艺作品中人物活动于其中的社会环境和自然环境。

3B　4A　5D　6D　7B

二、判断题

1. 诗歌在文学发展历史上出现最早，在艺术起源时期，诗歌与音乐、舞蹈三者常常融为一体，只是到后来诗歌才逐渐发展成为一种独立的艺术形式。

【答案】正确

2. 长篇小说容量大、篇幅长，包含着复杂曲折的情节和数量众多的人物形象，可以反映广阔复杂的生活画面；短篇小说容量小、人物少，情节和环境相对集中，往往通过人物的一段经历或生活的一个片断，从某个特定的角度或侧面来再现生活的局部；中篇小说，顾名思义则介乎于以上两者之间。

【答案】正确

3. 想象是小说情节赖以成立的根基。

【答案】错误

【解析】小说的情节要求真实感人。真实是小说情节赖以成立的根基。

三、名词解释

1. 语言艺术

答：参见本章考研真题与典型题详解名词解释第 7 题答案。

2. 诗歌

答：参见本章考研真题与典型题详解名词解释第 3 题答案。

3. 格律诗

答：参见本章考研真题与典型题详解名词解释第 1 题答案。

4. 自由诗

答：自由诗，又称新诗，因与格律诗相对而言，一般是指那些只求节奏和谐、押韵合辙的诗歌作品，而在句式、行数、字数、音韵上没有严格固定的限制和要求。一般认为，美国 19 世纪诗人惠特曼是自由诗的创始者，他的代表作是诗集《草叶集》。五四前后，自由诗开始在我国流行，郭沫若、胡适、刘半农等在此期间均有新诗问世。

5. 散文

答：参见本章考点难点归纳相关内容。

6. 小说

答：参见本章考点难点归纳相关内容。

四、简答题

1. 请简述抒情诗与叙事诗的主要区别。

答：按照作品的性质和塑造形象的方式不同，可分为抒情诗和叙事诗，两者的主要区别包括：

(1) 二者性质不同

①抒情诗主要通过直接抒发作者的思想感情，袒露诗人的内心世界，来间接地反映社会生活。

②叙事诗常通过描述故事或塑造人物来间接反映诗人对生活的认识、评价、愿望和理想。

(2)二者塑造形象的表现方式不同

①抒情诗并不追求人物的刻画和情节的描述，而注重个人情思的抒发，即使诗中有一些关于生活现象和自然景物的描写，也是诗人通过托物言志或借景抒情的方式来体现自己的感受与情绪。

②叙事诗通常不像抒情诗那样直接抒发诗人自己的情感，而是将叙事与抒情水乳交融地结合在一起，将诗人的主观感情融合在叙事之中。

2. 诗歌的语言具有怎样的特征？请简要说明。

答：诗歌是文学的基本体裁之一，如同其他文学体裁一样，也是用语言塑造形象以反映社会生活和表达作者思想感情的艺术。诗歌的特征有：

(1)诗歌的特征是通过诗人强烈的情感和丰富的想象，集中而概括地反映客观现实生活。任何艺术作品都必然是社会生活的客观因素和艺术家的主观因素二者的有机结合，而在诗歌中，后者明显地占据优势，社会生活往往需要通过诗人主观情感世界的折射才能反映出来。

(2)为了表现诗人强烈的情感和丰富的想象，诗歌特别注意运用优美的语言来创造情景交融的意境。诗歌的语言，可以说是一切文学作品中最凝练、最优美、最富有音乐感的语言。诗人往往呕心沥血，字斟句酌，通过最精粹的语言使诗歌具有如同音乐一样的节奏和韵律。

(3)诗歌运用美的语言，目的还是为了创造出美的意境。诗歌的意境由情景交融而构成，但相对说来，情处于主导地位，情往往由景触发而起，同时又使诗中的景色带有了强烈的主观感情色彩。诗歌的这种语言美和意境美，令人咀嚼不尽，滋味无穷，给欣赏者带来蕴藉隽永、无限丰富的美感。

3. 作为语言艺术的主要体裁之一，散文具有哪些特征？请简要说明。

答：作为语言艺术的主要体裁之一，散文的主要特征包括：

(1)自由灵活

散文的一个重要特征是自由灵活，表现为题材的广泛性、手法的多样性和风格的多样化。从散文的选材来看，它几乎无所不包，完全不受时间和空间的限制，上至天文，下至地理，古代历史、当代现实都可以作为题材。从散文的手法来看，手法多元化，虽然叙事、抒情和议论都是散文常用的手法，不过在每篇作品里都有各自的侧重点。从散文的风格来看，更是百花齐放、丰富多彩。还表现在它的不拘一格，文字可长可短，是最自由无所拘的文学样式。

(2)形散神聚

散文的另一个重要特征是形散而神不散。顾名思义，散文由于其自由灵活的特点，在结构形式上显得比较“散”，事实上，优秀的散文总是形散而神不散，具有深刻的意蕴和凝练的主题。由于其自由灵活的文学特点，在结构形式上会显得“散”。作者借生活中的人或事，抒发自己的思想感情，这种蕴藏在作品之中的深刻的思想意蕴，就是散文的“神”，即“形散神不散”。

4. 请简述中外小说的分类方法与类型。

答：小说是一种以叙述故事、塑造人物形象为主的文学体裁，中外小说的分类方法与类型主要有以下几种：

(1)根据题材的不同，可分为神话小说、传奇小说、历史小说、志怪小说、言情小说、武侠小说、社会小说、战争小说、爱情小说、惊险小说、科幻小说等。

(2)根据艺术结构和表现形式的不同，可分为话本小说、章回小说、日记体小说、书信体小说、新体小说、现代派小说等。

(3)根据容量大小和篇幅长短，可分为长篇小说、中篇小说和短篇小说三大类：

①长篇小说篇幅长，包含着复杂曲折的情节和数量众多的人物形象；

②中篇小说介于长篇小说和短篇小说之间；

③短篇小说容量小、人物少，情节和环境相对集中，往往通过人物的一段经历或生活的一个片段，从某个特定的角度或侧面来再现生活的局部。

5. 为什么说文学形象的间接性，是文学区别于其他一切艺术的重要特征？

答：文学形象的间接性是指，作为语言的艺术，文学作品中的形象不具有直接的现实性，文学形象只能通过接受者的想象和联想才有可能间接地形成对形象的完形和塑造。

(1)文学形象的间接性区别于其他艺术的原因

无论是建筑、实用工艺等实用艺术，还是绘画、雕塑等造型艺术，以及音乐、舞蹈等表情艺术和戏剧、影视等综合艺术，都通过塑造艺术形象来直接作用于人们的感官，这些艺术形象不仅可以看到或听到，甚至有些还可以触摸到。唯有文学这门语言艺术所描绘的形象例外。文学形象是人的视觉、听觉和触觉不能直接感受的，它需要读者凭借自身的生活经验和文学修养，在阅读作品的过程中，通过积极活跃的联想和想象，在自己的头脑中呈现出活生生的形象画面来，这就构成了语言艺术形象的间接性，因而人们把文学又称作“想象的艺术”。

(2)文学形象的间接性的作用

①文学形象虽然不能通过读者的感受器官来直接把握，但它通过语言的中介，激发读者的想象，同样可以使读者如闻其声，如见其人，产生如临其境的审美效果，使文学形象活灵活现地、栩栩如生地呈现于读者的心灵。由于语言艺术的形象具有间接性的特点，也对文学作品的语言提出了更高的要求，这就是必须通过逼真、生动、细腻、传神的语言描绘，将人物和事物具体呈示在读者面前，使读者如见其人或如历其事。

②此外，也是由于语言艺术的形象具有间接性的特点，文学作品常常通过暗示性的语言来激发读者的想象，有意识地给读者留下更多的艺术空白，催促读者发挥想象力来加以填充，这就是中国古典诗歌中常讲的“象外之象”“景外之景”“味外之旨”等。这些方法无非都是将文学作为语言艺术的局限性转化为优势和特长，从而使文学获得更加广阔的表现天地。

五、论述题

1. 什么是语言艺术？语言艺术的主要种类有哪些？

答：(1)语言艺术的含义

参见本章考研真题与典型题详解名词解释第7题答案。

(2)语言艺术的主要种类

①诗歌

诗歌是文学的基本体裁之一，如同其他文学体裁一样，也是用语言塑造形象以反映社会生活和表达作者思想感情的艺术。诗歌在文学发展历史上出现最早，在艺术起源时期，诗歌与音乐、舞蹈三者常常融为一体，后来诗歌才逐渐发展成为一种独立的艺术形式。中国古代曾把不和乐者称为诗，和乐者称为歌，现在一般统称为诗歌。诗歌的特征是通过诗人强烈的情感和丰富的想象，集中而概括地反映客观现实生活。

②散文

散文是文学的基本体裁之一，其含义和范围随着文学形态的发展演变，在各个历史时期有着不同的内涵和内容。我国古代的散文范围很广泛，主要是指一种与韵文、骈文相对立的文体，包括经、史、传等各种散体文章。随着文学的发展，散文后来被专门用来泛指诗歌以外的一切文学体裁，包括杂文、传记、小说等都被容纳在里面。散文是一种自由灵活、不受拘束的文学样式，能够迅速地表现作者的生活感受，真实地反映社会生活。其选材范围广泛，表现手法多样，结构自由多样，以形散而神不散的艺术特长来集中而凝练地体现主题思想。散文的种类丰富多样，一般将其分为抒情散文、叙事散文和议论散文三大类。

③小说

小说是一种以叙述故事、塑造人物形象为主的文学体裁，它的特点是在生活素材的基础上用虚构的方式来再现生活。人物、情节和环境是小说不可缺少的三个基本要素。

a. 根据题材的不同，可分为神话小说、传奇小说、历史小说、志怪小说、言情小说、武侠小说、社会小说、战争小说、爱情小说、惊险小说、科幻小说等。

b. 根据艺术结构和表现形式的不同，又可分为话本小说、章回小说、日记体小说、书信体小说、新体小说、现代派小说等。

c. 最常见的分类方法，是根据容量大小和篇幅长短，分为长篇小说、中篇小说和短篇小说。

④剧本

剧本，可分为戏剧文学和影视文学。剧本是戏剧、影视艺术的基础，还不仅仅因为它是创作的第一道工序，更重要的在于它是导演和演员进行再创作的依据。作为一种独立的文学样式，戏剧文学剧本应当是戏剧性与文学性相结合的产物，影视文学剧本应当是电影性与文学性相结合的产物。戏剧文学应当考虑到舞台、场景、演出时间，以及观众在剧场中的欣赏条件等情况，设法使剧中的人物、情节、场景都具有集中性，通过尖锐激烈的矛盾冲突和波澜起伏的戏剧情节，紧紧扣住观众的心弦。

2. 语言艺术中的散文共有哪些种类？请结合具体作品说明。

答：中外散文的种类丰富多样，一般将其分为抒情散文、叙事散文和议论散文。

（1）抒情散文

抒情散文注重在叙事写人时表现作者主观的感受与情绪，通过托物言志或借景抒情，抒发作者微妙复杂的独特情感，将浓郁的思想感情融汇在动人的生活画面之中。

①冰心《往事》

冰心于1923年赴美留学期间创作散文《往事》，通过作者在三个晚上观赏月光的不同感受，抒发了自己身处异邦的思乡之情，本想在美丽的月光下摆脱乡愁，谁料想望月思归，陷入了“剪不断，理还乱”的离愁别绪，在远隔重洋的情况下处于无可奈何的境地，因而作品中作者的情感与自然景色的交融别具一格，可以说是乐景生哀，哀景生乐，抒写了作者这种独特的情绪感受。

②朱自清《荷塘月色》

朱自清的散文《荷塘月色》，虽也是通过对月夜的描写来抒发感情，但又俨然是另一种艺术风格。这篇散文在结构上采用了移步换景、情随景生的方法，从小路到荷塘，到伫立环顾，再到凝神遐思，逐步展开作者内心的体验和感受，将静谧的夜晚、淡淡的月光、清香的荷花、潺潺的流水，写得那么意境清幽、淡远恬静，与高洁的志趣相协调，抒发了作者摆脱束缚追求美好理想的情怀。

（2）叙事散文

叙事散文包括报告文学、特写、速写、传记文学、游记等，侧重于叙述人物、景物或事件，尤其是现实生活中的真人真事，并且将作者的主观情感蕴藏在对于人物和事件的叙述之中。

①夏衍《包身工》

夏衍于1936年发表的报告文学《包身工》，就是一篇以翔实的材料为基础写成的叙事散文。作品通过包身工一日的几个场面的描写，真实地反映了当时上海日本纱厂里一群失去人身自由的女工的非人生活，在饱含血泪的文字中凝聚着作者对女工们的无限同情。夏衍的这篇作品成为中国现代文学史上报告文学创作成熟的标志。

②柳宗元《小石潭记》

唐代著名散文家柳宗元的游记《小石潭记》，通过绘形绘神、绘声绘色的笔法，将潭水、游鱼、岩石、树木等逼真地再现出来，使读者仿佛身临其境，同时，这篇游记又寓情于景，含蓄地反映了作者被贬谪后的寂寞失意之情。

（3）议论散文

议论散文主要是指杂文，它将政论性和文学性结合在一起，运用形象生动的语言，以及比喻、反语等手法，乃至以幽默、讽刺等为锐利的武器，进行精辟深刻的说理和妙趣横生的议论，成为一种相对独立的文学样式，具有以理服人的理论说服力和以情感人的艺术感染力。作为议论性散文的杂文，在我国有着悠久的历史，战国时代诸子百家的著作就具备了杂文的特征。在现代文学中，鲁迅的杂文更具有鲜明的政论性和强烈的战斗性，以思想性和艺术性的高度统一成为现代杂文的典范。

3. 为什么说人物、情节和环境是小说的三要素？

答：小说是一种以叙述故事、塑造人物形象为主的文学体裁，它的特点是在生活素材的基础上用虚构的方式来再现生活。人物、情节和环境是小说不可缺少的三个基本要素，原因在于：

(1)人物在小说中是最基本的构成要素之一

文学是人学。通过多个侧面和多种手法来塑造人物形象也是小说最重要的特征。虽然戏剧、影视等艺术种类也要刻画人物，但这些艺术种类往往只能通过人物对话和人物行动来实现。小说由于运用语言作为媒介，较之其他艺术种类有着更大的自由，它可以吸收各种艺术的表现手法来全方位地刻画人物。小说可以详细描绘人物的外貌、举止，也可以表现人物的对话、行动，还可以通过不同的视角，从其他人物的眼中来观察和表现这个人物，并且可以把笔触伸入人的内心世界，通过深层心理描写来塑造有血有肉的人物形象。细腻深刻的心理描绘，是小说独具的艺术特色，也是其他艺术种类难以企及的境界。特别是小说还可以把人物放在错综复杂的社会生活中来描写，从而塑造出具有较高审美价值的、复杂丰满的圆形人物或典型人物。创造鲜明生动的人物形象，历来是小说的首要任务。

(2)情节是小说必不可少的构成要素

情节对于所有叙事文艺作品都是必不可少的，但在不同种类和体裁的艺术作品中，情节的地位和作用是有所不同的。长篇小说的情节具有完整性、复杂性和多样性。波澜起伏的情节不仅可以引人入胜，对读者产生强烈的感染力，还是展现人物性格、拓深作品主题的重要手段，生动而深刻的情节，成为小说审美价值的重要组成部分。

小说的情节要求曲折生动，也要求真实感人。真实是小说情节赖以成立的根基，虚假的情节会使读者的审美情感受到极大的伤害，甚至当读者发现作品中某一处情节或某一处细节是凭空编造时，也会顿时兴致大减。反之，只有入情入理的情节才会深深地吸引读者，使读者在赞叹之余心悦诚服地接受小说家的思想意旨。情节作为小说中由人物的行动和人物之间的关系而形成的一系列生活事件，具有十分重要的审美价值。

(3)环境对小说有重要作用

环境一般是指文艺作品中人物活动于其中的社会环境和自然环境。任何一部小说，其所描述的情节和刻画的人物，都只能在一定的社会环境和自然环境条件下存在，绝对不可能脱离环境而存在。环境对于塑造人物和展现情节都具有极其重要的意义和作用。比起其他的文艺作品，小说的环境要求更加细致详尽、广阔丰富。环境和背景成为小说自由地表现现实人生的多样性、复杂性和广阔性不可缺少的艺术要素，对塑造人物和展现情节，以及渲染氛围和深化主题，都有着不容忽视的重要意义。

4. 作为语言艺术，文学具有广阔性的审美特征，对此应如何理解？

答：文学运用语言来塑造艺术形象，传达审美情感，读者必须通过想象才能感受到艺术形象，因此，文学形象具有间接性。这种间接性既是语言艺术的局限，也是语言艺术的特长和优势，因为它使得文学形象具有了其他艺术无法与之相比的广阔性。

(1)文学天地的广阔性，来自语言媒介的特性。语言具有广泛而深入的表现能力，用语言来表现现实生活，几乎很少受到时间和空间的限制。语言有着最大的自由和极大的容量，能够全方位、多角度地展示广阔而复杂的社会生活。

例如《战争与和平》这部史诗性的长篇小说，更是将笔触从沙皇宫廷到庄园贵族，一直伸向俄法战争中几次浩大的战争场面，展示了整整一个时代的社会生活与人们的精神面貌。可见，文学天地的时空广阔性，带来了作品巨大的容量和深刻的内涵。无论是浩瀚的大海还是茫茫的太空，不管是悠久的历史还是遥远的未来，凡是人类思维能够达到的时间或空间，都是作家描绘的广阔天地。

(2)文学的广阔性更表现在它不仅能描绘外部世界，而且能够深入到人的内心世界，直接揭示各种人物复杂的、丰富的精神世界。向人的内心世界的深处发展，无疑使文学的天地变得更加广阔，而这一点，恰恰是其他艺术种类难以达到的。文学作品不仅可以通过描绘人物的音容笑貌、言行举止等来展现人物的内心世界，而且可以通过直接抒情或叙述的方法深入展示人物细腻复杂的感情。

例如法国19世纪著名文学家司汤达在《红与黑》中，就生动地描绘了于连这一个性格复杂的人物形象，尤其是小说中于连第一次占有德瑞那夫人的那个夜晚，作品揭示了于连灵魂深处最隐秘的矛盾情感，于连这个人物形象之所以成功，正在于他的内心深处的真情实感被展现出来了。这样刻画和展现人物的心灵，只有语言艺术才能实现。

(3)文学以外的所有艺术种类，其艺术表现力都要受到物质媒介的局限，只有语言这种艺术媒介既可以描绘物质世界，又可以描绘精神世界，直接展示人的内在思想、情感、情绪和愿望。文学的这一个特点，是其他任何艺术门类无法达到的。语言的这种特性，为语言艺术提供了最广阔的天地，使它具有最大的自由性和最强的艺术表现力。

5. 语言艺术具有哪些审美特征？

答：参见本章考点难点归纳相关内容。

9.3 考研真题与典型题详解

一、连线题

用直线将作者与其作品连起来。(中传2011年研)

黑格尔　　　　《人间词话》

丹纳　　　　　《美学》

王国维　　　　《诗学》

毛泽东　　　　《艺术哲学》

亚里士多德　　《在延安文艺座谈会上的讲话》

【答案】作者与作品对应关系如下所示：

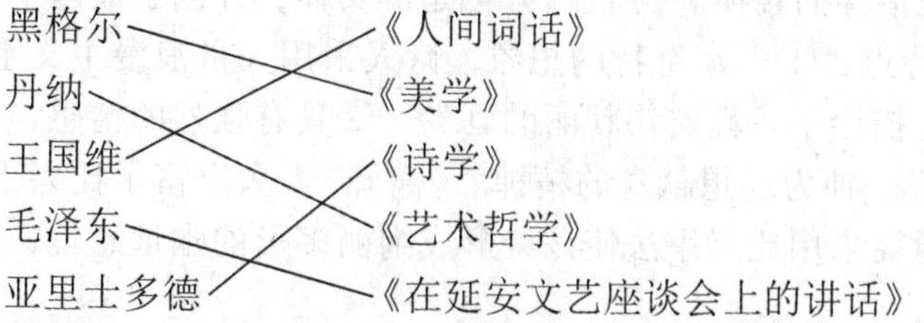

【解析】《人间词话》是我国近代学者王国维的著作；《美学》是德国哲学家格奥尔格·威

廉·弗里德利希·黑格尔创作的哲学著作，首次出版于1835年；《诗学》由古希腊著名美学家亚里士多德所著，原名为《论诗》，现存二十六章，主要讨论悲剧和史诗；《艺术哲学》最初是法国作者丹纳在巴黎美术学校讲述美术史的讲义，包括文艺复兴时期的意大利绘画、尼德兰绘画和希腊雕塑；毛泽东的著作《在延安文艺座谈会上的讲话》是他在1942年5月在延安文艺座谈会上的讲话，是延安整风运动的一个重要文件，后收入《毛泽东选集》第三卷。

二、名词解释

1. 格律诗(陕西师大2016年研)

答：格律诗，又称旧诗，是古代汉语诗歌的一种。格律诗是唐代以后成型的诗体，主要分为绝句和律诗，按照每句的字数，可分为五言和七言。这种古老和传统的诗体，结构严谨，字数、行数、平仄或轻重音、用韵都有一定的限制。它的句数是一定的。例如，律诗一般讲究平仄、押韵和对仗，“平平仄仄平平仄，仄仄平平仄仄平”。不同的国家有不同的格律诗，如中国的近体诗(绝句、律诗)，西方的十四行诗、五行打油诗、四行诗，西班牙的八行诗，意大利的三行诗以及日本俳句等。

2. 《荷马史诗》(北影2021年研；辽宁大学2013年研)

答：《荷马史诗》相传是由古希腊盲诗人荷马创作的两部长篇史诗《伊利亚特》和《奥德赛》的统称，根据民间流传的关于特洛伊战争的传说改编而成，集古希腊口述文学之大成，是西方文学中最伟大的史诗。两部史诗都分成24卷，《伊利亚特》共有15693行，《奥德赛》共有12110行。《伊利亚特》和《奥德赛》处理的主题分别是在特洛伊战争中，阿喀琉斯与阿伽门农间的争端，以及特洛伊沦陷后，奥德修斯返回伊萨卡岛上的王国，与妻子珀涅罗珀团聚的故事。《荷马史诗》是早期英雄时代的大幅全景，也是艺术上的绝妙之作，它以整个希腊及其四周的汪洋大海为主要背景，充分展现了自由主义的情景，并为日后希腊人，甚至是整个西方社会的道德观念立下了典范。

3. 诗歌(扬州大学2018年研；南航2013年研)

答：诗歌是文学的基本体裁之一，是一种用高度凝练的语言，形象表达作者丰富情感，集中反映社会生活并具有一定节奏和韵律的文学体裁。具体参见本章考点难点归纳相关内容。

4. 《离骚》(陕西师大2017年研)

答：《离骚》是战国时期爱国诗人屈原创作的诗篇，是中国古代最长和最早的抒情诗。此诗围绕诗人自述身世、遭遇、心志，表达诗人的家国情怀。全诗采用了浪漫主义的表现手法，赋、比、兴三种修辞手法灵活穿插转换。《离骚》开创楚辞文体，开创了浪漫主义诗歌先河，其浪漫精神表现为两个特点：①丰富奇特的想象，诗人采用大量浪漫主义手法，超越时空，展开丰富瑰丽的想象，描绘了一幅宏伟壮丽的画卷。②具有强烈的情感，全诗洋溢着一种忠怨悲愤之情，充满着一种为理想献身的精神。《离骚》大大丰富了比兴手法，使得比兴手法更加具有多样性。通篇采用比兴手法使该诗形成绚丽多彩的幽远意境，体现出诗人极强的文字驾驭能力。

5.《红楼梦》(扬州大学2016年研)

答:《红楼梦》是中国古代经典的章回体长篇小说，又称《石头记》，位列中国古典四大名著之首，共一百二十回，前八十回为曹雪芹所作，后四十回由高鹗续写。小说以贾、史、王、薛四大家族的兴衰为背景，以贾府的家庭琐事、闺阁闲情为脉络，以贾宝玉、林黛玉、薛宝钗的爱情婚姻故事为主线，刻画了以贾宝玉和金陵十二钗为中心的正邪两赋有情人的人性美和悲剧美，百科全书式地展现了封建社会的全貌。《红楼梦》刻画人物形象，不光是性格独特、血肉丰满，而且特别擅长于刻画人物心理，塑造了许多脍炙人口、家喻户晓的人物形象。小说以贾宝玉、林黛玉的爱情悲剧为主线，联系着广阔的社会背景，描绘贾家荣、宁二府大家庭内部错综复杂的人际关系，包括父子、兄弟、妻妾、嫡庶、主仆之间的各种各样的矛盾冲突，以及家族之间的倾轧、骨肉之间的陷害，也有忍无可忍的抗争、纯真爱情的追求等等，堪称一首封建大家庭没落的挽歌。《红楼梦》在思想性和艺术性上都取得了极高的成就，成为我国古典小说一座难以企及的高峰，后世研究《红楼梦》，被视作一种专门学问，称为“红学”。

6. 小说(北京城市学院2017年研)

答: 小说是一种以刻画人物形象为中心的文学体裁，特点是通过完整的故事情节和环境描写来反映社会生活，在生活素材的基础上用虚构的方式来再现生活。小说三要素是人物、情节和环境。小说分类的方法多种多样，具体参见本章考点难点归纳相关内容。

7. 语言艺术(西安工程2022年研；昆明理工2018年研；辽宁大学2016年研；南航2013年研)

答: 语言艺术是艺术的一个门类，指运用语言的手段创造审美形象的一种艺术形式，包括诗歌、散文、小说、剧本等各种体裁。一般将文学称作语言艺术，是因为文学总是以语言为手段来塑造艺术形象、表达作者的思想感情、反映社会生活。语言艺术以语言为媒介，并据此形成了许多独特的审美特征，具体体现为间接性与广阔性、情感性与思想性、结构性与语言美等几个方面。

三、简答题

1. 散文和小说各自的表达特点是什么?(华南理工2011年研)

答: 参见本章考点难点归纳相关内容。

2. 简述语言艺术的审美特征(湖南师大2019年研；聊城大学2019年研；陕西师大2018年研；西北师大2015年研；江苏师大2014年研)。**语言艺术的审美特征有哪些**(浙江理工2019年研)? **语言艺术的审美特征是什么**(河南师大2014年研)?

答: 语言艺术是人们常说的文学，包括诗歌、散文、小说和剧本等各种体裁。语言是文学的艺术媒介，作为一个庞大的艺术门类，历史悠久，有其辉煌的成就，形成了自身系统、独特的艺术规律和审美特征。文学的审美特征主要取决于语言的特性，集中体现为间接性与广阔性、情感性和思想性、结构性与语言美，具体参见本章考点难点归纳相关内容。

3. 文学作品中语言美的特点有哪些？

答：文学是以语言作为材料和手段来塑造形象和反映现实的，因此也称为语言艺术。在整个艺术系统中，文学以语言作为媒介与手段，使得文学既与其他艺术门类有着广泛的联系，又有自身独特的审美特征。文学作品中的语言美具有准确性、鲜明性、生动性和形象性等特点，具体表现为：

（1）文学语言的准确性。文学语言要求语言要精准、简练、恰如其分。诗歌的语言十分注重韵律节奏，往往需要字斟句酌，仔细推敲，最终用最少的文字去表达极为丰富的内容。

（2）文学语言的鲜明性。文学语言要求语言简洁明确、生动活泼、特色鲜明。在戏剧文学和影视文学中，人物的对话一般都应当少而精，而且要个性鲜明，从对话中就能体现出人物的身份、职业、年龄、性格等。通过鲜明生动的艺术形象来表述出创作者的认识、判断和评价，揭示出生活的哲理或社会发展的历史规律。

（3）文学语言的生动性。文学语言综合运用比喻、排比、夸张、拟人等多种修辞手法，形成灵活多变、错落有致的行文风格，给读者留下深刻印象。例如李白的“白发三千丈，缘愁似个长”（《秋浦歌十七首》），以及岑参的“半夜军行戈相拨，风头如刀面如割”（《走马川行奉送封大夫出师西征》）等诗句，就分别采用了夸张和比喻的修辞手法，赋予诗歌作品强大的艺术感染力。

（4）文学语言的形象性。指文学作品中通过准确、生动、鲜明的语言，达到感情浓郁、形象传神的艺术效果，使读者如同身临其境，从中获得深刻的审美感受。

四、作品分析题

郭沫若的《凤凰涅槃》。（华南理工 2014 年研）

答：《凤凰涅槃》是郭沫若所作的一首诗歌，于 1920 年发表后收入《女神》诗集，是现代诗歌史上具有重要历史地位的诗篇。该诗表达了彻底埋葬旧社会、争取祖国自由解放的思想。诗歌基调雄浑悲壮，具有鲜明的浪漫主义特色，是现代文学史上最优秀的诗作之一，在现代诗歌史上具有重要历史地位。诗歌的特征表现为：

（1）通过诗人强烈的情感和丰富的想象，集中而概括地反映客观现实生活。社会生活往往需要通过诗人主观情感世界的折射才能反映出来。郭沫若作于五四时期的抒情长诗《凤凰涅槃》，熔中外神话于一炉，以有关凤凰的传说为素材，借凤凰“集香木自焚，复从死灰中更生”的故事，抒发了强烈的爱国主义热情，以凤凰的形象来象征古老中华民族的觉醒。这首长诗具有完整的结构、奇特的构思和大胆的想象，洋溢着炽热的向往光明、追求理想的激情，充分体现出五四时期狂飙突进的时代精神。

（2）为了表现诗人强烈的情感和丰富的想象，诗歌特别注意运用优美的语言来创造情景交融的意境。例如诗人以第三人称的笔法展示凤凰准备自焚的情景时，一方面描绘凤凰生活其间的山河“浩茫”“阴莽”“凌冽”，醴泉干涸，万物枯槁；另一方面描绘出凤凰为自焚而忙碌时的“起舞”“歌唱”的悲壮雄伟的意境，有声有色地写出凤凰大无畏的精神。

（3）《凤凰涅槃》充满了浪漫主义风格，具体表现为：

①诗作中表现出来的火山爆发式的激情。狂风暴雨般的气势与表现破旧立新的理想构成了和谐统一。

②它彻底摆脱了旧诗的声调格律，开拓了自由诗的新天地，从而真正实现了“诗体解放”。在诗歌形式上，彻底打破旧诗格律的镣铐，大胆借鉴西方近代自由体诗。在语言和音节上，大胆采用设问、排比、反复、重奏的手法，使诗情获得酣畅的表达，又做到节奏谐美、适于讽诵。

总之，火种凤凰的整体形象是象征性的。凤凰是中国的象征、中华民族的象征，也是年轻诗人的化身、自然万物的象征；凤凰的更生就是中国的新生、中华民族的觉醒、诗人新我的诞生、自然万物生命力的获取。可以说，《凤凰涅槃》是民族觉醒的诗的宣言。

诗人笔下的凤凰形象壮美而崇高。凤凰大胆否定旧现实的一切，扬弃因袭的旧我，严厉斥责浅薄猥琐的群丑，热爱向往净朗、华美、芬芳的新世界，体现了彻底反帝反封建的精神和勇于斗争的乐观主义气概，充分表达了作者彻底破坏旧事物、创造现世光明的进步社会理想。本诗饱含着诗人对祖国的眷恋之情，歌颂富有叛逆精神的自我形象，表现与万物相结合的自我力量，体现了五四时代个性解放的鲜明要求。

下编　艺术系统

第十章　艺术创作

10.1　复习笔记

【知识框架(庖丁解牛)】

- 艺术创作
  - 艺术创作主体——艺术家
    - 艺术家是艺术生产的创造者
    - 艺术家与社会生活
    - 艺术家的艺术才能与文化修养
  - 艺术创作过程
    - 艺术体验活动
    - 艺术构思活动
    - 艺术传达活动
  - 艺术创作心理
    - 形象思维、抽象思维与灵感思维
    - 意识与无意识
  - 艺术风格、艺术流派、艺术思潮
    - 艺术风格
      - 多样性的形成
      - 民族特色和时代特色
    - 艺术流派：含义、类型
    - 艺术思潮
      - 含义
      - 风格、流派、思潮的关系
      - 主要思潮

【通关提要(提纲挈领)】

本章是本书的重点章节，主要讲述了艺术创作的创作主体、创作过程、创作心理，以及艺术风格、艺术流派、艺术思潮等。学习时，要整体把握艺术创作的过程、心理和创作方法的具体内容，并能结合中外艺术史上多种风格的艺术作品来分析艺术创作的多样性，同时要把握艺术创作中产生的诸多艺术风格、艺术流派和艺术思潮的影响。本章历年是考查重点，概念比较多，常考名词解释、简答题、论述题等，复习时要注意理解记忆。

【考点难点归纳(厚积薄发)】

考点一：艺术创作主体——艺术家　★★★★

1. 艺术家是艺术生产的创造者

(1)艺术家是艺术品的生产者和创造者，是专门从事艺术生产的创造者的总称。艺术家必须具有一定的艺术天赋和艺术才能，掌握专业的艺术技能与技巧，具备丰富的情感和艺术素养，并通过创造性劳动满足人们特殊的精神需求[审美需求]。

(2)艺术家的特点，见表10-1。

表10-1　艺术家的特点

<table>
<tr><th>要点</th><th colspan="3">具体内容</th></tr>
<tr><td rowspan="3">内部有多种多样的职业和分工</td><td>艺术生产的主体</td><td colspan="2">①以个体劳动方式进行创作的艺术家。
②以集体劳动方式进行创作的艺术家</td></tr>
<tr><td rowspan="2">艺术生产的方式</td><td>一次性的艺术生产</td><td>指艺术家通过创造性劳动创作的一次就能够完成的艺术作品，如绘画、雕塑、文学等艺术形式</td></tr>
<tr><td>多次性的艺术生产</td><td>指通过演员可以在舞台上多次进行、完成表演的艺术形式，如音乐、舞蹈、曲艺等表演艺术和综合艺术</td></tr>
<tr><td>具有艺术献身精神</td><td colspan="3">①艺术生产作为一种自由自觉的精神生产，艺术家并不将其当作追名逐利的手段，而是其毕生追求，真正的艺术家具有为艺术献身的崇高的精神追求以及个人情操。
②真正的艺术家在进行艺术创作时，往往满怀强烈的社会责任感以及对艺术本身执着的爱</td></tr>
<tr><td>具有敏锐的感受、丰富的情感与生动的想象能力</td><td colspan="3">艺术生产作为一种特殊的精神生产，其突出特点是：艺术作品和艺术形象是艺术家主观情感与审美特征的“物化”结果，艺术家占据了艺术创作中的核心地位。因此，其内在精神世界，其感受、情感、思想、心境、愿望、志趣等，在艺术创作中十分重要</td></tr>
<tr><td>具有卓越的创造能力、鲜明的创作个性及强烈的创新意识</td><td colspan="3">艺术独特性是艺术生产的重要特征之一。艺术创作是人类生产活动中一种高级的、特殊的、复杂的精神生产活动，创造与创新则是艺术的生命和灵魂。艺术家需要将自己独特的创作风格“物化”在自己的艺术创作中，不断超越时代，超越自我</td></tr>
<tr><td>具有专门的艺术技能</td><td colspan="3">艺术家必须熟练掌握某一门艺术种类的艺术语言及技能。艺术生产与物质生产的相似之处在于都是通过劳动创造出“产品”。艺术生产要求艺术家要具备艺术表现的技巧以及艺术传达的能力，由此才能创作出具有独特意味的优秀艺术作品</td></tr>
</table>

2. 艺术家与社会生活(见表10-2)

表10-2　艺术家与社会生活

<table>
<tr><th>要点</th><th colspan="2">具体内容</th></tr>
<tr><td rowspan="3">社会生活
[创作客体]</td><td>概述</td><td>社会生活是艺术家进行创作的源泉和基础，艺术创作离不开客观的现实生活以及艺术家对社会生活的观察体验</td></tr>
<tr><td>直接体验</td><td>指艺术家在客观的现实生活中的所见、所闻、所感乃至所遇，这些经历和感受构成了艺术家创作的原材料和基础，能够引起艺术家创作的欲望、情感和想象，是艺术创作的基础</td></tr>
<tr><td>间接体验</td><td>指艺术家从他人的言谈以及著作中了解和吸取的社会生活经验，这些间接经验能够拓宽艺术家的创作视野，增加艺术家对客观社会生活的积累，从而激发艺术家的创作灵感，是艺术创作的补充</td></tr>
</table>

续表

要点	具体内容	
艺术家[创作主体]	概述	艺术家属于一定的时代、民族和阶级，是艺术创作的主体，与社会有着十分紧密的联系，因此艺术家的创作总是离不开艺术家自身生活实践与生活经历的影响，容易受到一定社会生活方式的制约
	表达思想情感	艺术家在进行艺术创作时，不仅要从社会生活中选取创作的素材和灵感，还要对社会生活作出评判，主观地折射和呈现出社会生活的影响。艺术世界中的众多艺术形象，都是艺术家个人经历和社会生活结合的产物
	提升创作技巧	社会生活能够提高艺术家的艺术创作技巧，艺术创作在广泛地、自觉地、创造性地深入社会生活后，逐渐超越生活和传统，最终自成一家

3. 艺术家的艺术才能与文化修养（见表10－3）

表10－3 艺术家的艺术才能与文化修养

要点	具体内容
艺术才能	①指艺术家创造艺术形象的能力，是一种艺术创造力，是由天赋资质以及后天的训练培养相结合而成的。 ②艺术才能虽与艺术天赋密不可分，但起重要作用的则是后天的刻苦训练和专门的培养，长期艰苦的、勤奋的艺术实践是培养艺术才能最主要的途径
文化修养	①包括深刻的思想修养、渊博的艺术修养以及在其他领域综合的广博知识。通过向前人和同时代艺术家借鉴学习，以及参考学习其他艺术的经验、多学科的综合知识，才能获得深厚的文化修养。 ②文化修养的提高离不开长期刻苦的学习与时间积累

考点二：艺术创作过程 ★★★★★

1. 定义

艺术创作活动是指在创作欲望的促使下，艺术家通过一定的艺术语言、艺术手法表现技巧以及艺术的加工创造等艺术创造性活动，将自己在客观现实社会中的生活体验与亲身经历的情绪情感升华为具体、生动、鲜明的艺术形象，从而将自己的审美意识物态化为艺术作品。

2. 阶段

(1)准备阶段：艺术体验活动，见表10－4。

表10－4 准备阶段：艺术体验活动

要点	具体内容
含义	指一种活跃、丰富、深刻的内心思想活动，并与强烈的情感情绪相结合，再融入艺术家长期对于生活的感受、观察和思考，就为艺术创作提供了基础和前提，从而激起艺术家不可遏制的创作欲望的艺术活动
活动基础	需要艺术家认真细致地观察生活，深入地感受生活，并从多方面仔细地思考生活。更需要艺术家用心感受生活，满怀热情地去切身体验生活

续表

要点	具体内容
重要性	①从事一度创作的艺术家（如画家、作家、编剧等）和从事二度创作的艺术家（如电影演员、话剧演员等）都离不开艺术体验活动。 ②对生活深刻的体验和细致丰富的观察，不仅为艺术创作提供了坚实的基础，还为艺术家进行艺术创作提供了内在心理动力及诱因，是非常重要的创作动机。 ③大量的观察与思考在艺术家心中积蓄，形成一种能量，激发艺术家的创作激情

（2）创作/正式阶段：艺术构思活动，见表10－5。

表10－5　创作/正式阶段：艺术构思活动

<table>
<tr><th>要点</th><th colspan="4">具体内容</th></tr>
<tr><td>含义</td><td colspan="4">指艺术家深入观察、体验和思考生活后，将其加以选择、加工、提炼、组合，与艺术家的想象、情感等多种心理因素相结合，最终形成主体和客体统一、现象与本质统一、感性与理性统一的审美意象的艺术活动。作为复杂的精神活动，艺术构思活动是一种艰苦的脑力劳动，是艺术家在头脑中形成的主客体统一的审美意象，其主要任务是产生或形成审美意象</td></tr>
<tr><td>审美意象</td><td colspan="4">指在对客观现实世界审美感知与体验的基础上，与主观的思想、感情、愿望、理想等相结合，从而在艺术家头脑中经过艺术创造后，最终形成的意象</td></tr>
<tr><td rowspan="5">心理因素</td><td rowspan="3">想象
［核心］</td><td>重要性</td><td colspan="2">①想象有着在客观现实生活的基础上创造新形象的能力。
②想象开辟了艺术家更为开阔的思维空间，使他们能够进行丰富的艺术构思</td></tr>
<tr><td rowspan="2">分类</td><td>再造想象</td><td>指把自己记忆中或别人描述过的形象在头脑中进行再创造形成的具体形象</td></tr>
<tr><td>创造想象</td><td>指不受原有的感性形象的限制，是艺术家在大量经验的基础上创造出全新的艺术形象</td></tr>
<tr><td rowspan="2">情感
［动力］</td><td>定义</td><td colspan="2">是始终贯穿于艺术创作活动中的心理因素，是艺术构思的动力</td></tr>
<tr><td>重要性</td><td colspan="2">①在艺术构思活动中，情感能够引起感知、联想、想象等其他多种心理因素的产生，并与之相结合。
②各种艺术种类的创作构思活动，都离不开艺术家真挚、热情的主观情感。
③客观事物会因艺术家的情感融入而变得多姿多彩</td></tr>
</table>

（3）最后阶段：艺术传达活动，见表10－6。

表10－6　最后阶段：艺术传达活动

要点	具体内容
含义	指艺术家运用一定的物质材料和艺术媒介，使用艺术技巧和艺术手法，在艺术构思活动中对形成的审美意象进行物态化，最终形成可供其他人欣赏的优秀艺术作品的活动
活动基础	①是一种艺术生产的实践活动，需要借助于一定的物质材料基础，从而使审美意象物态化为客观存在的艺术作品。 ②离不开一定的艺术语言或艺术媒介。各个门类的艺术所采用的物质材料和艺术媒介都具有各自不同的特点，因此艺术语言在艺术表现中具有十分重要的意义。 ③艺术家需要调动联想、情感等多方面的心理功能，与创作主体的生命和心灵相融合，从而找到最适合的艺术传达方式，最终创作出优秀的艺术作品

续表

要点	具体内容
重要性	①艺术传达活动离不开艺术体验和艺术构思活动，三者相互渗透、密不可分。艺术构思中蕴含着传达，艺术传达中也伴随着构思。 ②在艺术传达活动中，艺术家在进行体验和构思时会更加集中和深入思考，使艺术作品不断趋于完美

考点三：艺术创作心理 ★★★★

1. 形象思维与抽象思维、灵感思维(见表10－7)

表10－7　形象思维与抽象思维、灵感思维

要点		具体内容
形象思维	定义	指通过一定的形象来感知、把握以及认识事物，即通过具体的、感性的形象来认识事物本质规律的一种思维形式。形象思维作为人类主观地、能动地认识和反映世界的基本形式之一，是艺术创作过程中主要的思维方式
	特点	①形象思维过程始终不能离开感性形象。 ②形象思维过程始终借助于想象、情感等多种心理功能，并不依赖于逻辑推理。 ③形象思维具有整体性的思维特点，即从事物的整体形象出发去掌握其内在的本质和规律
	地位	是艺术创作和艺术欣赏的主要思维方式
抽象思维		指通过一定的概念来进行推理、判断以及论证的一种思维形式，社会科学、自然科学等领域常使用抽象思维进行思考，重视理论研究与逻辑推理。抽象思维也常与形象思维相结合，应用于艺术创作与欣赏中，如提炼作品主题、结构安排等
灵感思维		指在艺术创造活动中，通过一定的抽象或形象思维，突然萌发出新概念或新意象的顿悟式思维形式
三者关系		在艺术创作活动中，三者相互渗透、相互影响、密不可分，是艺术思维的重要组成部分。在艺术思维中，具有主体作用的是形象思维，但另两者也起到了积极推动艺术创作进程的作用

2. 意识与无意识(见表10－8)

表10－8　意识与无意识

要点	具体内容
意识	艺术生产作为一种特殊的精神生产，是艺术家有意识、有目的的创造性活动
无意识	在普通心理学中，无意识是与意识相比较而言的，又称潜意识、下意识，指人没有察觉、没有意识的一种心理活动。弗洛伊德的精神分析心理学将无意识归结为人的原始冲动和各种本能、欲望，尤其是性的欲望。他认为人在现实社会生活中无法得到满足的欲望即无意识，它被意识所压制，只能在暗中活动
作用	①在艺术创作中起主要和支配作用的是意识。 ②顿悟、灵感的契机往往是通过无意识或下意识激发出来的，这也常常成为在表演艺术中进行二度创作的最佳瞬间

考点四：艺术风格、艺术流派、艺术思潮 ★★★★

1. 艺术风格(见表10－9)

表10-9 艺术风格

要点	具体内容			
含义	指艺术家在总体的创作中所呈现出来的独特的创作个性与鲜明的艺术特点			
特征	多样性	①来自艺术家自身所具有的独特的创作个性。 ②来自艺术家独特的人生经历、生活实践、教育修养和艺术理想。 ③来自欣赏主体的多样化审美需求		
	一致性	民族特色	含义	指艺术的民族风格常常体现出该民族的精神、文化、风俗，以及这个民族的审美理想和美学传统
			成因	①从现实角度来看，源于本民族的社会生活与经济基础。 ②从美学角度来看，与各个民族独特的文化心理结构关系密不可分
		时代特色	指处在同一时代的艺术作品所具有的共同的特征，这一特征往往是所处时代的主流审美理想与审美风格	

2. 艺术流派(见表10-10)

表10-10 艺术流派

要点	具体内容	
含义	指在中外艺术发展的某些历史时期，由一批具有相似或相近的思想倾向、美学主张、创作方法和表现风格的艺术家，共同构成的艺术派别	
类型	自觉形成	由一批具有相同艺术主张的艺术家们自发结合起来构成的艺术流派。他们有一定的组织、名称以及共同的艺术宣言，也会与其他艺术流派展开争辩来宣扬自己的艺术主张。例如，中国现代文学史上的创造社、新月派、文学研究会，西方艺术流派中的超现实主义、未来主义、意象主义、表现主义等
	不自觉形成	由一批具有相近或相似艺术风格的艺术家们，不自觉构成的艺术流派。他们一般没有固定的组织、纲领以及艺术宣言。有的流派是由于题材风格类似，或处于同一地区，从而自然而然地形成了某一艺术流派
	后人归纳	艺术家们本身并没有计划形成某个流派，甚至自己也未察觉到属于某一流派，只是由于相似相近的艺术风格，在后世的艺术鉴赏或艺术批评过程中被后人归纳进特定的流派中。例如，中国文学史上著名的“建安文学”，就是后世为了标举以汉末魏初时期曹氏父子和建安七子为代表的一批文学家而形成的称谓，又称“建安风骨”

3. 艺术思潮

(1)艺术思潮的概念，见表10-11。

表10-11 艺术思潮的概念

要点	具体内容
含义	指在一定社会历史背景下，受到一定的社会思潮和哲学思潮的影响，在艺术领域产生的具有广泛影响的思想潮流和创作倾向

续表

要点	具体内容	
风格、流派、思潮的关系	主体规模	艺术风格是创作主体独特鲜明的艺术个性，艺术流派是一批风格相近或相似的创作主体，艺术思潮则是一种推崇某种文艺思想的多个艺术流派所形成的艺术潮流。总之，艺术风格、艺术流派和艺术思潮，分别对应个体、群体，以及在某些历史时期内具备一定规模的大群体
	包容程度	在中外艺术发展进程中，某个艺术流派可能会在一定的历史时期发展成为一种艺术思潮，但每个艺术思潮却可能包含着许多艺术流派以及多种不同的艺术创作方法
	学科视角	艺术思潮是通过社会历史来区分某种创作主张或艺术思想，而艺术流派则从艺术发展史来划分各种拥有不同个性特点的艺术派别

(2)主要思潮，见表10－12。

表10－12　主要思潮

要点	现代主义	后现代主义
概述	源于19世纪末、20世纪初的欧美各国。包括存在主义文学、意识流小说、荒诞派戏剧、新浪潮电影、野兽派绘画等众多艺术流派和艺术创作主张	兴起于20世纪后半叶的西方，是对现代主义的批判与超越。依托于后工业社会产生，也是后工业社会的文化表征
哲学基础	源于康德的批判理论、叔本华的唯意志论、弗洛伊德的精神分析学、尼采的"日神精神"等	源于存在主义、非理性主义、德里达的解构主义、尼采的"酒神精神"等
人的主体性	具有鲜明的自我中心特色，主张推崇个性与表现自我	侧重于自我怀疑，主张主体性的丧失，抵制一切中心
世界秩序	强调建构，推崇结构主义	主张解构，强调解构主义
文艺作品风格	大多晦涩难懂，富有一定的哲理性，只有具有相当高的文化水平和艺术修养的欣赏主体才能够理解作品内在的意蕴	推崇文化的平面感，反对深度挖掘文艺，主张无深度的平面文化，提倡感官的刺激与文化游戏
艺术特征	艺术最主要的特征就是其独一无二的创造性	使商品适应社会的需求，运用工业化进行大批量生产以及通过大众传播媒介进行广泛宣传，强调"复制"的作用

10.2　课后习题详解

一、单选题

1. "西方现代美术之父"指的是(　　)。

A. 凡·高　　B. 高更　　C. 杜尚　　D. 塞尚

【解析】保罗·塞尚，法国著名画家，后期印象派的主将，从19世纪末便被推崇为"新艺术之父"，作为现代艺术的先驱，西方现代画家称他为"西方现代美术之父""造型之父"

1D

或“现代绘画之父”。

2. “外师造化，中得心源”是唐代哪位画家提出的观点？(　　)

A. 韩滉　　B. 张璪　　C. 吴道子　　D. 薛稷

【解析】张璪，唐代画家，他提出“外师造化，中得心源”的创作方法，强调画家要向大自然学习，主张客观物象与主观情感的统一，这是对于绘画创作中主客体关系的一个精辟独到的概括，成了画学的不朽名言。

3. “登山则情满于山，观海则意溢于海”出自以下哪部著作？(　　)

A.《梦溪笔谈》　　B.《闲情偶寄》　　C.《文心雕龙》　　D.《诗品》

【解析】《文心雕龙》成书于公元501～502年间。它是中国文学理论批评史上第一部有严密体系的、“体大而虑周”的文学理论专著。其中“登山则情满于山，观海则意溢于海”，认为作家观察外物，只有带着深挚的情感，并使外物染上强烈的感情色彩，艺术表现上才会有精巧的文采。

4. “最杰出的艺术本领就是想象”是以下哪位哲学家的观点？(　　)

A. 康德　　B. 黑格尔　　C. 尼采　　D. 费尔巴哈

【解析】黑格尔十分重视想象在艺术创作中的作用，甚至认为“真正的创造就是艺术想象的活动”，因为“艺术不仅可以利用自然界丰富多彩的形形色色，而且还可以用创造的想象自己去另外创造无穷无尽的形象”。黑格尔强调指出：“最杰出的艺术本领就是想象。”

5. “哲学方式对于艺术家是不必要的”出自以下哪部著作？(　　)

A.《精神现象学》　　B.《逻辑学》　　C.《美学》　　D.《判断力批判》

【解析】黑格尔的主要著述有《逻辑学》《哲学全书》《历史哲学》《宗教哲学》《美学》等。他在《美学》中提到：“哲学对于艺术家是不必要的，如果艺术家按照哲学的方式去思考，就知识的形式来说，是一种与艺术相对立的事情。”

6. 被称为“后印象主义”三位绘画大师的分别是：______、______和______。(　　)

A. 莫奈；德加；马内　　B. 米罗；毕加索；达利

C. 米开朗基罗；达·芬奇；拉斐尔　　D. 塞尚；凡·高；高更

【解析】18、19世纪，欧洲进入近代史阶段，这个时期法国画坛涌现出许多美术流派和著名画家，其中后印象主义的代表人物有塞尚(代表作有《苹果和橘子》等)和高更(代表作有《塔希提的妇女》等)，以及长期旅居法国的荷兰人凡·高(代表作有《向日葵》系列等)。

7. 中国古代绘画史上流传的“曹衣出水，吴带当风”，分别是指______和______而言。(　　)

A. 曹仲达；吴道子　　B. 曹沂；吴道子

C. 曹仲达；吴镇　　D. 曹沂；吴镇

【解析】绘画史上流传的“曹衣出水，吴带当风”，就是讲曹仲达的人物画，挺劲有力，

2B　3C　4B　5C　6D　7A

画中人物衣衫紧窄贴肉，而吴道子的人物画，神采飞扬，画中人物衣服宽松、裙带飘举，富有运动感，可以说是栩栩如生。

8. 从总体上讲，艺术创作过程又大致可以分为______、______和______这样三个方面或三个阶段。(　　)

A. 艺术体验活动；艺术构思活动；艺术传达活动

B. 艺术内容；艺术形式；艺术创作

C. 生活积累；创作构思；艺术表达

D. 审美意象的孕育；审美意象的形成；审美意象的物态化

【解析】艺术创作从总体上可以大致划分为艺术体验活动、艺术构思活动和艺术传达活动这样三个方面或三个阶段。但这种划分只具有相对的意义，事实上这三者并不能截然分开。

9. 弗洛伊德用三重人格理论，来取代他的无意识理论，将人的心理结构分成了“______”(id)、“______”(ego)和“______”(superego)这样三个部分。(　　)

A. 认知；情感；意志　　B. 儿童；成人；老年

C. 潜意识；意识；前意识　　D. 本我；自我；超我

【解析】在弗洛伊德的精神分析心理学中，无意识主要是指人的原始冲动和各种本能、欲望，特别是性的欲望。弗洛伊德后来又改用三重人格理论，来取代他的无意识理论，将人的心理结构分成了“本我”(id)、“自我”(ego)和“超我”(superego)这样三个部分。

二、判断题

1. 现代派舞蹈的主要创始人之一、美国著名舞蹈家邓肯，追求身、心、灵三者的有机结合，强调以舞蹈来展示人的生命力，被誉为“现代舞蹈之母”。

【答案】正确

2. 对于表演艺术家来讲，体验是第一位的，是根本的，是起主导作用的。

【答案】正确

3. 艺术构思阶段的主要任务，就是形成或产生艺术形象。

【答案】错误

【解析】审美意象是指在对客观世界审美感知与体验的基础上，融会主观的思想、感情、愿望、理想，在艺术家头脑中经过艺术创造形成的意象。这种主客体统一的审美意象，一旦经过艺术媒介或艺术语言等物质手段传达出来，就成为艺术作品的艺术形象。因此，艺术构思阶段的主要任务，就是形成或产生这种审美意象。

三、名词解释

1. 艺术家

答：参见本章考研真题与典型题详解名词解释第1题答案。

8A　9D

2. 直接体验

答：直接体验，是指艺术家在生活中亲历的所见、所闻、所感、所遇，这些亲身经历往往成为艺术家创作的原料，激发起艺术家的创作欲望，激发起艺术家生动的想象和丰富的情感。例如，高尔基的自传体小说三部曲《童年》《在人间》和《我的大学》，就是以作者本人青少年时期的亲身经历为素材，也是那段时期饱经痛苦磨难的亲身生活经历激发出作者不可遏制的创作冲动和欲望。

3. 间接体验

答：间接体验，是指艺术家从他人的言谈和著作中所吸取的生活经验，这些间接的生活体验常常可以扩大艺术家的视野，拓展艺术家的生活积累，诱发艺术家的创作灵感。例如，托尔斯泰在家乡听到检察官讲述了一个贵族青年对一个青年女仆始乱终弃的故事，激发了他的创作冲动和灵感，经过近十年的艰苦创作，终于完成了长篇小说《复活》。

4. 艺术才能

答：艺术才能，是指艺术家创造艺术形象的能力，它是先天禀赋和后天训练培养相融合而形成的艺术创造力。许多杰出的艺术家常常具有超出普通人的艺术天才，具有艺术的天赋和才能。超出常人的艺术天赋，为杰出艺术家们的艺术创造提供了有利的条件。

5. 艺术创作

答：参见本章考点难点归纳相关内容。

6. 艺术体验

答：参见本章考点难点归纳相关内容。

7. 艺术构思

答：参见本章考点难点归纳相关内容。

8. 审美意象

答：参见本章考研真题与典型题详解名词解释第 9 题答案。

9. 艺术传达

答：参见本章考研真题与典型题详解名词解释第 2 题答案。

10. 无意识

答：参见本章考研真题与典型题详解名词解释第 16 题答案。

11. 艺术风格

答：参见本章考研真题与典型题详解名词解释第 17 题答案。

12. 艺术流派

答：参见本章考点难点归纳相关内容。

13. 艺术思潮

答：参见本章考点难点归纳相关内容。

四、简答题

1. 为什么说艺术家的创作离不开社会生活？请简要说明。

答：参见本章考研真题与典型题详解论述题第2题答案。

2. 请简述文化修养对于艺术家的重要作用。

答：(1)文化修养的内容

文化修养是指一个人对总体文化的把握程度从而形成的人生观、世界观等。艺术家的文化修养包括文学、哲学、心理学、宗教等各方面的知识。

(2)文化修养对于艺术家的重要作用

①文化修养影响艺术家艺术观的形成

文化修养影响一位艺术家在整个从艺的历程中，于艺术创作的技法里所表现出的思想、情感、审美、格调，以及他的宇宙观、世界观和人生观等。也就是说，作为艺术家，其对包括艺术及艺术创作在内的一切理解，理解的程度是肤浅还是深刻，能否通过其思考和实际的艺术行为及专业的作品来很好地传递给外界，并影响到社会和他人，才是艺术家文化主体的真正表现。对于艺术家而言，文化修养深刻影响其艺术观，指导其观察世界的独特视角，产生自己对事物的理解，从而创造具有个人特点的艺术作品。

②文化修养充盈精神内涵，为艺术家“加码”

艺术家除了要在创作的技能上多下功夫，还需要培养自己的认知力，提升自己的价值观，让自己的生命、思想、精神变得更加充盈，更加有厚度、深度与内涵，而在这个过程中，就会不知不觉地为自己的艺术创作增添无形的“砝码”。这个“砝码”，主要指的是单靠技术训练所无法取得的一些东西，诸如作品的格调、韵味、神采、风骨、境界等。而这些也恰恰最能反映和体现一个人的内在气质与修养，也往往决定了其创作最终能够达到的水平和高度。

(3)总结

艺术家脱离不了文化的滋养和浸润，文化积淀会让艺术工作者在艺术领域站得更高，看得更远，理解得更透彻。一个艺术家同时也是一个文化人，其必须兼广博的知识和敏锐的感知力于一身，才能创造出具有生命力的作品，才能不断超越自我，更自由地表达自我。有了更高层次的文化修养，才能如鱼得水般获得更多的艺术创造才思。

3. 请简述对郑板桥提出的“眼中之竹”“胸中之竹”和“手中之竹”的理解。

答：参见本章考研真题与典型题详解论述题第5题答案。

4. 想象在艺术构思中具有怎样的地位和作用？请结合具体作品说明。

答：(1)想象在艺术构思中的地位和作用：

对于艺术构思来讲，多种审美心理因素都发挥着积极的作用。但是，在这些心理因素中，想象具有特别重要的地位和作用。

①黑格尔十分重视想象在艺术创作中的作用，他认为“真正的创造就是艺术想象的活动”，因为“艺术不仅可以利用自然界丰富多彩的形形色色，而且还可以用创造的想象自己去另外创造无穷无尽的形象”。所以，黑格尔强调指出：“最杰出的艺术本领就是想象”。

②别林斯基认为，形象思维的中心环节就是艺术家的想象活动。

③车尔尼雪夫斯基指出，艺术创作中最主要的东西就是创造性的想象。

④高尔基认为想象是一种高度自由的思想活动，正是想象使艺术家具有了自由创造的思维能力。他指出，“想象在本质上也是对世界的思维，但它主要用形象来思维，是‘艺术的’思维”。

(2)许多艺术家在自己的创作实践或艺术生涯中，对于想象的重要性的认识有着亲身的体会：

①著名电影艺术家卓别林在回忆影片《摩登时代》的创作构想时，强调是突如其来的想象帮了他的大忙。有一次他从扩音器里听到女友的声音，感到陌生和惊愕，这促发了他的想象。

②著名画家吴道子以唐玄宗描述的梦境为基础，依靠非凡的艺术想象力，画出了生动传神的《钟馗捉鬼图》，令唐玄宗又惊又喜，命画工复制出来传赐天下。

(3)想象具有重要地位和作用的原因：

想象在艺术构思活动中之所以具有重要的地位和作用，是因为想象具有在原来生活的基础上创造新形象的能力，这种能力使它在艺术创作构思活动中占有核心地位。想象为艺术家们开拓了无限广阔的思维空间，使其能够凭借想象创造出源于生活并高于生活的艺术世界。

5. 艺术体验、艺术构思与艺术传达之间的相互关系是什么？

答：艺术体验、艺术构思与艺术传达是艺术创作过程的三个阶段，三者相互渗透，密不可分。

(1)在艺术创作全部过程中，体验、构思和传达三者始终有机地融合在一起，它们在创作中完全是统一的。事实上，艺术构思中包含着传达，艺术传达更离不开构思，在艺术创作全部过程中，体验、构思和传达三者始终有机地融合在一起，它们在创作中完全是统一的。

(2)各门艺术的艺术体验和构思，都离不开特殊的传达方式。音乐家在体验和构思时，离不开旋律节奏、和声、复调、曲式等音乐语言；电影艺术家在体验和构思时，离不开镜头、画面、声音、蒙太奇等电影语言。在艺术传达中，艺术家的体验和构思更加集中和深入，并且不断趋于完美。

在所有艺术创作活动中，体验、构思与传达都是互相依存、彼此渗透的，艺术创作既有精神活动性质，又有实践活动性质，既有内心的体验与构思，又有外部的传达和表现，通过这么一种高级复杂的艺术创造活动，将艺术家的审美意识物态化为艺术作品和艺术形象。

6. 形象思维具有哪些特点？请简要说明。

答：参见本章考研真题与典型题详解简答题第9题答案。

7. 钱钟书先生讲“理之在诗，如水中盐……无痕有味”，对此应如何理解？

答：钱钟书先生所讲的“理之在诗，如水中盐……无痕有味”这句话，是指抽象思维在艺术活动中，必须服从于形象思维的规律，有机融合在形象思维之中。其中，“理”指抽象思维。

(1)抽象思维的含义

参见本章考研真题与典型题详解名词解释第14题答案。

(2)抽象思维的作用

艺术构思与创造的过程中，作品体裁的选择、主题的提炼、结构的安排、人物性格的设计、表现手法的选择等，都离不开抽象思维活动。文学作品需要通过语言来描述形象，更需要准确地掌握概念的内涵和外延，如王安石把“春风又到江南岸”改为“春风又绿江南岸”，贾岛把“僧推月下门”改为“僧敲月下门”，一字之动，反映出作家在艺术创作中对每个字含义的反复推敲。

由于近现代科学技术的极大发展，抽象思维日益渗透进艺术领域，扩大了艺术表现的手法和天地。20世纪上半叶出现的抽象主义画派，大大发展了西方绘画中的抽象化倾向，如今欧美各国画廊到处可见这种抽象派绘画作品。以萨特、加缪等人为代表的存在主义小说，更是直接以文艺的形式来宣传存在主义的哲学思想。

8. 应如何理解艺术创作心理中的无意识现象?

答:(1)无意识现象的定义

参见本章考研真题与典型题详解名词解释第16题答案。

(2)无意识是灵感、直觉的源泉

在艺术创作中，无意识与灵感、直觉等有着密切的联系。古今中外，常有科学家和艺术家在“梦”或“醉”的状态下获得灵感的事例，显然，“梦”和“醉”的状态，都是意识活动减弱或停止，无意识活动大大增强的时期。在这个特殊的时期里，原来长期积累的素材和资料在违反常规的方式下相互碰撞，迸发出意想不到的灵感的火花。而这种灵感火花在完全清醒的正常状态下却无法得到。因而，不自觉的无意识思维活动，常常成为艺术创造灵感和直觉的源泉。

(3)意识与无意识

从总体上看，艺术创作无疑是艺术家有目的、有意识的创作活动，意识在艺术创作中起着主要和支配的作用。然而，在艺术创作中又存在着一些无意识的活动，这种无意识常常成为激发顿悟、灵感的契机，也常常成为表演艺术二度创作的最佳瞬间，这是人的一种正常心理活动。意识与无意识之间构成了一种辩证的关系，在无意识中渗透着意识，在感性中交织着理性，在灵感中凝聚着艺术家孜孜不倦的追求和长期的潜心苦思。

9. 为什么说“艺术风格最鲜明的一个特点，就是它的多样性”? 请结合具体艺术作品说明。

答:艺术风格最鲜明的一个特点，就是它的多样性。任何一个艺术门类，都可以从中发现多种多样的艺术风格；任何一位出色的艺术家，都可以发现他与众不同、具有个性的艺术风格。艺术风格多样性的形成，有着多方面的原因，主要来自以下几个方面：

(1)艺术风格的多样性，首先来自艺术家独特的创作个性。

艺术生产是一种特殊的精神生产，艺术家则是艺术生产的创作主体，在艺术作品中必然会留下艺术家个人特有的风格印记，艺术家的性格、气质、禀赋、才能、心理等各方面都会融入其创作的艺术作品中，也就是艺术家通过创造性劳动将主体对象化，并融入精神产品之中。

法国文艺理论家布封主张“风格即人”，实质上强调艺术风格体现出艺术家的精神特性；曹丕在《典论·论文》中也提到“文以气为主”，强调作家的独特气质在创作中的重要性。

(2)艺术风格的多样性来自多方面的客观社会因素。

艺术风格的形成更离不开艺术家所亲身经历过的独特的人生道路、生活环境、阅历修养和艺术追求。艺术风格不仅来自艺术家独特的创作个性，还蕴含着文化特色、时代精神、民族特性等多方面的客观社会因素。因此，艺术家在创作过程中，在题材、主题、艺术结构、艺术语言等方面的选择上，都要表现出鲜明独特的创作个性。在艺术体验、艺术构思、艺术传达以及艺术表现的过程中，艺术家始终表达着自己独特的审美体验、构思方式和表现角度，从而最终形成自己所特有的艺术风格。

法国后印象派画家高更，如果不是因为厌倦了上流社会的生活，毅然放弃职业和家庭来到南太平洋的热带岛屿上，亲身体验和经历了原始社会的生活与带有神秘色彩的风土人情，就不可能创造出富有原始情趣的绘画风格。但是，从根本上讲，艺术家的创作个性又不能不受到他所在的社会环境的制约。由于艺术家总是处在一定的时代、民族、文化、地域之中，使得艺术家的创作总是在个体性中体现出社会性，在主观性中体现出客观性。

(3)艺术风格的多样性来自欣赏主体的多样化审美需求。

因为欣赏主体生活于不同的社会层次、文化层次以及年龄层次，属于不同的民族、不同的地区，所以欣赏主体的审美需要也千差万别。但欣赏主体又能够反作用于艺术风格，欣赏主体多样性的特点能够刺激和推动不同艺术风格的形成与发展。

如儿童文学作家中，德国的格林兄弟创作的《灰姑娘》《白雪公主》等童话，与丹麦作家安徒生创作的《皇帝的新装》《卖火柴的小女孩》等童话相比，就有迥然不同的艺术风格。对于电视观众来讲，审美需求和收视需要千差万别。因此，当代电视主张“分众化”和“小众化”，大力提倡专业化频道，每一个具体的栏目和节目都有相对固定的观众群体。这些不同的艺术欣赏需求，促成了艺术生产中绚烂多彩的艺术风格。

五、论述题

1. 什么是艺术家？艺术家具有哪些方面的特点？

答：(1)艺术家的定义

参见本章考点难点归纳相关内容。

(2)艺术家的特点

①艺术家内部有多种多样的职业和分工。

由于艺术生产具有复杂性和多样性的特点，因此在艺术家这一总称下，又有许多各自不同的艺术分工。例如，在艺术生产中存在着个体性艺术生产和集体性艺术生产的区分，因而，艺术家既包括以个体劳动方式进行创作的文学作家、雕塑家、画家等，也包括以集体劳动方式进行创作的戏剧艺术和影视艺术的编剧、导演、演员、美工等。

②艺术家具有为艺术而献身的精神。

由于艺术生产是一种自由自觉的精神生产，真正的艺术家绝不把艺术作为谋生或获取名利的手段，而是看作自己毕生的事业和追求，并为之奉献自己的全部心血和生命。社会责任感和对艺术执着的爱，在艺术创作活动中往往转化成为强烈真挚的感情，成为艺术家进行创作的内在动力，从这种意义上讲，一切伟大的作品都是艺术家的呕心沥血之作。

③艺术家具有敏锐的感受、丰富的情感和生动的想象能力。

艺术生产是一种特殊的精神生产，其突出特点是把艺术家强烈的主观因素渗透到艺术创作之中，并且“物化”为艺术作品和艺术形象，因此，艺术家在艺术创作中占有核心地位，艺术家的内在精神世界显得尤其重要和突出。艺术家应当具有特别敏锐的观察、体验与感觉生活的能力，并且将自己强烈的情感和逼真的想象力融入艺术作品中，才能创作出有血有肉、生动感人的艺术形象。

④艺术家具有卓越的创造能力、鲜明的创作个性和强烈的创新意识。

从本质上来讲，艺术独特性是艺术生产的一个重要特征。艺术创作是人类一种高级的、特殊的、复杂的精神生产活动。艺术的生命就在于创造和创新。没有创造，没有创新，就没有艺术。这就意味着艺术家必须不断地超越前人，超越同时代人，以及不断地超越自己。

科学技术与文学艺术一样，都离不开创新。离开了创新，科学技术就不能发展；离开了创新，文学艺术就失去了生命。相比之下，精神生产比物质生产需要更多的创造性。尤其是艺术生产比起其他精神生产来，更需要艺术家将自己独特的艺术风格和创作个性“物化”在自己的艺术作品或艺术形象之中。

⑤艺术家必须掌握某一具体艺术种类的艺术语言和专业技巧。

艺术生产是一种特殊的精神生产，它与物质生产也有某些相似之处，即通过劳动创造出“产品”来。对于艺术生产来讲，就是要创造出艺术作品或艺术形象，这就要求艺术家应当具有艺术表现的技巧和艺术传达的能力。

2. 请说明艺术的创作过程，以及这一过程当中的不同阶段。

答：参见本章考研真题与典型题详解论述题第4题答案。

3. 为什么说形象思维是艺术创作和欣赏的主要思维方式？

答：(1)形象思维的三个特点，具体参见本章考研真题与典型题详解简答题第9题答案。

(2)形象思维的三个基本特点完全符合艺术创作的需要，因此，形象思维是艺术创作基本的和主要的思维方式。同时，艺术创作是人类高级的、复杂的审美创造活动，所以艺术创作虽然是以形象思维为主，但是也离不开抽象思维和灵感思维。

4. 艺术风格具有哪些方面的特征？

答：艺术风格的特征主要包括：

(1)多样性

艺术风格最鲜明的一个特点，就是它的多样性。任何一个艺术门类，都可以从中发现多种多样的艺术风格；任何一位出色的艺术家，都可以发现他与众不同、具有个性的艺术风格。艺术风格的多样性，首先来自艺术家独特的创作个性。其次，艺术风格是艺术家在创作中表现出来的独特的创作个性，它来源于艺术家主观方面的独特性，同时又凝聚着文化特色、时代精神、民族特性等多方面的客观社会因素。再次，艺术风格的多样性，还来自审美需求的多样化。

(2)民族特色

艺术风格的民族特色是由本民族的地理环境、社会状况、文化传统、风俗习惯等多种因素决定的，体现出本民族的审美理想和审美需要。从美学的角度来看，艺术的民族风格又离不开民族的文化心理结构。民族风格的形成，离不开各个民族独特的文化心理结构，它以一种“集体无意识”的方式积淀下来，并且世代承传、延续下去。

(3)时代特色

艺术风格的时代特色是指同一时代的艺术作品常常具有某些共同的特征，体现出这个时代占主导地位的审美理想和审美追求。仅仅从实用艺术中的青铜器来看，就可以看出不同时代具有不同的艺术特色。例如，19世纪法国著名艺术史学家丹纳在《艺术哲学》一书中就认为，种族、环境、时代三个原则决定着艺术的发展。

从某种意义上讲，民族风格或时代风格体现出艺术风格的一致性，它与艺术风格的多样性共同形成了辩证统一的关系，使艺术风格既有多样性，又有一致性。艺术风格的多样性与一致性，往往互相联系、互相渗透。正是由于艺术风格既有多样性，又有民族特色和时代特色，还有一定程度上的一致性，使得中外艺术宝库琳琅满目，异彩纷呈。

5. 什么是艺术流派？艺术流派的形成又具有哪些不同的类型？

答：(1)艺术流派的定义

参见本章考点难点归纳相关内容。

(2)艺术流派的类型

艺术流派的形成非常复杂，概括起来讲，大致有以下三种类型：

①由一批具有相同艺术主张的艺术家们，自觉结合而形成的艺术流派。这一类艺术流派或有一定的组织和名称，或有共同的艺术宣言，甚至与其他艺术流派展开论争，以宣传自己的艺术主张。这种自觉形成的艺术流派，包括我国现代文学史上的创造社、新月派、文学研究会，西方艺术流派中的超现实主义、未来主义、意象主义、表现主义等。

②由一批艺术风格相近或相似的艺术家们，不自觉而形成的艺术流派。这些艺术流派一般没有固定的组织或纲领，也没有共同的艺术宣言，其形成原因也多种多样。有的是由于某一地区集中了一批艺术风格相近似的艺术家，因而自然而然地形成了某一艺术流派。例如，美术上的威尼斯画派，其形成原因是16世纪意大利威尼斯岛上，集中了贝里尼父子、提香、乔尔乔涅等著名画家，他们都崇尚人文主义美学思想，推崇色彩鲜明、形象丰满的艺术风格。有的是由于题材相同，风格相似，从而形成了某一艺术流派。例如盛唐边塞诗派，因为当时边塞战事不断，诗人们纷纷走向战场，把亲身体验到的战争场面、塞外风光、边疆生活，以及征人怨妇的离情别恨，发之于诗歌，由此逐渐形成了以岑参、高适为代表的盛唐边塞诗派。

③艺术家们本身没有形成流派的计划或意愿，甚至自己并没意识到属于某一流派，只是由于艺术风格的相近，被后人在艺术鉴赏或艺术批评中，将其归纳为特定的流派。例如，中国文学史上著名的“建安文学”，就是后世为了标举以汉末魏初时期曹氏父子和建安七子为代表的一批文学家，而形成的称谓。

除了以上三种类型外，艺术流派的形成还存在着其他一些情况。尤其需要指出的是，艺术流派的出现常常与一定的社会历史条件相联系。

6. “现代主义”与“后现代主义”文化具有哪些不同之处？请结合具体的艺术现象说明。

答：(1)现代主义文化

现代主义文化兴起于19世纪末20世纪初的欧美各国，具有前卫特色并与传统文艺分道扬镳的各种文艺流派和思潮，又称现代派。包括存在主义文学、荒诞派戏剧、意识流小说、野兽派绘画、新浪潮电影等。

(2)后现代主义文化

后现代主义文化是20世纪60年代以来在西方出现的具有反西方近现代体系哲学倾向的思潮。后现代主义作为同后工业社会相适应的一种文化思潮，随着现代主义的衰落而逐渐崛起，它是对现代主义的一种批判与超越。从一定意义上讲，后工业社会是后现代主义产生的时代土壤，后现代主义是后工业社会的文化表征。

(3)现代主义与后现代主义文化的不同之处

①哲学基础

如果说现代主义的思想根源主要是康德的批判理论、叔本华的唯意志论、弗洛伊德的精神分析学，那么，后现代主义的思想根源则主要是存在主义、非理性主义、德里达的解构主义。如果说现代主义更倾向于尼采哲学的“日神精神”，那么后现代主义更倾向于尼采哲学的“酒神精神”，具有更加彻底的悲剧色彩。

②人的主体性

现代主义文艺具有鲜明的自我中心特色，强调弘扬个性与表现自我；与此相反，后现代主义却突出自我怀疑，强调主体丧失，反对一切中心。

③结构与解构

现代主义致力于建构，崇尚结构主义；后现代主义更多地致力于解构，崇尚解构主义。现代主义主张世界是一个整体，其当初的反叛不过是以新秩序来取代旧秩序。但是，后现代主义却力图打破整体性观念，以解构主义为理论基础，以零散化、边缘化、多元化、不确定性来取代整体性。

④对深度的追求

如果说现代主义文艺作品大多晦涩难懂，富有哲理性，需要欣赏者具有相当高的文化水平和艺术修养，才能理解作品的深层内涵和哲理意蕴；后现代主义追求的却是一种平面感，反对文艺向深度开掘，主张无深度的平面文化，追求感官刺激和文化游戏，使文化进一步向世俗文化、娱乐文化、消费文化和商品文化发展。

⑤艺术特征

现代主义艺术的特征在于独一无二的创造性，即独特性。但后现代主义为了适应商品社会的需求，通过工业化大批量生产和大众传播媒介，突出“复制”的作用。这种“复制”使得艺术成为摹本，可以大量发行。如影视音像作品可以通过录音带、录像带、VCD、CD、MP3、MP4和因特网等现代技术广泛流传。

10.3　考研真题与典型题详解

一、填空题

1. 从创作主体的角度解释美术，可归纳为几种学说：情感说、(　　)说、无意识说、(　　)说和(　　)说。(首都师大2009年研)

【答案】表现；游戏；自娱

【解析】从创作主体的角度解释美术本质的学说，可分为情感说、表现说、无意识说、游戏说和自娱说。情感说认为美术是情感的表达。表现说认为美术是心灵的表现，代表人物是意大利哲学家克罗齐，他的核心理论是直觉。无意识说认为美术是本能欲望的表现，也认为艺术是一种表现，但不是情感的表现，而是人的本能欲望，即“无意识”的表现。游戏说认为美术是自由的游戏。自娱说与游戏说都主张美术是无功利的艺术活动。

2. 艺术创作的思维方式主要是(　　)、抽象思维与灵感思维。(央美2007年研)

【答案】形象思维

【解析】在艺术创作活动中，艺术思维由形象思维、抽象思维与灵感思维构成，三者彼此渗透、相互影响。其中，形象思维是主体，但抽象思维和灵感思维的作用也不容忽视。形象思维是指通过一定的形象来感知、把握以及认识事物，即通过具体的、感性的形象来认识事物本质规律的一种思维形式。

3. 明代王履提出了“吾师心，心师目，目师(　　)”的创作思想。(央美2004年研)

【答案】华山

【解析】王履的《华山图序》是中国山水画史上极其重要的一篇画论。他提出了一个极其重要的理念：“吾师心，心师目，目师华山”，强调绘画创作并非简单地再现现实，而是画家由心到目的过程。王履强调山水画创作中师法自然的重要性，可谓是对唐人张璪提出的“外师造化，中得心源”的个人实践体验。

4. “外师造化，中得心源”是由唐代画家(　　)提出的。(浙农林大2011年研)

【答案】张璪

【解析】唐代著名画家张璪曾提出“外师造化，中得心源”的创作方法，主张画家要向大自然学习，从大自然中吸取养分，推崇客观物象与主观情感的统一，对绘画创作中的主客体关系做了十分精辟独到的总结，并成了画学的不朽名言，在中国美术史上有巨大意义，对后世的绘画理论有极大的影响。

5. 最早用“灵感”这一概念来解释文学创作活动的是古希腊哲学家(　　)。

【答案】柏拉图

【解析】艺术灵感是指在艺术活动中主体情绪激动、思路畅通、创造力极强的思维状态，艺术灵感具有突发性、迷狂性、创造性。最早用“灵感”这一概念来解释文学创作活动的是古希腊哲学家柏拉图。

6. 郑板桥描述的从“眼中之竹”到“(　　)”，再到“(　　)”，形象地诠释了艺术创作

的过程。（浙农林大 2013 年研）

【答案】胸中之竹；手中之竹

【解析】清代著名画家郑板桥提出，画竹的过程分为“眼中之竹”“胸中之竹”“手中之竹”三个阶段。“眼中之竹”是指艺术家应在生活中观察、感受，是艺术创作过程中的准备、酝酿阶段，相当于艺术家“晨起看竹”的阶段，即艺术体验活动。“胸中之竹”是指艺术家具备艺术体验和创作欲望后，在头脑中的艺术创作就开始了，并形成主体和客体统一、现象与本质统一、感性与理性统一的审美意象，也就是俗称的“打腹稿”，相当于艺术家“胸中勃勃遂有画意”的阶段，即艺术构思活动。“手中之竹”是指艺术家运用一定的艺术媒介或艺术语言后，将构思成型的审美意象物态化为供人欣赏的艺术形象，创作出艺术作品，相当于艺术家“磨墨、展纸、落笔”的阶段，即艺术传达活动。

7. “诗中有画，画中有诗”是北宋大文学家（　　）对唐代诗人（　　）诗画艺术特点的概括。（浙农林大 2011 年研）

【答案】苏轼；王维

【解析】北宋文学家苏轼《东坡题跋》下卷《书摩诘蓝田烟雨图》评论唐代王维的作品时指出：“味摩诘之诗，诗中有画；观摩诘之画，画中有诗。”王维不但有卓越的文学才能，而且是出色的画家，对于自然的爱好和在山林中生活的经历，使他对自然美具有敏锐独特而细致入微的感受，因而他笔下的山水景物特别富有神韵，常常是略事渲染，便表现出深长悠远的意境，耐人玩味。他的诗取景状物，极有画意，色彩映衬鲜明而优美，写景动静结合。

8. “艺术是媒介”是美国艺术批评家（　　）提出来的。（央美 2007 年研）

【答案】格林伯格

【解析】格林伯格继承了克莱夫·贝尔和弗莱的艺术本体论思想，但他对艺术本质的阐释已经转到了艺术媒介的物质实在方面，提出了“艺术是媒介”的现代主义命题。格林伯格认为现代艺术的本质依赖于它所传达的媒介手段的“客观实在的本质”的能力，媒介手段的经久不变正好含有艺术的自我证明，艺术批评必须通过分析获得媒介的方法来表达艺术的本质，从而阐释艺术本身。格林伯格所说的“媒介”即物质性的颜色、线条和平面等，它们的特性决定着艺术的本质。

9. 撰写《艺术与视知觉》一书的作者是（　　），他提出了（　　）学说，这种学说属于（　　）心理学流派。（央美 2007 年研）

【答案】阿恩海姆；异质同构；格式塔

【解析】《艺术与视知觉》的作者是阿恩海姆，他在对视觉的效能进行系统分析的基础上，为人们更好地使用视觉提供指导，同时帮助恢复视觉的机能。阿恩海姆认为物理世界所具有的某种力的结构和表现性，是对象本身的客观物性。“异质同构”是格式塔心理学派的核心概念，阿恩海姆认为外部事物的存在形式、人的视觉活动和人的情感，以及视觉艺术形式之间有对应关系，一旦这几种不同领域的“力”的作用模式达到结构上的一致，就有可能激起审美经验，这就是“异质同构”。

10. 元代文人画家倪瓒说：“仆之所谓画者，不过逸笔草草，不求形似，（　　）耳。”

（央美 2004 年研）

【答案】聊以自娱

【解析】元代著名画家倪瓒所说的“仆之所谓画者，不过逸笔草草，不求形似，聊以自娱耳”，即作画不求形似，而以“逸笔”排遣胸中逸气，用以自娱。需要指出的是，向来论者都以为倪瓒的“逸笔草草，不求形似”是一种“传神忘形”论，并把它与“传神写形”相对立，这是不符合创作实际的，也不符合倪瓒的艺术创作理念。

11．（　　）是构思典型或具有典型性的艺术意象的过程和方法。（浙农林大 2009 年研）

【答案】典型化

【解析】典型化是构思典型或具有典型性的艺术意象的过程和方法。它是艺术家把不够典型的生活材料按照个别表现一般的规律经过艺术的加工改造，构思出具有典型性的艺术意象的过程。只有在此前提下才能将典型的艺术意象物化为典型的艺术形象。而艺术形象典型化的程度越高就越完美、越有普遍意义。因此，典型化是艺术创作的基本规律。

12．“集体无意识”是瑞士心理学家（　　）提出来的。（央美 2004 年研）

【答案】荣格

【解析】“集体无意识”是瑞士心理学家荣格的分析心理学的重要概念。“集体无意识”是主张人现有的意识是从人的祖先那里继承下来的原始经验的总和，是与生俱来的，凭借遗传蓄积在每个个体心灵的深处，成为种族的心理积淀。

13．法国近代思想家丹纳在其《艺术哲学》中提出的决定艺术发展的三因素为种族、环境和（　　）。（首都师大 2010 年研）

【答案】时代

【解析】《艺术哲学》最初是作者丹纳在巴黎美术学校讲述美术史的讲义，是一部有关艺术、历史及人类文化的巨著。他认为物质文明与精神文明的性质面貌都取决于种族、环境和时代三大因素。从丹纳的“三元素说”可以看到民族特性对艺术家和作家的人生态度、理想、性格、情感等方面的持久性的影响，也可以看到环境、社会意识、时代精神对文化艺术发展的决定性作用。

二、选择题

将人生境界分为“自然”“功利”“道德”和“天地”四层的思想家是（　　）。（四川师大 2015 年研）

A．朱光潜　　B．李泽厚　　C．宗白华　　D．冯友兰

【解析】冯友兰在《人生的境界》中提出可以把不同的人生境界划分为四个等级：自然境界、功利境界、道德境界和天地境界。一个人做事，可能只是顺着他的本能或其社会的风俗习惯，即自然境界。一个人可能意识到他自己，为自己做各种事，即功利境界。一个人可能了解到社会的存在，他是社会的一员，能为社会的利益做各种事，即道德境界。一个人可能了解到超乎社会整体之上，还有一个更大的整体，即宇宙，就是天地境界。

D

三、名词解释

1. 艺术创作主体（北师大 2018 年研）、**艺术家**（南京师大 2022 年研；北印 2022 年研；浙江师大 2022 年研；赣南师大 2019 年研；聊城大学 2018 年研；重庆邮电 2017 年研；曲阜师大 2016 年研）

答：艺术创作主体，即艺术家，是专门从事艺术生产的创造者的总称。在艺术生产中，艺术品的生产者和创造者就是艺术家。具体参见本章考点难点归纳相关内容。

2. 艺术传达活动（南航 2016 年研）、**艺术传达**（湖南师大 2019 年研；东南大学 2017 年研；浙江理工 2013 年研；山东师大 2012 年研）

答：艺术传达活动是指艺术家通过运用一定的物质材料和艺术媒介，使用艺术技巧和艺术手法，在艺术构思活动中对形成的审美意象进行物态化，最终形成可供其他人欣赏的优秀艺术作品和杰出艺术形象的艺术活动。艺术传达活动是艺术创作过程的最后一个阶段，是艺术创作过程中最重要的环节，没有艺术传达，就算是完美的体验与构思也无法表达出来，无法供人欣赏，只能停留在艺术家的头脑之中。

3. 艺术表现（东南大学 2017 年研）

答：艺术表现是艺术家借助于一定的物质媒介，运用艺术语言和表现手段，将艺术构思活动中形成的艺术意象物态化，使之成为具体可感的艺术形象，可供鉴赏的艺术作品，其实质是一种审美表现活动。艺术表现离不开一定的物质材料，通过一定的物质材料可以使审美意象物态化，成为客观存在的艺术品。艺术表现离不开艺术家的主体情感和全部心灵，只有融入创作主体的生命和心灵，找到独特的艺术传达方式，才能创作出优秀的艺术作品。艺术创作既有精神活动性质，又有实践活动性质；既有内心的体验和构思，又有外部的传达和表现，通过这种高级复杂的艺术创造活动，才能将艺术家的审美意识物态化为艺术作品和艺术形象。艺术表现与艺术体验、艺术构思活动是相互渗透、密不可分的，在艺术创作过程中三者是融合在一起的。

4. 艺术创作方法（首都师大 2017 年研）

答：艺术创作方法是指艺术家在创作过程中，对主体思想情感和客观生活的关系所持的基本态度和所遵循的基本原则。艺术创作方法是某种艺术思想在创作中的体现，是指导整个创作活动的最一般的原则。贯穿艺术史的两大主流艺术创作方法是现实主义和浪漫主义，其他还有古典主义创作方法、自然主义创作方法、现代主义创作方法等。

5. 创作方法（首都师大 2011 年研）

答：创作方法又称“创作原则”，是艺术家按照一定的要求表达思想感情和再现社会生活的基本原则。创作方法同艺术家的立场观点、审美意识有密切的关系，它虽也包含着技巧的因素，但却不能归结为技巧、技法，而是思想性因素和技巧性因素的有机统一。它同世界观的关系极为密切，它体现着文艺家的审美观、艺术观，并与其政治观、哲学观以至对世界的基本看法互相联系。但世界观同创作方法有时也存在着矛盾。世界上流行的创作方法很多，主要有古典主义、浪漫主义、自然主义、现代主义、现实主义、革命现实主义与革命浪漫主义相结合等。创作方法在具体的创作过程中，大致对表现对象的选择、观念意向的适应、主体位置的确定、形象造型的引发等起作用。

6. 艺术体验（西安工程 2022 年研；湖南工业大学 2022 年研；中国艺术研究院 2019 年研；北师大 2019 年研；河北大学 2018 年研；成都理工 2017 年研；南航 2016 年研；辽宁大学 2016 年研；湖南师大 2016 年研；四川师大 2015 年研；福建师大 2015 年研；武汉大学 2012 年研）

答：艺术体验是指一种活跃的、丰富的、深刻的内心思想活动。具体参见本章考点难点归纳相关内容。

7. 艺术直觉（首都师大 2019 年研；宁波大学 2018 年研；东南大学 2016 年研；宁波大学 2016 年研；华南理工 2015 年研；华东师大 2015 年研；福建师大 2015 年研）

相关试题：

（1）审美直觉（山东师大 2017 年研）

（2）直觉与感知（河北大学 2017 年研）

答：艺术直觉是指在一定艺术心理定势的导向和作用下，对客观事物感知后，不经过复杂的智力思考的逻辑过程而直接、迅捷地认识和把握事物的思维活动。艺术直觉是凭感官直觉得到的客观对象最初的主观映象，所以它既不完全是感性认识，也不是无意识。其表现形态是感性的、不自觉的、非逻辑的和非功利的，而本质内涵又常是和理性、逻辑、功利目的有内在联系的。它看似先天的本能，实为后天的再造，是以审美主体长期的实践积累、经验积淀、思想修养为内在依据的。艺术直觉在审美判断、艺术创造中有不可忽视的独特功能。它既可以帮助艺术家摄取、捕捉具有审美价值的生活形象，又能引发、沟通创作主体与其他因素的关系。

8. 艺术构思（北师大 2022、2018 年研；浙江大学 2019 年研；陕西师大 2019 年研；中国艺术研究院 2018 年研；郑州大学 2018 年研；武汉科技 2017 年研；山东大学 2016 年研；首都师大 2016 年研；南京大学 2015 年研；辽宁大学 2015 年研；江苏师大 2014 年研；河南师大 2014 年研）

答：参见本章考点难点归纳相关内容。

9. 审美意象（山东师大 2018 年研；杭州师大 2013 年研）

相关试题：意象（南京师大 2018 年研；湖北美院 2017 年研；重庆大学 2016 年研；东南大学 2016 年研；暨南大学 2016 年研）

答：审美意象是指在对客观世界审美感知与体验的基础上，与主观的思想、感情、愿望、理想等相结合起来，从而在艺术家头脑中经过艺术创造后，最终形成的意象。“意象”这一概念最早是中国古典美学中的术语，之后近代西方哲学与艺术理论也逐渐开始使用这一概念。审美意象是主体和客体的统一，但审美意象通过艺术传播媒介或艺术语言等手段转化后，就能够在艺术作品中物态化成艺术形象。因此，艺术构思活动的主要任务就是产生或形成审美意象。

10. 搜尽奇峰打草稿（央美 2004 年研）

答：“搜尽奇峰打草稿”是清朝绘画大师石涛的美学观点。石涛是清初四僧之一，是中国绘画史上重要的探索者、革新者，同时又是艺术理论家。“搜尽奇峰”，指多从山水自然中收集、体验素材；“打草稿”，指对绘画素材勤于选择、构思和加工，更好地把握画理。由此可引申出石涛主张“艺术来源于生活”的美学观点，“搜尽所有的奇峰”即好的艺术作品应该从生活中、大自然中寻求素材。在此基础之上，要像“打草稿”一样勤学苦练艺术的基本功，即艺术语言，只有娴熟的艺术功底才能恰到好处地运用艺术语言创作出优秀的作品。

11. 胸中之竹(西南大学 2010 年研)

答：“胸中之竹”出自清朝画家郑板桥。原义是指画家对审美对象(竹)的感受与自己审美意识熔铸结合而形成的审美意象。在艺术创作的过程中，是指艺术家创作的第二个步骤，即艺术构思活动。艺术构思作为复杂的精神活动，是一种艰苦的脑力劳动，是艺术家深入观察、体验和思考生活后，将其加以选择、加工、提炼、组合，与艺术家的想象、情感等多种心理因素相结合，最终形成审美意象的过程。简而言之，在艺术家头脑思维中形成的主客体统一的审美意象就是艺术构思活动，其主要任务是产生或形成审美意象。郑板桥把肉眼观察到的竹子的形象提炼为自己的审美意象，在心中勾画出一个竹子的形象。在画家郑板桥对艺术创作过程的观点中还分为“眼中之竹”和“手中之竹”，分别对应艺术创作中的艺术体验活动与艺术传达活动。

12. 灵感(中国艺术研究院 2019 年研；浙江大学 2019 年研；华中师大 2019 年研；东南大学 2018 年研；央美 2017 年研；南航 2017 年研；中传 2017 年研；湖南师大 2016 年研)

答：灵感是指在艺术创造活动中，人的大脑皮层在高度兴奋时产生的一种特殊的心理状态和思维形式，是通过一定的抽象或形象思维，突然萌发出新概念或新意象的一种顿悟式思维形式，具有突发性、超常性和易逝性的特点。灵感的产生从表面看好似是偶然触发的、在无意识中创造性发生的思维形式，但其实际是在艺术家长期艰苦思考的基础之上构建而成的。

13. 艺术思维(中南大学 2019 年研；中传 2018 年研；宁波大学 2018 年研；赣南师大 2018 年研；东南大学 2017 年研；天津美院 2017 年研；江苏师大 2016 年研；杭州师大 2009 年研)

答：艺术思维是相对于科学思维而言的，主要是指在艺术创作活动中，想象与联想、灵感与直觉、理智与情感、意识与无意识、形象思维与抽象思维经过复杂的辩证关系构成的思维方式，主要是由形象思维、抽象思维与灵感思维共同构成的，以构思艺术意象为目标的一种思维方式。在艺术思维中，形象思维是主体，但抽象思维和灵感思维也在积极发挥作用。

14. 抽象思维(重庆邮电 2017 年研；福建师大 2017 年研；北京城市学院 2016 年研；南航 2013 年研；山西师大 2013 年研)

答：抽象思维是指通过一定的概念来进行推理、判断以及论证的一种思维形式，哲学家的思维方式就是一种抽象思维，即通过概念或范畴来进行判断和推理，需要客观、冷静地看待事物本身，从而揭露出蕴藏在事物中的“真”。社会科学、自然科学等领域常使用抽象思维进行思考，重视理论研究与逻辑推理。抽象思维也常与形象思维相结合应用于艺术创作与欣赏中，如提炼作品主题、结构安排等。在艺术构思与艺术创造中，作品体裁、主题、结构以及表现手法的选择等都与抽象思维活动密不可分。近现代科学技术发展十分迅猛，抽象思维也逐渐渗透到了艺术领域，使艺术表现的手法得以扩大。

15. 形象思维(东南大学2022年研；安徽大学2019年研；山东大学2017年研；南京师大2017研；福建师大2017年研；南京艺术学院2017年研；南航2016年研；湖南师大2016年研；北影2015年研；陕西师大2015年研；辽宁大学2014年研；厦门大学2014年研；南开大学2012年研；中传2012年研)

答：形象思维是指通过一定的形象来感知、把握以及认识事物，即通过具体的、感性的形象来认识事物本质规律的一种思维形式。形象思维是在对形象信息传递的客观形象体系进行感受、储存的基础上，结合主观的认识和情感进行识别(包括审美判断和科学判断等)，并用一定的形式、手段和工具(包括文学语言、绘画线条色彩、音响节奏旋律及操作工具等)创造和描述形象(包括艺术形象和科学形象)的一种基本的思维形式。形象思维能力的大小能够决定一个人的审美水平。形象思维的特点有：①形象思维过程离不开感性形象；②形象思维过程始终借助于想象、情感等多种心理功能，并不依赖于逻辑推理；③形象思维具有整体性的思维特点。如果说抽象思维侧重于分析，那么形象思维更侧重于综合。形象思维是从事物的整体形象出发去掌握其内在的本质和规律。

16. 无意识(浙江师大2022年研；山东艺术学院2019年研；曲阜师大2019年研；首都师大2018年研；陕西师大2017年研)

答：无意识是指人没有察觉、没有意识的一种心理活动。在普通心理学中，无意识是与意识相比较而言的，又称潜意识、下意识。弗洛伊德的精神分析心理学将无意识归结为人的原始冲动和各种本能、欲望，尤其是性的欲望。他认为人在现实社会生活中无法得到满足的欲望即无意识，它被意识所压制，只能在暗中活动。艺术创作是人类社会中一种高级、复杂的创造性活动。在艺术创作中，顿悟、灵感的契机往往是通过无意识或下意识激发出来的，这也常常成为在表演艺术中进行二度创作的最佳瞬间。

17. 艺术风格(人大2022年研；北师大2022年研；浙江师大2022年研；北影2019年研；郑州大学2019年研；福州大学2019年研；暨南大学2018年研；首都师大2018年研；华南师大2018年研；中国艺术研究院2018年研；中传2017年研；华东师大2017年研；陕西师大2017年研；东南大学2016年研；重庆大学2016年研；南京艺术学院2016年研)

相关试题：风格(杭州师大2016年研；广西民大2016年研；南航2014年研)

答：艺术风格是指艺术家所表现出的具有排他性的独特个性与鲜明个人特色的创作风格。艺术风格非常复杂，它既与艺术家主观因素有关，也与题材分不开，它将艺术作品内容与形式结合，从整体进行呈现。艺术风格可分为艺术家风格和艺术作品风格，由于艺术家世界观、生活经历、性格气质、文化教养、艺术才能、审美情趣的不同，因而他们有着各不相同的艺术特色和创作个性，形成各不相同的艺术风格。艺术风格既有鲜明的多样性特点，又具有民族特色和时代特色。

18. 艺术流派（广州大学 2022 年研；人大 2019 年研；东南大学 2019 年研；郑州大学 2018 年研；首都师大 2018 年研；陕西师大 2018 年研；宁波大学 2018 年研；西北大学 2018 年研；四川大学 2017 年研；福州大学 2017 年研；东南大学 2016 年研；东华大学 2016 年研；重庆大学 2014 年研；华东师大 2014 年研）

答：参见本章考点难点归纳相关内容。

19. 艺术思潮（东南大学 2022 年研；西安工业 2022 年研；四川大学 2021 年研；四川师大 2021 年研；青岛大学 2017 年研；福州大学 2017 年研；南航 2015 年研）

答：参见本章考点难点归纳相关内容。

20. 印象派（武汉理工 2010 年研）

答：印象派是 19 世纪 60 年代至 90 年代西方绘画史上划时代的艺术流派，又称印象主义。印象主义画家追求外光和色彩的表现，主要把身边的生活琐事和直接见闻作为题材，多描绘现实中的人物和自然风景。在构图上多截取客观物象的某个片断或场景来处理画面，打破了写生与创作的界限。此外，印象主义的巨大潮流还波及音乐、文学、摄影、电影等领域，均取得了巨大发展。代表作有莫奈的《草地上的午餐》《日出・印象》和凡・高的《向日葵》等。

21. 现代主义（中国美术学院 2011 年研）

答：现代主义是指源于 19 世纪末、20 世纪初的欧美各国，具有前卫特色并与传统文艺分道扬镳的各种文艺流派和思潮，又称现代派。包括存在主义文学、意识流小说、荒诞派戏剧、新浪潮电影、野兽派绘画等众多艺术流派和艺术创作主张。西方现代主义萌芽的标志是法国象征主义诗人波德莱尔的诗集《恶之花》的问世。现代主义的代表作品有毕加索的油画《亚威农少女》，被认为是传统艺术与现代艺术的分水岭；美国作家海明威的《老人与海》；贝克特的《等待戈多》等等。

22. 未来主义（中传 2013 年研）

答：未来主义是现代西方流行的社会思潮。意大利艺术家目睹现代科技发展而政治文化衰落的现象，提出激进的革命主张，寻找一种适合表现速度、动力、运动、时间过程的绘画语言。旨在根据人类以往的发展和科学知识来预言、预测未来社会发展的前景，以便控制和规划目前的进程，更好地适应未来。内容上，未来主义的创作涵盖了所有的艺术样式，包括绘画、雕塑、诗歌、戏剧、音乐，甚至延伸到烹饪领域。未来主义的代表作品有阿尔文・托夫勒的《第三次浪潮》。

23. 象征主义（西北师大 2015 年研）

答：象征主义是法国文学史上的一种现代主义流派和文学思潮。象征派在艺术上受英国拉斐尔前派和象征派诗人马拉美、波德莱尔，音乐家瓦格纳及尼采主观唯心主义思想的影响。象征派强调主观、个性，以心灵的想象创造某种带有暗示和象征性的神奇画面，他们不再把一时所见真实地表现出来，而通过特定形象的综合来表达自己的观念和内在的精神世界。在形式上则追求华丽堆砌和装饰的效果。象征主义的三位主将是马拉梅、魏尔伦和兰波，《恶之花》的作者波德莱尔被认为是象征主义的先驱。

24. 超现实主义绘画(中传 2011 年研)

答: 超现实主义是一种现代西方文艺流派，两次世界大战之间盛行于欧洲，在视觉艺术领域中其影响最为深远。超现实主义绘画致力于探索人类的潜意识心理，主张突破合乎逻辑与实际的现实观，彻底放弃以逻辑和有序经验记忆为基础的现实形象，将现实观念与本能、潜意识及梦的经验相融合以展现人类深层心理中的形象世界。它认为，现实世界受理性的控制，人的许多本能和欲望受到压抑，能够真正展示人心理真实和本来面目的是现实之外那绝对而超然的彼岸世界，即超现实的世界，这就是人的深层心理或梦境。超现实主义绘画的基本特点是打破理性与意识的樊篱，追求原始冲动和意念的自由释放，将文艺创作视为纯个人的自发心理过程。超现实主义艺术家主要有卢梭、米罗、达利等人。

25. 表现主义(中传 2010 年研)

答: 表现主义是 20 世纪初至 30 年代盛行于欧美一些国家的文学艺术流派，是现代重要艺术流派之一，第一次世界大战后在德国和奥地利流行最广。它最开始是指德国反对学术传统而自主发展的绘画和制图风格，首先出现于美术界，后来在音乐、文学、戏剧以及电影等领域得到重大发展。表现主义是艺术家通过作品着重表现内心的情感，而忽视对描写对象形式的摹写，因此往往表现为对现实的扭曲和抽象化，用来表达恐惧的情感。因此，主题欢快的表现主义作品很少见。表现主义的代表作品有康定斯基的《秋》。

26. 现实主义(中传 2013 年研)

答: 现实主义是指对自然或当代生活做出准确的描绘和体现。现实主义摒弃理想化的想象，而主张细密观察事物的外表，据实摹写，它包含了不同文明中的许多艺术思潮。现实主义也是文学批评和文学研究中最常见的术语之一，它一般在两种意义上被人们使用：①广义现实主义，泛指文学艺术对自然的忠诚，最初源于西方最古老的文学理论，即古希腊人那种“艺术乃自然的直接复现或对自然的模仿”的朴素的观念，即作品的逼真性或与对象的酷似程度成为判断作品成功与否的准则。②狭义的现实主义，是一个历史性概念，特指 19 世纪中期起源于法国的现实主义运动。现实主义是作为浪漫主义的对立面和论辩敌手出现的，它本源地含有反对幻想和伪饰、崇尚真实的意义。现实主义的代表作品有狄更斯的《匹克威克外传》。

27. 自然主义(中传 2012 年研)

答: 自然主义是 19 世纪后半期的一种文艺创作思潮。自然主义以孔德的实证主义哲学和泰纳的实证主义美学为理论基础，其本质在于表面地描绘现实的个别现象，轻视艺术的概括，拒绝对所描绘的事物作社会的、政治的、道德的和美学的评价。作为创作方法，自然主义追求绝对的客观性，崇尚单纯地描摹自然，着重对现实生活的表面现象作记录式的写照，并企图以自然规律特别是生物学规律解释人和人类社会。在文学艺术上，以“按照事物本来的样子去摹仿”作为出发点的自然主义创作倾向，同现实主义创作倾向一样源远流长。

四、简答题

1. 为什么说艺术家是艺术生产过程的主宰者？所谓艺术生产和艺术作品的不可替代性是什么意思？

答：(1)艺术家是艺术生产过程的主宰者。

艺术家本人作为创作主体，在观察体验社会生活、构思艺术意象和将艺术意象物化为艺术作品等三个大的艺术创作阶段中，都充分表现出艺术家对艺术创作过程和艺术产品命运的主宰作用。艺术家在进行艺术创作时，自觉或不自觉地表明自己的倾向和态度，从主观方面也折射和体现出社会生活的影响。艺术生产是一个创造的过程，艺术家总是要把自己的情感、思想、愿望、理想熔铸到艺术形象中。

(2)艺术生产和艺术作品的不可替代性。

艺术家的艺术作品具有不同的个性特点和不可替代性。任何一件艺术作品都必须具有独创性。艺术生产和艺术产品的不可替代性由多方面因素决定：

①艺术家所处的不同时代、不同社会制度和社会生活，不同民族、不同生活经历、不同艺术思想、不同艺术表现形式。

②艺术创作主体的艺术心理定势所包含的各个层次的文化知识、艺术专业知识、艺术创作经验和创作才能。

③艺术家所凭借的社会生活素材是丰富多彩、取之不尽的，所选用的艺术语言的组合具有独特性，艺术主体、意象、艺术形象的组合具有创造性。

④艺术家的主观意识具有独创性。

2. 简述艺术体验活动的活动基础和重要性。

答：参见本章考点难点归纳相关内容。

3. 艺术家的审美创造力主要表现在哪几个方面？

答：艺术家的审美创造力主要表现在以下几个方面：

(1)敏锐的感知力。

艺术家对生活中各类事物必须有着浓厚的兴趣和敏锐的感受，他们要善于观察和捕捉那些不为人们注意的事物特征及情绪因素，从中发现生活与自然的内涵，做出对生活、自然与人生的独特思考。因此，是否具有敏锐的感知能力，是衡量一个艺术家的艺术修养和素质高低、优劣的主要标志。

(2)丰富的想象能力。

艺术想象是一种心灵的创造、心灵的自由。想象在艺术创作中的作用主要表现在两个方面：

①将艺术家回忆中零散的生活印象组合在一起，进行移植改造，通过想象形成一个完整的形象。

②将艺术家带入特定的创作情境，模拟描写对象的神态，体验描写对象的心情，以弥补艺术家生活经验之不足。想象力的丰富与贫乏，是衡量艺术家艺术才华高低的标志。

(3)精湛的艺术技能。

艺术家必须具备专门的艺术技能，掌握某一具体艺术种类的创作技巧，熟练运用这门艺术独特的艺术语言，才能创造出供人们欣赏的艺术作品。例如，音乐家必须熟练掌握并运用旋律、节奏、和声、复调等表现手法，电影艺术家必须熟练掌握并运用镜头、画面、音响、色彩等电影语言，画家必须熟练掌握并运用构图、造型、设色等艺术手段。

4. 举例简要说明艺术家的主体性在艺术创作过程中的体现。

答：(1)艺术家的主体性的含义。

艺术家的主体性是指在艺术创作全过程中，艺术家主体起决定作品命运的重要作用。艺术家的主体性在于艺术家是创作艺术作品不可替代的主体。

(2)艺术家的主体性在艺术创作过程中的体现。

①艺术家是艺术生产过程的主宰。艺术的生产同一般社会生产不同，艺术创作凝聚着艺术家的个性化的因素。就创作过程而言，一件作品会呈现什么面貌，艺术家主体具有第一位的、不可替代的、在一定程度上起着决定性的作用。《断臂的维纳斯》修补断臂的失败说明艺术家在艺术创作中的不可替代性。

②艺术家在艺术创作中表达主体的审美感受。艺术家能在艺术创作中表达主体的人格品德。如文天祥的诗句“人生自古谁无死，留取丹心照汗青”，又如鲁迅的诗句“横眉冷对千夫指，俯首甘为孺子牛”。

③艺术作品具有独创性，不可重复、不可替代。就绝大多数艺术作品而言，复制的原作不等于原作，只是赝品。不同的社会文化背景和时代背景、不同的创作环境、不同的艺术创作主体，甚至同一个艺术作者都不可能处在完全相同的心理状态，更不能创作出完全相同的艺术作品。

5. 简述艺术构思的三个环节。(首都师大 2013 年研)

相关试题：简述“审美意象”的形成过程。(首都师大 2014 年研)

答：艺术构思是指艺术家深入观察、体验和思考生活后，将其加以选择、加工、提炼、组合，与艺术家的想象、情感等多种心理因素相结合，最终形成主体和客体统一、现象与本质统一、感性与理性统一的审美意象的艺术活动。艺术构思作为复杂的精神活动，是一种艰苦的脑力劳动。简而言之，在艺术家头脑思维中形成的主客体统一的审美意象就是艺术构思活动，其主要任务是产生或形成审美意象。其过程大致分为三个环节：

(1)从生活体验到美的发现。

这是艺术胚胎萌发和孕育阶段，在既定的艺术心理定势与社会生活相结合而萌发出来的创作欲望和创作冲动的驱使下，在掌握的创作素材的激发下，艺术家情不自禁地进行艺术创作。

(2)内心视像的酝酿和孕育。

这是完整的艺术意象的成熟阶段，内心视像的艺术萌芽愈发成熟，意象就会更加清晰具体。

(3)审美意象的形成。

“意象”属于中国古代美学的范畴。艺术创作过程中的意象又称为“审美意象”，是想象力对实际生活所提供的经验材料进行加工，在艺术家头脑中形成的形象显现。意象的最终形成表示艺术构思的完成。

6. 唐代画家张璪指出：艺术家创作应该“外师造化，中得心源”。请联系艺术创作的实际，谈谈你对这一看法的理解。（中传 2007 年研）

相关试题：

(1)根据“外师造化，中得心源”解释它说明了怎样的传统艺术思想。（北影 2021 年研）

(2)外师造化，中得心源（名词解释，东南大学 2022 年研）

答：(1)“外师造化，中得心源”的含义。

“外师造化，中得心源”是唐代著名山水画家张璪提出的观点，是中国美学史上“师造化”理论的代表性言论。这句话的意思是画家从外界景物中摄取创作素材后，在头脑中进行加工改造，即为“中得心源”，只有二者有机结合才可以创作出好的作品。“外师造化，中得心源”可以理解为一个真正的画家所必须具备的审美的、艺术的心灵或超然的审美眼光和态度。

(2)“外师造化，中得心源”的哲学基础。

“外师造化”认为现实是艺术的根源，强调艺术家应当师法自然，是基于坚持艺术与现实关系的唯物论基础，带有朴素唯物主义的色彩。

(3)“外师造化，中得心源”强调主客体的统一。

中国画在创作过程中要有“造化”与“心源”的相互作用才能创造出既源于自然界客观事物，又融合艺术家主体思想情感的新的画面形象。这也要求艺术家在进行艺术创作时，必须认真体察自然界的各种丰富现象和变化，结合创作者对此产生的情感，去反映自然界真实的特质，从而创造出“真实美”的艺术作品。它从本质上讲不是再现模仿，而是更重视主体的抒情与表现，是主体与客体、再现与表现的高度统一。这是中国美学史上极具代表性的美学观点，影响了后世许多艺术家的艺术创作。

“外师造化，中得心源”强调通过摹写客观物象来传达人的主观性情，对绘画中的主客观关系做了深刻的概括。主张画家要向大自然学习，从大自然中吸取养分，推崇客观物象与主观情感的统一，对绘画创作中的主客体关系做了一个十分精辟独到的总结。“外师造化，中得心源”是绘画史上不朽的名言，在中国美术史上有巨大意义，对后世的绘画理论有极大的影响。

7. 罗丹：“柯罗在树顶上、草地上和水面上看见的是善良，米勒在这些地方看到的却是痛苦厄运的安排。”试述为什么艺术家在面对同样的题材或对象时会表达不同的思想情感。（中传 2013 年研）

答：艺术与艺术生产作为一种主客观相统一的特殊精神活动，决定了艺术必然具有主体性的相关特征，艺术在用形象反映社会生活时，不是对生活简单的“再现”与“模仿”，而是融入了创作主体与欣赏主体的思想情感后呈现出的最终效果。与此同时，艺术创作拥有了主体性与创造性的特点，因而具有独特的艺术特色。所以艺术家在面对同样的题材或对象时会表达不同的情感，这种艺术创作的主体性特点表现为：

(1)社会生活是艺术创作的源泉与基础，艺术创作依赖于、植根于社会生活。这主要体现在艺术家往往是从社会生活中获得创作动机与灵感，其中的创作内容与素材皆来源于社会现实生活。艺术创作是主客观相统一的创造性活动，因而在这一过程中，艺术家发挥了其主体性作用，决定了艺术创作最终的呈现形态与结果。

(2)艺术作品是艺术家创造性劳动的产物，反映了艺术家独特鲜明的创作特色。古今中外绚丽的艺术宝库中，涌现出了形态万千、绰约多姿的艺术作品，其背后是每个艺术家对社会生活深刻、独特的理解，体现了他们的审美理想、审美情感与审美追求。

(3)艺术创作的差异性还体现在艺术家对美感的感知上。美感是共同性与差异性、社会功利性与个人直觉性的统一体，这决定了艺术家感知美感是具有主体性与独立性的。“有一千个读者，就有一千个哈姆雷特”深刻说明了这一道理。

8. 简述艺术创作中形象思维与抽象思维之间的关系，二者是如何相互转化的?

答:(1)艺术创作中形象思维与抽象思维之间的关系。

形象思维与抽象思维之间是一种对立统一的关系，既相互区别又相互联系。

①形象思维与抽象思维的联系。

a. 形象思维与抽象思维可以在艺术家的创作过程中相互交叉和转化、渗透，在思维活动中相辅相成，与灵感思维一起构成艺术思维。

b. 形象思维是主要的、基本的，它具有整体性的特征，着重于综合，从整体上把握事物的特征。抽象思维也是必要的、不可缺少的，成为形象思维的必要补充，它主要侧重于分析，在艺术创作中要服从形象思维规律，有机融合于形象思维之中。二者在融合中共同发挥作用。

②形象思维与抽象思维的区别。

a. 在思维的整个过程中，抽象思维始终离不开概念；形象思维的过程则始终离不开具体的、感性的形象。

b. 形象思维的过程始终伴随着强烈的情感活动，并要依靠想象、联想，形象思维的目的是要创造出真情实感的活生生的艺术形象；抽象思维要尊重客观事实，遵循严密的逻辑推理，不允许感情用事。

c. 形象思维侧重于综合，具有整体性的特点，强调从整体上去把握事物，通过事物的整体形象来把握其内在的本质和规律。抽象思维侧重分析，可以孤立地研究事物的某个局部，揭示事物某一方面的本质和规律。

d. 形象思维的结果是典型的艺术形象；抽象思维的结果是概念、判断、推理。

(2)形象思维和抽象思维的转化。

艺术思维中的形象思维和抽象思维的互相转化是严格地遵循着艺术美的规律来进行的。遵循艺术美的规律转化包含着三层意思:

①艺术思维中的形象思维和抽象思维互相配合和转化的目的是使艺术意象向着理想化的目标发展，而科学思维中的形象思维和抽象思维互相转化的目的则是要找出客观事物的本质和规律。

②着重表现艺术意象的深层内涵与意蕴，遵循突出艺术形象独特神韵的原则对其进行转化。

③在选用艺术语言和表现方法来塑造艺术形象的过程中，在运用艺术语言时，通过形象思维对艺术语言进行理性的分析、比较，从而选出更恰当精妙的艺术语言来塑造抽象思维，最终促进形象思维与抽象思维的相互转化。

9. 简述形象思维的含义和主要特征。（安徽大学 2019 年研；浙江师大 2019 年研；河南师大 2018 年研；南京师大 2017 年研；中传 2016 年研；湖南师大 2016 年研；厦门大学 2014 年研；南开大学 2012 年研）

相关试题：

（1）形象思维的特点。（四川轻化工 2017 年研；华南理工 2014 年研）

（2）艺术设计的思维与方法。（昆明理工 2015 年研）

（3）怎样理解美术创作中的形象思维？（广西民大 2017 年研）

（4）形象思维有哪些主要的特征？（浙江理工 2017 年研）

答：（1）形象思维是指通过一定的形象来感知、把握以及认识事物，即通过具体的、感性的形象来认识事物本质规律的一种思维形式。形象思维作为人类主观地、能动地认识和反映世界的基本形式之一，是艺术创作过程中主要的思维方式。形象思维是在对形象信息传递的客观形象体系进行感受、储存的基础上，结合主观的认识和情感进行识别（包括审美判断和科学判断等），并用一定的形式、手段和工具（包括文学语言、绘画线条色彩、音响节奏旋律及操作工具等）创造和描述形象（包括艺术形象和科学形象）的一种基本的思维形式。形象思维能力的大小能够决定一个人的审美水平。

（2）形象思维的特征。

①形象思维过程离不开感性形象。形象思维最主要的特点就是始终不能离开具体的、可感的形象，是通过形象来进行思维的。艺术家在开始创造艺术形象之前，首先会有一个艺术体验或进行艺术构思的过程，即将要创造的形象以表象的形式在艺术家自己的头脑中自由自觉地活动起来。表象在心理学中是指人们记忆中所保存的客观事物的形象，形象性是表象最突出的特点。

②形象思维过程始终借助于想象、情感等多种心理功能，并不依赖于逻辑推理。形象思维的主要活动方式就是想象和联想，情感在形象思维过程中也具有特有的作用。想象在艺术创作活动中占有核心的地位，而情感则是推动艺术创作的动力。艺术创作离不开想象和情感。

③形象思维具有整体性的特点。如果说抽象思维侧重于分析，那么形象思维更侧重于综合。形象思维是从事物的整体形象出发去掌握其内在的本质和规律。

10. 什么是民族的集体无意识？它对于艺术创作的意义是什么？（首都师大 2015 年研）

相关试题：

（1）论述在艺术创作的过程中意识与无意识的作用。（论述题，山西师大 2013 年研）

（2）请论述无意识的主要特征和类型特点。（论述题，东南大学 2022 年研）

答：（1）民族的集体无意识。

集体无意识是瑞士心理学家荣格的分析心理学的重要概念。集体无意识是从人的祖先那里继承下来的原始经验的总和，是与生俱来的，凭借遗传蓄积在每个个体心灵的深处，成为种族的心理积淀。它们都是先天的，包括两大要素：①本能，即为延续种族和维持生存的性欲和营养本能。②原始意象，是人类自原始时代积累的印象。它又包含了两个内容：人类生存活动中形成的本能集体无意识；民族文化历史发展中形成的民族集体无意识，即“民族魂”。

一个民族，一个国家，在长期历史发展过程中逐渐形成的传统的民族性格和民族精神中，最富有凝聚力、共同具有的潜在的民族心理，叫作民族的集体无意识。它包含着该民族特有的、传统的、习惯成自然的凝聚力和非常强大的民族魂。

(2)对于艺术创作的意义。

集体无意识在艺术家身上体现得十分突出。艺术家依靠这种艺术心理定势和文化素养的支撑，产生了创作冲动，从而创作出具有本民族文化风格或韵味的艺术作品。越伟大的艺术家，越能充分表现出他本民族精神和性格所积淀起来的集体无意识。所谓的民族风格，是对民族性格和民族集体无意识的充分体现。

11. 叶燮在《原诗》中提出，艺术家的创造动力可以分为“才、胆、识、力”四种要素。你对此作何理解？(中传2010年研)

答：叶燮在《原诗》中，把创作客体分为“理、事、情”三个方面，把创作主体分为“才、胆、识、力”四个要素，从创作主体出发，分别讲述了审美判断力、审美表现力、主体的自信力、作品的生命力。“才、胆、识、力”是创作主体最有个性化的因素，是作家个性心理质素最完整的概括。

(1)“才”，是指诗人主体的艺术才能和才华，具体包括诗人观察、认识客观事物的能力，以及艺术地表现“理”“事”“情”的能力。

(2)“胆”，是指诗人敢于突破传统束缚的独立思考的能力，在创作中表现为自由创作的艺术精神。

(3)“识”，是指诗人对事物“理、事、情”特点的辨别能力，又指对世界事物是非美丑的识别能力，更是鉴别诗歌及其艺术表现特征的能力。

(4)“力”，是指诗人运用形象概括现实生活和客观事物的功力和笔力，以及独树一帜、立一家之言的气魄。它是诗人创作中不同于他人的独创性的力度。

四者之中，“识”处于核心和主宰的地位。四者具有一种“交相为济”的关系，“胆”既依赖于“识”，又能延展深化为“才”，而“才”则必须要“力”来承载。因此，没有“力”的作用，“才”是不可能充分展现出来的。总而言之，“才、胆、识、力”四者不可分割，而且相互联系、相互滋润，共同构成了创作主体的个性心理结构。

12. 简述美术创作心理要素“联想”的定义、作用。(首都师大2014年研)

答：(1)联想的定义。

联想在心理学上是指从一个事物想到另一个事物的心理过程。艺术联想是指一个拥有强大的艺术心理定势、深厚的艺术创作修养和激情的艺术家在观察和体验生活时，能敏锐地从千姿百态的实际生活中，迅速识别出那些具有审美价值和创作意义的事物，做出深刻的本质的理解，并由此产生艺术联想的心理过程。联想可以划分为接近联想、相似联想、对比联想、因果联想、自由联想和控制联想等。

(2)联想的作用。

联想既使艺术形象更加鲜明生动，还能够使感知的形象内容更加丰富深刻，从而使艺术鉴赏活动不仅是直接感受艺术作品的感性形式，还能够更加深入地感受到艺术作品感性形式内在蕴藏的更为深刻的意义。

①“联想”这一心理活动在音乐鉴赏中大量存在，尤其是欣赏描绘性音乐时，欣赏者主要通过音响感知和情感体验激发出对相关生活形象和意境的联想。例如法国最有代表性的浪漫派作曲家柏辽兹的经典交响曲《幻想交响曲》，在第三乐章“田野景色”中，乐队通过英国管和双簧管的对答来模拟乡间牧笛的相互呼唤，激发出欣赏者对山乡牧羊人在淳朴的田园风光中吹奏牧笛的形象和意境的联想。

②联想在电影艺术中有着十分重要的作用。蒙太奇作为电影最重要的美学特性之一，是电影最重要的艺术语言和表现手法，而联想则是蒙太奇的心理基础。在电影中，蒙太奇通过影响观众的情绪，激发观众的联想并引起观众的思考，使电影具有了神奇的艺术魅力。例如普多夫金在著名影片《母亲》中，将工人示威游行的镜头与春天河水解冻的镜头组合在一起，从而引发观众的联想。

(3)联想的产生条件。

①客观条件。联想必须以艺术作品和艺术形象为依据，并与作品的内容和情绪紧密结合。

②主观条件。联想常常受到欣赏者自身社会经验的影响，欣赏者社会经验越丰富，联想越具有广阔性、敏捷性和选择性。

艺术联想是艺术家在长期的艺术实践中培养起来的独特的观察能力和认识能力的结果，是艺术家对生活产生的深刻认识和独到见解的结果，也是艺术家所要创作的艺术作品的灵魂和生活力。

13. 简述你对“曹衣出水，吴带当风”的理解。(中传2008年研)

答：中国古代绘画史中广泛流传的“曹衣出水，吴带当风”，是指南北朝北齐著名画家曹仲达和唐代著名画家吴道子创作的人物画。曹仲达所画人物挺劲有力，衣衫紧窄贴肉，好似刚从水中出来一般；而吴道子创作的人物画，所画人物神采飞扬，衣服宽松、裙带飘举，具有运动感，惟妙惟肖，生气勃勃。

(1)“曹衣出水，其体稠迭，而衣服紧窄”，表现的佛像仿佛身着薄质而十分贴体的衣服，而描绘衣纹线条则多而稠密，整体呈现出“出水湿衣”的效果。曹仲达，曹国人，以画梵像著称。画过许多佛陀、菩萨，可惜没有作品流传下来。在佛教艺术方面开创的造像风格被称为“曹家样”，对佛教绘画有重大影响。

(2)“吴带当风”突破南北朝“曹衣出水”的艺术形式，笔势圆转，衣服飘举，盈盈若舞，形成“吴带当风”的独特风格，风行于世，被称作“吴家样”。吴道子善于把握住传神的法则，注意形象塑造的整体，故所画执炉女子壁画，达到“窃眸欲语”的地步，十分传神生动。他的画与张旭的草书、斐旻的剑术，被誉为当时的“三绝”，吴道子也被后世敬称为“画圣”。吴道子所画的人物颇有特色，与张僧繇并称“疏体”，区别于顾恺之、陆探微的“密体”。其笔不周而意足，貌有缺而神全；他还一变东晋顾恺之以来那种粗细一律的“铁线描”，善于轻重顿挫似有节奏的“兰叶描”。

14. 什么是艺术作品的风格？试举三件自己熟悉的作品，分析它们的风格特征。(杭州师大2013年研)

相关试题：

（1）什么是艺术风格？什么是艺术的民族风格和时代风格？（武汉理工2011年研）

（2）简述艺术风格。（杭州师大2016年研）

（3）艺术风格的概念与特征。（北师大2018年研）

（4）简述风格的特征，并举例说明。（宁夏大学2018年研）

答：（1）艺术风格是指艺术家在总体的创作中所呈现出来的独特的创作个性与鲜明的艺术特点，是由艺术家主观方面的特点和作品的客观特征所形成的一种独特的艺术风貌。风格是艺术家在创作实践中逐渐形成的，是艺术家通过独特的艺术形式对创作见解的表现，是一个艺术家在全部作品中反映出来的基本特色和创作个性，也是一个艺术家创作成熟的重要标志。艺术风格的特征主要包括多样性、民族特色和时代特色。

（2）作品分析。

①油画《格尔尼卡》是毕加索于20世纪30年代创作的一件具有重大影响及历史意义的杰作，这幅画内容是谴责德国空军轰炸西班牙北部格尔尼卡镇事件，结合立体主义、超现实主义风格，画面表现了受难、惊慌和兽性。这幅画的构图初看有些随意，但实际与当时战乱时人们四处奔逃、惊恐的气氛相一致。这幅画具有很强的时代性，同时，抽象的形象、不可思议的扭曲程度和粗犷的线条能够看出毕加索自己的独特风格。

②电影《洛丽塔》利用主人公讲故事的方式，以故事线串联起整部片子，层层递进，使观众时刻紧绷着神经。电影开头主人公无心驾驶导致车祸频发，副驾上带有血的发卡一开始就将观众拉入了紧张的氛围中，主人公的自述与结尾的法庭相呼应。情节看似错综复杂，其实环环相扣，全新的叙事方式与以往电影的叙述风格有所不同。

③莫奈的《日出·印象》是印象主义画派的开山之作，描绘了勒阿弗尔港口早晨太阳的光芒笼罩的瞬间，在画中看不到非常明确的阴影，也看不到突显的轮廓线，对于色彩的运用相当的细腻。这幅画完全是一瞬间的视觉感受和活泼生动的作画情绪使然，风格上，以往那种谨慎而明确的轮廓，呆板而僵化的色调荡然无存。

15. 艺术流派、艺术思潮和创作方法三者之间的关系。（浙江师大2011年研）

相关试题：什么是艺术思潮？它跟艺术流派的关系如何？（陕西师大2019年研；福州大学2019年研；东南大学2019年研；内蒙古大学2017年研；西北大学2014年研；华南理工2014年研）

答：艺术流派、艺术思潮和创作方法三者之间的关系是：

（1）艺术流派与艺术思潮两者联系紧密。

有时候，艺术思潮是以一个或几个艺术流派为核心，在相近的艺术思想、创作倾向下进行的各种艺术活动而形成的影响很大的艺术潮流，即艺术思潮与艺术流派同时出现，两者此时相辅相成，互相影响。思潮以流派为基础。艺术思潮可以包含或者派生出多个艺术流派，而艺术流派又可以推动艺术思潮的前进。

（2）各自具有独立性。

①艺术思潮指通过社会历史来区分某种创作主张或艺术思想，可能包含着许多艺术流派以及多种不同的艺术创作方法。

②艺术流派则指根据艺术发展史来划分各种拥有不同个性特点的艺术派别。

两者的形成条件有所不同，前者更注重社会思潮和理论力量，后者更注重于艺术家的创作实践。

(3)艺术流派、艺术思潮同创作方法的联系。

特定的创作方法体现了特定的艺术思潮及流派的审美文化精神。某种流派与思潮往往推崇与之相应的创作方法。而创作方法也因艺术流派和艺术思潮得以迅速发展。艺术流派与艺术思潮是特定历史时期的艺术现象，创作方法则是艺术家从事艺术创作时所遵循的基本原则。三者都有利于直接推动各时代艺术的蓬勃发展。艺术流派和艺术思潮直接推动了各时代艺术的发展，有助于深入了解艺术家及其作品的内在意义，进一步证明了再现和表现相统一是艺术自身的规律之一。

16. 简述审美想象的主要特征。(浙农林大 2012 年研)

答：审美想象是审美主体所具有的能使审美活动顺利开展的一项重要能力，又称审美想象力，贯穿于艺术体验、艺术构思和艺术表现的整个创作过程，是艺术创作中最关键的因素之一。所谓的审美想象，指在记忆表象的基础上，有目的、有组织地创造新的艺术意象的过程。按照感知表象在心理活动中的展现，可以把审美想象分为感知想象、再现想象和创造想象三种基本类型。审美想象的主要特征有：

(1)自由性。审美知觉要受到当前知觉对象时空的局限，而审美想象则可以在知觉材料的基础上脱离知觉对象的局限，无拘无束地自由驰骋。

(2)情感性。审美想象与科学想象有着本质的区别，科学想象是按理性要求展开的想象，而审美想象则是在情感的推动下展开的想象。审美想象是一种情感的想象。在主体情感的推动下，审美需要借助想象而具体化，最终形成审美意象。

(3)创造性。审美想象是一种具有创造性的想象，它的创造性是由情感性决定的。在审美活动中，情感是主体的情感，它决定了主体的审美理想。审美理想和审美对象之间不是对等的关系，要通过审美对象来实现审美理想，就需要依靠有情感的创造。审美想象的创造具有极大的主观创造性。

(4)规律性。审美想象具有极大的自由创造性，同时它还受着规律性的限制。从前提上看，审美想象必须建立在对审美对象内在“必然”规律(即客体的内容、意蕴)的把握基础上，同时它受到主体审美经验内在规律的限制。从结果上看，审美想象创造的意象也必然揭示了审美对象的某些规律。

17. 古典主义的艺术特征是什么？(中传 2011 年研)

相关试题：古典主义(名词解释，中国艺术研究院 2021 年研；中传 2013 年研)

答：古典主义是欧洲封建社会向资本主义过渡时期产生的一种创作方法。形成并繁盛于 17 世纪的法国，从古希腊、古罗马文学里面吸取艺术形式和题材，主张拥护中央集权，尊重主权，歌颂贤明君主；崇尚理性，克制个人情欲，有严格的艺术规范和标准。古典主义文学思潮是新兴资产阶级和封建贵族在政治上的妥协产物。古典主义的艺术特征主要有：

(1)要求创作忠于自然又合乎理想。

古典主义强调复古，甚至采用古代题材来表现艺术家对现实的态度。它号召“摹仿自然”，自然不是指客观世界，而是经过主观选择的现象，主要描述对象是人性。至于物质世界，古典主义作家几乎是视而不见的。

(2)崇尚理性与理智、排斥感情，讲求共性与规则。

古典主义往往以抽象的共性代替具体的个性，强调克制自我的感情和欲望，服从国家的需要，为君主专制的利益服务。而且这种思想倾向是通过人物之口直接宣讲的，而不像现实主义具有隐蔽性。

(3)要求结构严谨。

古典主义要求按照“三一律”创作剧本，即故事必须发生在同一地点、情节一致(情节应构成一个有机的整体)、时间一致(限于一昼夜之内)。古典主义悲剧作家基本上都遵照“三一律”写作。

(4)采用诗的语言。

古典主义把文体和语言分为雅俗两种，粗词俗字不能出现在悲剧中。古典主义还要求简洁、洗练、明朗、精确的文风，反对烦琐、枝蔓、含糊、晦涩。

18. 简述浪漫主义的艺术特色及其主要成就。(中传2011年研)

答：浪漫主义作为贯穿艺术史的创作方法，与现实主义一样自古有之。浪漫主义是艺术家以奔放的主观激情，按照理想的面貌表现生活的创作方法。

(1)基本特征。

①追求理想(创作重心)。浪漫主义往往通过描绘人们所希望的美好世界来超越现实，如同席勒所说，浪漫主义就是“试图用美丽的理想去代替那不足的真实”。

②创造奇幻型的艺术形象。浪漫主义往往以奇幻的想象重新创造出客观世界以外的奇人、奇事、奇境等超凡的生活情景和艺术形象。

③强烈的主观抒情色彩。主观性是浪漫主义的主要特征，浪漫主义具有强烈的主观抒情的色彩，往往塑造充满激情的情感形象。这是因为在浪漫主义创作中艺术家以主观激情直接表现了自己所向往的理想世界。

(2)艺术特色。

常常运用奇妙的幻想、强烈的对比、绚丽的色彩、昂扬的节奏、夸张的语言、离奇的情节，甚至超越时空，构成奇幻的特色，形成浪漫主义的外部特征。

(3)主要成就。

①在纵向上，浪漫主义文学是对文艺复兴时期人本主义理念的继承和发扬，也是对僵化的法国古典主义的有力反驳。

②在横向上，浪漫主义文学和随后出现的现实主义共同构成西方近代文学的两大体系，造就19世纪西方文学盛极一时的繁荣局面，对后来的现代主义和后现代主义文学产生了深远的影响。

五、论述题

1. 以某一位艺术家为例，谈谈作为创作主体的艺术家应具备怎样的修养？(首都师大2017年研；东南大学2017年研；山东大学2017年研；浙江师大2011年研)

相关试题：

(1)作为一个优秀的艺术家应该拥有哪些特质？(简答题，浙农林大2015年研)

(2)艺术家应有的艺术修养。(简答题，西北师大2019年研；首都师大2018年研；重

庆邮电2017年研；江苏师大2016年研；陕西师大2015年研；华东师大2014年研；福建师大2013年研）

(3)艺术家必须具备的修养与能力。（简答题，北师大2019年研；河北大学2016年研）

答：艺术修养是人文化修养中的重要组成部分，也是人文精神的集中体现。例如意大利文艺复兴时期“画坛三杰”之一的米开朗基罗是一位具有斐然成就的雕塑家、画家和建筑师，是文艺复兴时期雕塑艺术最高峰的代表，与拉斐尔和达·芬奇并称为文艺复兴后三杰。他为故乡佛罗伦萨创作的大理石雕像《大卫》被誉为文艺复兴时代英雄的象征，其他作品如《摩西》等，也都是世界雕刻史上卓越的艺术作品。他的作品及内涵都表现了艺术家的高水准及修养。作为创作主体的艺术家应具备以下几个修养：

(1)进步的世界观和审美理想。进步的世界观决定了正确的创作目的与创作动机，影响着艺术作品的格调与品位。艺术家只有具备深刻的见解，才能把握和揭示生活深层次的本质和规律，才能创作出有生命力的艺术作品。米开朗基罗创作的经典大理石雕像《大卫》，紧张的神情和雄健的体魄，充分表现出大卫的献身精神。米开朗基罗在大卫身上寄托了赋予人民的希望和爱国者的理想，使这件拥有不朽生命力的艺术作品成为文艺复兴时代英雄的象征。《大卫》是文艺复兴时期人文主义思想的集中体现，作品不仅体现出古希腊艺术的复兴，还寓意着人们已经从黑暗的中世纪束缚中解脱出来。这件雕像被安置在韦吉奥宫正门前，是佛罗伦萨守护神和民主政府的象征。

(2)广博的文化素养与深邃的思想。广博的学识修养能够帮助艺术家从整体上提高创作的境界，文化修养能够对艺术的表现力与接受力产生直接影响。艺术的感受力是心灵对艺术的文化审美。深厚的文化修养能够使艺术家们提高文化视野的高度，从而更深层次地感悟生命、洞察现实，使自己的艺术创作更具有表现力。艺术家应具备的文化素养大致分为一般文化、姊妹文化和专业文化。米开朗基罗为美第奇教堂设计的大理石雕刻《晨》《暮》《昼》《夜》就是一组寓意深刻的艺术作品，这四件雕刻作品内部蕴藏着十分深厚的意义，它们不仅象征着时间的流逝，还表现出世事变迁的意味，除此之外，这四件雕刻作品的构图大多呈现给人以不稳定的感觉，人物的神情中显露出的惶恐与悲伤，蕴涵着米开朗基罗对人生、历史、社会的深刻思索，表现出艺术家广博的文化素养与深邃的思想。

(3)丰富的生活积累和独立的人格。丰富曲折的人生阅历和生活体验是艺术家进行艺术创作的基本材料和前提条件。当艺术家深切的思想感受与独特的社会生活相结合、相碰撞时，才能迸发出艺术的创作火花。米开朗基罗作品的风格就与其丰富的人生阅历有关，他多才多艺，兼雕塑家、画家、建筑师与诗人于一身，他一生经历了许多坎坷和世态炎凉，这使他创作的作品都具有戏剧般的效果、磅礴的气势以及人类的悲壮。1534年，教皇克里门七世委托米开朗基罗为西斯廷天主堂祭台作壁画，但当时的米开朗基罗已年逾六十，教皇这种无限的艺术剥削行为使得米开朗基罗身心交瘁，而且当时的米开朗基罗还正在经历着精神与信仰的危机，于是他选择了《最后的审判》这一主题来表现他的痛苦。这幅壁画也和天顶画《创世纪》一样，均是由米开朗基罗独立完成的。这位年迈的老艺术家用了将近6年的时间，在祭台后方这块将近200平方米的墙壁上，独自完成了这一幅展现了艺术家艺术魄力和精神的多人物壁画。

(4)敏锐的观察力和强烈的感受力。敏锐的观察力是艺术家在现实生活的基础上进行艺术创作的基本素质和必要准备。艺术创作的前提就是观察和感受，艺术家极其重视感受的积累。1534～1541年米开朗基罗创作的壁画《最后的审判》，篇幅巨大，将西斯廷天主堂祭台后方的将近200平方米的墙壁都占满了。米开朗基罗在壁画中刻画了400多个人物，均是以现实和历史中的人物为原型来塑造的。在创作时，为了解决从下往上仰视画中人物所呈现出的不协调比例，米开朗基罗将壁画上方的人物画得大一点，壁画下方的人物画得小一点，最终呈现出适合观赏的艺术效果。

(5)丰富的想象力和独特的记忆力。一个艺术家想象力的丰富或贫乏是其才华高低的标志，可以说没有艺术想象就没有艺术创造。独特的记忆力是孕育艺术家艺术思想和艺术个性的摇篮，是积累创作素材的库房。西斯廷教堂中的大型壁画《最后的审判》，是米开朗基罗另一件具有重要意义的作品。作画期间，他不断地从赞美诗《最后的审判日》和但丁的《地狱篇》中汲取灵感，并通过丰富的想象力和独特的记忆力，将壁画中各种各样的人物形象都刻画得栩栩如生，各具鲜明的特色，成为后世画家临摹的范本，也在西方艺术史上被誉为“人体的百科全书”。

(6)精湛的艺术技巧和卓越的创造力。富于创造性的艺术想象力能够让艺术家构思出十分理想化的艺术意象。精湛的艺术技巧与表现能够使得艺术家充分运用艺术语言和表现方法，生动地、恰到好处地将脑中意象物化为艺术形象，从而完成艺术形象的创造。米开朗基罗的成名作《哀悼基督》，作品主题取材于基督被害后，圣母对自己儿子的殉难表示深切哀悼的宗教故事。由于米开朗基罗在25岁便完成了这幅伟大的作品，引起了许多人的质疑。因此他不得不将自己的名字刻在圣母胸前的衣带上，这也是唯一一幅刻有雕刻家姓名的作品。还有西斯廷教堂中的天顶画《创世纪》，这幅天顶画距地面约有三层楼高，占满了该教堂整个长方形大厅的屋顶。整个屋顶长36.54米，宽13.14米，平面达480平方米，分布着300多个很大的男女形象，宏伟的场面和完美的造型都充分体现出艺术家非凡的创造力。天顶画《创世纪》艺术场面宏大，人物形象塑造得也极其震撼，是米开朗基罗在绘画创作方面的最大杰作。

2. 论述艺术家与社会生活的关系。(浙江师大2013年研)

答：艺术家作为艺术创作的主体，与社会生活的关系十分密切，而且艺术家对社会生活的能动反映以及进行创造性劳动后的产物，就是艺术作品，因此，艺术创作的主体和客体都与社会生活有着十分紧密的联系。从创作客体的角度来看，社会生活是艺术家进行创作的源泉和基础，艺术创作离不开客观的现实生活以及艺术家对社会生活的观察体验；从创作主体的角度来看，艺术家属于一定的时代、民族和阶级，是艺术创作的主体，与社会有着十分紧密的联系，因此艺术家的创作总是离不开艺术家自身生活实践与生活经历的影响，容易受到一定社会生活方式的制约。从这两个角度来看，艺术家的创作与社会生活密不可分，具体表现为：

(1)社会生活是艺术家进行创作的源泉和基础，因此，艺术家需要借助于在社会生活中的观察、体验活动来进行创造活动。在这一方面，古今中外的艺术家们都有着深刻的感受。例如唐代著名画家张璪曾提出“外师造化，中得心源”的创作方法，主张画家要向大自然学习，从大自然中吸取养分，推崇客观物象与主观情感的统一。张璪对绘画创作中的主客体关系做了十分精辟独到的总结，并成了画学的不朽名言，在中国美术史上有巨大意义，对后世的绘画理论有极大的影响。

(2)艺术家作为创作主体，属于一定的民族、时代和阶级，与社会生活密不可分。因此，艺术家在进行艺术创作时，不仅要从社会生活中选取创作的素材和灵感，还要对社会生活作出评判，主观地折射和呈现出社会生活的影响。艺术世界中的众多艺术形象，都是艺术家个人经历和社会生活结合的产物。

(3)艺术作品并不是简单地复制社会生活的现象。从社会生活物态化为艺术作品的过程是需要创造性劳动的过程，需要艺术家将自身的情感、思想、愿望、理想等思想内容都融入艺术形象之中。艺术不仅仅是再现生活，更重要的是表现生活。但是，艺术家的主观表现与其自身所经历过的社会生活实践是密不可分的。在艺术世界中所呈现出的所有鲜明的人物形象以及诗情画意的风景，都是艺术家从自身的人生阅历以及生活实践经验中加工、提炼出来的结晶。

3. 谈谈你对艺术创作中的技与艺的关系的认识。(南京师大 2017 年研；曲阜师大 2015 年研)

答："技"即艺术技巧，是指掌握和运用具体的专业技术、技法的能力，它包括对工具材料的性能、用途和使用方法的掌握。"艺"即技艺，指艺术家的审美表达、情感与创意等。艺术创作中"技"与"艺"相互联系、相互区别，具体表现为：

(1)"技"与"艺"的联系。

技巧不能脱离作品的内容和观念而独立存在，再高超的技巧也应服从艺术家的审美表达，与艺术家的情感、创意内容相结合，不能为技巧而技巧，高超的艺术技巧往往是浑然天成、不露痕迹的。一味玩弄技巧、显示技巧，作品往往会华而不实，显得空洞而缺乏情感，没有生命力。

(2)"技"与"艺"的区别。

艺术的专业技能可以通过训练提高，但同样的技能训练不能培养出相同水平的艺术家，天赋也是影响艺术家成就的一个因素。此外，还需要丰富的生活积累、培养审美观念。

4. 试论艺术创作过程。(华中师大 2018 年研；华东师大 2017 年研；南京艺术学院 2017 年研)

相关试题：艺术创作有几个阶段？(南京师大 2021 年研)

答：(1)艺术创作活动是指在创作欲望的促使下，艺术家通过采用一定的艺术语言、艺术手法表现技巧以及艺术的加工创造等艺术创造性活动，将自己在客观现实社会中的生活体验与亲身经历的情绪情感升华为具体、生动、鲜明的艺术形象，从而将自己的审美意识物态化为艺术作品。艺术创作过程从本质上来说，其实就是将对现实的审美认识转化为对审美认识的表现的艺术过程；是在艺术体验的基础上，进行艺术构思和艺术表现的过程；是现实的社会生活通过艺术家的精神生产活动向艺术作品不断转化的过程。

(2)艺术创作过程主要分为三个阶段：

①艺术体验，是指一种活跃的、丰富的、深刻的内心思想活动，并与强烈的情感情绪相结合，再加上艺术家长期对于生活的感受、观察和思考，为艺术创作提供了基础和前提，从而引起艺术家不可遏制的创作欲望。艺术体验是艺术创作的准备阶段，它可能是一个相

当长期的过程。

②艺术构思，作为复杂的精神活动，是一种艰苦的脑力劳动，是艺术家深入观察、体验和思考生活后，将其加以选择、加工、提炼、组合，与艺术家的想象、情感等多种心理因素相结合起来，最终形成主体和客体统一、现象与本质统一、感性与理性统一的审美意象。简而言之，在艺术家头脑思维中形成的主客体统一的审美意象就是艺术构思活动，其主要任务是产生或形成审美意象。

③艺术表现或艺术传达，指艺术家运用一定的物质材料和艺术媒介，使用艺术技巧和艺术手法将其进行加工提炼，并在艺术构思活动中对形成的审美意象进行物态化，最终形成可供其他人欣赏的优秀的艺术作品和杰出的艺术形象。艺术传达活动是艺术创作过程的最后一个阶段。艺术表现是一种艺术生产的实践活动，需要借助于一定的物质材料基础，从而使审美意象物态化为客观存在的艺术作品。

艺术体验、艺术构思与艺术传达在艺术创作活动中是互相依存、彼此渗透的关系。艺术家在艺术传达过程中，仍在不断地补充或修饰原来形成的艺术构思；然而艺术家在艺术构思过程中，则已经开始研究艺术传达和艺术表现的问题了。三个阶段从始至终都是有机地融合在一起的，在艺术创作中是有机统一的。

5. 阅读以下材料并回答问题：

江馆清秋，晨起看竹，烟光日影露气，皆浮动于疏枝密叶之间。胸中勃勃遂有画意。其实胸中之竹，并不是眼中之竹也。因而磨墨展纸，落笔倏作变相，手中之竹又不是胸中之竹也。总之，意在笔先者，定则也。趣在法之外者，化机也。独画云乎哉！（选自清代画家郑燮《郑板桥集·题画·竹》）

问题：从以上一段话你看到了哪些艺术创作规律？请结合实例进行分析、论述。（福建师大2010年研）

相关试题：

(1)结合一种具体的艺术门类，论述你对艺术创作过程中“四竹”的理解。（人大2022年研）

(2)从艺术创作的角度，分析“眼中之竹”“胸中之竹”“手中之竹”。（北航2021年研）

答：(1)艺术创作过程的含义。

参见本章考点难点归纳相关内容。

(2)从材料中看到的艺术创作规律。

①“眼中之竹”——艺术体验。“眼中之竹”是指艺术家应在生活中观察、感受，是艺术创作过程中的准备、酝酿阶段，相当于艺术家“晨起看竹”的阶段，即艺术体验活动。艺术体验是一种活跃的、丰富的、深刻的内心思想活动，并与强烈的情感情绪相结合，再加上艺术家长期对于生活的感受、观察和思考，为艺术创作提供了基础和前提，从而引起艺术家不可遏制的创作欲望。艺术体验是艺术创作的准备阶段。

②“胸中之竹”——艺术构思。“胸中之竹”是指艺术家具备艺术体验和创作欲望后，在头脑中的艺术创作就开始了，并形成主体和客体统一、现象与本质统一、感性与理性统一的审美意象，即俗称的“打腹稿”，相当于艺术家“胸中勃勃遂有画意”的阶段，即艺术构思活动。艺术构思作为复杂的精神活动，是一种艰苦的脑力劳动，是艺术家深入观察、体验

和思考生活后，将其加以选择、加工、提炼、组合，与艺术家的想象、情感等多种心理因素相结合起来，最终形成审美意象的过程。简而言之，在艺术家头脑思维中形成的主客体统一的审美意象就是艺术构思活动，其主要任务是产生或形成审美意象。

③“手中之竹”——艺术传达。“手中之竹”是指艺术家运用一定的艺术媒介或艺术语言后，将构思成型的审美意象物态化为供人欣赏的艺术形象，创作出艺术作品，相当于艺术家“磨墨、展纸、落笔”的阶段，即艺术传达活动。艺术传达是指艺术家运用一定的物质材料和艺术媒介，使用艺术技巧和艺术手法将其进行加工提炼，并在艺术构思活动中对形成的审美意象进行物态化，最终形成可供其他人欣赏的优秀的艺术作品和杰出的艺术形象。艺术传达活动是艺术创作过程的最后一个阶段。

艺术创作可从总体上划分为艺术体验活动、艺术构思活动与艺术传达活动三个阶段，这种划分只具有相对的意义。这三者的关系是密不可分的：艺术家在艺术传达过程中，仍在不断地补充或修饰原来形成的艺术构思；然而艺术家在艺术构思过程中，则已经开始研究艺术传达和艺术表现的问题了。总之，艺术体验、艺术构思与艺术传达在艺术创作活动中是互相依存、彼此渗透的关系。

6. 以大卫的《荷加斯兄弟的宣誓》和戈雅的《1808 年 5 月 3 日夜枪杀起义者》为例，分析和比较两位艺术家的艺术风格和思想观念。（央美 2009 年研）

答：（1）大卫是法国著名画家，新古典主义画派的奠基人。画风严谨，技法精工。大卫创作的以古典英雄主义为主题的《荷加斯兄弟的宣誓》，是新古典主义画派的代表作。这幅画不仅是大卫的成名之作，而且对于法国美术史具有划时代的意义。

①内容上，描绘了荷加斯三兄弟出征前向代表罗马王的父亲老荷加斯宣誓效忠祖国，场面十分庄严。

②构图上，老荷加斯身披红袍，占据画面中心，向儿子们递出三把利剑，他的前方是坚毅而果敢的青年战士们。在老荷加斯身后，女人们陷入了极大的悲痛中，都担心将失去自己的亲人。妇女的哭泣与三个勇士的激昂气概，形成鲜明的对照。

③主题上，宣扬英雄主义和刚毅果敢精神，个人感情要服从国家利益。为了祖国，必须牺牲个人和家庭的幸福，在这悲壮的戏剧场面上得到了充分的揭示。

大卫朴实无华的写实风格、精确严谨的构图以及英雄式雄浑的笔调从多个侧面描绘了这一悲剧性场面，极大地丰富了原有内容，因此这幅画后来成为绘画艺术的典范。

（2）戈雅，西班牙浪漫主义画派画家。其画风奇异多变，从早期巴洛克式画风到后期类似表现主义的作品，他一生总在改变，虽然他从没有建立自己的门派，但对后世的现实主义画派、浪漫主义画派和印象派都有很大的影响，是一位承前启后的过渡性人物。

①内容上，《1808 年 5 月 3 日夜枪杀起义者》是一幅描绘法军镇压起义者暴行的悲剧性作品，展现了英雄主义悲壮激昂的画面。

②构图上，画家将要被杀害的起义战士置于画面上方的视觉中心，突出三个有代表性的典型人物：右边是一位僧侣，在就义前，正做最后的祈祷；中间是位农民，看上去有着一副饱经风霜的面孔，神情坚定地望着夜空，无惧无畏；画家着意描绘一位愤怒至极、高举双手的市民，义正辞严地痛斥敌人暴行，这是人类英雄的伟大形象。

③氛围上，画家以马德里的夜景作为画面刑场的背景，意在表现黑暗笼罩着西班牙。

画面聚光于起义者形象，而将法军置于暗部，形成强烈的明暗对比。又在地面置一灯笼，使一部分光由下向上放射，造成一种动荡不安的气氛。

④思想观念上，表现了画家作为人民起义的目击者，坚定地站在人民起义的一边，他用自己的画笔热情歌颂了西班牙人民不畏强暴，英勇反抗的爱国主义精神。

(3)大卫与戈雅虽是同一时代的画家，但两人的艺术风格却迥然不同。法国大革命时期，法兰西共和国成立，反封建的雅各宾民主派掌握着国家的政权，当时同属于这一政权的大卫深受启蒙思潮的影响，对军权政治十分抵制，而画画则是他反封建的手段，尤其是他创作的《荷拉斯兄弟的宣誓》表现出浓厚的义不容辞献身政治的精神。而这一时期的戈雅是一位宫廷画家，善于刻画人物，但由于王室贵族的衰落糜烂，所以在戈雅创作的王室人物画作中，常常表现出一种黑暗的氛围。

1804 年拿破仑夺取政权称帝后，将大卫任命为帝国的首席画师，这一时期他创作了多幅表现拿破仑英雄形象的画作。由于当时拿破仑是打着“自由、平等、博爱”的旗号进行军事行动的，因此许多欧洲知识分子幻想着拿破仑也可以帮助他们解放专制王权，戈雅也是这些知识分子中的一员。1808 年拿破仑带兵入侵西班牙，对西班牙人民进行了十分残暴的掠夺屠杀，戈雅目击了西班牙人民起义的过程，于是他用画笔强烈抨击了拿破仑的恶行，赞扬了西班牙人民不畏强暴、勇敢反抗的爱国主义精神，之后他又创作了许多有关战争、死亡、疾病的画作，作品表达出的黑色情感与浪漫主义高度一致。

7. 什么是艺术思潮？试举出你所熟悉的中外艺术史上任一重要的艺术思潮并对其兴起原因、代表作家作品、主要特点、历史地位进行分析。（中传 2013 年研）

答：(1)艺术思潮的含义。

参见本章考点难点归纳相关内容。

(2)西方现代主义文艺思潮。

①含义。

西方现代主义艺术思潮是指源于 19 世纪末、20 世纪初的欧美各国，具有前卫特色并与传统文艺分道扬镳的各种文艺流派和思潮，又称现代派。包括存在主义文学、意识流小说、荒诞派戏剧、新浪潮电影、野兽派绘画等众多艺术流派和艺术创作主张。西方现代主义萌芽的标志是法国象征主义诗人波德莱尔的诗集《恶之花》的问世。现代主义的代表作品有毕加索的油画《亚威农少女》，被认为是传统艺术与现代艺术的分水岭；美国作家海明威的《老人与海》；贝克特的《等待戈多》等。现代主义艺术思潮的正式形成是在 20 世纪初叶。

②兴起原因。

a. 生产力的巨大发展。

现代主义文艺思潮是资本主义垄断时代的产物。19 世纪末期以来，西方社会科学技术飞速发展，工业化程度不断提高。资本主义文明进入一个新的阶段。然而伴随着这一过程，人类付出了巨大代价。尤其是两次世界大战的硝烟无情地嘲弄了人类的尊严和生存权利。战后经济危机和冷战使西方各国的社会问题层出不穷。人与人、人与社会、人与自然等均失去和谐存在的必然性：人们面对的是一个动荡不安的社会环境；文明的发展形成与人相对立的状态；以理性主义为基础的西方价值观受到怀疑等。基于这样的社会现实，现代主义文艺思潮应运而生。

b. 哲学基础。

第一，尼采从根本上动摇了西方人的信仰。

第二，弗洛伊德的无意识学说继哥白尼的日心说、达尔文的进化论之后对人类自身进行了一次最遥远的放逐。

第三，量子力学和相对论等现代自然科学的革命使人们怀疑传统和理性，陷入了精神危机。

这一时期哲学领域的研究成果使人们重新审视社会及自身，使传统的重客观、重理性的文化思想蒙上了虚幻的色彩。叔本华、尼采的唯意志论，柏格森的生命哲学、直觉主义，弗洛伊德的精神分析学等强烈地冲击着文艺界，使现代主义作品的主题含有譬喻性等。

③代表作家作品有德国表现主义电影《卡里加里博士》，法国超现实主义作家布勒东的《可溶解的鱼》，爱尔兰作家乔伊斯的意识流小说《尤利西斯》，意大利诗人、剧作家马里内蒂编选的《未来主义诗集》等。

④主要特点。

a. 现代派作品在思想内容方面的典型特征是它所表现的对现代西方资本主义文化和文明的深切的危机意识和紧迫的变革意识。它集中体现在：人类四种基本关系即人与社会、人与自然、人与人、人与自我四种关系上的尖锐矛盾和畸形脱节；产生的精神创伤和变态心理、悲观绝望的情绪和虚无主义的思想。

b. 艺术表现上。

第一，主观性、内向性是现代主义的重要特征。它往往侧重于以本能为主导的多变化的内心来反映现实，把现实世界和心理世界搅拌起来表现，追求的是现实世界挤压之下的心理世界的真实以及心理世界扭曲之下的现实世界的真实。

第二，主题思想的譬喻性、模糊性和多义性。由于现代社会科学尤其是哲学、心理学等广泛渗入，西方现代主义文艺思潮注重对于理智的强调，对于辩证的兴趣，对于悖论逻辑的爱好以及象征、譬喻、寓言等手段的运用。这说明了他们对于作品中一种哲学品性的自觉的追求。

第三，艺术作品的结构趋于松散而复杂。随着哲学成分的加重，情节淡化甚至被取消，人物的抽象化、寓意的象征化，很多作品中的人物往往是思想的载体，追求"较深刻的哲理内涵和尽可能多的信息量"，从而启发观众去思考，并且"厌繁求简、返璞归真"。

第四，表现手法上主张"间离"。"间离"即"把人们熟悉的经验陌生化，引起人们从另一个角度重新认识这经验"；追求表现的创新，常常使用象征、譬喻、寓言、暗示、无意识、意识流、梦幻、荒诞、悖谬等探索方式和表现手段，从而传递事物背后不可言传的意义。

⑤历史地位。

现代主义文学在形式上是对传统文学的一个反叛。它对资本主义社会进行了怀疑和揭示，将现代主义逻辑推向了极端。同时西方现代主义文学是 20 世纪资本主义文化的一部分，它不主张用作品去再现生活，提倡从人的心理感受出发，表现生活对人的压抑和扭曲，体现了文学艺术方面的巨大发展。

8. 现实主义和浪漫主义各有什么特征？为什么说现实主义和浪漫主义两大创作方法是艺术史的主流？

相关试题：现实主义的主要特征。（云南艺术学院2017年研；清华大学2004年研）

答：(1)现实主义的特征。

①艺术描绘的客观性。客观性表现为忠实于生活本来面貌的写实性，并且把描绘的目光集中在普通人身上。现实主义的客观性还表现在艺术家是依照现实本身的逻辑真实地描绘现实，其往往非常重视细节真实，优秀的现实主义作品往往通过令人难忘、感人至深的细节描绘，揭示人物的性格和生活的底蕴。

②艺术形象的典型性。现实主义不仅要求写实地描绘实际生活的客观形态，还要求透过生活的表面和现象，揭示社会生活的内在本质和规律，即生活外貌、细节真实与本质真实的统一。

③思想倾向和情感态度的隐蔽性。艺术是以情动人的，任何艺术家在事实上都难以做到纯客观。但是现实主义艺术家往往隐藏自己的思想倾向和情感态度，将它们有机融合在客观的生活描绘之中，通过对生活真实的、具体的、历史的描绘自然而然地流露出来。与此相适应，现实主义在表现手法上，往往要求运用朴素的艺术语言，客观、写实地叙述和描绘，冷静、细腻地刻画人物，从而构成了现实主义的外部特征。

(2)浪漫主义的特征。

①创作的重心是追求理想。浪漫主义力图按照人们所希望的、理想的样子去表现生活。浪漫主义往往通过描绘人们"应有的"生活景象，表现人们的理想、愿望以及人们对现实的态度。然而在现实中理想与现实是矛盾的，因此，浪漫主义艺术家往往通过描绘人们所希望的美好世界来超越现实。

②创造奇幻型的艺术形象。既然浪漫主义追求的是所希望的理想的境界，就往往是与日常生活不同的、在客观生活中难以如实存在的奇特的艺术形象，如孙悟空、宙斯等。

③强烈的主观抒情色彩。主观性是浪漫主义的重要特征。与现实主义作品思想倾向和情感态度的隐蔽性相反，浪漫主义具有强烈的主观抒情色彩，往往塑造充满激情的情感形象。

(3)现实主义和浪漫主义两大创作方法是艺术史主流的原因。

①二者源远流长。自艺术产生之后，就存在着以描绘现实和表现理想为主的两种不同的基本创作倾向，体现了侧重再现和偏重表现以及二者有机统一的创作规律，因此现实主义和浪漫主义就成为两种基本的主要的创作方法。

②二者对其他创作方法有重大影响。艺术史上先后产生过的创作方法，往往与这两大主流有直接或间接的联系，从一定意义上可视为这两大主流的分支、派生或变形。如古典主义、自然主义、超级写实主义的基本手法属现实主义；而象征主义、表现主义等西方现代主义的众多流派中，浪漫主义与其中很多有着一定的内在联系(当然，有不少也与现实主义有关，如心理现实主义、超级写实主义等)，并成为它们的发源地。

9. 什么是艺术思潮？什么是艺术流派？两者的关系怎样？研究艺术思潮、艺术流派和创作方法有什么现实意义？

答：(1)艺术思潮和艺术流派的含义。

参见本章考点难点归纳相关内容。

(2)艺术思潮与艺术流派的关系。

①二者的联系。

艺术流派和艺术思潮互为前提条件且具有统一性。

a. 有时流派的发展和扩大可以形成跨艺术门类的艺术思潮，思潮是以流派为基础的，如十九世纪前期浪漫主义流派发展成席卷欧洲的艺术思潮。

b. 有时艺术思潮也可以生发出各种艺术流派，如现代主义艺术思潮就包括众多的艺术流派和创作主张，形式多种多样，方法五花八门，各艺术流派相继汇合成一股强大的艺术思潮。

c. 当特别大的艺术思潮产生后，其内部亦可引发或派生多种子思潮，这种子思潮往往是大艺术思潮引发下的艺术流派发展而来的。如西方现代主义大思潮中的表现主义子思潮。

②二者的区别。

a. 内涵不同。

艺术流派是艺术主张、创作倾向、艺术风格等相近或相似的创作主体的群体化。风格成于个人，因为风格是创作者独特艺术个性的集中表现，是艺术家创作成熟的标志，具有风格的艺术家未必是哪个流派的成员，但同一流派的艺术家却往往具有相近的艺术主张和艺术风格。

艺术思潮是在一定的历史阶段，以一个或几个艺术流派为核心，在相近的艺术思想、创作倾向下进行诸种艺术活动而形成的影响很大的艺术潮流。

b. 侧重点不同。

艺术思潮通过社会历史来划分创作主张或艺术思想。艺术流派从艺术发展史来划分艺术派别。

c. 内容不同。

艺术流派在多数情况下往往是指某一门类艺术中的派别。艺术思潮则往往包容多个艺术门类中的多个艺术流派。

(3)研究艺术思潮、艺术流派与创作方法的现实意义。

①有利于直接推动各时代艺术的蓬勃发展。艺术流派与艺术思潮直接推动了各时代艺术的发展，这从艺术史特别是近代艺术史上表现出来的主要艺术流派、艺术思潮的兴衰得失的流变过程中可清楚地看到。

②有助于深入了解艺术家及其作品的内在意义。艺术家的作品必然体现出与特定时代的社会思潮及艺术思潮的内在联系。如果不了解该时代的社会及艺术思潮，则很难把握艺术作品深广的社会历史背景及其历史地位，阻碍对艺术作品内在意义和深层意蕴的把握。

第十一章　艺术作品

11.1　复习笔记

【知识框架(庖丁解牛)】

- 艺术作品
  - 艺术作品的层次
    - 艺术语言
    - 艺术形象
    - 艺术意蕴
  - 典型和意境
    - 典型
    - 意境
    - 二者关系
  - 中国传统艺术精神
    - 中国美学与中国艺术
      - 中西美学的区别
      - 中国美学对艺术的影响
    - 中国传统艺术精神
      - 道——精神性
      - 气——生命性
      - 心——主体性
      - 舞——乐舞精神
      - 悟——直觉思维
      - 和——辩证思维

【通关提要(提纲挈领)】

本章是本书的重点章节，主要介绍了艺术作品的三个层次及其相互关系、典型和意境以及我国传统的艺术精神。学习时，应重点掌握艺术作品的内涵及具体内容，了解中国古典美学特有的范畴和体系，并能理解中国传统艺术精神对中国艺术产生的巨大作用及影响。本章是历年的考查重点，常考名词解释、简答题等；除了考查单个概念外，也要注意与前面章节相近概念对比记忆，进行区分。

【考点难点归纳(厚积薄发)】

考点一：艺术作品的层次　★★★★★

艺术作品作为艺术生产的成果或产品，是艺术家通过一定的物质媒介和艺术语言，进行艺术构思和艺术创作后，最终将头脑中形成的主体和客体统一的审美意象物态化为审美鉴赏的对象。

1. 艺术语言(见表 11－1)

表 11－1　艺术语言

要点	具体内容	
含义	指任意一门艺术在创作时所使用的独特的表现方式或表现手段。不同艺术门类借助不同的物质媒介和表现手段进行创作，从而使其具有独特的美学特性和艺术特征	
作用	创造艺术形象	艺术创作使艺术家头脑中的审美意象通过一定的媒介和艺术手段(艺术语言)物态化为优秀的艺术形象。在此过程中，艺术语言具有最直接的作用
	传达艺术体验和感受	艺术家通过运用艺术语言，刻画描绘出各种生动鲜明的艺术形象，并将自己对于生活的体验和感受融汇进艺术作品中，最终传达给欣赏者
	具有审美价值	在艺术鉴赏中，人们的审美对象除艺术形象之外，艺术语言本身也具有审美价值，其中蕴涵着创作者的精心构思和创造性表现
创新	①艺术语言对艺术作品具有重大意义，因此各门艺术都非常重视艺术语言的创新，艺术语言的创新需要艺术家不断探索与创新。 ②科学技术的进步不仅促成了众多新兴艺术门类的诞生，而且使艺术语言得到丰富、完善和发展	

2. 艺术形象(见表 11－2)

表 11－2　艺术形象

要点	具体内容		
含义	艺术形象是艺术反映生活的特殊方式。艺术形象是具体的、可感的，是客观因素与主观因素、内容与形式、个性与共性的统一		
分类	视觉形象	含义	指通过人的眼睛能够直接感受到的艺术形象，其构成材料是空间性的。一幅绘画，一件雕塑，一幅摄影作品，或一件实用工艺品中的形象都是视觉形象
		特点	直观性、生动性、再现性
	听觉形象	含义	指通过人的耳朵能够直接感受到的艺术形象，其构成材料是时间性的。音乐作品中呈现出的艺术形象就是听觉形象
		特点	空灵性、抽象性、不确定性、多义性和朦胧性
	文学形象	含义	指诗歌、散文、小说、报告文学等这一类艺术形式，需要借助于语言这一表现手段来刻画塑造艺术形象
		特点	“想象的艺术”，具有间接性
	综合形象	含义	指在话剧、戏曲、电影、电视等综合艺术中呈现出来的艺术形象，包括视觉形象、听觉形象以及文学形象
		特点	①表演艺术在综合形象塑造过程中具有十分重要的作用，它需要演员在舞台、银幕或荧屏上同观众现场见面或交流互动。 ②往往是依靠集体创作来塑造艺术形象的
基本特征	包括：①形象性；②概括性；③情感性；④思想性；⑤审美性		
地位	艺术形象是艺术反映生活的基本形式，也是艺术作品的核心。在艺术作品中，艺术语言的目的是塑造艺术形象，而且艺术形象之中也蕴含着艺术意蕴。因此，没有艺术形象就没有艺术作品		

3. 艺术意蕴(见表 11 - 3)

表 11 - 3　艺术意蕴

要点	具体内容
概述	指蕴藏在艺术作品内部的含义或意味，具有多义性、模糊性和朦胧性的特点。艺术意蕴只可意会不可言传，是一种哲理、诗情或神韵，它需要欣赏者在反复欣赏过程中逐渐领会、细心感悟，全心全意地去探究和领悟其内在的奥义。优秀文艺作品具有不朽艺术魅力的根本原因就在于作品中蕴藏的艺术意蕴
理解	①艺术意蕴是指在艺术作品中蕴含的文化含义和人文精神。 ②艺术意蕴是指在艺术作品的有限中体现出无限，在偶然中包含着必然，在个别中容纳着普遍。 ③艺术意蕴具有多义性和模糊性，不同的欣赏者对同一件艺术作品的评价往往不同，有时连艺术家本人也无法清楚表达。 ④艺术意蕴并不完全是通过艺术形象体现出来的主题思想。艺术意蕴本身具有抽象性与形而上的哲学色彩。 ⑤在艺术作品的层次构成中，每个作品都必须具有艺术语言和艺术形象这两个层次，而艺术意蕴作为艺术作品的第三个层次，并不是每个艺术作品所必备的

考点二：典型和意境(见表 11 - 4)　★★★★

表 11 - 4　典型和意境

<table>
<tr><th>要点</th><th colspan="3">具体内容</th></tr>
<tr><td rowspan="2">典型</td><td>含义</td><td colspan="2">又称典型人物、典型性格或典型形象，指在艺术作品中刻画得十分成功的人物形象。其核心是造就出鲜明生动的人物形象</td></tr>
<tr><td>特点</td><td colspan="2">①艺术典型是普遍性与特殊性、必然性与偶然性的有机统一。
②艺术典型既能够在个性中表现出共性，在特殊性中表现出普遍性，还能够在现象中表现出本质，在偶然中表现出必然</td></tr>
<tr><td rowspan="4">意境</td><td>含义</td><td colspan="2">是在艺术中呈现出的一种情景交融的境界，是艺术中主观因素与客观因素的有机统一</td></tr>
<tr><td rowspan="3">特点</td><td>若有若无的朦胧美</td><td>中国传统美学注重虚实相生。在中国传统艺术的境界中，中国传统美学将艺术意境中构成的审美对象划分为虚与实两个部分。存在于想象和感悟之中的部分就是意境中虚的部分，也是意境的本质部分；存在于画面、文字、乐曲及想象的意象之中的部分就是意境中实的部分</td></tr>
<tr><td>由有限到无限的超越美</td><td>中国传统美学与艺术理论追求“韵外之致”或“味外之旨”，要求从有限的艺术形象中体现无限的意境，从而达到“言有尽而意无穷”</td></tr>
<tr><td>不设不施的自然美</td><td>意境强调天然之美、纯真之美、素朴之美，主张一种自然单纯的审美趣味</td></tr>
<tr><td>关系</td><td>区别</td><td colspan="2">①意境侧重于表现和抒情，强调以创造景物意象为主，在主体与客体的统一中侧重于主体，着重于表达艺术家自身的感情。
②典型侧重于再现和写实，强调以塑造人物形象为主，在主体与客体的统一中侧重于客体，着重于刻画人物的形象</td></tr>
</table>

考点三：中国传统艺术精神 ★★★

1. 中国美学与中国艺术(见表11-5)

表11-5 中国美学与中国艺术

要点		具体内容
儒家美学	概述	①以孔孟为代表。 ②以“仁”的思想为核心，政治色彩与伦理色彩较浓烈，主张美与善的统一，侧重于功利主义。 ③以“修身齐家治国平天下”为最高追求，提倡“入世”而不避世
	实例	儒家美学在中国古典文学艺术中产生了十分深远的影响。如唐代的“杜诗”“韩文”“颜书”，深受儒家美学的影响。杜甫的诗歌雄浑悲壮，韩愈的文章正大磅礴，颜真卿的书法刚正沉稳，均具有浓厚的儒家美学的色彩
道家美学	概述	①以老庄主张的“道”的思想为核心。 ②推崇“道法自然”的思想，追求个体精神的绝对自由，侧重于超功利主义。 ③强调“出世”
	实例	在中国古典文化发展的历史进程中，许多文人墨客都十分推崇道家思想文化，李白可谓是历代著名诗人中受道家思想影响最深的一个。从李白的诗歌中，可以强烈地感受到道家精神的精髓，以及道家思想散发的独特魅力。其诗歌多为游历名山大川时所作，体现出老庄道家所追求的精神绝对自由的境界
佛教禅宗美学	概述	①禅宗是中国化的佛教，属于宗教哲学。 ②认为“心”是世界的本原，主张“一切法皆从心生”，推崇“心”的地位和作用。 ③主张“遁世”的观念，即避而不入，禅的最高精神境界与审美境界相通
	实例	王维是盛唐时期三大诗人之一，开创了“诗中有画、画中有诗”的艺术境界，他生活的时代是佛家思想盛行的时期，尤其是禅宗的兴起，使王维的艺术作品中表现出禅宗“澄淡空寂”的痕迹。王维一生都受到佛家思想的影响，使得禅宗思想渗透进王维的美学思想。王维以自然的田园生活为美，充满了对空灵平淡和超脱自然的审美追求，他以悟和静的审美体验表现自己超凡脱俗的审美心胸

2. 中国传统艺术精神

儒家美学、道家美学和禅宗美学三者交织渗透，形成了独具特色的中国古典美学思想，对中国传统艺术产生深远影响，推动了中国传统艺术精神的形成与发展。

(1)道，见表11-6。

表11-6 道

要点	具体内容
概述	中国传统艺术的精神性。“道”是中国古代哲学的最高范畴，可划分为天道、人道。老庄道家倾向于“天道”或“自然之道”，孔孟儒家则强调“人道”或“伦理之道”。而佛教禅宗所讲的“佛性”与儒家、道家关于道的概念相似，因此中国传统艺术的“道”是指“天人合一”之“道”
天人合一	①决定了追求人与人、人与自然的和谐统一是中国古代哲学的基本精神。 ②人作为自然界的一部分，应当遵从自然界的普遍规律。 ③人性就是天道，道德的原则与自然的规律是相同的，天人协调是人生的最高理想，即人与万物的一体性，人与人的一体性

续表

要点	具体内容	
影响	“形神”关系	强调“以形写神”或“以神写形”。如顾恺之画人数年之所以不点睛，是因为他认为绘画的重点在于“传神”，掌握人内在的精神世界及内在美是绘画的本质特点
	“意境”范畴	意境的关键与核心是意寓于境中，从事物的现象去体会宇宙生命本体的“道”，“从有限达到无限”

(2)气，见表11-7。

表11-7 气

要点	具体内容
概述	中国传统艺术的生命性。中国传统美学用“气”来表达美的本原，主张艺术描写和表现宇宙所有事物生机勃勃、元气流动的韵律与和谐
主张	①中国美学着重于养气，认为艺术家要不断在道德修养与学识水平方面进步发展，主张“气”是对艺术家生理心理因素与创造能力的总结。 ②提出将艺术家的主观之“气”与客观宇宙之“气”相融合，从而使“气”成为艺术作品内在精神与艺术生命的标志
气韵	①中国传统美学中的“气韵”范畴是指通过审美对象的内在生命力而表现出来的具有韵律美的形态。中国画创作的总原则就在于“气韵生动”，这一原则深刻地体现出中国古典美学的基本特征。 ②生命之动力即为气，生命之风采即为韵；气之核心即为动，韵之根本即为情

(3)心，见表11-8。

表11-8 心

要点	具体内容
概述	中国传统艺术的主体性。中国传统美学和传统艺术强调心乐一元、心物一元
内涵	①强调审美主体与客体的有机统一，主张文学艺术之美是由情与景、心与物、人与自然的融合统一决定的，中国传统艺术的生命性、精神性、主体性与表现性都来源于此。 ②中国传统艺术侧重于情理交融、情理统一。一方面提倡“以理节情”，另一方面又提倡“以情融理”，主张情感与意象相融合。 ③人品与艺品之间密不可分的关系是由中国传统艺术的主体性来决定的

(4)舞，见表11-9。

表11-9 舞

要点	具体内容	
概述	指中国传统艺术的乐舞精神。中国古代艺术的最初形式是以诗、舞、乐三位一体的形式呈现的，后来各自形成独具特色的艺术门类，这种具有强烈生命力的“乐舞”精神渗透并融合在各门艺术中，表现出飞舞生动的形态和风貌	
内涵	“舞”将中国传统艺术的内在精神生命化升华为形式化。舞蹈是在空间中流动的线，而线就是乐舞精神抽象化的最终形态[即对乐舞精神的一种造型]	
表现	戏曲	中国戏曲是一种点线串珠式的线性结构，即将有头有尾的戏剧情节划分为许多个小段落，再用线将其串起来的结构形式
	小说	中国古典小说主要采用线性结构，是一种具有鲜明的开端、发展、高潮、结局的结构形式

(5)悟，见表11－10。

表11－10　悟

要点	具体内容
概述	指中国传统艺术的直觉思维。中国传统思维方式重视直觉，形成以"悟"为核心的感性直觉和审美思维方式。"悟"是中国美学与艺术学的重要范畴，在整个中国传统艺术创作与艺术鉴赏中起着举足轻重的作用，"顿悟""妙悟"等概念也由此衍生
实现方法	①进行持续不断的艰苦探索与辛勤实践。 ②审美主体须从各种外在和内在的束缚中将自身的心灵解放出来，澄怀味象、乘物游心，始终保持一种自由愉快、无私无欲的审美心境
表现	"顿悟说"，即通过非理性的直觉体验和跳跃式的思维方式，突然达到瞬间性顿悟的思维方式，在俯仰之间看到万物的本质，进入物我两忘的最高境界

(6)和，见表11－11。

表11－11　和

要点	具体内容	
概述	指中国传统艺术的辩证思维。在中国传统美学与传统艺术中，强调"中和为美"，"中"与"和"关系十分紧密但又各有区别。"中"是指处理事物矛盾的一种正确原则和方法，"和"是指事物的多样统一或对立统一，是矛盾各方统一的实现。"中"是实现"和"统一的途径与标准	
内涵	"和"	①多样统一求"和"。将不同的、多样的事物统一成一个整体，求异求变，追求整体和谐，表达了"违而不犯，和而不同"的艺术思维特点。 ②对立统一求"和"。将蕴涵在万物中的矛盾面统一起来，更接近事物发展的根本规律
	"中"	①提倡正确的道德和理性，不走极端，而是通过辩证的方式来处理问题，以达到真善美的和谐统一。 ②强调"权衡"，即要把握"度"，在不平衡中寻找平衡
表现	①儒家主张人与社会的和谐，侧重于情与理的统一。 ②道家主张人与自然的和谐，侧重于心与物的统一。 ③禅宗主张人与人心的和谐，推崇心灵的澄净，"即心即佛"	

11.2　课后习题详解

一、单选题

1．"艺术要通过一个完整体向世界说话。"这是以下哪位作家的观点？(　　)

A．高尔基　　B．泰戈尔　　C．歌德　　D．席勒

【解析】从艺术作品的结构来看，任何艺术作品都既是一个有机的整体，又可以划分为不同的层次。德国著名思想家歌德曾经讲过："艺术要通过一个完整体向世界说话。"我们在欣赏任何一件艺术作品时，都是把它当作一个完美的整体来进行欣赏的。

1C

2. “意蕴总是比直接显现的形象更为深远的一种东西。艺术作品应该具有意蕴。”这是以下哪位哲学家的观点？（ ）

A. 尼采 B. 费尔巴哈 C. 康德 D. 黑格尔

【解析】黑格尔曾经讲过：“意蕴总是比直接显现的形象更为深远的一种东西。艺术作品应该具有意蕴。”黑格尔认为意蕴就是艺术作品的灵魂，它必须通过整个艺术作品才能体现出来。

3. 英国著名艺术理论家克莱夫·贝尔在哪一部著作中，提出了“艺术乃是有意味的形式”的论点，成为世界各国美学界最流行的口头禅？（ ）

A.《艺术》 B.《欣赏绘画》

C.《自塞尚以来的绘画》 D.《法国绘画简介》

【解析】英国著名艺术理论家克莱夫·贝尔在《艺术》一书中，提出了“艺术乃是有意味的形式”的论点，成为世界各国美学界最流行的口头禅。贝尔认为：“艺术品中必定存在着某种特性：离开它，艺术品就不能作为艺术品而存在；有了它，任何作品至少不会一点价值也没有。这是一种什么性质呢？……可做解释的回答只有一个，那就是‘有意味的形式’。”

4. 为了真正地塑造好典型，就需要“真实地再现典型环境中的典型人物”，这是以下哪位哲学家的观点？（ ）

A. 康德 B. 黑格尔 C. 马克思 D. 费尔巴哈

【解析】马克思、恩格斯关于典型的论述真正阐明了典型的相关问题。恩格斯认为，优秀的艺术作品中，典型人物形象应当是个别性与普遍性的高度有机的统一体；马克思指出，“每个人都是典型，但同时又是一定的单个人，正如老黑格尔所说的，是一个‘这个’”。为了真正地塑造好典型，就需要“真实地再现典型环境中的典型人物”。

5. 中国文学史上，哪位诗人的作品历来被公认为中国文学史上的现实主义杰作，并被后世称为“诗史”？（ ）

A. 李贺 B. 王维 C. 杜甫 D. 李白

【解析】杜甫是唐代伟大的现实主义诗人，与李白合称“李杜”。他著名的“三吏”“三别”，历来被公认为中国文学史上的现实主义杰作，被后世称为“诗史”，他本人亦被尊为“诗圣”，在中国古典诗歌中的影响非常深远。

6. 几乎所有的艺术作品都可以被看作是由三个层次组合而成的：第一层是______，第二层是______，第三层是______。（ ）

A. 艺术动作；艺术形态；艺术底蕴 B. 艺术动作；艺术形象；艺术底蕴

C. 艺术语言；艺术形态；艺术意蕴 D. 艺术语言；艺术形象；艺术意蕴

【解析】从艺术作品的结构来看，任何艺术作品都既是一个有机的整体，又可以划分为不同的层次。虽然艺术作品是一个完整的有机体，但在分析时，又可以把它从纵向上分为

2D 3A 4C 5C 6D

三个层次来进行研究：①第一层是艺术语言；②第二层是艺术形象；③第三层是艺术意蕴。

7. 从艺术作品的角度来看，艺术形象可以分为______、______、______与______。它们既有共性，又有各自的特性。（　　）

A. 视觉形象；听觉形象；感官形象；口头形象

B. 视觉形象；听觉形象；感官形象；综合形象

C. 视觉形象；听觉形象；综合形象；文学形象

D. 视觉形象；听觉形象；感官形象；文学形象

【解析】从艺术作品的角度来看，艺术形象可以分为视觉形象、听觉形象、综合形象与文学形象。它们既有共性，又有各自的特性。视觉形象，是指由人的眼睛直接感受到的艺术；听觉形象，是指由人的耳朵直接感受到的艺术形象；文学形象，是指诗歌、散文、小说、报告文学等，依靠语言作为媒介来塑造的形象；综合形象，是指话剧、戏曲、电影、电视等综合艺术中的艺术形象，既有视觉形象、听觉形象，还有文学形象。

8. 西方文艺理论中，曾经把文艺作品中性格单一化的人物称之为"______"，而把具有复杂性格的人物称之为"______"。（　　）

A. 扁形人物；圆形人物　　B. 圆形人物；扁形人物

C. 凸形人物；凹形人物　　D. 凹形人物；凸形人物

【解析】西方文艺理论中，曾经把文艺作品中性格单一化的人物称之为"扁形人物"，而把具有复杂性格的人物称之为"圆形人物"。例如，英国评论家福斯特指出："17 世纪时，扁平人物称为'性格'人物，而现在有时被称作类型人物或漫画人物。他们最单纯的形式，就是按照一个简单的意念或特性而被创造出来。如果这些人物再增多一个因素，我们开始画的弧线即趋于圆形。"

9. 中国传统美学体系博大精深、难以尽述。目前，学术界一般认为，对中国传统艺术影响最为巨大的主要是______、______和______。（　　）

A. 道家美学；禅宗美学；法家美学　　B. 儒家美学；道家美学；禅宗美学

C. 儒家美学；道家美学；墨家美学　　D. 法家美学；墨家美学；道家美学

【解析】中国传统美学体系博大精深、难以尽述。目前，学术界一般认为，对中国传统艺术影响最为巨大的主要是儒家美学、道家美学和禅宗美学。正是这三者的不断冲撞和融会，影响和决定着中国传统艺术思想、审美趣味的不断变化与发展，形成了中国传统艺术的精神。

二、判断题

1. 唐代书法家孙过庭把书法艺术分为神、妙、能三品，认为"风骨神气者居上"。

【答案】错误

【解析】唐代书法家张怀瓘把书法艺术分为神、妙、能三品，认为"风骨神气者居上"。

2. 作为美学范畴，典型和意境对各门艺术都具有普遍意义。二者既有联系，又有

7C　8A　9B

区别。

【答案】正确

3. 今道友信认为，东西方美学在互相没有影响和交流的情况下，呈现出一种同时展开的逆向运动，一方从再现到表现，另一方从表现到再现。

【答案】正确

三、名词解释

1. 艺术作品

答：艺术作品是指艺术家使用一定的物质媒介和艺术语言，并通过艺术构思和艺术创作，最终将头脑中形成的主体和客体统一的审美意象物态化为审美鉴赏的对象。艺术作品作为艺术生产的成果或产品，在艺术生产活动中具有重要地位，是艺术生产活动的中心环节。艺术作品作为艺术家创造性劳动的产物，不仅仅是艺术生产的产品，还是欣赏者进行艺术鉴赏的基础和起点，是艺术鉴赏的对象。

2. 艺术语言

答：参见本章考研真题与典型题详解名词解释第3题答案。

3. 艺术形象

答：参见本章考研真题与典型题详解名词解释第6题答案。

4. 视觉形象

答：参见本章考研真题与典型题详解名词解释第7题答案。

5. 听觉形象

答：参见本章考研真题与典型题详解名词解释第8题答案。

6. 文学形象

答：参见本章考研真题与典型题详解论述题第2题答案。

7. 综合形象

答：参见本章考研真题与典型题详解论述题第2题答案。

8. 艺术意蕴

答：参见本章考研真题与典型题详解论述题第2题答案。

9. 典型

答：参见本章考点难点归纳相关内容。

10. 意境

答：参见本章考研真题与典型题详解名词解释第15题答案。

四、简答题

1. 艺术作品具有哪几个层次？请简要说明。

答：参见本章考研真题与典型题详解论述题第 2 题答案。

2. 应如何理解克莱夫·贝尔提出的“艺术乃是有意味的形式”的论点？

答：参见本章考研真题与典型题详解简答题第 3 题答案。

3. 请简述艺术作品典型与意境美学范畴的不同侧重。

答：参见本章考研真题与典型题详解简答题第 9 题答案。

4. 什么是艺术作品中的“典型”？请结合具体作品说明。

答：艺术作品中的“典型”，又称典型人物、典型性格或典型形象，是指在艺术作品中刻画得十分成功的人物形象。塑造出鲜明生动的人物形象是典型的核心任务。

(1)在任何一个优秀的艺术作品中，都具有十分典型的人物形象。例如我国四大经典名著之一的《水浒传》中，鲁智深的形象是勇敢莽撞、路见不平拔刀相助，武松的形象是性格刚烈、性情倔强，李逵的形象则是脾气火暴、内心善良；在罗贯中创作的经典小说《三国演义》中，诸葛亮的形象是足智多谋、料事如神，曹操的形象是狡猾奸诈、阴险欺世，张飞的形象是豪放威猛、暴躁刚烈……优秀艺术作品中的人物形象往往都被塑造得栩栩如生、生动鲜明，深受人们的喜爱，在文学史上影响深远，有着丰富的艺术感染力和不朽的艺术生命力。

(2)艺术典型是普遍性与特殊性、必然性与偶然性的有机统一。任何艺术典型不仅能够在生动的个性中表现出普遍的共性，还能够在独一无二的个别形象中呈现出普遍性的规律。例如，奥勃洛摩夫这个人物的主要性格特征就是懒惰，他还年轻，又颇有教养，却整天穿着睡衣，把一生大好时光都消磨在睡眠上，甚至在做梦时也梦见睡觉。这个年轻的贵族完全丧失了常人生活的意志和兴趣，友谊和爱情在奥勃洛摩夫看来都只不过是麻烦而已。他活在寄生虫式的生活中，最后躺在床上默默地死去。

(3)艺术典型既能够在个性中表现出共性，在特殊性中表现出普遍性，还能够在现象中表现出本质，在偶然中表现出必然。例如在鲁迅创作的短篇小说《祝福》中，祥林嫂可谓是度过了极具悲剧性的一生，她不仅两次丧夫，孩子也被狼叼走了，遭遇了一系列痛苦和折磨。若只是从她的生活经历来看，那么祥林嫂这个人物形象具有一些偶然性的特征，但又能够在她的经历中发现社会历史发展中的必然性，即封建宗法制度和封建礼教，正是这万恶的封建制度造成了祥林嫂悲惨的命运，无论她如何历经磨难，也无法脱离被社会淹没的命运。

5. 请简述中国艺术精神的形成主要受到哪些传统美学体系的影响。

答：中国传统美学体系博大精深、难以尽述。目前，学术界一般认为，对中国传统艺术影响最为巨大的主要是儒家美学、道家美学和禅宗美学。

(1)儒家美学

以孔子、孟子为代表的儒家美学的形成和发展，与孔子以“仁”为核心的思想体系有十分密切的关系，儒家美学的政治色彩与伦理色彩比较浓厚，强调美与善的统一，功利主义倾向较为明显。儒家主张“入世”，提倡“修身齐家治国平天下”，忧国忧民、正己正人，崇尚“先天下之忧而忧，后天下之乐而乐”。如唐代诗人杜甫，由于深受儒家美学影响，诗歌十分严谨，讲究对仗、工整、格律。

(2)道家美学

以老子、庄子为代表的道家美学的形成和发展，与老庄以“道”为核心的思想体系有十分密切的关系。道家美学崇尚自然之道，追求个体精神的绝对自由，具有鲜明的超功利倾向。早在先秦时期就已经初具规模，在此后中国传统艺术漫长的发展历程中，与儒家美学既互相对立，又彼此补充，共同构成了中国传统美学的主干。如唐代诗人李白的诗歌不拘一格，挥洒自如。他的《蜀道难》，袭用乐府古题，有极大的创新和发展，用了大量散文化诗句，字数参差错落，长短不齐，形成极为奔放的语言风格。

(3)禅宗美学

后来崛起的禅宗美学，与儒家美学、道家美学既有相通之处，又有与它们截然不同的独特之处。禅宗主张“心”是世界的本原，认为“一切法皆从心生”，高扬“心”的地位和作用。禅宗更加彻底地主张“遁世”，即避而不入。禅的最高精神境界与审美境界是相通的。如苏轼赞扬王维“诗中有画”“画中有诗”，抓住了王维诗歌禅意和画意的两个特点。研究王维诗歌的禅意与画意，可以帮助我们深入认识王维的世界观和创作，也可以使我们站在唐代整个文化史的高度上更全面地理解王维。

正是这三大体系的美学思想，共同构成了中国传统美学，影响着中国艺术的发展。

五、论述题

1. 从艺术作品的角度来看，艺术形象包含哪些具体的种类？各自的特点是什么？

答：参见本章考点难点归纳相关内容。

2. 什么是艺术作品的意蕴？应如何理解？请结合具体作品说明。

答：参见本章考研真题与典型题详解论述题第2题答案。

3. 为什么说“意境，是中国古典美学传统的一个重要范畴”？请结合具体的艺术作品说明。

答：中国古典诗、画、文、赋、书法、音乐、建筑、戏曲都十分重视意境。意境，就是艺术中一种情景交融的境界，是艺术中主客观因素的有机统一。意境是主观情感与客观景物相熔铸的产物，它是情与景、意与境的统一。在情景交融的境界外，意境至少还具有以下三个方面的特点：

(1)意境是一种若有若无的朦胧美。在中国传统艺术境界里，更多地将意境分为虚与实两个部分。虚与实可以说是中国传统美学对构成审美对象的两大要素的区分，意境的实的部分存在于画面、文字、乐曲及想象的意象之中；而虚的部分即意境本质的部分存在于想象和感悟之中。比如南宋画家马远的画中总是留出一角空白，因此被人戏称为“马一角”，他的《寒江独钓图》，更是用大片空白突出了“寒”与“独”的意境。

(2)意境是一种由有限到无限的超越美。中国传统美学与艺术理论，从来就是追求一种“韵外之致”或“味外之旨”。魏晋时期王弼就提出了“得象忘言，得意忘象”，就是力求突破言、象的有限性，追求意的无限性，以有限表现无限，从而达到“言有尽而意无穷”的境界。比如王维的“大漠孤烟直，长河落日圆”就通过有限的文字表现出了无限的情感，苏轼曾经评价王维的诗和画，流传下来影响极大的两句名言：“味摩诘之诗，诗中有画；观摩诘之画，画中有诗。”就是指诗中应有画的那种只可意会、不可言传的意境，绘画也要有诗的韵味，使诗情和画面融会在一起，也就是从有限的绘画中体悟到无限的意蕴。

(3)意境是一种不设不施的自然美。中国美学史上，历来有两种不同的美的理想，一种是“错彩镂金，雕缋满眼”的美，另一种是“初发芙蓉，自然可爱”的美。这两种不同的审美理想，代表着各自不同的艺术风格和审美追求，都创造出了富有特色的艺术作品。宋代苏轼要求诗文应当“绚烂之极归于平淡”，认为这种自然无华的美才是最高境界的美。总之，意境追求天然之美，追求纯真之美，追求素朴之美，归结为一种自然天真的审美趣味，历来被认为是一种更高的美的境界，对中国传统美学产生了巨大的影响。

意境在中国传统美学中的形成历史源远流长，是中华民族在长期艺术实践中形成的一种审美理想境界，孕育于先秦至魏晋南北朝时期，诞生于唐代。中国的文学艺术，包括诗、词、赋、散文、戏曲、音乐、舞蹈、绘画、书法、建筑、园林，乃至现代的电影艺术与电视艺术等，均重视创造意境，将意境创造作为艺术追求的极致，充分体现出中国艺术重表现、重抒情、重写意的美学传统。

11.3 考研真题与典型题详解

一、连线题

用直线将作者与其作品连起来。（中传 2012 年研）

谢赫　　　　《文赋》
孙过庭　　　《艺术的起源》
格罗塞　　　《古画品录》
康德　　　　《判断力批判》
陆机　　　　《书谱》

【答案】作者与作品对应关系如下所示：

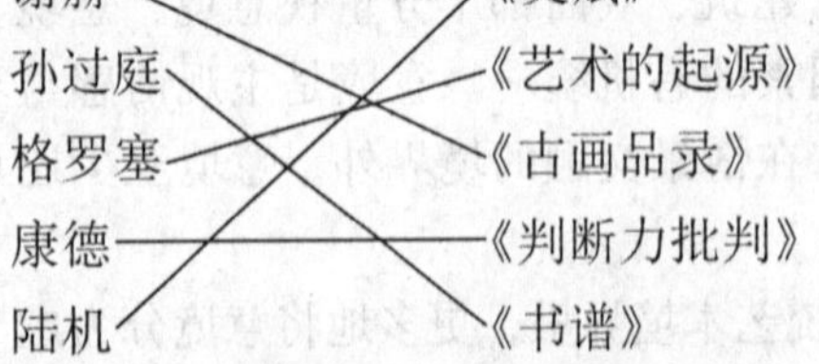

【解析】《文赋》是晋代陆机的文艺理论作品，提出文章的构思必须精巧，极力推崇形式美，揭示了魏晋文学的发展趋势及其特征；《艺术的起源》是德国艺术史家格罗塞创作的美学著作，发表于 1894 年；南朝齐谢赫《古画品录》认为绘画有六法：一曰气韵生动，二曰骨法用笔，三曰应物象形，四曰随类赋彩，五曰经营位置，六曰传移模写；《判断力批判》是德国哲学家、美学家康德的代表作，是康德“三大批判”中的最后一部；孙过庭的《书谱》是我国古代书法理论史上一部具有里程碑性质的著述，标志着中国书学的发展进入了一个崭

新的、辉煌的阶段。

二、选择题

1. 提出“思与境偕”的是(　　)。(央美2003年研)

A. 司空图　　B. 王国维　　C. 张彦远　　D. 王夫之

【解析】“思与境偕”是唐代诗论家司空图提出的关于意境心理结构问题的文艺心理用语。“思”为诗人主观的心意情思；“境”指客观的自然和社会之境。他认为艺术意境的结构，是诗人的心意情思与客观境象的结合，亦即主观与客观的统一、“心”与“物”的交融。

2. “太似为媚俗，不似为欺世”这段话的作者是(　　)。(中传2011年研)

A. 刘勰　　B. 顾恺之　　C. 齐白石　　D. 康定斯基

【解析】中国传统艺术追求艺术的佳境即在“似与不似之间”。我国著名画家齐白石也曾提出：“作画妙在似与不似之间，太似为媚俗，不似为欺世。”这句话也已成为近代中国画追求“神似”的一条重要的美学原则。这段话的大意是：描绘对象(色、形)不能不像，也不能太像。太像太俗气、太直白的画没有品位，不能给观者以回味和遐想的空间；不像，观者看不懂、理解不了画的意思，就等于欺骗世人，精道的中国画应在二者之间。

3. 艺术得以发生的首要条件是(　　)。(首都师大2010年研)

A. 情感体验　　B. 艺术形象　　C. 审美经验　　D. 生产劳动实践

【解析】生产劳动实践创造了艺术的主体——人，为艺术的产生创造了前提。因此，物质生产劳动是艺术起源的根本原因，艺术得以发生的首要条件是生产劳动实践。

三、填空题

1. 艺术语言具有两个最基本的功能，其一是(　　)；其二是(　　)。(浙农林大2010年研)

【答案】塑造艺术形象、传达艺术内容；具有审美功能

【解析】艺术语言具有两个重要功能：①塑造艺术形象、传达艺术内容；②具有审美功能。在艺术中任何门类都具有各自独特的艺术语言。例如，线条、色彩、构图等是美术的艺术语言，旋律、和声、节奏等是音乐的艺术语言，画面、声音、蒙太奇等是电影的艺术语言。艺术语言不仅仅是创造艺术形象的表现手段，其本身也具有审美价值，其中蕴涵着创作者的精心构思和创造性表现。

2. 艺术作品的内容与形式是(　　)、(　　)、(　　)的关系。(浙农林大2010年研)

【答案】对立；统一；相互包容

【解析】艺术作品的内容与形式是对立、统一、相互包容的关系。艺术作品是艺术生产活动下的产物，其内部具有十分复杂的涵义。从艺术作品构成的角度来看，它是内容与形式、感性与理性、再现与表现的统一。从艺术作品结构的角度来看，任何艺术作品不仅仅是一个有机的整体，还可以再继续划分成不同的层次。

1A　2C　3D

3. “大音希声，大象无形”是中国古代思想家(　　)说的。(央美 2008 年研)

【答案】老子

【解析】“大音希声，大象无形”是中国古代思想家老子提出的，语出《道德经》，是中国古代文学理论中的一种美学观念。“大音”是指音乐本身、音乐本源；“大象”是指形象本身、形象本源。“大音”和“大象”都指向了老子所说的世界本源——“道”。“希声”，并不是指没有声音，而是指人们听不到声音。“无形”并非指没有形状，而是指“视之不足见”。

4. 王国维在(　　)中提出了境界说。(浙农林大 2012 年研)

【答案】《人间词话》

【解析】《人间词话》是王国维所著的一部文学批评著作，他在这本著作中提到了境界说。王国维提出，古今之成大事业、大学问者，必须经过三种境界，包括：①“昨夜西风凋碧树，独上高楼，望尽天涯路”；②“衣带渐宽终不悔，为伊消得人憔悴”；③“众里寻他千百度，蓦然回首，那人却在灯火阑珊处”。这三种境界不仅表现在文艺观上，还扩大到他的治学态度，以及整个人生观和对世界的观照上。

5. “有意味的形式”这一著名审美概念是英国艺术理论家(　　)在他的《艺术》一书中提出的。“异质同构”作为(　　)心理学的核心概念，是由美国现代心理学家(　　)提出的。(首都师大 2009 年研)

【答案】克莱夫·贝尔；格式塔；阿恩海姆

【解析】英国艺术理论家克莱夫·贝尔于 19 世纪末提出“有意味的形式”理论。他指出，作品的各部分、各素质之间的独特方式的排列、组合起来的“形式”是“有意味”的，它主宰着作品，能够唤起人们的审美情感。阿恩海姆是德裔美籍作家、知觉心理学家、格式塔心理学美学的代表人物，他认为知觉是艺术思维的基础，并由此提出了“张力”说，认为力的结构是艺术表现的基础，而“同形”是艺术的本质。现代格式塔心理学派用“异质同构”或“同形同构”理论来解释审美经验，阐释主客体之间“异质同构”的感染力的产生原理。

6. 艺术形象是个性和共性的统一，(　　)的统一，(　　)的统一。(浙农林大 2011 年研)

【答案】客观与主观；内容与形式

【解析】艺术形象是艺术反映生活的特殊形式。艺术形象是个性与共性的统一，凡是成功的艺术形象，无不具有鲜明而独特的个性，同时又具有丰富而广泛的社会概括性；艺术形象是客观与主观的统一，艺术作品的形象体现出艺术家一定的思想感情，是具体且感性的。任何艺术都是个性与共性、主体与客体、内容与形式的有机统一。

四、名词解释

1. 素材(首都师大 2008 年研)

答：素材是指由于艺术家兴趣所致而进入创作视野，并引起创作冲动的感性的生活材料。素材是题材的原材料和基础，在各门类的艺术创作中都不会放弃素材的积累这一重要环节，从素材的积累到对素材的加工、取舍、提炼，都体现了艺术家对客观现实生活的某种关注和倾向。素材的准备途径主要有两类：①直接体验；②间接体验。题材是从素材中提炼加工而形成的。有了好的素材，才能有完善的题材，才能产生优秀的作品。

2. 题材（华东师大 2015 年研；赣南师大 2015 年研）

答：题材是艺术家对客观社会生活的提炼和概括的内容。题材来自社会生活，但又经过了艺术家的选择和加工，成为作品主题得以表现的基础。广义的题材是指艺术作品中所表现、描绘的生活、情感的范围或性质，又称取材范围。狭义的题材是指构成作品内容的基本材料，即作品表现出来的具体的生活形态。在小说、电影、绘画等作品中，题材就是指作品所具体描绘的人物和故事。

3. 艺术语言（西安工业 2022 年研；人大 2021 年研；北师大 2019 年研；陕西师大 2019 年研；山东大学 2018 年研；南航 2018 年研；华南师大 2018 年研；东南大学 2017 年研；河北大学 2016 年研；杭州师大 2015 年研；福建师大 2014 年研；华南理工 2014 年研；辽宁大学 2014 年研）

答：艺术语言是指任意一门艺术在创作时所使用的独特的表现方式或表现手段。不同艺术门类通过不同的物质媒介和表现手段来进行创作，从而具有独特的美学特性和艺术特征。艺术语言不仅能够创造艺术形象，同时自身也充满了审美价值。艺术家就是通过艺术语言，从而刻画出各具特色的艺术形象，并表达出自己对于社会生活的体验和感受，最终将独特的体验和感受传达给欣赏者。艺术语言对艺术作品具有重大意义，因此各门艺术都非常重视艺术语言的创新，而艺术语言的不断创新又依赖于艺术家的不断实践探索与创造。

4. 象征

答：象征是指借助于某一具体事物的外在特征，寄寓艺术家某种深邃的思想或表达某种富有特殊意义的事理的艺术手法。象征是艺术创作的基本手法。在艺术创作中运用象征这种艺术手法，可使抽象的概念具体化、形象化；可使复杂的事理浅显化、单一化；还可以延伸描写的内涵，创造一种艺术意境，以引起人们的联想，增强作品的表现力和艺术效果。

5. 作品结构（东南大学 2017 年研；首都师大 2017 年研）

答：作品结构是指作品中各个局部之间、题材各因素之间的内在关联与组织的样式。在不同种类的艺术中，结构因素有着不同的表现形态，如在美术理论中称美术作品的结构为“布局”“构图”“经营位置”等。结构属于“大政方针”式的先决性的构架，对作品的成败起决定性作用，在各门类艺术中都是要考虑并要解决的问题。结构的目的性与功能性二者相统一，即在于把作品中的各个部分、因素组织成一个既和谐统一，又多样变化的有机整体。绘画中以同样的内容为题材，但布局和构图不同，给人的感觉和表达的意蕴也不同。

6. 艺术形象（央戏 2022 年研；南京师大 2019 年研；北师大 2019 年研；暨南大学 2019 年研；成都大学 2018 年研；浙江理工 2017 年研；江苏师大 2017 年研；山东师大 2017 年研；南航 2016 年研）

答：艺术形象是指文艺反映生活的特殊方式。艺术形象是具体的、可感的，是客观因素与主观因素、内容与形式、个性与共性的统一。在艺术作品的构成层次中，人们在欣赏时最先注意到色彩、线条、声音、文字、画面等艺术作品的外部特征和艺术表现的手段，通过艺术语言和表现手法来塑造艺术形象。在艺术作品中，又可将艺术形象划分为视觉形象、听觉形象、综合形象与文学形象四个类别，它们之间既相互联系，又相互区别。艺术形象是艺术反映生活的基本形式，也是艺术作品的核心。在艺术作品中，艺术语言的目的是塑造艺术形象，而且艺术形象之中也蕴含着艺术意蕴。因此，没有艺术形象就没有艺术作品。

7. 视觉形象（广西民大2016年研；大连大学2014年研）

答：视觉形象是指直接作用于人的视觉感官，产生直接感受的艺术形象。构成视觉现象的材料都具有一定空间性，如绘画、雕塑、摄影作品等。人的视觉可直观接收艺术形象，因此艺术中的视觉形象具有直观性与生动性，这一艺术形象也具有再现性。如西方古典雕塑艺术的重要特点之一便是客观性与再现性，早期西方雕刻艺术家重在"以形传神"，人物雕像栩栩如生。但作为主客观统一的艺术品类之一，视觉形象也包含着艺术家的思想感情与审美特征，如中国画讲究"传神"，不同派别的画家在画中倾注不同的主要情感，具有独特的美感。

8. 听觉形象（南航2017年研）

答：听觉形象是指通过人的耳朵能够直接感受到的艺术形象，其构成材料是时间性的。音乐作品中呈现出的艺术形象就是听觉形象。音乐是声音的艺术，是通过音响在时间上的流动，加上有规律的变化组合形成的使人们的听觉感官能够直接感受到的艺术形象。听觉形象具有空灵性和抽象性的特点，人们需要调动自身的主观情感来感受音乐作品的艺术形象。这种主体性使得音乐形象具有不确定性、多义性、朦胧性的特点。这一特点对音乐来说是一把双刃剑，其长处体现在能给欣赏者留出更多联想、想象、理解与情感体验的空间。

9. 艺术典型（华东师大2019年研；北影2019年研；陕西师大2019年研；中国艺术研究院2018年研；东南大学2016年研；郑州大学2016年研）

相关试题：典型（南航2018年研；聊城大学2018年研；四川师大2016年研）

答：参见本章考点难点归纳相关内容。

10. 艺术作品的形式（浙农林大2013年研）

相关试题：形式（华东师大2017年研）

答：艺术作品的形式是指作品内容具体存在的样式。基本上是由外显的艺术语言和存在的结构两种形式因素构成的。艺术作品由三个层次组合而成，包括：①艺术语言，是艺术作品表现出来的外在的形式结构，是由文字、声音、线条、色彩、画面等艺术表现手法所组成的层次；②艺术形象，是艺术作品内在的形式结构，是艺术家的审美意象物态化而形成的形象；③艺术意蕴，是蕴藏在优秀的艺术作品深处的思想，具有普遍性以及十分深远的思想性，蕴藏着艺术家对生活的体验和感受，有一定的象征寓意以及哲理，需要鉴赏者仔细反复品味才能逐渐领会到其意味。在艺术作品中，通常将结构称为内部形式，而艺术语言则为外部形式。在具体作品中，两种形式因素是紧密相关、相互渗透、不可分离的。

11. 艺术作品的内容（山东师大2018年研；中传2011年研）

答：艺术作品的内容是指在作品中表现出来的具体的、生动的生活和情感内涵，主要来源于艺术家对生活的认识和理解。从艺术欣赏的角度来看，艺术作品的内容具有不确定性的特点。艺术作品的内容由题材和主题构成。题材是从素材中提炼出的、由作者根据自己的创作意图，经过选择甚至虚构而进入作品的生活内容。主题是作品反映的社会生活意义与作者对它的认识与评价，即作品的中心思想。

12. 神韵（中传 2013 年研）

答：神韵是指含蓄蕴藉、冲淡清远的艺术风格和境界，又称韵。“神韵”是一种理想的艺术境界，其美学特征是自然传神，韵味深远，天生化成而无人工造作的痕迹。神韵以抒写主体审美体验为主，追求生动自然、清奇冲淡、委婉含蓄、耐人寻味的境界，使人能从所写之物中冥观未写之物，从所道之事中默识未道之事，即获得古人常说的“言外之意、象外之象、意味无穷”的美感。

13. 主题（南京师大 2021 年研；南京艺术学院 2017 年研；山东大学 2017 年研；首都师大 2017 年研）

答：主题是透过题材所暗示出来的思想内涵。主题是作者的主观情思与题材本身的客观意义的契合，并从中生发出的具有某种社会意义的思想，即作者对题材不断认识理解，所提炼出的明确的思想。主题是构成艺术作品的主导因素，所以被称为是作品的“灵魂”和“统帅”。艺术作品的主题可以是政治性的、哲学性的、伦理性的、宗教性的、生活情趣的、自然之美等性质的。

14. 艺术意蕴（北师大 2019 年研；东南大学 2019 年研；南京大学 2018 年研；福州大学 2018 年研；浙江大学 2018 年研；浙农林大 2017 年研；南航 2016 年研；陕西师大 2016 年研；辽宁大学 2014 年研）

相关试题：意蕴（武汉科技 2018 年研；山东师大 2018 年研；青岛大学 2017 年研）

答：参见本章考点难点归纳相关内容。

15. 意境（央戏 2022 年研；东南大学 2022、2019 年研；四川师大 2021 年研；郑州大学 2019 年研；华中师大 2019 年研；南航 2018 年研；南京师大 2018 年研；中国艺术研究院 2018 年研；郑州大学 2018 年研；暨南大学 2017 年研；中传 2016 年研；重庆大学 2016 年研；北师大 2016 年研；辽宁大学 2016 年研；南京艺术学院 2016 年研；华东师大 2015 年研；华南理工 2015 年研；武汉大学 2014 年研）

相关试题：艺术意境（安徽师大 2018 年研）

答：意境是指在艺术中呈现出的一种情景交融的境界，是艺术中主观因素与客观因素的有机统一。意境作为中国古典美学传统中的一个重要的范畴，在中国古典诗、画、文、赋、书法、音乐、建筑、戏曲等艺术门类中都具有十分重要的作用。意境中不仅包括艺术家的主观感受——“情”，还包括由客观现实升华而成的“境”，“情”与“境”相互交融，有机地融合在一起。意境是情与景、意与境的相融合一，是主观情感与客观景物综合发展而成的结晶。

五、简答题

1. 请阐释形式美的概念，并选择一种艺术种类为例说明之。（浙农林大2009年研）

答：(1)形式美是指在形式方面，美的对象所呈现出来的具有共同性的美的要素和规律，它是从无数感性的美的事物形式中抽象概括出来的，包括构成事物外形的自然物质属性以及它们之间的组合原则。形式美的主要法则有：对比与调和、节奏与韵律、对称与平衡、统觉与通感、含蓄与沉着。形式美的构成因素一般划分为两大部分：①构成形式美的感性质料；②构成形式美的感性质料之间的组合规律，或称构成规律、形式美法则。

(2)中国古代哲学在关于一与多关系的问题上，推崇“以一总万”。将“一”与“万”这对具有对立意义的双方进行统一和谐的根本在于，从中国传统思想无数的感性美的事物中提取出“一”，并将其作为主体来率领全体、贯统万物、摄涵对立因素。这种辩证思维，蕴含着中华民族理性的智慧，对中国传统艺术和美学思想产生了深远的影响，并推动了极具民族风格的辩证和谐观——“和”的形成与发展。在中国戏曲艺术中，决定其形式美的核心就是“以一总万”。例如在角色行当中有“一行多用”(生旦净丑)，在表演动作中有“一式多用”(表演程式)，在戏曲声腔与音乐中有“一曲多用”等，从而逐渐形成了中国戏曲艺术形式美的基本特征。

2. 举例说明艺术形象的作用及特征。（首都师大2018年研；南昌大学2016年研；浙江理工2016年研；昆明理工2016年研；安徽师大2015年研；河北大学2014年研）

相关试题：

(1)艺术形象的特点。（北师大2016年研；杭州师大2016年研）

(2)为什么说形象性是艺术的基本特征？（首都师大2018年研；昆明理工2016年研；南昌大学2016年研；浙江理工2016年研；安徽师大2015年研；河北大学2014年研）

答：艺术的基本特征之一是形象性。艺术形象是艺术反映社会生活的特殊方式，是通过审美主客体的相互交融，最终由主体创造出来的艺术成果。艺术的形象性是构成艺术作品的最基本元素，古今中外的艺术家在对于艺术的研究上，把形象作为审美和艺术范畴里的重要命题。

(1)艺术形象的作用。

①艺术形象是艺术反映生活的基本形式，也是艺术作品的核心。在完整的艺术作品中，艺术语言的目的是塑造艺术形象，艺术形象中还潜藏着艺术意蕴。从某种意义上讲，艺术形象是艺术作品不可缺少的存在形式。

②艺术形象既具有直观可感的形象性，也具有解释社会生活的概括性。

③艺术形象具有情感性与思想性，主要表现在艺术家所创造的艺术形象包含了艺术家个人的思想情感与对社会生活的感悟评价。

④艺术形象本身具有审美意义。由于艺术形象蕴含着艺术家个人的审美理想与审美特征，欣赏者可以从中直接感受创造者的审美感受。

(2)艺术形象的特征。

①艺术形象是主观与客观的统一。艺术作品的形象有着具体的、感性的特征，其内容体现着一定的思想感情，是主客观因素的统一。例如意大利画家达·芬奇的《蒙娜·丽莎》。

达·芬奇在蒙娜·丽莎这个人物形象身上寄托了自己的审美理想。为了达到最佳的效果，他从生理学和解剖学的角度分析了人物的面部结构，研究明暗变化，历时多年最终创造出这一经典的、具有不朽生命力的艺术形象。

②艺术形象是内容与形式的统一。艺术形象中内容与形式二者是统一的。欣赏者在进行艺术欣赏时，艺术形式将直接作用于欣赏者感官，并生动鲜明地体现出深刻的思想内容，这是艺术形式能够感动人的最主要的原因。例如，罗丹的《巴尔扎克像》。正因为罗丹以如此朴实、简练的艺术手法，才突出了这位伟大作家内在的精神气质。优秀的艺术作品，必然具有深刻的思想内涵和完美的艺术形式，二者有机统一，才使其具有令人惊叹的感人魅力。

③艺术形象是个性与共性的统一。艺术形象是艺术反映生活的特殊形式，每一个艺术形象都必然具有鲜明而独特的个性，同时又具有丰富而广泛的社会概括性。中外艺术宝库中具有成功艺术形象的艺术作品很多，能够使这些艺术形象具有不朽的艺术生命力，均需要个性与共性的高度统一。例如，鲁迅先生在《阿Q正传》中塑造的阿Q这一艺术形象，不仅具有活生生的个性，而且从侧面反映了那个特定的时代并概括出全民族的国民性弱点。

3. 如何理解艺术是一种“有意味的形式”？（清华大学2019年研；首都师大2017年研；北师大2016年研；暨南大学2016年研；重庆大学2016年研；东南大学2016年研）

相关试题：

(1)简述克莱夫·贝尔关于艺术本质问题的主要观点。（深圳大学2013年研）

(2)简述实用艺术的形式美与意味之间的关系。（北师大2018年研；湖北美院2017年研）

(3)有人说艺术是有意味的形式，你同意吗？说说你的看法。（北大2019年研）

(4)简述有意味的形式。（广美2021年研；北影2019年研）

答：(1)“有意味的形式”是英国艺术批评家克莱夫·贝尔提出的对艺术本质理解的表述，是指不同于日常情感体验的一种特殊的、高尚的、难以言传的“审美感情”。有意味的形式指能引起人们审美情感的、以独特方式组合起来的线条、色彩等形式关系。贝尔认为这种形式既让我们了解实物，又创造了审美感情。它是艺术家主观审美情感的表现和主观创造，是独立于外部事物的一种新的精神性的现实，它可传达创作者的感情，是区别艺术品与非艺术品的“最基本的性质”。审美活动是对这种“有意味的形式”的观照。

(2)“有意味的形式”观念的重要影响。

①反映了19世纪以来艺术创作的变化和美学研究的转折。自古希腊以来，西方艺术一直注重再现现实，亚里士多德的“模仿论”占据统治地位。虽然也有一些“注意形式”的倾向，但基本上都是些支流，这种情况直到塞尚出现后才得到改变。塞尚抛弃了再现性因素，代之以主观重构的绘画形体，自那以后，形式主义逐渐形成一股巨大的潮流，克莱夫·贝尔提出的“有意味的形式”正是从美学上为这一思潮进行辩护和总结。

②为现代主义创作提供了理论依据。“有意味的形式”推动了现代主义艺术的发展，在美学上的影响是极其深远的。它为破除传统美学中的机械的形式——内容二分法，开展情感与形式之间对应关系的研究，揭示艺术作品的独立性等方面打开了新的思路。

(3)“有意味的形式”观念的缺陷。

①将问题神秘化。细加推敲贝尔的“有意味的形式”理论，不难发现其循环论证的弊端，

该观念把问题神秘化了，最终也未能解决意味的本质问题。

②贬低了一切再现性、写实性艺术。贝尔并不把形式看作是唯一的东西，他认为，线条和色彩的组合中体现了一种特殊的意味，意味来自艺术家的精神。但贝尔对什么是“意味”，怎样能激起审美情感，没有圆满解释，甚至说“意味即形式”。其学说强调艺术形式的价值，但此观念贬低了一切再现性、写实性艺术。

贝尔陷入尴尬境地的根本原因在于否定再现，其摆脱困境的方法只有一个：坚持艺术是生活的再现。审美情感并不是来自克莱夫·贝尔所说的色块、线条所组成的纯形式，而是源于社会生活。艺术是社会生活的反映。

4. 简述艺术主题与题材及两者的关系。（北师大2022年研）

相关试题：以艺术创作实例简述题材与主题的区别。（清华大学2022年研）

答：(1)含义。

①主题。参见本章考研真题与典型题详解名词解释第13题答案。

②题材。参见本章考研真题与典型题详解名词解释第2题答案。

(2)艺术作品的题材与主题相互联系、相互区别。

①联系。题材是主题的基础，主题是题材的提炼、概括与升华。主题是整个艺术作品的灵魂与统帅，经过主题的凝聚，题材不再是零星的片断，而是凝聚成一个统一的有机整体。

②区别。艺术作品的题材指构成艺术作品的内容的基本材料，即艺术作品所体现出来的具体的客观生活环境、情节、人物和情感等。艺术作品不能没有题材，但主题并非每个艺术作品所必备的，如单纯的图案装饰就可以没有主题。

5. 为什么说艺术作品是再现与表现的统一？（聊城大学2015年研）

相关试题：艺术作品中再现与表现的关系。（青岛大学2017年研）

答：再现与表现是艺术作品的内容所包含的两方面，二者往往兼容并存、有机统一。

(1)再现与表现的含义。

①再现是指在艺术创作中将客体世界及人物真实地呈现于作品之中。再现艺术是以再现生活中的人、事、景、物为主的艺术形式。

②表现是指在艺术创作中重在表达主体的情感和理想，以及对客体世界的思考和评判。表现艺术是以表现主观思想情感、表现理想愿望为主的艺术形式。

(2)艺术作品是再现与表现的统一。

艺术创作离不开客观现实，也离不开主观情感，是客观现实与主观情感的统一。因此，在艺术作品中，对客观现实的再现与对主观情感的表现从来都是紧密联系的。在侧重再现的艺术作品中，不可能没有表现的因素，在侧重表现的艺术作品中，也不会没有再现的因素，其间只是存在比重的差别，各有所侧重。

①再现艺术以再现社会生活为主，它同样需要艺术家主观因素的参与，需要融入主体的情感、理想，表达作者的思想情趣。

②表现艺术以表现主观思想情感为主，这并不意味着它抛弃客观现实，只是纯粹的主观表现。表现艺术的思想情感是在客观现实的基础上生成的，因此也要注重对客体世界及

其规律的遵循，只不过它表达的主要是心理和情感的真实。

6. 怎样理解艺术作品的内容？（华东师大2015年研；首都师大2012年研；浙农林大2012年研）

答：(1)艺术作品的内容的含义。参见本章考研真题与典型题详解名词解释第11题答案。

(2)艺术作品的内容的特点。

①艺术作品的内容来源于艺术家对生活的认识和理解。这种认识和理解包括带有倾向性质的创作主体的情感、意志等主观因素。例如，鲁迅的小说《祝福》的内容中不仅包括五四前后旧中国的一个劳动妇女祥林嫂的悲惨命运始末，及以此为线索而展开的具体的生活情节、画面，而且也包含了作者鲁迅的情感态度——对封建社会制度的憎恨、批判，和对封建礼教的牺牲者祥林嫂的深切同情。

②艺术作品内容是一种精神性的内涵。文字、语言、音响、色彩、线条等形式因素具有可被感官感觉到的特性。有了这些形式，精神性内涵才有所依附，有了感性显现的机会，才得以诉诸欣赏者的感官与心灵。

③艺术作品的内容是各个因素融会的具体、生动、完整的展现。艺术作品的内容往往包含着题材、主题、情节、场面、形象、典型等许多因素，有的还有创作背景、典故、象征意义等。离开一部作品，而要去尽述这部作品的内容几乎是不可能的事。因为归纳概括出来的内容都不能代替真正意义上的具体作品的内容。

④从艺术欣赏的角度来看，艺术作品的内容具有不确定性的特点。对于艺术作品内容的掌握情况因人而异，即接受作品内容是需要一定的条件的。对于一般的欣赏群体来说，也存在着鉴赏能力与审美经验的差异性。艺术欣赏不是对作品中所规定的内容的简单接受，而是较为复杂的精神活动。欣赏者各有不同的生活经验、情绪记忆、形象记忆，面对同一作品的内容，就会产生不同的联想、想象和体会。

7. 简述艺术作品意蕴的四个层次。（浙江师大2022年研）

相关试题：

(1)如何理解艺术意蕴。（论述题，华南理工2015年研）

(2)论述艺术作品的意蕴及其相关层次。（论述题，赣南师大2015年研）

(3)艺术作品意蕴的层次。（山东大学2018年研）

(4)艺术意蕴有哪些特征？（山东师大2018年研）

答：意蕴是指蕴藏在艺术作品内部的含义或意味，具有多义性、模糊性和朦胧性的特点。英国现代艺术理论家克莱夫·贝尔曾把艺术作品的内在特性解释为“有意味的形式”。从意蕴的角度考察艺术作品，可以更好地理解和把握艺术作品的内容和形式的辩证统一关系。艺术作品的意蕴大致分为四个层次：

(1)第一个层次寓于各种艺术门类的物质材料中。每一种类的艺术媒介材料不仅具有特定的物质特性，而且创作主体对它也有特定的审美感受，正是后者构成了艺术作品中物质材料的意蕴。如文学的语言文字、音乐的音响节奏、绘画的笔墨色彩等。李可染的山水画就充分地表现出具有极高审美价值的中国画笔墨韵味。

(2)第二个层次包含在作品的形式构成中。艺术作品的形式构成及与它相应的艺术表现手法中包含着艺术作品的意蕴。如电影作品中的分镜头和镜头中的构图和剪辑，美术作品中的点、线、面和形体的组织关系，以及相应的表现手法都包含着作者的意蕴。

(3)第三个层次是作品中的物象、事件和情节等的指称含义和表现意义，即自然的意义。所谓指称含义，指作品中描写的具体对象和情节事件；所谓表现意义，指这些对象和情节在作品中呈现出来的情感和情绪等方面的表现特征，如“兴奋”“悲伤”等。

(4)第四个层次是文化意义，即约定俗成的意义和本质的意义。一方面，是艺术作品中的物象、形象和情节自身的文化意义，例如，中国文化的龙与凤。另一方面，是艺术作品中包含的时代精神、民族精神，以及当时社会生活中各种观念的总和。

艺术作品中意蕴的各个层次之间是相互制约、相互联系和相互渗透的。

8. 如何理解艺术意象的价值和意义。(中传2012年研)

答：艺术意象是指艺术作品和艺术形象构成的最基本单位、形式或元素。艺术意象是主体思维及情感活动的结果，是主体内在情思和外在物象的统一。它与具体的生活物象相关，但却包含着更为丰富的内涵。

(1)艺术意象的价值。

①艺术意象是个性与共性的统一。作为艺术意象，首先应是个别的、特殊的，应具备独特的个性特征。同时又具有一定的概括性和代表性，具有一定的普遍意义，能体现出一定范围的共性。

②艺术意象是感性与理性的统一。艺术意象具有具体可感性，它以感性的形式呈现在人们面前。艺术意象中还融合着艺术家的审美理想，体现着艺术家对生活的思考和认识，在形象思维的过程中还有抽象思维的参与和作用。这些深层的理性内容与具体的感性形式统一在一起，才使得艺术意象不仅表现现象、个别，也能反映普遍、一般，体现共性。

③艺术意象是思想与情感的统一。艺术意象的共性特征源于艺术家对生活的提炼和概括、思考和评价，这使得艺术意象必然具有一定的思想性。但艺术不是以理服人，而是以情感人，在整个艺术活动中，处处离不开情感因素。艺术意象中渗透着艺术家丰富而复杂的情感，是客观的社会生活、自然景象同作者主观的心灵、情感的融合。

(2)艺术意象的意义。

①艺术意象是艺术反映社会生活的特殊方式。艺术意象是通过审美主体与审美客体的相互交融，并由主体创造出来的艺术成果。它是艺术家依据客观现实生活，经过提炼、加工创造出来的具体可感、富于感情色彩和审美性的感性形式。

②艺术意象融入了生活内容和艺术家的情感。艺术形象在艺术作品中不仅具有具体的、可感的形象性，还具有概括性、情感性和思想性的特征。艺术家在进行艺术创作时，将作品中的艺术形象与自身爱憎悲欢的情感以及对生活的评判相融合在一起，创作出极具丰富内涵的艺术形象。

③艺术意象具有审美意义。艺术形象中蕴藏着艺术家卓越的审美理想和独特的审美情趣，能够给欣赏者呈现出精彩绝伦的美的感受。

9. 比较艺术作品中“典型”与“意境”的异同。

相关试题：艺术典型和意境的区别和联系。（论述题，人大2019年研）

答：“典型”和“意境”都是艺术创作中的高层次形象，是艺术家的最高追求，也是最富于审美价值的艺术形象和境界。

（1）“典型”与“意境”的相同点。

①二者同属于美学范畴，都是优秀的艺术作品应努力达到的艺术高度。

②二者均具有丰富而深邃的内在意蕴。

③在被欣赏接受时，典型与意境都能够产生较为强烈的情感冲击力和心灵震撼力，充分地调动起欣赏者的联想和想象，激发起欣赏者投入再创造的状态之中。

（2）“典型”与“意境”的区别。

①含义不同。

a. “典型”又称典型人物、典型性格或典型形象，是指艺术作品中塑造的成功的人物形象。

b. “意境”是指艺术形象或情境中呈现出的情景交融、虚实统一并能够蕴涵和昭示深刻人生哲理及宇宙意识的至高境界。它是主体情感与客观形象的有机统一。“意”侧重于艺术家情志、理想的主观创造，是情与理的结合；“境”侧重于生活形象的客观反映，是形与神的统一。

②在艺术作品中的侧重点不同。

a. 典型以再现为主，注重写实，以人物塑造见长，在不同的艺术门类中传达经典形象的艺术语言不同，绘画、文学、电影等艺术都是通过各自的艺术表现手法，塑造出经典，比较直接地反映生活，反映某种普遍的性格、事件或人物形象等。

b. 意境以表现为主，注重抒情，以情景交融的画面见长。由于意境是抽象的，是任何艺术门类的艺术语言都无法直接表现的，只能通过艺术家娴熟的艺术技巧，在艺术创作时通过可见的艺术形象、画面、声音、镜头等来激发欣赏者的想象，感受“象外之象”“境外之境”，即艺术作品的意境，因此对社会生活的反映比较间接。

③特征不同。

a. 典型的特征主要体现在特殊性与普遍性的统一，典型的艺术形象是某个社会现象、某类人群、某种普遍行为等普遍的社会生活的缩影，通常是用以小见大的形式反映某个普遍的社会生活片段。

b. 意境的特征主要表现于情景交融、虚实相生，更能激发起人的美好联想，是艺术作品层次得到升华的关键，具有无限意境美的艺术作品能给欣赏者带来无尽的艺术遐想，从而提升作品自身的艺术价值。

④审美效应不同。

a. 典型的意义更多诉诸人的理性思考。

b. 意境的价值更多引发人的情感联想。

10. 怎样理解典型环境与典型人物的关系？

答：（1）典型环境与典型人物的含义。

①典型环境是作家以鲜明独特的艺术个性，深刻地概括出来的现实生活中某些影响人

物性格形成和发展的，并使人物必然如此行动的各种社会关系和自然条件的总和。典型环境既能体现出作品中人物活动具体、独特的社会环境与自然环境，又能体现出人物生活的历史时期的时代风貌与特征，以及社会发展趋势等。

②典型人物是指那些具有鲜明特点的个性，同时又能反映出特定社会生活的普遍性，揭示出社会关系发展的某些规律性和本质方面的人物形象。

(2)典型环境与典型人物的关系。

典型环境与典型人物相辅相成、互相制约、缺一不可，二者的辩证统一关系主要表现为：

①典型人物必须生活在典型环境中。环境对人物性格的形成和发展具有决定性作用。人总是在一定的社会环境中生活，一个人的思想、行为、性格，无不同他所处的环境密切相关，环境是人性格形成的社会原因和根本条件。

②典型人物的行动和性格发展对典型环境产生巨大的影响。典型环境是指以人为核心，以人与人的关系为构成要素的社会环境。因此，典型人物往往成为典型环境的主要组成部分。

总之，典型人物同典型环境是相互依存、辩证统一的。环境不典型，人物很难充分典型。反之，人物不典型，环境也不可能具有充分典型性。

11. 艺术形象的主观性与客观性的关系。(南京师大 2018 年研)

相关试题：

(1)艺术形象是主观与客观的统一。(赣南师大 2016 年研；辽宁大学 2014 年研)

(2)为什么说艺术是客观与主观的统一。(北印 2022 年研)

答：艺术形象是艺术反映生活的特殊形式，是客观与主观的统一。任何艺术作品的形象都是具体的、感性的，也都体现着一定的思想感情，都是客观因素与主观因素的有机统一。艺术形象是艺术家按照他对社会生活的独特的审美认识创造出来的，是社会生活的再现和反映，既有客观的现实生活根源，又有主观的意识的作用。

(1)艺术形象的主观性。

艺术形象的主观性体现在艺术形象是艺术家对社会生活的独特认识与评价，表现着艺术家的主观情感、思想和审美理想。

(2)艺术形象的客观性。

艺术形象的客观性表现在艺术作品中的形象，是社会生活的再现和反映，这是其客观基础和现实来源。艺术具有反映客观社会生活的客观性。艺术生产离不开客观现实，社会现实生活是艺术创作的源泉和基础。

(3)二者之间的关系。

①任何艺术作品的艺术形象都是主客观因素的有机统一。虽然在不同的门类、形态、风格、流派、创作方法的艺术作品中，主观与客观这两种因素各有侧重，但仅仅是侧重不同，侧重的程度不同而已，都无法排除其中任何一种因素。

②雕塑、绘画等造型艺术的主客观统一，往往表现为在客观形象中蕴含主观因素。而对于文学等其他艺术门类来说，往往更侧重于直接表现艺术家的思想情感、间接反映社会生活，将客观因素融入主观情感之中。

12. “形似”与“神似”的关系。（中国艺术研究院2017年研；中传2013年研）

答：（1）含义。

①“形似”是指由人的眼睛直接感受到的形象与艺术作品想要表达出的形象相似或相同，即视觉形象相似。如一幅具象绘画的内容总是一目了然的。“形似”直接作用于欣赏者的视觉感官，因而特别富有直观性和生动性。

②“神似”指神情相似，神韵相似，经常是只可意会，不可言传，需要欣赏者对艺术作品及其表达的形象足够了解，并且反复领会、细心感悟。“神似”具有模糊性，欣赏主体不一样，所感受到的“神似”的点也不尽相同。

（2）关系。

①“形似”是“神似”的基础。每一件作品都有它特定的形，艺术创作首先要考虑的就是造型的问题，“形”即实，“神”即虚，虚实结合，在造型范围内升华作品的神韵，才能成为一件优秀的艺术作品。

②“神似”反作用于“形似”。“神似”是积极地、能动地作用于“形似”的，比如戏剧演员除了造型做得像之外，动作、神韵、语气、情感等都要像剧情角色，观众才能进入剧情里。

③“形似”和“神似”统一于艺术作品中。两者共同发挥作用，要求处理好形似与神似的关系，强调在创作中把握对象的精神特征，表现对象的性格气质。

六、论述题

1. 论述艺术作品中的主题及其特征。（中传2017年研；东南大学2017年研；清华大学2006年研）

答：艺术作品作为艺术生产的成果或产品，是艺术家使用一定的物质媒介和艺术语言，并通过艺术构思和艺术创作，最终将头脑中形成的主体和客体统一的审美意象物态化为审美鉴赏的对象。

（1）艺术作品的主题，又称主旨、题旨或主题思想，是指通过艺术形象所表现和揭示出来的主题思想内涵。主题的来源，一方面是题材本身所具有的意义的提炼、概括和升华；另一方面又是艺术家主体思想感情的移入，它凝聚了艺术家对社会生活的理解、思考与评判。主题是在作品的题材和艺术家的思想感情两个基本条件下产生的，有着题材本身的意义，更有艺术家主体情思的移入，是艺术家主观情思与题材本身所具有的客观意义融合汇聚后而生发出来的具有某种社会意义的思想。

（2）艺术作品主题的特征。

在艺术作品中，主题呈现出多样化的特点，这与题材的差异性和艺术主观情感、思想和审美理想等方面的不同及对题材内涵的展开角度等都有关系。因此，艺术作品的主题可以是政治性的、哲学性的、伦理性的、宗教性的、生活情趣及自然之美等性质的。在不同的艺术门类、样式或同一门类的不同题材的作品中，主题的体现方式也有所不同。一般地说，文学、戏剧、电影等叙事性艺术作品的主题比较明确、系统，而音乐、绘画、舞蹈等艺术作品的主题则较为含蓄，书法和某些工艺美术作品的主题更淡弱，有的作品则无主题，比如一些现代作品及一些单纯的图案画，追求形式美就是其主要或者唯一目的。在描写和表现自然现象或事物的作品中，题材是自然现象或事物本身，而主题则往往是它们的象征意义，或通过这些自然现象和事物的结构关系所传达出来的某种含义。

2. 艺术作品包括哪三个层次？结合实例予以阐述。（江西师大 2018 年研）

相关试题：

(1) 艺术作品的结构由哪些部分组成？（简答题，福建师大 2012 年研）

(2) 请简述艺术作品的三个基本层次。（简答题，聊城大学 2018 年研）

答：艺术作品作为艺术生产的成果或产品，是艺术家通过一定的物质媒介和艺术语言进行艺术构思和艺术创作后，最终将头脑中形成的主体和客体统一的审美意象物态化为审美鉴赏的对象。艺术作品分为三个层次，分别是：艺术语言、艺术形象、艺术意蕴。

(1) 艺术语言

艺术语言是指任何一门艺术都有自己独特的表现方式和手段，运用独特的物质媒介来进行艺术创作，使得这门艺术具有自己独具的美学特性和艺术特征。这种独特的表现方式或表现手段，就称作艺术语言。各门艺术都有自己独特的艺术语言，例如，绘画语言包括线条、色彩、构图等，音乐语言包括旋律、和声、节奏等，电影语言包括画面、声音、蒙太奇等。这些艺术语言，不但是创造艺术形象的表现手段，并且本身就具有审美价值。人们在艺术鉴赏活动中，不但欣赏它们创造出来的艺术形象，同时也在欣赏经过精心构思、富有创造性的艺术语言。

(2) 艺术形象

艺术形象构成了艺术作品的第二个层次，从艺术作品的角度来看，艺术形象可以分为视觉形象、听觉形象、文学形象与综合形象。

①视觉形象

视觉形象是指由人的眼睛直接感受到的艺术形象，视觉形象的构成材料都是空间性的。例如，一幅绘画，一件雕塑，一幅摄影作品，或一件实用工艺品，这些艺术作品中的形象都是视觉形象。艺术中的视觉形象直接作用于欣赏者的视觉感官，因而特别富有直观性和生动性。这类艺术形象常常带有明显的再现性，如摄影艺术最重要的美学特征之一便是纪实性或再现性，它表现的总是客观存在的事物，摄取的影像与被摄对象的外貌形态几乎完全一致，给人以逼真的感觉。作为艺术形象的一个种类，视觉形象同样凝聚着艺术家的思想感情，如绘画艺术除了纪实性之外，同样具有创造性，在作品中表现出画家的主观情感，具有独特的形式美。

②听觉形象

听觉形象是指由人的耳朵直接感受到的艺术形象，听觉形象的构成材料是时间性的。艺术中的听觉形象主要是指音乐作品的形象。音乐作为声音的艺术，有着自己的特点，它通过音响在时间上的流动，再通过有规律的变化与组合，最后构成使人们的听觉感官能够直接感受到的艺术形象。由于听觉形象具有空灵性和抽象性的特点，使得人们在欣赏音乐作品时，主要依靠情感的体验来把握音乐形象，也使得音乐形象具有不确定性、多义性和朦胧性，这既是音乐的局限，也是音乐的长处，能够为欣赏者的联想、想象与情感体验留下更多自由的空间。

③文学形象

文学形象是指诗歌、散文、小说、报告文学等，依靠语言作为媒介来塑造的形象。文学形象最鲜明的特征是间接性。它不像视觉形象或听觉形象那样可以看得见、听得着，直接感受到，而是要通过语言的引导，凭借想象来把握艺术形象。它需要读者凭借自身的生活经验，在阅读作品的过程中，通过积极的联想和想象，才会在脑海中呈现出活生生的形象画面来，这就是文学形象的间接性。

④综合形象

综合形象是指话剧、戏曲、电影、电视艺术等综合艺术，其中既有视觉形象、听觉形象，还有文学形象。它们综合成为一个有机的整体，这些门类中的艺术形象，可以统称为综合形象。它往往通过演员在舞台、银幕或荧屏上同观众见面来完成，因此，表演艺术在综合形象的塑造中具有十分重要的地位。

(3) 艺术意蕴

艺术意蕴是指深藏在艺术作品中内在的含义或意味，常常具有多义性、模糊性和朦胧性，体现为一种哲理、诗情或神韵，经常是只可意会，不可言传，需要欣赏者反复领会、细心感悟，用全部心灵去探究和领悟，它也是文艺作品具有不朽的艺术魅力的根本原因。艺术意蕴可以从以下几个方面来认识：

①艺术意蕴从一定意义上来讲是艺术作品蕴藏的文化含义和人文精神。中外古今优秀的艺术作品，正是因为具有深刻的艺术意蕴和独特的艺术创造，从而体现出较高的文化品格和艺术价值，具有经久不衰的艺术魅力。艺术意蕴作为民族文化审美心理的积淀，凝聚着具有民族特色与时代特色的文化内涵。例如中国画里的梅兰竹菊被称为“四君子”，就是因为梅的冰肌玉骨、兰的清雅幽香、竹的虚心坚毅、菊的傲霜斗雪，具有直接的象征意义，而西方绘画中，百合花是纯洁的象征，无花果是智慧的象征。

②艺术意蕴是指艺术作品应当在有限中体现出无限，在偶然中蕴藏着必然，在个别中包含着普遍。优秀的艺术作品总是通过生动感人的艺术形象，来传达出深刻的人生哲理或思想内涵。例如，徐悲鸿在抗日战争期间创作的重要作品之一《风雨鸡鸣》，画中的公鸡是画家着力刻画的艺术形象。当时正值日寇铁蹄践踏神州大地之际，中华民族正处在水深火热之中，一贯热爱祖国的徐悲鸿，从《诗经・风雨篇》中“风雨如晦，鸡鸣不已”的诗句受到启发，借这只挺胸昂首站在石头上引吭长鸣的大公鸡，来激发人们奋起抗日的勇气和决心。

③艺术作品中的这种深层意蕴，有时由于具有多义性和模糊性，不但欣赏者意见纷纷、各说不一，甚至有时连艺术家自己也说不明白。获得诺贝尔文学奖的英国现代诗人艾略特，于 1922 年发表的长诗《荒原》，这首诗实际上包含着好几个层次，从对西方社会现实的否定，发展到对人类文化和文明价值的怀疑，直到对人类存在意义的诘难。但由于大量采用典故和象征，诗行非常晦涩难读。

④艺术作品中的意蕴，并不完全是由艺术形象体现出来的主题思想。比起艺术作品的主题思想来，艺术意蕴是一种更加形而上的东西。它是一种哲理或诗情，常常是只可意会，不可言传，只有通过对整个作品的领悟和体味才能把握内在的意蕴。例如歌德的诗剧《浮士德》是德国文学最杰出的作品，也是世界文学不朽的名著，故事取材于德国中世纪的民间传说，以德国和欧洲 18 世纪到 19 世纪的社会现实为背景，剧本通过书斋、爱情、宫廷、梦幻等方面的场景，展示了浮士德在学业、感情、仕途、艺术多方面追求不息的历程。

⑤在艺术作品的层次构成中，任何一个作品都必须具有前两个层次，即艺术语言和艺

术形象。作为第三个层次的艺术意蕴，并不是每一个艺术作品都必须具有的，某些偏重于娱乐性、功利性或纪实性的作品，常常就不存在这一层次。但从总体上讲，正是这三个层次的完美结合，才形成了流传后世的优秀艺术作品。

3. 从艺术作品的角度来看，艺术形象具有哪些分类？各自的特点是什么？

答：从艺术作品的角度来看，艺术形象的分类是：视觉形象、听觉形象、文学形象、综合形象。各自的含义及特点具体参见本章考点难点归纳相关内容。

4. 在艺术理论界曾存在过内容与形式谁先谁后、谁决定谁、谁最重要的争论，你如何看待这些争论？（中传2012年研）

相关试题：

(1) 如何理解艺术作品的内容和形式的关系？（简答题，首都师大2018年研；华中师大2018年研；中国艺术研究院2017年研；浙江师大2011年研）

(2) 艺术作品内容和形式的辩证关系。（简答题，山东大学2017年研）

答：当代大众传媒的发达带来了一股娱乐化、消费化的浪潮，在这样的背景下，不少人开始走形式路线，认为"形式大于内容"，在艺术理论界也曾存在过内容与形式谁先谁后、谁决定谁、谁最重要的争论。实际上，真正优秀的艺术作品是形式与内容的统一，艺术作品的内容与形式是双向互动、相辅相成、辩证统一的。

(1) 艺术作品内容与形式的含义。

①艺术作品的内容，是作品中表现出来的具体的、生动的生活和情感内涵，来源于艺术家对生活的认识和理解。艺术作品的内容不是抽象的概括说明，而是题材、主题、情节、环境等因素融会而成的具体、生动、完整的展示，主要由题材和主题两种因素构成。

②艺术作品的形式，是艺术作品内容的具体存在方式，主要指结构、艺术语言、艺术手法、类型体裁等。其一般可分为艺术作品的内部联系形式和外部表现形式两部分。

a. 内部联系形式包括内容诸要素之间的相互联系和组织方式，主要指结构。

b. 外部表现形式即借以传达内容的手段和方式，包括艺术媒介、艺术语言、艺术表现手法等。

(2) 艺术作品内容与形式的关系。

艺术作品的内容与形式既可以相互作用、互相包含、相互转化，又是不可分割、辩证统一的。

①艺术作品内容决定形式。

a. 从艺术创作过程看，艺术作品内容决定形式的产生。例如，达·芬奇《最后的晚餐》为了突出耶稣，采用对称构图，将众人安排在耶稣两边，其形式是由内容决定的。

b. 从艺术发展看，某些作品由于内容发生变化，形式也随之变化。例如，19世纪的西欧绘画印象派，将光和色彩看作其追求的目的，因此莫奈的《日出·印象》、德加的《舞台上的舞女》等都以光色的变化为主题，形式不再拘泥于严谨的构图。所以，艺术作品的内容发生变化，进一步引起艺术形式变化。

②艺术作品的形式积极、能动地反作用于内容。当形式适合内容时，就能深刻、充分、感人地表现作品的内容；当形式不适合内容时，就会损害艺术作品内容的表现，甚至有时

形式会反过来影响、制约内容。例如，对于艺术创作来说，艺术家既可根据内容去选择形式，同时也可根据他所擅长的艺术种类和形式特点去选取相关的内容。例如有些雕塑家比较关注人物形象的塑造，水彩画家则对自然景物更感兴趣。

a. 艺术作品的形式呈现出相对的独立性。艺术作品的形式不仅可以具有相对独立的审美价值，而且可以直接影响和制约内容的审美价值的实现。在艺术接受过程中，人们接触艺术作品时总是先从它的形式入手，并首先为它的完美的形式所吸引。

b. 相同的形式可表现不同的内容。毛泽东的《卜算子·咏梅》和陆游《咏梅》词牌相同，但内容却存在差异。相同的内容可以表现不同的形式，如巴金的《家》用话剧、小说都可以表现；小说《林家铺子》改编成电影后，题材主题基本没变。

c. 艺术形式一旦产生，便具有相对独立的稳定性。形式一旦产生，其变化要比内容缓慢得多，具有相对稳定性。这种稳定性使后人可以借用结构为新技术服务。中国古诗中的五言、七言仍被人沿用，来表现全新的内容，这就是形式相对独立的表现。

总之，艺术作品的内容与形式是双向互动、相辅相成、辩证统一的。艺术家在进行艺术创作时，总是力求把内容和形式尽可能完美地统一起来，优秀的艺术作品也必然是进步的思想内容与完美的艺术形式的有机统一。

5. 谈谈艺术的真实性、典型性及其关系。

答：(1)艺术的真实性是一切优秀作品的基本要求。

①艺术反映客观世界的真实性是指艺术品的形象要符合它所反映的客观事物实际，符合它所反映的社会生活实际。这是再现性艺术的基本要求和基本特征。

②艺术反映主观世界的真实性指表现的真实，具体表现为：

a. 在创作手法上，表现性艺术偏重于理想地、情感地表现对象或抛弃具体的物象，常常采取象征、寓意、夸张、变形以至抽象等艺术语言，以突破感受的经验习惯。

b. 在创作倾向上，表现性艺术偏重于表现主体意识，直抒胸怀。

c. 在创作特点上，表现性艺术具有震撼人心、高度概括、不求形似等特点。

(2)艺术形象的典型性。

①艺术典型是作家、艺术家运用典型化的方法，创造出具有栩栩如生的鲜明个性并体现出带有普遍意义的典型形象。它充分地、集中地表现出社会生活的本质和普遍性，同时又凝聚着创作主体突出的个性、真挚的情感和独特的审美创造。

②艺术典型具有普遍性。艺术典型同社会生活的本质、事物和人物的普遍性、共性密切相关，艺术典型中鲜明生动的现象、个性或特殊性集中地表现出事物的本质、共性或普遍性。

③艺术典型又具有特殊性，体现出创作主体的独特个性及独特的创造。

(3)艺术的典型性与真实性的关系。

真实性是生活中存在的形象，典型性是艺术家对客观现实加以艺术概括而创作出的典型形象，它们都是为作品服务的。

6. 如何理解当代艺术的商品化倾向？请结合实际加以评述。(中传 2011 年研)

答：(1)当代艺术商品化的背景。

①在市场经济条件下和“全球经济一体化”的国际大背景下，艺术实践向艺术理论提出的一个新的，必须面对、思考和回答的问题，即当代艺术的商品化倾向。

②我国经过四十多年的改革开放，社会经济已从计划经济转型为社会主义市场经济，在文化艺术领域出现了大量新的现象和新的事物，如：文化产业的建立、文化市场的发展；画廊、画商、书商、音乐经纪人、演员经纪人、影视戏剧制作商的大量涌现等。

③以美国为首的西方世界在“全球经济一体化”的总体目标下，迅速将其文化产品推向全球，如好莱坞的电影、VCD 唱盘、卡拉 OK 制品及各类音像影视制品等，于是“知识产权保护”“文化市场准入”等问题相继提出。

在上述背景下，艺术家的创作、艺术作品的质量愈来愈受到发行量、收视率、票房价值等经济因素的制约和影响，艺术家的精神劳动产品即艺术作品也愈来愈带有商品的色彩。

(2)艺术作品是一种特殊商品。

艺术作品是劳动产品，因为它必须付出艺术家艰苦的劳动。一旦艺术家的作品进入市场进行交换，以换取相应的报酬，艺术作品就变成了商品，且是一种特殊的商品。艺术商品的特殊性体现在以下方面：

①艺术作品是一个欣赏的对象，是精神的产品，具有不同于其他一般商品的特殊使用价值。

②艺术作品受到传统文化和当时社会各种思想观念和风尚的影响。

③艺术作品的价值在艺术市场的交换过程中并不一定能真正得到实现。例如，一件投入了艺术家大量精神劳动的艺术作品，由于其内容的深刻性、艺术上的独创性而不能为当时的社会所接受，在交换中也就有可能不能实现其价值，得到相应的经济上的报酬。反之，那种迎合庸俗趣味、格调低下的作品，虽然只花费了艺术家不多的劳动，但却有可能在交换中充分甚至过分实现其价值。所以，在艺术作品的交换过程中，在一定历史条件和时间范围之内，价值与价格的背离可能是相当严重的。

(3)当代社会市场对艺术作品的重大影响。

在当代社会，艺术作品的商品化已是一个不可逆转的趋势。市场因素对艺术作品具有双重作用：

①市场因素可以帮助艺术家获得从事再生产的经济支持，促进艺术的繁荣。

②市场因素又可能使艺术家蜕变为商人的雇佣，艺术创作完全受商品价值规律的支配。

总之，市场对艺术发展的积极因素和消极因素并存，因此，政府部门如何通过相应的措施，如税法、文化政策等来调节艺术市场，使艺术作品能在社会的流通、交换过程中及精神文明建设中，对艺术的创作和欣赏发挥应有的积极作用，是一件非常重要的工作。

(4)艺术作品商品化并不能泯灭艺术作品的审美特性。

我们不能否认艺术作品在当代市场经济中具有商品属性这一基本事实。当然，艺术作品的商品属性并不是内在于作品的一种属性，而是在艺术市场的交换中，由市场经济这种特定的社会制度附加在作品身上的一种外在的社会属性。从根本上说，艺术作品之所以为艺术作品，还在于它是一个审美的对象。所以，真正有内在价值的艺术作品是因它所具有的艺术性而不是因其表面的商业价值和价格。

综上所述，艺术商品化是艺术发展的必然结果。商品化可使艺术在竞争的环境中不断优化创新、健康发展，可以为艺术家提供更多更好的创作资料，提高全民族的文化素养。但艺术商品化并不是艺术使用形式的最高端、最优良的状态。保证艺术商品化的健康运行需要社会经济的不断支持、艺术家的创作、批评家的客观评价和审美者的判断识别等各方面的共同协作。

7. 你是如何理解中国传统艺术精神的？试就其中的一个方面举例阐发。（浙江理工2016年研）

相关试题：

(1)结合具体艺术作品，阐述你所理解的中国传统艺术精神。（广西民大2014年研）

(2)简述中国传统艺术精神的主要内容。（简答题，武汉理工2018年研；陕西师大2018年研；内蒙古大学2017年研；武汉科技2015年研；福州大学2014年研；南航2014年研）

答：(1)中国传统艺术精神的形成。

中国传统艺术从中华民族传统文化中汲取养分，表现出了中华民族的卓越的文化心理和优秀的审美意识。儒家美学、道家美学和禅宗美学在博大精深的中国传统美学体系中交织渗透，形成了独具特色的中国古典美学思想，对中国传统艺术产生了深远影响，推动了中国传统艺术精神的形成与发展。

(2)中国传统艺术精神的构成。

①道——中国传统艺术的精神性。道是指“天人合一”之“道”。“道”是中国古代哲学的最高范畴。老庄道家倾向于“天道”或“自然之道”，孔孟儒家则强调“人道”或“伦理之道”。而佛教禅宗所讲的“佛性”与儒家、道家关于道的概念相似。“天人合一”决定了追求人与人、人与自然的和谐统一是中国古代哲学的基本精神。人作为自然界的一部分，应当遵从自然界的普遍规律。人性就是天道，道德的原则与自然的规律是相同的，天人协调是人生的最高理想，即人与万物的一体性，人与人的一体性。在中国传统文化和中国传统艺术中，“天人合一”的思想产生了十分深远的影响。

②气——中国传统艺术的生命性。中国传统美学用“气”来表达美的本原，主张艺术描写和表现宇宙所有事物生机勃勃、元气流动的韵律与和谐。中国美学着重于养气，认为艺术家要不断在道德修养与学识水平方面进步发展，主张“气”是对艺术家生理心理因素与创造能力的总结。提出将艺术家的主观之“气”与客观宇宙之“气”相融合，从而使“气”成为艺术作品内在精神与艺术生命的标志。

③心——中国传统艺术的主体性。中国传统美学和传统艺术强调心乐一元、心物一元。提倡审美主体与客体的有机统一，主张文学艺术之美是由情与景、心与物、人与自然的融合统一决定的，从而使得中国传统艺术具有精神性、生命性、主体性、表现性的特点。中国传统艺术侧重于情理交融、情理统一。一方面提倡“以理节情”，另一方面又提倡“以情融理”，主张情感与意象的融合。人品与艺品之间密不可分的关系是由中国传统艺术的主体性来决定的。

④舞——中国传统艺术的乐舞精神。中国古代艺术最初是诗、舞、乐三位一体的，后来各自形成独具特色的艺术门类，这种具有强烈生命力的“乐舞”精神渗透并融合到各门艺术中，表现出飞舞生动的形态和风貌。“舞”将中国传统艺术的内在精神生命化升华为形式

化。在空间中流动的线的艺术是舞蹈，线是乐舞精神抽象化的最终形态，即对乐舞精神的一种造型。

⑤悟——中国传统艺术的直觉思维。中国传统思维方式重视直觉，形成以“悟”为核心的感性直觉和审美思维方式。“悟”作为中国美学与艺术学的重要范畴之一，在中国传统艺术创造与艺术鉴赏中占有十分重要的地位和作用，进而引申发展出“顿悟”“妙悟”等一系列相关范畴，认为达到“悟”需要通过艰苦探索与辛勤实践，审美主体须从各种外在和内在的束缚中将自身的心灵解放出来，澄怀味象、乘物游心，始终保持一种自由愉快、无私无欲的审美心境。

⑥和——中国传统艺术的辩证思维。在中国传统美学与传统艺术中，强调“中和为美”，“中”与“和”关系十分紧密但又各有区别。

a. “和”是指事物的多样统一或对立统一，是矛盾各方统一的实现。多样统一求“和”，是指将不同的、多样的事物统一成一个整体，求异求变，追求整体和谐，表达了“违而不犯，和而不同”的艺术思维特点；对立统一求“和”，是指将蕴涵在万物中的矛盾面统一起来，更接近事物发展的根本规律。

b. “中”是指处理事物矛盾的一种正确原则和方法，是实现“和”统一的途径与标准。提倡正确的道德和理性，不走极端，而是通过辩证的方式来处理问题，以达到真善美的和谐统一；强调“权衡”，即要把握“度”，在不平衡中寻找平衡。

儒家认为“和”是人与社会的和谐，侧重于情与理的统一；道家认为“和”是人与自然的和谐，侧重于心与物的统一；禅宗则认为“和”是人与人心的和谐，推崇心灵的澄净，“即心即佛”。

8.《沧浪诗话·诗辨》写道：“盛唐诸人惟在兴趣，羚羊挂角，无迹可求。故其妙处透彻玲珑，不可凑泊，如空中之音，相中之色，水中之月，镜中之象，言有尽而意无穷。”谈谈你的看法。（中传2014年研）

相关试题：古人论画云：“盖画品高下，不在乎迹，在乎意。”对这段话进行简要评析。（举例可不限美术）（中传2012年研）

答：《沧浪诗话》是严羽所著的关于诗的理论批评著作，它的系统性、理论性较强，是宋代最负盛名、对后世影响最大的一部诗话。“盛唐诸人惟在兴趣，羚羊挂角，无迹可求。故其妙处透彻玲珑，不可凑泊，如空中之音，相中之色，水中之月，镜中之象，言有尽而意无穷。”这句话的意思是：盛唐的诗人注重诗的意趣，就像羚羊挂角，没有踪迹可求，所以他们诗歌的高妙处透彻玲珑，难以直接把握，好像空中的声响，形貌的色彩，水中的月亮，镜中的形象，言有尽而意无穷。

（1）意境是在艺术中呈现出的一种情景交融的境界，是艺术中主观因素与客观因素的有机统一。意境作为中国古典美学传统中的一个重要的范畴，在中国古典诗、画、文、赋、书法、音乐、建筑、戏曲等艺术门类都具有十分重要的作用。意境中不仅包括艺术家的主观感受——“情”，还包括由客观现实升华而成的“境”，“情”与“境”相互交融，有机地融合在一起。意境是情与景、意与境的相融合一，是主观情感与客观景物综合发展而成的结晶。盛唐是我国古代经济政治文化发展繁荣的一个时期，人们安居乐业，诗人们也就有闲情雅致来“惟在兴趣”地作诗，诗词的题材和意境与诗人所处时代和环境是分不开的。

(2)宗教对于诗人的心境和诗词的发展也有重要影响，而佛教对意境产生了十分深远的影响。东汉时期佛教传入中国，魏晋时期佛教与玄学碰撞融合，唐代佛教得到了长足的发展并更加中国化。在中国古典诗论中，唐代诗人王昌龄曾在其著作《诗格》中提出，诗可分为三境：物境、情境、意境。到了唐代，诗论家司空图又提出了“韵味说”，之后宋代严羽提出了“妙悟说”，清代王士祯提出了“神韵说”，近代王国维提出了“境界说”，从古至今许多文学家、艺术家都认为诗歌中能够体现出“言有尽而意无穷”的艺术境界，即只可意会不可言传，能够使得欣赏者沉吟玩味，难以忘怀。

(3)中国传统美学与艺术理论追求“韵外之致”或“味外之旨”，要求从有限的艺术形象中体现无限的意境，从而达到“言有尽而意无穷”。意境是一种若有若无的朦胧美。在中国传统艺术的境界中，中国传统美学将艺术意境中构成的审美对象划分为虚与实两个部分。存在于画面、文字、乐曲及想象的意象之中的部分就是意境中实的部分；存在于想象和感悟之中的部分就是意境中虚的部分，也是意境的本质部分。

意境作为一种自然美，是中国古典美学传统十分推崇的一种风格。例如唐代杰出的诗人李白认为诗应当“自然”“清真”，主张“清水出芙蓉，天然去雕饰”，杜甫也提倡作诗应“直取性情真”。总之，意境强调天然之美、纯真之美、素朴之美，主张一种自然单纯的审美趣味，在美学史上被认为是一种更高的美的境界，这也对中国传统美学产生了深远的影响。

中国古诗词虽然一句只有几个字，但却能让人想象出诗人要表达的那幅画面，即言有尽而意无穷。

9. 从艺术的社会属性论述艺术与社会现实之间的关系。(西南大学2012年研)

答：艺术与社会是不可分割的。艺术无时无刻不受社会各方面的影响，同时又影响着社会的各方面。

(1)艺术属于社会产物。社会生活是艺术创作的源泉，艺术创作对社会生活的这种依赖关系，首先表现在艺术家往往是从生活实践中获得创作动机和创作灵感，尤其是艺术创作的内容，更是来自于社会现实生活。从人类以社会的方式生活开始，就有了艺术，艺术是伴随着人类社会的产生而产生的。它的内容、灵感都来源于现实生活中的客观存在，例如中国新石器时代仰韶文化的人面鱼纹彩陶盆和马家窑的舞蹈纹彩陶盆，都是当时人类社会发展到一定程度的产物。

(2)社会现实影响艺术的发展。这里的社会现实尤其指经济政治文化的发展，国家社会稳定，人民安居乐业，艺术的发展方向就趋于平稳、积极；相反，社会动荡不安，经济发展缓慢，艺术的发展方向就趋于缓慢、消极。当然，社会的变革也会导致艺术的变革或变化，西方资本主义萌芽导致新兴资产阶级追求人文主义，文艺复兴运动开始于意大利并蔓延到整个欧洲，艺术的主题也从单一的神话故事转向了世俗生活，并且涌现了一大批优秀画家、诗人。

(3)艺术反作用于社会现实。每种艺术都能通过自己独有的方式能动地影响社会，例如唯美的音乐能陶冶人的情操，电影能反映社会问题并引起观众思考，大量优秀艺术作品的欣赏能提高人的审美能力等。人们对于生活中事物的审美能力提高，身边的环境也会变得越来越好。艺术并不只是被动、直接地反映社会现实，其重要性在于对社会现实产生影响。

(4)艺术与社会现实不可分割。这不仅因为各种艺术统一于社会之中，社会中的一切都可以成为艺术创作的灵感来源，而且艺术家也是社会中的一员，他们随时都在体验着社会中的各种情感、态度，并以自己理解的方式表达出来，然后传递给社会中的每一位成员。艺术与社会现实在历史的发展进程中相互作用，相辅相成。

10. 根据自己的理解和体验，谈谈艺术如何影响和塑造现实生活。（杭州师大2013年研）

答：艺术包含的范围非常广阔，每一种艺术语言又可细分为各种艺术派别，尽管艺术种类不尽相同，它们都通过自己的方式在影响和塑造着现实生活。

(1)艺术通过不同的艺术语言来影响和塑造现实生活。艺术语言不同，对鉴赏主体的影响程度也不一样，例如人们在一幅画前停留的时间一般比在一个电影上停留的时间要少，并且电影的情节更通俗易懂，因此表达同样的主题时，电影的影响程度一般要比一幅画强。

(2)艺术通过直接反映社会问题来影响和塑造现实生活。艺术题材都来源于现实生活，社会问题是艺术的一个重要题材，直接反映社会问题是艺术影响现实生活的一个重要方式，艺术通常利用夸张、升华、抽象等手法将问题直接摆在鉴赏主体面前，得到鉴赏主体的共鸣或其他评论，与他们间接交流。例如摄影的纪实性就充分体现了这一点，市井意味很浓的摄影作品会让观众感到温馨，不经意的瞬时抓拍会让人感到惊喜或惊讶。

(3)艺术通过传播思想获得大众认同来影响和塑造现实生活。艺术意蕴是艺术作品的第三个层次，艺术创作一般传达了艺术家的思想，通过展览、演出、媒体等方式进入大众视野，在过程中注重作品思想的传播，与鉴赏主体交流互动，从而产生共鸣，以影响人对事物的态度。

(4)艺术通过引发鉴赏主体思考来影响和塑造现实生活。大多视觉形象的艺术创作比较容易引起观众的思考，比如电影人物的塑造，电影中每一位出现的人物都有其存在的意义，电影的情节或多或少与现实有相似或相同的地方，故事的发展走向离不开主人公的选择，电影也就通过主人公的选择向观众传达其思想，并引起观众深思。鉴赏主体对于艺术的再创造是艺术于大众的一个重要结果，也是其目的。

11. 试以一个艺术典型案例，分析典型人物是一个“熟悉的陌生人”的观点。

答：俄国批评家别林斯基曾把艺术中的典型人物称之为“熟悉的陌生人”。这种提法揭示了典型人物共性与个性的关系。典型人物是指那种既有鲜明独特的个性，又能反映一定社会共同本质特征或揭示某种社会生活本质规律的、高度概括的、具有较高审美价值的人物形象。

(1)典型人物的特征。

典型人物的特征有：①高度概括的共性。②鲜明突出的个性。③变化发展的丰满性。

(2)典型人物的“熟悉”与“陌生”。

①“熟悉”是指典型人物身上总能反映社会生活中某类人或某种事物的本质共性或普遍性。这些是人们所常见的，所以会产生似曾相识的“熟悉”感。

②“陌生”是指由于典型人物个个都具有与众不同的独特个性，而这种个性又是不可重复的，是作者独特的审美创造，在现实生活中也是少见的，所以人们又会有“陌生”感。

③只有“熟悉”而不“陌生”，便成为只有共性缺少个性的公式化、概念化人物；只有“陌生”而不“熟悉”，则虽有个性却缺乏共性，容易变得离奇荒诞。所以，二者必须巧妙结合，缺一不可。

例如罗中立的油画作品《父亲》，在画面里，画家用了多层画法的厚实色层，层层塑造，色层饱和厚实，老农开裂的嘴唇、满脸的皱纹以及手中粗劣的碗等等写实的描绘，消除了观赏者与作品之间的隔膜，深深地打动了无数中国人的心；老人古铜色的脸，艰辛岁月耕耘出的那一条条车辙似的皱纹；犁耙似的手，曾创造了多少大米、白面？那缺了牙的嘴，又扒进多少粗粮糠菜？他身后是经过辛勤劳动换来的一片金色的丰收景象，他的手中端着的却是一个破旧的茶碗。在塑造过程中所营造出的粗糙如土墙面的肌理特征，正好适合表现中国农民经受生活磨难、饱经风霜的脸。脸上沟壑纵横，挂满了大颗的汗珠，眼睛掩盖在眉弓的阴影中，“父亲”那种承受生活之重的精神状态和充满希望的内心世界，被表现得淋漓尽致。

《父亲》以纪念碑式的宏伟构图，运笔超写实的表现手法，强调了真实的面貌，充满了人性关怀，饱含深情地刻画了中国农民的典型形象，产生了强有力的视觉冲击力，深深打动了无数中国人。罗中立画中的农民没有人知道他的名字，对绝大多数观者他都只是一个陌生人，只是中国千万劳动人民的一个最普通的代表，一个最朴实的父亲，但观看画作的人往往能由此联想到自己的父亲以及自己身边千万辛勤劳作、生活简朴的劳动人民形象。这就是艺术典型的魅力，即通过“熟悉的陌生人”让欣赏者有所思、有所想、有所得。

12. 优秀艺术作品应该尽可能地做到真善美的统一，试联系当代艺术创作现状讨论真善美的结合情况。（中传 2013 年研）

答：真善美是艺术创作要追求的积极的一方面，有些人认为，在当代谈艺术的真善美未免有些老土，不合潮流，但是真善美本应该是人类的最高追求之一。优秀的艺术作品更应该尽力做到真善美的统一。

（1）当代艺术作品千奇百怪，所谓的优秀作品也是不断涌出，“人人都是艺术家”的说法被普遍接受，艺术家的门槛似乎越来越低，艺术作品对于真善美的追求程度也就不得而知了。当代艺术作品具有商业属性，不仅表达作者的个人思想，同时还受到商业社会的影响，所传达的内容本身就是不纯粹的。为了博得大众眼球，有些优秀艺术作品传达的都是大众所喜闻乐见的东西，其中包括了真善美，但不全是真善美。

（2）艺术作品真正做到真善美的统一这一点是有难度的。真善美即真实、善良、美丽，在保证艺术作品具有一定的审美形象之外，还需要有积极的内涵。在这个什么都有两面甚至多面的时代，眼见不一定为实，艺术家们在艺术语言上也花费了很多心思，当代艺术常常表现的是虚假丑陋的形象，一方面因为当代社会充斥着这样的形象，另一方面也反映出现代社会对于真善美的需求程度是比较高的。艺术相较其他文化有高度的自由性，艺术总是能用它自己的方式来解释其内在含义。

（3）当代艺术对于真善美的缺失，是各方面造成的结果。首先，信息在大数据时代的传播速度惊人地快，真假虚实的言论充斥着网络，事情的多面性使得人们对于真善美的判断很容易受到影响。其次，当代社会本身就充满着虚假邪恶的内容，与真善美相反的灵感来源随处可见，容易获取。再次，当代艺术与商业的发展密切相关，为了获取大部分人的共鸣，创作大众喜爱的作品便是最有保障的选择，但过于商业化会在一定程度上削弱创作本身的生命力与表现力，甚至成为通过媚俗获取利益的工具。

(4)艺术作品要做到真善美的统一，从社会层面说，需加大社会对于积极思想的发扬和传播力度，提高大众的基本文化素养，营造积极的、真善美的氛围；从艺术家的层面说，艺术家需增强对生活细节的观察，避免过度的商业合作，以及艺术家本身应该是积极向上的。当代艺术创作的主题应该尽量积极向上，结合真善美创作。

第十二章　艺术鉴赏

12.1　复习笔记

【知识框架(庖丁解牛)】

- 艺术鉴赏
  - 艺术鉴赏的一般规律
    - 艺术鉴赏的重要意义
    - 艺术鉴赏活动与鉴赏力培养
    - 艺术鉴赏中的心理现象
      - 多样性与一致性
      - 保守性与变异性
  - 艺术鉴赏的审美心理
    - 注意
    - 感知
    - 联想
    - 想象
    - 情感
    - 理解
  - 艺术鉴赏的审美过程
    - 艺术鉴赏中的审美直觉
    - 艺术鉴赏中的审美体验
    - 艺术鉴赏中的审美升华
  - 艺术鉴赏与艺术批评
    - 艺术批评的作用
    - 艺术批评的特征

【通关提要(提纲挈领)】

本章为重点章节，主要论述了艺术鉴赏的一般规律，艺术鉴赏中的注意、感知、联想、想象、情感、理解等审美心理，艺术鉴赏的审美过程以及艺术批评。本章内容较多，学习时，要着重掌握艺术鉴赏的审美心理及过程，了解艺术鉴赏与艺术批评之间的关系。本章是历年考查的重点，其中，艺术鉴赏的审美心理和审美过程常作为简答题、论述题来重点考查，此外也会考查一些重要概念，学习时要注意融会贯通。

【考点难点归纳(厚积薄发)】

考点一：艺术鉴赏的一般规律　★★★★★

艺术鉴赏是指读者、观众、听众等欣赏者借助于艺术作品展开的一种踊跃的、主动的审美再创造活动。

1. 艺术鉴赏的重要意义

(1)接受美学的概况，见表12－1。

表12－1 接受美学的概况

要点	具体内容	
概述	20世纪60年代末至70年代初在联邦德国兴起，主张在研究文学和文学史时，必须着重分析读者的接受过程。接受美学与过去一切文艺理论不同，它具有全新的理论特征，并对艺术系统(作家——作品——读者)全过程展开了一种新的研究思路和方式。接受美学的代表人物是姚斯和伊塞尔	
背景	①从哲学的角度来看，西方近现代哲学的重心由侧重客体的研究逐步转向侧重主体的研究。 ②从科学的角度来看，20世纪心理学的迅速发展，使审美心理的研究得到了深入的发展。 ③现象学美学和解释学美学为接受美学的发展提供了理论基础	
方法和思路	确定读者的中心地位	强调读者在阅读过程中的中心地位，一部作品的意义包括作品本身和读者的赋予两个方面
	重视审美经验的中心地位	姚斯从艺术创作、艺术接受和艺术交流三个维度出发，对审美经验的内在结构进行了诠释，并将接受方式划分为垂直接受[历史发展角度]与水平接受[同代人对文学作品的接受状况]等类别
	主张重写文学史	文学史不应当只是作家和作品的历史，更应该是作家、作品和读者“三位一体”的关系史，是读者接受作品与作品在读者中产生影响的历史，是文学被读者接受的历史

(2)重要概念及意义，见表12－2。

表12－2 重要概念及意义

要点	具体内容		
重要概念	期待视野	含义	是文艺理论家姚斯提出的概念。指读者在文学接受活动中，通过原先的经验、素养、审美趣味等综合感受，对文学作品产生的一种欣赏水平和欣赏要求，在客观现实的阅读活动中，具体是指读者对于文学作品的一种潜在的审美期待
		注意	①在读者的期待视野与新作品中，二者是一种有适度的审美距离的关系，即作品一方面应当出乎读者的预料，另一方面又不能过分前卫、极端。 ②不同的读者具有不同的期待视野，对于作品也会产生不同的需求与喜恶
	空白	含义	是由文艺理论家伊塞尔提出的。指在本文(text)中没有写出来的部分，是本文对读者暗指、提示的部分，需要读者充分发挥自己的想象对本文进行补充
		主张	①空白的部分使本文具有未定性。 ②空白能够在本文和读者的相互关系中，划分出图式和关于本文的观点。 ③任何文学的本文都具有未定性的特点，当读者根据自身的生活经历、文学素养和独特的想象等，对本文的“空白”进行补充后，未定性就得以确定，从而实现文学作品的审美价值。 ④“空白”是文学本文的优点与特点

续表

要点	具体内容
意义	接受美学的产生与发展标志着在文艺研究领域产生了一种全新的方法论，使文艺研究的重点从艺术家和艺术作品发展到艺术接受和审美心理的研究上，从而拓展了文艺研究的领域

2. 艺术鉴赏活动与鉴赏力培养(见表12－3)

表12－3　艺术鉴赏活动与鉴赏力培养

要点	具体内容
艺术鉴赏活动	艺术鉴赏是一种审美再创造活动，其作用主要体现在： ①艺术品作为艺术家创造性活动的产物，要想激发出它的社会意义和美学价值，则必须要与鉴赏主体的审美再创造活动相融合。 ②鉴赏主体的鉴赏与接受的过程是积极主动的审美再创造，而非消极被动的。 ③艺术鉴赏从本质上来看，与艺术创作相同，都是在审美活动中，通过人类自身的主体力量来达到自我肯定与自我实现
鉴赏力培养	艺术修养与鉴赏力的培养与提高，必须做到： ①大量地、经常地鉴赏优秀的艺术作品。 ②对艺术的基本知识十分熟悉，并能够熟练把握艺术的基本规律。 ③拥有广博的历史、文化知识。 ④丰富的生活经验与生活阅历。 ⑤在培养和提高艺术鉴赏能力上，美育以及艺术教育的作用十分重要

【考点拓展】艺术鉴赏的主体性特征(见表12－4)

表12－4　艺术鉴赏的主体性特征

要点	具体内容
对艺术作品审美娱乐属性的享用	审美娱乐是指人们通过艺术鉴赏达到心灵自由、精神愉悦的效果。艺术的审美娱乐功能必须通过其审美价值才能实现，而艺术作品的审美价值又只有在鉴赏的过程中才能产生并表现出来，鉴赏主体充分地拥有艺术作品所具有的审美娱乐属性
对艺术作品审美认知属性的认知	艺术作品具有一定的认知价值，所以鉴赏主体具有突出的认知属性，通过艺术形象认识社会与自然的本质，达到对社会与自然的深层洞察
对艺术作品文化价值的阐释	艺术作品作为一种文化信息密集的文化产品，对于接受者来说，具有一种多方面满足其文化阐释与品评兴趣的价值或属性，因此，在鉴赏过程中鉴赏主体自然要对艺术作品的文化价值进行阐释
对艺术作品形象或意境的再创造	艺术作品是“无用之用”的精神产品，是人们虚构的产物，只有通过人们积极主动的审美再创造活动，才能使艺术作品具有深刻的价值和意义

3. 艺术鉴赏中的心理现象

(1)艺术鉴赏中的多样性与一致性，见表12－5。

表 12－5　艺术鉴赏中的多样性与一致性

<table>
<tr><th>要点</th><th colspan="3">具体内容</th></tr>
<tr><td rowspan="2">多样性
[偏爱价值]</td><td>特征</td><td colspan="2">是客观存在的，反映了人们精神生活多样化的需求。为了使鉴赏主体在进行艺术鉴赏活动时的多样性需求得到满足，需要艺术作品也同样具有多样性</td></tr>
<tr><td>原因</td><td colspan="2">①艺术鉴赏最本质的特点就在于它是一种审美再创造活动，需要鉴赏主体根据自己的身份条件、兴趣爱好等多种因素，对鉴赏的艺术门类、体裁、层次等进行选择。
②鉴赏主体的鉴赏要求会随着年龄的增长、环境的改变等因素逐渐改变</td></tr>
<tr><td rowspan="3">一致性</td><td>定义</td><td colspan="2">同一时代、同一民族的鉴赏主体的审美倾向常具有某种共同性或一致性</td></tr>
<tr><td rowspan="2">原因</td><td>艺术鉴赏的时代性</td><td>由于各个时代的社会生产、物质文化和精神文化等方面具有各自的特点，因此任一时代内部的艺术风尚都具有某种一致性与共同特征</td></tr>
<tr><td>艺术鉴赏的民族性</td><td>在历史发展进程中形成的民族共同生活，使得各民族逐渐形成了多种多样的美学传统、民族风格和民族特色，也对鉴赏主体的艺术鉴赏方式和习惯产生了深远的影响</td></tr>
<tr><td>二者关系</td><td colspan="3">多样性与一致性普遍存在。人们的鉴赏需要和审美趣味具有多样性，而多样性中又能够发现某种一致性，一致性蕴含于多样性之中</td></tr>
</table>

(2)艺术鉴赏中的保守性与变异性，见表 12－6。

表 12－6　艺术鉴赏中的保守性与变异性

<table>
<tr><th>要点</th><th colspan="2">具体内容</th></tr>
<tr><td rowspan="2">保守性</td><td>定义</td><td>是鉴赏主体审美经验中的定向期待视野，指鉴赏主体的鉴赏品味往往是根据某种传统的趋向来进行的，即在鉴赏活动中人们所呈现出的偏好、选择、欣赏方式与欣赏习惯</td></tr>
<tr><td>原因</td><td>①人的审美心理具有连续性的特征，即审美心理在艺术鉴赏活动前后是相关联的。
②人为了适应自己的审美趣味，总会依照自己的审美心理图式去鉴赏一件艺术作品</td></tr>
<tr><td rowspan="2">变异性</td><td>定义</td><td>是鉴赏主体审美经验的创新期待视野，指鉴赏主体的审美心理随着时代和社会的变迁、国际文化交流的发展和大众审美水平的提高而发生变化</td></tr>
<tr><td>原因</td><td>①追求变化是人类最基本的心理趋向之一。鉴赏主体审美理想会受到好奇心和求知欲，以及社会生活的快速发展和文艺思潮的更迭的影响而发生改变。
②从“发生认识论”来看，变异性和发展性是由人的审美心理图式所具有的调节功能而决定的</td></tr>
<tr><td>二者关系</td><td colspan="2">都是客观存在的现象。在鉴赏主体的审美经验期待视野中，具体表现为定向期待与创新期待的对立统一</td></tr>
</table>

考点二：艺术鉴赏的审美心理　★★★

1. 注意、感知和联想(见表 12－7)

表 12－7　注意、感知和联想

要点		具体内容
注意	含义	指心理活动对一定对象的指向和集中。注意作为心理过程中最重要的特点，是审美心理的主要因素之一

续表

要点			具体内容
注意	特点		①指向性[选择性]，指在众多事物中将需要感知和认识的事物从中筛选出来。 ②集中性，指把主体全部的心理要素都聚集到所选择的事物之上
	作用		①在艺术鉴赏活动中，能够激发出鉴赏主体特殊的审美心理状态，并与审美注意和审美期待相结合，最终产生出一种独特的艺术鉴赏心境和审美态度。 ②将感知、想象、联想和情感等多种心理因素聚集起来，运用到某一特定艺术作品中，还能够持续一段时间，具有一定的稳定性
感知	含义		感知是艺术鉴赏心理的基础，既包括简单的感觉，也包括较复杂的知觉。在艺术鉴赏中，感觉是知觉的基础，而知觉则是感觉的深入，二者交融合一，共同发挥作用
	重要性		①艺术鉴赏活动是从感知艺术作品开始的。 ②只有经过训练，培养出敏锐的艺术感知力，才能提高艺术鉴赏能力
联想	含义		指通过某一事物想到另一事物的心理过程，包括通过当前感知的事物想到另一有关的事物、通过已经想起的某一事物想到另一事物。联想可以分为相似联想、接近联想、因果联想、自由联想、对比联想和控制联想等类别
	作用		①使艺术形象更加鲜活生动，使感知到的形象具有更加深远的思想内容。 ②在感受艺术作品感性形式的同时，深入领会、理解艺术作品中的艺术意蕴。 ③联想在电影审美心理中具有十分重要的作用
	产生条件	客观	艺术作品的内容、情绪以及艺术形象均是艺术鉴赏中联想的根本因素
		主观	鉴赏主体的生活经历、认知能力和情感等会影响联想的深度与广度、速度与择优度

2. 想象、情感和理解(见表12－8)

表12－8 想象、情感和理解

要点			具体内容
想象	定义		指人脑对已有的表象进行加工改造后，创造出新艺术形象的心理过程
	分类	再造想象	指根据语言描述或图形、音响的示意，在头脑中再造出新艺术形象的心理过程
		创造想象	指不以现成的描述为根本，而是通过独立地想象，创造出新艺术形象的过程
	意义		①提高艺术鉴赏力的重要环节和途径，就是培养和充分发挥想象力。 ②丰富的想象是鉴赏主体在艺术鉴赏活动中获得更高审美享受的方式
情感	定义		作为一种特殊的审美心理因素，是人对客观现实的独有的反应形式，在思考客观事物是否符合人的需要的过程中，产生出的一种复杂的心理反应，是主体在对待客体时发生的一种态度
	作用		①各种各样的心理因素以情感作为媒介，逐渐形成的有机统一的审美心理。 ②艺术鉴赏中的情感活动，以注意和感知为基础，与联想和想象紧密相连，并通过理解因素在感性里表现理性，在理性中积淀感性
理解	定义		指从认识事物的联系、关系开始，逐步认识到其本质、规律的思维活动
	种类	直接理解	指没有中介思维参与，依靠个体的亲身经验而达成的理解
		间接理解	指以前人及个体的以往经验为基础，并加以中介思维的参与，从而达成的理解

续表

要点		具体内容
理解	三层含义	①艺术作品内容的鉴赏与理解因素紧密相连。在艺术鉴赏中，人们必须通过自己的亲身经验和原有的文化知识，对艺术作品的内容进行领会。 ②艺术作品形式的鉴赏与理解因素紧密相连。只有理解并能够熟练掌握各门艺术的表现手法和艺术语言，才是真正地鉴赏艺术作品。 ③任何艺术作品的内在意蕴和深刻哲理的认识都与理解因素紧密相连。在艺术鉴赏的审美心理中，只有积极主动地调动理解因素，才能体会到蕴藏在艺术作品中高深的哲理和艺术意蕴
	重要性	艺术作品往往具有朦胧性和多义性的特点，因此在艺术鉴赏的审美心理中，理解是重要的组成部分，艺术鉴赏必然是感性因素与理性因素的交融合一

考点三：艺术鉴赏的审美过程 ★★★★

1. 审美直觉(开始，见表12-9)

表12-9　审美直觉

要点		具体内容
含义		指在审美活动或艺术鉴赏活动中，鉴赏主体对于审美对象或艺术形象具有无需思考就能马上掌握与领会的一种能力
特点	直观性	艺术鉴赏作为一种感性、直观的审美再创造活动，需要欣赏者在欣赏艺术作品时亲自体验与感受，才能充分获得艺术享受和审美愉悦
	直接性	对意蕴的领悟与把握是在刹那间完成的，不需要进行逻辑判断或理性思维
特殊现象		通感，指鉴赏主体的各种感觉在艺术创作与鉴赏活动中相互交织在一起，极大地丰富和深化了审美感受

2. 审美体验(中心环节，见表12-10)

表12-10　审美体验

要点	具体内容
含义	指鉴赏主体借助审美直觉到达艺术审美活动的高潮阶段，结合自身再创造的想象力与联想力，激发出内心丰富的情感，融入艺术作品的情感中，获得充分的审美愉悦，将艺术作品中的不朽的艺术形象升华为鉴赏主体自身的生命活动
构成因素	①必须以注意和感知为基础，并与审美直觉相结合。 ②想象和联想是最为活跃的因素。艺术形象只有通过鉴赏者的想象和联想进行全新的、再创造的活动，才能实现其审美价值。 ③情感在审美体验阶段具有十分重要的作用。随着鉴赏者对艺术作品的理解加深，其审美情感也愈发深刻和强烈

3. 审美升华(最高境界，见表12-11)

表12-11　审美升华

要点	具体内容
含义	指在审美直觉和审美体验的基础上，鉴赏主体能够到达精神的自由境界，并借助艺术鉴赏的审美再创造活动，在艺术作品和艺术形象中直观自身，从而完成本质力量的对象化

续表

要点		具体内容
构成因素		主要包含感知、联想、想象、情感等要素，其中最为积极活跃的因素是理解，审美升华需要鉴赏者积极主动地去思考、领会作品中的艺术意蕴
现象	顿悟	艺术意蕴的把握需要通过哲理的顿悟和理性的直觉来实现，顿悟能使鉴赏者从艺术的体验世界升华到艺术的超验世界，领会艺术作品的深刻意蕴，完成审美升华
	共鸣	指在艺术鉴赏过程中，鉴赏主体借助于审美直觉和审美体验，领悟到艺术作品中蕴含的情感，并被其内在的思想感情所打动，到达一种忘我的艺术境界，从而实现鉴赏主体与艺术形象之间契合一致、物我同一、物我两忘

考点四：艺术鉴赏与艺术批评　★★★

艺术批评的标准、特征、作用、与艺术鉴赏的关系具体见表 12－12。

表 12－12　艺术批评的标准、特征、作用、与艺术鉴赏的关系

要点		具体内容
标准		艺术批评是思想性与艺术性的完美统一： ①思想性。指艺术作品中蕴含的思想意义以及应当达到的思想水平，是艺术作品的内在灵魂。 ②艺术性。指在艺术语言、艺术构思等方面，艺术作品应当达到的思想水平，尤其是从整体上应当具备卓越的艺术境界以及独特的艺术风格
特征	科学性	在艺术鉴赏活动中，艺术批评家通过运用一定的美学、哲学等知识对艺术作品和艺术现象进行分析和研究，并做出相应的判断与评价，从而形成系统科学的理论性知识
	艺术性	艺术鉴赏中的具体感受是艺术批评的基础和出发点。优秀的批评家除具备敏锐的感知力和丰富的想象力外，还应具备热烈的情感体验，才能使得艺术批评的文章具有艺术的感染力
作用		①对人们更好地鉴赏艺术作品、提升鉴赏能力与水平有所帮助。 ②通过评价艺术作品能够对艺术创作进行及时的反馈。 ③可以丰富和发展艺术理论，从而推动艺术科学的形成
与艺术鉴赏的关系		既紧密联系又有很大区别，包括： ①艺术鉴赏重视感性，艺术批评重视理性；艺术鉴赏具有个人主观性，艺术批评需要符合客观规律性。 ②艺术批评与艺术鉴赏紧密相连，只有借助于艺术鉴赏，艺术批评才能进行。 ③艺术批评是艺术接受的高级阶段，需要在艺术鉴赏的审美再创造活动中，继续深入发展，并借助于一定的艺术理论指导，对艺术作品和艺术现象进行全面的研究分析，从而在理论上形成艺术的鉴别与论断

12.2　课后习题详解

一、单选题

1. 著名电影符号学家(　　)在 1977 年出版了《想象的能指》，标志着电影研究进入了一个崭新的阶段。

A. 戈达尔　　　　B. 让米特里

1D

C. 库里肖夫　　　　　　D. 克里斯蒂安·麦茨

【解析】从20世纪70年代开始，西方影视美学研究日益转向观众，尤其是雅克·拉康的结构主义精神分析论，使观众心理学特别是观众深层心理结构的研究日占上风，甚至著名电影符号学家克里斯蒂安·麦茨也在1977年出版了《想象的能指》这部著作，标志着电影研究进入了一个崭新的阶段。

2. "登山则情满于山，观海则意溢于海"的观点，出自以下哪部著作？(　　)

A.《文心雕龙》　B.《古画品录》　C.《沧浪诗话》　D.《诗品》

【解析】艺术鉴赏活动中，情感总是以注意和感知来作为基础。心理学认为，人的情感总是针对特定的对象而产生的。世界上没有无缘无故的情感，日常生活中人们常会"触景生情"，在艺术鉴赏中也有这种情形。正如南齐刘勰在《文心雕龙》中所说："登山则情满于山，观海则意溢于海。"

3. 同一部《红楼梦》，"经学家看见《易》，道学家看见淫，才子看见缠绵，革命家看见排满，流言家看见宫闱秘事"是以下哪位作家的观点？(　　)

A. 郭沫若　B. 茅盾　C. 钱钟书　D. 鲁迅

【解析】同一部艺术作品，在不同的人看来往往具有不同的价值，获得不同的感受。鲁迅先生讲过，同一部《红楼梦》，"经学家看见《易》，道学家看见淫，才子看见缠绵，革命家看见排满，流言家看见宫闱秘事"，所得的感受迥然不同。

4. 接受美学的诞生地在联邦德国的康士坦茨，其代表人物主要是文艺理论家______和______，他们的共同主张是：研究文学与文学史，必须侧重研究读者的接受过程。(　　)

A. 尼采；黑格尔　　　　B. 姚斯；伊塞尔

C. 康德；海德格尔　　　D. 费尔巴哈；海涅

【解析】接受美学的诞生地在联邦德国南部的康士坦茨，其代表人物主要是两位文艺理论家姚斯和伊塞尔，他们的共同主张是：研究文学与文学史，必须侧重研究读者的接受过程。正因为如此，接受美学具有同过去一切文艺理论不同的全新的理论特征，形成一种对艺术系统(作家——作品——读者)全过程展开研究的新思路和新方法。

5. 艺术鉴赏中蕴藏着极其奥妙的心理现象和心理规律，尤其值得我们注意的是______、______等。(　　)

A. 多样性与一致性；主体性与客观性　　B. 审美性与分辨性；主体性与客观性

C. 多样性与一致性；保守性与变异性　　D. 审美性与分辨性；保守性与变异性

【解析】同艺术创作一样，艺术鉴赏作为人类一种高级、复杂的审美再创造活动，也蕴藏着极其奥妙的心理现象和心理规律，在似乎矛盾的现象中存在着一致性，在似乎偶然的现象中存在着必然性。其中，尤其值得我们注意的是艺术鉴赏中的多样性与一致性、保守性与变异性等问题。

6. 艺术鉴赏审美心理的基本因素包括：______、______、______、______、______、

2A　3D　4B　5C　6A

______。( )

A. 注意；感知；联想；想象；情感；理解

B. 认可；联想；想象；感知；理解；创造

C. 注意；感知；体验；想象；情感；理解

D. 直觉；感知；体验；想象；理解；创造

【解析】艺术鉴赏作为一种审美再创造活动，其中包含着极其复杂的审美心理因素和心理机制。从现当代的大量研究成果来看，审美心理中包含着注意、感知、联想、想象、情感、理解等基本要素。

7. 中国建筑艺术讲究空间处理，采用______、______、______等多种方法来表现空间的美感。( )

A. 比例；均衡；色彩

B. 虚实相生；时空一体；情景交融

C. 借景；分景；隔景

D. 群体配合；统一性；多样性

【解析】中国建筑艺术讲究空间处理，蕴藏着十分丰富的美学思想，采用借景、分景、隔景等多种方法来表现空间的美感。宗白华先生认为："无论是借景、分景，都是通过布置空间、组织空间、创造空间、扩大空间的种种手法，丰富美的感受，创造了艺术意境。中国园林艺术在这方面有特殊的表现，它是理解中国民族的美感特点的一个重要的领域。"

二、判断题

1. 审美体验中，想象和联想的审美鉴赏心理最为活跃。

【答案】正确

2. 艺术批评从某种意义上讲，可以说是艺术创作与艺术鉴赏之间的一座桥梁，对二者都具有直接的指导作用。

【答案】正确

3. 批评是揭示文学艺术作品的美和缺点的科学。

【答案】正确

三、名词解释

1. 接受美学

答：接受美学是指一种对艺术系统(作家——作品——读者)全过程展开研究的新思路和新方法，具有同过去一切文艺理论不同的全新的理论特征。接受美学诞生在联邦德国康士坦茨，代表人物是两位文艺理论家姚斯和伊塞尔。接受美学主张研究文学与文学史，必须侧重研究读者的接受过程。接受美学确立了读者的中心地位，强调了审美经验的中心地位。

2. 期待视野

答：参见本章考点难点归纳相关内容。

3. 空白(或称“不确定性”)

答：参见本章考点难点归纳相关内容。

4. 注意

答：参见本章考点难点归纳相关内容。

5. 感知

答：参见本章考点难点归纳相关内容。

6. 联想

答：参见本章考点难点归纳相关内容。

7. 想象

答：参见本章考研真题与典型题详解名词解释第5题答案。

8. 情感

答：参见本章考点难点归纳相关内容。

9. 理解

答：参见本章考研真题与典型题详解名词解释第6题答案。

10. 审美直觉

答：参见本章考点难点归纳相关内容。

11. 通感

答：参见本章考研真题与典型题详解名词解释第7题答案。

12. 审美体验

答：参见本章考点难点归纳相关内容。

13. 高峰体验

答：参见第三章课后习题详解名词解释第4题答案。

14. 审美升华

答：参见本章考点难点归纳相关内容。

15. 顿悟

答：顿悟是指鉴赏主体在审美升华阶段时常发生的审美感受现象。我们在鉴赏艺术作品最深层次的意蕴时，既不能依靠直觉，也不能依靠体验，甚至不能依靠单纯的理解，必须通过哲理的顿悟和理性的直觉。这种直觉是渗透着理解因素的更高级的直觉，可以透过艺术作品感性直观的外部形象，直接把握作品最内在、最深刻的艺术意蕴。鉴赏主体此时此刻将自己的心灵完全沉浸在艺术的境界里，在一刹那间获得顿悟，从艺术的体验世界上升到艺术的超验世界，对作品达到形而上的理解，审美感受得到理性的升华。

16. 共鸣

答：参见本章考研真题与典型题详解名词解释第12题答案。

四、简答题

1. 为什么说接受美学是一种对艺术系统全过程展开研究的新的美学思路和新方法？

答：接受美学诞生在联邦德国康士坦茨，代表人物是两位文艺理论家姚斯和伊塞尔，他们的共同主张是：研究文学与文学史，必须侧重研究读者的接受过程。接受美学具有同过去一切文艺理论不同的全新的理论特征，形成一种对艺术系统（作家——作品——读者）全过程展开研究的新思路和新方法。

(1)接受美学首先确立了读者的中心地位，认为读者在阅读活动中具有重要地位，一部作品的意义实际上包含着两个方面，一是作品本身，一是读者的赋予。因为在艺术鉴赏活动中，一方面，艺术作品作为审美客体，是读者、观众和听众进行鉴赏活动的对象，作品中的艺术形象成为鉴赏主体进行审美再创造活动的客观依据；另一方面，在艺术鉴赏中，作为鉴赏主体的读者、观众和听众并不是消极、被动地接受，而是积极、主动地进行着审美创造活动。由于鉴赏主体的这种创造活动是凭借艺术作品而展开的，所以被称为审美再创造。

(2)接受美学强调了审美经验的中心地位，姚斯从艺术创作、艺术接受和艺术交流三个维度全面阐释审美经验的内在结构，将接受方式分为垂直接受（历史发展角度）与水平接受（同时代人对文学作品的接受状况）等。

(3)接受美学的创始人姚斯和伊塞尔提出应当重写文学史。在他们看来，文学史应当是作家、作品和读者三者之间的关系史，是读者接受作品与作品在读者中产生影响的历史，是文学被读者接受的历史。姚斯指出，应当从作家、作品和读者“三位一体”的全方位角度研究文学史，研究不同时代的读者对同一部作品有不同意见的原因，将文学史变成文学效果的历史。

接受美学的诞生与发展，代表着文艺研究领域一种崭新的方法论，它把文艺研究的重心从艺术家和艺术作品转移到艺术接受和审美心理的研究上，从而使文艺研究进入了一个更加广阔的领域。

2. 什么是期待视野？在具体的艺术活动中，应该如何看待期待视野？

答：(1)期待视野的含义。

参见本章考点难点归纳相关内容。

(2)在具体的艺术活动中，期待视野中有两点值得注意：

①读者的期待视野与新作品之间，应当有一个适度的审美距离，一方面作品应当使读者出乎意料，超出他原有的期待视野，使读者感到振奋，因为新的体验大大丰富和拓展了新的期待视野，这就是为什么艺术作品总是需要创新；另一方面，作品又不能过分超前，不能让读者的期待视野处于绝对的陌生状态，这又会使读者感到寡然无味、难以接受，这也是一些极端先锋派作品曲高和寡的原因。

②期待视野的不同，使不同读者对于作品的需求与好恶不同。由于读者是千差万别的，每个人的文化修养、审美趣味、生活经历、性格气质都各不相同，因而会形成不同的期待

视野，读者对同一作品的理解也会出现差异，读者赋予作品的意义也会各不相同。

3. 请简述艺术鉴赏中的多样性与一致性。

答：(1)艺术鉴赏中的多样性是客观存在的。它反映出人们精神生活需要的多样性。艺术之所以包括文学、戏剧、电影、音乐、舞蹈、美术等许多不同的门类，正是为了满足人们在艺术鉴赏方面的多样性要求。艺术鉴赏的这种多样性，原因在于艺术鉴赏的本质是一种审美再创造活动。鉴赏主体总是要根据自己的年龄、文化、职业、环境、兴趣、爱好等多种因素来进行选择。即使是同一个人，他的鉴赏要求也会是多样的、变化的。

(2)艺术鉴赏中的一致性也是客观存在的。尤其是同一时代、同一民族的鉴赏者，常常表现出某种共同的或一致的审美倾向。从艺术鉴赏的时代性来看，由于各个时代在社会实践、物质文化与精神文化等各方面具有自己的特征，从而使得这个时期的艺术风尚产生某种共同性或一致性。

艺术鉴赏中这种多样性和一致性是普遍存在的现象。艺术世界是多姿多彩的，人们的鉴赏需要和审美趣味也是多种多样的，然而，艺术鉴赏的多样性中又可以发现某种一致性，一致性正是寓于多样性之中。

4. 应如何理解艺术鉴赏中的保守性与变异性？

答：参见本章考研真题与典型题详解论述题第4题答案。

5. 为什么说“没有想象就没有艺术鉴赏”？请简要说明。

答：想象在艺术创作过程中尤其是艺术构思过程中发挥了积极作用，同样，在艺术欣赏时，欣赏者也离不开想象。心理学将想象分为再造想象和创造想象两种。艺术鉴赏活动以再造想象为主，同时也包含有一定的创造想象。“没有想象就没有艺术鉴赏”，其主要原因在于：

(1)一方面，艺术鉴赏活动中的想象，虽然以艺术作品为依据，在作品的引导和制约下进行，但是，每个鉴赏主体都有不同的生活经历、文化修养和审美理想，他们总是把自己的独特个性融入想象活动之中，对艺术形象进行丰富和补充。如阅读《红楼梦》这部文学巨著时，可以说每一个读者心目中的贾宝玉和林黛玉的形象都各不相同。

(2)另一方面，艺术鉴赏中的想象是一种复杂的心理活动。不同类型的艺术形象，常常需要运用不同类型的欣赏想象。如绘画和雕塑等造型艺术，常需观众运用化静为动的想象力，使静止的视觉形象转化为活动的视觉形象；戏剧艺术需要观众调动虚拟想象；文学艺术则必须通过想象和其他心理功能的共同作用，才能把书本上的文字符号转化为读者头脑中的艺术形象。

在艺术鉴赏活动中，想象占有特别重要的地位。这是由于艺术鉴赏作为一种审美再创造活动，鉴赏主体并不是消极、被动地接受，而是运用想象和其他心理功能对艺术形象进行着积极、主动的再创造。艺术创作绝对不能离开想象，艺术鉴赏离开了想象也同样无法进行。想象的突出作用就在于创造，鉴赏者必须借助想象才能真正进入欣赏境界，也只有依靠想象才能充实艺术形象，可以说，没有想象就没有艺术鉴赏。由于想象在艺术鉴赏活动中占有如此重要的地位和作用，培养和发挥想象力，成为人们提高艺术鉴赏能力的一个重要环节。

6. 应如何理解“情感”在艺术鉴赏审美心理中的作用？

答：参见本章考研真题与典型题详解论述题第1题答案。

7. 什么是审美直觉？审美直觉具有哪些特点？

答：(1)审美直觉的含义

参见本章考点难点归纳相关内容。

(2)审美直觉的特点

①直观性

欣赏艺术作品必须亲身去感受，听音乐必须亲自去听，看电影必须亲自去看，读小说必须亲自去阅读，在感性直观的艺术鉴赏活动中，才能得到艺术的享受和审美的愉悦。这也是艺术与科学等其他人类实践活动的重要区别之一，它不能通过间接经验而获得审美感受，必须鉴赏主体亲身参与和直接感受。

②直接性

通常表现为一种不假思索地直接把握或领悟，往往在一瞬间完成，无须通过逻辑判断或理性思维。当我们在鉴赏艺术作品时，这种美感总是在刹那间产生的，并没有经过理智思考，甚至在最初感到美的时候，可能一时还说不出什么道理来，这就是直接感知艺术形象的审美直觉性在其中起了作用。

③客观存在性

审美与艺术活动中的这种直觉性是客观存在的。但是，有的美学家却过分夸大直觉性的作用，甚至给它罩上了一层唯心主义的神秘色彩，例如意大利近代美学家克罗齐就宣扬“直觉说”，认为直觉就是表现，就是艺术，就是一切，根本否定了理智、想象等在美感中的作用，把直觉的作用夸大到极端。事实上，美感虽然具有非概念的直觉性，但并不是纯感性的东西，必须包含着理性因素，在感性直观中积淀着理性内容。

五、论述题

1. 为什么说艺术鉴赏是一种审美再创造活动？请结合具体的艺术现象说明。

答：艺术鉴赏作为一种审美再创造活动，主要体现在以下几个方面：

(1)艺术家创作出来的艺术品，必须通过鉴赏主体的审美再创造活动，才能真正发挥它的社会意义和美学价值。接受美学认为，艺术作品的审美价值在欣赏过程中才能产生并表现出来。例如：文学作品无人阅读，只是一叠印着铅字的纸张；雕塑作品无人欣赏，只是一堆无生命的石块。只有通过接受主体的再创造，才能使它们获得现实的艺术生命力。尤其是艺术作品的审美教育、审美认知、审美娱乐等诸多功能，都不能由作者或作品来单独实现，只能由鉴赏主体自己通过审美再创造活动来实现。

(2)鉴赏主体在艺术欣赏活动中，并不是被动、消极地接受，而是积极主动地进行着审美再创造。任何艺术作品不管表现得如何全面、生动、具体，总会有许多“不确定性”与“空白”，需要鉴赏者通过想象、联想等多种心理功能去丰富和补充。伊塞尔认为“作品的意义不确定性和意义空白，促使读者去寻找作品的意义，从而赋予他参与作品意义构成的权利”。英国著名学者科林伍德也认为“我们所倾听的音乐并不是听到的声音，而是由听者的想象力用各种方式加以修补过的那种声音，其他艺术也是如此”。

(3) 从最根本的意义上讲，艺术鉴赏同艺术创作一样，也是人类自身主体力量在审美活动中的自我肯定与自我实现。艺术生产作为一种特殊的精神生产，决定了艺术必然具有主体性的特征，这种特性不仅表现在艺术创作和艺术作品之中，同样表现在艺术鉴赏之中。它集中表现在，鉴赏主体总是要根据自己的生活经验、艺术修养，兴趣爱好、思想情感和审美理想，对作品中的艺术形象进行加工改造、补充丰富，进行审美的再创造。正如艺术家进行艺术创作时，在自身本质力量对象化的创作过程中产生无比的喜悦一样，鉴赏者同样可以在审美再创造活动中，充分展现自己的聪明、智慧和才能，通过艺术鉴赏，将自身的本质力量对象化到艺术作品之中，从而获得极其强烈的美感。

2. “人的审美能力和艺术鉴赏力不是天生的，而是长期实践的结果。”欣赏者的艺术修养与鉴赏力应如何培养与提高？

答：参见本章考研真题与典型题详解论述题第2题答案。

3. 什么是艺术审美心理中的理解因素？

答：参见本章考点难点归纳相关内容。

4. 艺术批评在艺术生产全过程中的作用有哪些？请结合具体的艺术现象说明。

答：艺术批评从某种意义上讲，可以说是艺术创作与艺术鉴赏之间的一座桥梁，对二者都具有直接的指导作用。艺术批评在艺术生产全过程中的作用有以下几点：

(1) 对人们更好地鉴赏艺术作品，提升鉴赏能力与水平有所帮助。

艺术作品可以划分为艺术语言、艺术形象和艺术意蕴等几个层次，并通过内容与形式、感性与理性、再现与表现的有机统一、交融合一，组成了艺术作品。艺术作品中蕴藏着的深厚的思想内涵和卓越的艺术魅力，并不能够马上领会和掌握，而是需要借助于艺术批评，来发现优秀的艺术作品并对其进行评判，从而引导广大欣赏者对作品进行艺术鉴赏活动。艺术批评家通过精准的鉴赏力和判断力，对艺术作品进行科学、全面、细致的分析和研究，从而发现艺术作品中还未被人们注意到的艺术审美价值，有助于人们更加准确、更加深入地领会艺术作品。

以电影评论为例，20世纪80年代中期我国各种电影报刊曾经一度达到四百种之多，其中《大众电影》等刊物发行量曾经高达数百万份，同时，群众性的影评活动也在全国城乡广泛开展，提高了广大观众的电影审美水平，促进了新时期电影艺术的蓬勃发展。

(2) 通过评价艺术作品，能够对艺术创作进行及时的反馈。

艺术创作作为艺术家复杂、高级的精神生产，需要通过鉴赏主体的欣赏和评价，从而提高自身的创作能力。其中，推动和提高艺术创新发展的主要方式就是进行艺术批评。杰出的艺术批评能够集中反映出时代对艺术家的要求，能够展现出广大人民群众的审美需求，并借助于艺术生产中的信息反馈和调节作用，从而促进艺术创作在正确的发展道路上健康前进。

例如，曹雪芹在巨著《红楼梦》的写作过程中，边听取意见，边修改提高，“披阅十载，增删五次”，尤其是脂砚斋的评点更为其增色不少。据“脂评”的批语透露，秦可卿之死这一段故事，曹雪芹也根据他的意见进行了修改。

(3) 丰富和发展艺术理论，从而推动艺术科学的形成。

艺术学包括艺术理论、艺术批评和艺术史三方面的内容。其中，对艺术作品进行精准的分析和评价，对各种艺术现象进行细致的考察和探讨是艺术批评的基本任务。一方面，艺术批评是以一定的艺术理论作为基础，并借助于艺术史研究提供的成果，对艺术作品进行指导和评判；另一方面，艺术批评往往是通过研究新的艺术作品，评判新出现的艺术家，发掘艺术鉴赏中的新问题，归纳艺术活动中的新经验，进而推动艺术理论和艺术史的研究发展，使得艺术理论和艺术史研究能够在艺术实践中获得新的资料和素材。

5. 对艺术批评二重性的特点应如何理解?

答：艺术批评具有二重性的特点，即科学性与艺术性的统一。

(1)艺术批评具有二重性的特点。具体参见本章考研真题与典型题详解简答题第9题答案。

(2)艺术批评的二重性特点，决定了艺术批评既带有强烈的个人色彩，又具有客观的共同标准。

艺术批评的标准应当是思想性和艺术性的完美统一。思想性是指艺术作品所具有的思想意义和所达到的思想水平，它是艺术作品内在的灵魂。艺术性是指艺术作品在艺术构思、艺术语言、艺术表现手法等方面所达到的水平，特别是从整体上达到完美的艺术境界，具有独创的艺术风格。优秀的艺术作品总是达到了思想与艺术、内容与形式的完美统一，艺术批评也应当从这种统一的角度去评价艺术作品。

12.3 考研真题与典型题详解

一、选择题

1. 接受美学的代表人物是(　　)。

A. 康定斯基　　B. 阿多诺　　C. 姚斯　　D. 荆浩

【解析】接受美学又称接受理论，产生于20世纪60年代中期，首倡者是联邦德国的汉斯·罗伯特·姚斯，他的《文学史作为文学科学的挑战》是接受美学成为独立学派的宣言。接受美学的主要观点是：作品的教育功能和娱乐功能要在读者阅读中实现，而实现过程即是作品获得生命力和最后完成的过程。读者在此过程中是主动的，是推动文学创作的动力；文学的接受活动，不仅受作品的性质制约，也受读者制约。接受美学把文学接受活动分为社会接受和个人接受两种形态。读者作为生物的和社会的本质，无论在意识或下意识中所接受的一切信息，都会影响到他对文学作品的接受活动。

2. "同一部《红楼梦》，经学家看见《易》，道学家看见淫，才子看见缠绵，革命家看见排满，流言家看见宫闱秘事"反映了(　　)。(中传2014年研)

A.《红楼梦》可能不止一个作者　　B. 创作者具有主体性特点

C.《红楼梦》主题不突出　　D. 欣赏者具有主体性特点

【解析】题干中的这段话出自鲁迅的《集外集拾遗补编·〈绛洞花主〉小引》，它阐明了艺术鉴赏中的主体性特征。鉴赏主体的鉴赏与接受的过程是积极主动的审美再创造，而非消

1C　2D

极被动的。即在艺术鉴赏的过程中，鉴赏主体往往投注了自身的生活经验、审美体验、兴趣偏好和审美理想，其最终鉴赏的作品是其二次加工改造、补充丰富的审美上的再创造。因此，对于同一对象，鉴赏的结果是仁者见仁、智者见智的。

二、填空题

美术的一般审美性格集中体现在以下几个特点：实践性与(　　)、合目的性与(　　)、形象性以及(　　)。

【答案】主体性；合规律性；情感性

【解析】审美具有实践性与主体性、合目的性与合规律性、形象性以及情感性，这是美术的一般审美性格，也是一切文学艺术所共同具有的审美性格。美术是以审美的方式掌握世界、反映和认识社会生活的，并以审美的手段生产产品，创造精神成果。可以说审美是美术以及一切文学艺术(如小说、诗歌、音乐、舞蹈、戏剧、电影等)区别于其他社会事物(如宗教、哲学、道德、政治、法律等)的共同性格。

三、名词解释

1. 艺术鉴赏(山东师大 2019 年研；江苏大学 2018 年研；河北大学 2018 年研；北影 2017 年研)

答：艺术鉴赏是指读者、观众、听众等欣赏者借助于艺术作品展开的一种踊跃、主动的审美再创造活动。主要体现在以下几个方面：①艺术家经过创造性活动生产出来的产物就是艺术品，而艺术品则必然还要通过鉴赏主体的审美再创造活动，才算在真正意义上实现了它的社会意义和美学价值；②鉴赏主体的鉴赏与接受的过程是积极主动的审美再创造，而非消极被动的；③艺术鉴赏从根本上来看与艺术创作相同，都是在审美活动中通过人类自身的主体力量来达到自我肯定与自我实现。

2. 期待视野(江西师大 2018 年研)

答：参见本章考点难点归纳相关内容。

3. 召唤结构(央美 2017 年研)

答：召唤结构是接受美学的一个概念，由德国著名接受美学家伊塞尔提出。召唤结构是一个接受论层面上的定义，认为艺术作品因空白和否定所导致的不确定性，呈现为一种为接受者留有想象的余地和阐释空间的开放结构。伊塞尔认为，艺术作品的结构是一种召唤的结构，只有接受者的积极参与才能填补和具体化这个艺术图式中的空白和不确定点，完成这个召唤结构。这种开放结构本身随时都在召唤接受者能动地参与进来，通过再创造将其充实、确定，艺术鉴赏的“再创造”属性，同艺术作品的“召唤结构”有着密切的联系。

4. 艺术世界

答：艺术世界是指艺术品赖以存在的庞大的社会制度。艺术世界同时也是艺术接受的社会环境，它包括三个组成部分：①为艺术接受作出贡献的各种意义上的主体，包括艺术家、艺术理论家、艺术教师、各种艺术机构从业人员等；②各种艺术机构，包括美术馆、画廊、音乐厅、电影院、艺术出版社、艺术教育机构等；③支配艺术世界运转的规则和制度，它对艺术接受具有约定俗成的调节、制约作用。

5. 想象（湖南师大2019年研；扬州大学2019年研；浙江大学2018年研；陕西师大2017年研；湘潭大学2016年研；东南大学2015年研；中传2014年研；首都师大2013年研）

相关试题：

（1）审美想象（北师大2018年研）

（2）艺术想象（赣南师大2015年研）

答：想象是指人脑对已有的表象进行加工改造后，创造出新的艺术形象的心理过程。想象是审美心理因素之一，能够以原先的生活为基础，创造出新的艺术形象。在艺术创作过程中，想象在艺术构思阶段具有十分重要的作用，但在艺术欣赏过程中，想象也同样具有不容忽视的地位。想象通常分为两类：①再造想象，指根据语言描述或图形、音响的示意，在头脑中再造出新艺术形象的心理过程；②创造想象，指不以现成的描述为根本，而是通过独立地想象，创造出新艺术形象的过程。提高艺术鉴赏力的重要环节和途径，就是培养和充分发挥想象力。而且丰富的想象是鉴赏主体在艺术鉴赏活动中获得更高审美享受的方式。

6. 理解（陕西师大2018年研；杭州师大2017年研；北京城市学院2016年研）

相关试题：审美理解（北师大2019年研）

答：理解是指从认识事物的联系、关系开始，逐步认识到其本质、规律的思维活动。理解包括直接理解和间接理解。艺术审美心理中的理解因素具有三层含义：①艺术作品内容的鉴赏与理解因素紧密相连。在艺术鉴赏中，人们必须通过自己的亲身经验和原有的文化知识，对艺术作品的内容进行领会。②艺术作品形式的鉴赏与理解因素紧密相连。只有理解并能够熟练掌握各门艺术的表现手法和艺术语言，才能真正地鉴赏艺术作品。③任何艺术作品的内在意蕴和深刻哲理的认识都与理解因素紧密相连。在艺术鉴赏的审美心理中，只有积极主动地调动理解因素，才能体会到蕴藏在艺术作品中高深的哲理和艺术意蕴。艺术作品往往具有朦胧性和多义性的特点，因此在艺术鉴赏的审美心理中，理解是重要的组成部分，艺术鉴赏必然是感性因素与理性因素的交融合一。

7. 通感（河南师大2018年研；杭州师大2017年研；中传2013年研；辽宁大学2013年研）

答：通感是指在审美活动以及艺术活动中的一种客观存在的现象，将鉴赏主体的各种感觉在艺术创作与鉴赏活动中相互交织在一起，极大地丰富和深化了审美感受。通感把不同感官的感觉通通调动起来，并依靠联想将感觉进行了转移，即"以感觉写感觉"，即在通感中，颜色仿佛有冷暖之别，声音好像变得具体、形象起来，温度也似乎有了轻重之分。关于通感产生的原因有各种不同的说法：①过去多以联觉来对其进行阐释；②有的理论则强调联想在通感中产生的作用，认为形成通感的主要原因是感觉联想和表象联想；③当代认知心理学家认为，通感的形成是由于人的各种感觉在生理上能够引发出一种对应和转换的关系。

8. 完形心理学

答：完形心理学又称格式塔心理学，是西方现代心理学的主要流派之一，1912 年诞生于德国，其代表人物是韦特海默、考夫卡和苛勒。阿恩海姆等学者的艺术心理学研究与格式塔心理学理论密切关联。格式塔心理学采取了胡塞尔的现象学观点，主张心理学是研究现象的经验，即非心非物的中立经验。在观察现象的经验时要保持现象的本来面目，不能将它分析为感觉元素，并认为现象的经验是整体的或完形的(格式塔)，所以称"格式塔心理学"。简而言之，完形心理学认为整体先于部分，部分之和不等于整体。该心理学派后来在美国得到进一步发展。

9. 审美直觉(曲阜师大 2019 年研；浙江大学 2018 年研；郑州大学 2018 年研；东南大学 2017 年研；南航 2016 年研；陕西师大 2015 年研；重庆大学 2014 年研)

答：参见本章考点难点归纳相关内容。

10. 审美体验(首都师大 2017 年研；四川轻化工 2016 年研；北师大 2015 年研)

答：参见本章考点难点归纳相关内容。

11. 审美升华(浙江理工 2019 年研；山东师大 2016 年研；河南师大 2014 年研)

答：参见本章考点难点归纳相关内容。

12. 共鸣(中国艺术研究院 2021 年研)

答：共鸣是指在艺术鉴赏过程中，鉴赏主体借助于审美直觉和审美体验，领悟到艺术作品中蕴含的情感，并被其内在的思想感情所打动，到达一种忘我的艺术境界，从而实现鉴赏主体与艺术形象之间契合一致，物我同一，物我两忘。共鸣是审美升华阶段常常会出现的一种心理现象。在艺术鉴赏过程中，情感、想象等各种心理因素到达高潮阶段，并深刻领悟到艺术作品所传达的深层意蕴，从而引发出鉴赏主体的共鸣。因此，共鸣作为艺术鉴赏活动中的巅峰时刻，具有艺术鉴赏中审美心理的各种特征。

13. 审美态度

答：审美态度是指对艺术作品采取的一种无功利、超利害的观赏态度，是对事物美的持久而稳定的心理反应倾向。审美态度不仅是一种接受方式，而且是一种审美能力。在艺术鉴赏过程的准备阶段，审美态度的形成具有重要意义，它是接受者能否在具体的接受过程中从艺术的、审美的角度与艺术作品交流和对话的心理基础。审美态度必然带有个人的思想、人生态度，不是绝对超然的。

14. 艺术批评(北航 2021 年研；华东师大 2019 年研；北大 2018 年研；人大 2018 年研；北影 2018 年研；陕西师大 2017 年研；东南大学 2016 年研；华东师大 2014 年研)

答：艺术批评是指艺术批评家以一定的艺术理论作为基础，并通过艺术鉴赏活动，对艺术作品进行的指导、分析和评判。艺术批评是艺术接受的高级阶段，需要在艺术鉴赏的审美再创造活动中继续深入发展，并借助于一定的艺术理论指导对艺术作品和艺术现象进行全面的研究分析，从而在理论上形成艺术的鉴别与论断。因此，艺术批评作为连接艺术创作与艺术鉴赏的纽带，能够对二者产生直接的指导作用。艺术批评具有二重性的特点，即科学性和艺术性的统一。艺术批评的作用表现为三个方面：①帮助人们提升对艺术作品的鉴赏能力与水平；②通过评价艺术作品，能够对艺术创作进行及时的反馈；③丰富和发展艺术理论，提升与丰富艺术科学的内涵。

15. 异质同构（首都师大2018年研；湖北美院2017年研；央美2016年研；重庆大学2015年研；东北师大2015年研；福建师大2014年研；天津美院2012年研）

答：异质同构是格式塔心理学派的核心概念，代表人物是格式塔心理学家鲁道夫·阿恩海姆。阿恩海姆认为外部事物的存在形式、人的视觉活动和人的情感以及视觉艺术形式之间有对应关系，一旦这几种不同领域的"力"的作用模式达到结构上的一致，就有可能激起审美经验，即"异质同构"。正是在这种"异质同构"的作用下，人们才在外部事物和艺术作品的形式中直接感受到"活力""生命""运动""平衡"等性质。阿恩海姆在其最重要的理论著作《艺术与视知觉》(1954)中，对视知觉结构做了大量的分析并以此作为分析造型艺术的基础，充分阐述了他的"异质同构"说。"异质同构"说综合运用了现代科学的系统论、整体论、宇宙论、人类学、物理学场论和心理实验的方法，从一个新的视角来说明人的审美经验和解释美术的基本原理，有其可取之处。它试图跨越西方传统美学上的主体与客体的对立、情感与外物的对立，在不同领域间建立一种"同构"。但是，它无视或忽视了社会的历史因素和现实因素对人的情感活动和审美活动的影响和制约，无视或忽视了人类的社会实践与认识活动对人的心理以至生理发展的决定作用。格式塔心理学家们不懂"无关感觉的形式是以往全部世界历史的产物"，而仅用单纯的心理学和人类学的方法去解释"人"和"艺术"这种复杂的人类精神现象，结果既不能说清艺术和人的审美经验的关系，甚至把人降到了动物的原始地位，无法分清"人"与"非人"的区别。

四、简答题

1. 什么是艺术接受？艺术接受的意义何在？（中传2011年研）

答：(1)艺术接受是指在传播的基础上，以艺术作品为对象，以鉴赏者为主体，积极能动地消费、鉴赏、批评的活动。

(2)艺术接受的意义。

①艺术接受是艺术活动不可缺少的重要环节。艺术是一种意识形态，也是人类社会生活中的一种活动方式。这种活动不仅表现为艺术家的创作活动，同样表现为艺术作品在社会生活中的传播、接受与消费的过程。在艺术活动中，艺术的接受与消费占有重要地位：a. 艺术接受与消费是艺术活动的终点。b. 艺术接受与消费在潜在意义上是整个艺术活动在观念与动机上的起点。c. 艺术接受与消费贯穿于整个艺术生产活动之中。

②艺术接受是艺术返回社会生活的必由之路。

a. 艺术返回社会生活内在于艺术接受和消费的形式中。从创作主体和接受主体的数量关系看，两者是不对称的，接受主体要多于创作主体。事实上，接受主体本身就是人类社会生活的主体，他们的社会实践，他们的情感、思想、信仰，他们的喜怒哀乐构成了社会生活丰富的内涵和感性形式，成为艺术家反映的对象。

b. 艺术重返社会生活表现在它对社会生活的影响上。从接受的角度看，艺术作品所构造的现实生活还只是潜在的，它必须通过接受才能转换为现实。进一步看，更为重要的方面在于通过对艺术作品的接受，接受者不但被作品所构造的新的现实所感动，从而能以新的态度，新的眼光，重新审视、理解现实生活，而且还能在现实生活中通过社会性的实践活动把精神力量转化为物质力量，在社会实践中重新构造其自身的现实。

2. 简要说明“召唤结构”的含义及其在艺术鉴赏中的作用。（赣南师大2019年研；重庆邮电2017年研；央美2017年研；首都师大2014年研；福建师大2014年研）

相关试题：

(1)怎样理解美术作品是一个召唤性结构？它包含哪几个层次？（安徽师大2017年研）

(2)怎样理解召唤结构在艺术鉴赏中的作用。（浙农林大2011年研）

答：(1)“召唤结构”的含义。

参见本章考研真题与典型题详解名词解释第3题答案。

(2)“召唤结构”在艺术鉴赏中的作用。

艺术鉴赏的再创造特性与艺术作品的“召唤结构”有着密切的联系。正因为艺术作品中包含着许多有待于鉴赏者去补充、填塞的空白点和未定点，它才可能引发鉴赏者的想象力，并积极进行艺术再创造，从而获得心灵的审美愉悦。也只有这样，艺术作品才能确证自身的存在，才能将自身的社会意义与审美价值从可能性转变为现实性。

3. 从审美接受的角度，谈谈电影与电视剧的不同。（北师大2015年研）

答：(1)电影与电视剧的含义。

①电影。电影是现代科学技术与艺术相结合的产物。电影艺术是通过画面、声音和蒙太奇等电影语言，在银幕上创造出感性直观的形象，再现和表现生活的一门艺术。

②电视剧。电视剧是一种适应电视广播特点、融合舞台和电影艺术的表现方法而形成的艺术样式。一般分单元剧和连续剧，利用电视技术制作并通过电视网放映。

(2)电影与电视剧的不同。

①电影比电视剧更超出观众的期待视野。观众的期待视野与新作品之间，应当有一个适度的审美距离，作品应当使观众出乎意料，超出他原有的期待视野，使观众感到振奋。电影，尤其是科幻电影，从生活中出发，但又远远超出目前现实能达到的存在，在短短几小时内给观众带来与现实大不相同的体验。

②电视剧比电影更符合现实。影视艺术作品不能过分超前，不能让观众的期待视野处于绝对的陌生状态，这会使观众感到寡然无味、难以接受。电视剧则比电影更加接近现实，例如各国的家庭伦理剧，总是能从各种细节上博得观众的同感，仿佛就是在自己身上发生过的事情。

③不同读者对于作品的需求与好恶不同，不同题材的电影和电视剧的目标观众也有所不同。比如动作电影、科幻电影的目标观众大多是年轻男性，而爱情剧、家庭剧的目标观众大多是女性。千差万别的观众会形成不同的期待视野，对同一作品的理解也会出现差异，观众赋予作品的意义也会各不相同。

④电影的时长要比电视剧短。电影主要追求在观看过程中使观众产生惊喜，超出其原有视野，这种体验在短时间内比较有效；而电视剧则旨在与观众产生共鸣和同感，因此影响时间更长。

总而言之，电视与电影的传播特性、技术特性和艺术特性，以及电视观众独特的收视环境、收视条件和收视行为，包括观众的随意性收看、习惯性收看、闲暇性收看等日常性审美接受方式，使得电视电影艺术从创作、传播到接受都有许多与众不同的特点，值得人们认真地研究。

4. 艺术鉴赏的意义与作用是什么？

相关试题：

(1)简述艺术鉴赏的性质和作用。（青岛大学 2014 年研）

(2)艺术欣赏为什么是审美再创造？（上戏 2021 年研）

答：艺术鉴赏是指读者、观众、听众等欣赏者凭借艺术作品而展开的一种积极的、主动的审美再创造活动，艺术鉴赏的意义和作用主要有：

(1)鉴赏主体决定艺术作品社会意义和美学价值的发挥。

艺术家经过创造性活动生产出来的产物就是艺术品，而艺术品则必然还要通过鉴赏主体的审美再创造活动，才算在真正意义上实现了它的社会意义和美学价值。接受美学认为，艺术作品的审美价值只有经过鉴赏阶段，才能逐渐形成并表现出来。例如：优秀的文学作品若是无人阅读，那它也只能算作是一叠印着铅字的纸张；卓越的雕塑作品若是无人欣赏，那它也只是一堆石块而已，艺术品只有通过接受主体的审美再创造活动，才能使它们获得具有现实意义的艺术生命力。尤其在艺术作品中蕴含着的审美教育、审美认知、审美娱乐等诸多功能，并不能通过作者或作品单独呈现出来，必须通过鉴赏主体的审美再创造活动才能展示出其内在的作用。

(2)鉴赏主体积极主动地进行审美再创造。

鉴赏主体的鉴赏与接受的过程是积极主动的审美再创造，而非消极被动的。在“召唤结构”理论中，艺术作品在创作过程中存在着“不确定性”与“空白”，需要读者运用自己的想象去填补，运用自身的想象、联想等心理功能对艺术作品进行补充。“空白”理论提出者伊塞尔强调“作品的意义不确定性和意义空白，促使读者去寻找作品的意义，从而赋予他参与作品意义构成的权利”。英国著名学者科林伍德也认为“我们所倾听的音乐并不是听到的声音，而是由听者的想象力用各种方式加以修补过的那种声音，其他艺术也是如此”。

(3)艺术鉴赏是人类在审美活动中的自我肯定与自我实现。

艺术鉴赏从最根本意义的角度来看，与艺术创作相同，都是在审美活动中，通过人类自身的主体力量来达到自我肯定与自我实现。艺术生产是一种特殊的精神生产，使艺术具有的主体性特征不仅体现在艺术创作和艺术作品之中，在艺术鉴赏活动中同样存在。鉴赏主体往往会根据自身的生活经验、艺术修养、兴趣爱好、思想情感和审美理想等因素，加工改造作品中的艺术形象，并对其进行补充和丰富，实现审美的再创造活动，这就是艺术的主体性。与艺术家进行艺术创作时，能够在自身本质力量对象化的创作过程中产生的愉悦情感一样，鉴赏主体同样能够在审美再创造活动中，通过艺术鉴赏，将自身本质力量对象化到艺术作品之中，从而产生愉悦的审美情感。

5. 在艺术鉴赏的流程中主要包括哪些审美心理活动？（首都师大 2019 年研；陕西师大 2019 年研；华中师大 2018 年研；山东师大 2017 年研；聊城大学 2017 年研；四川大学 2016

年研）

答：在艺术鉴赏流程中主要的审美心理活动有注意、感知、联想、想象、情感、理解，具体参见本章考点难点归纳相关内容。

6. 如何理解艺术欣赏中的共鸣现象？

答：（1）共鸣现象的内涵。

参见本章考研真题与典型题详解名词解释第12题答案。

（2）共鸣现象的实质。

共鸣作为一个十分复杂的美学现象，其中既包含社会因素和心理因素，又包含主观因素和客观因素。从表面来看，艺术鉴赏中的共鸣往往是鉴赏主体，即读者、观众、听众，与鉴赏对象，即艺术作品、艺术形象，二者之间产生的共鸣，但事实上，艺术鉴赏中的共鸣是鉴赏主体与创作主体，即创造艺术形象的艺术家，二者之间产生的"同声相应，同气相求"的共鸣。

（3）共鸣现象产生的原因。

①在欣赏者主观感受方面，往往会出现"心有灵犀一点通"的现象，其中"灵犀"则是指在主观感受的心理结构、生理机能和社会性内容的统一上，这种灵感的"振动"存在某种"频率"，是艺术欣赏者和艺术创造者之间通过某些相似相同的经历或事物从而引发的共鸣现象。

②在格式塔心理学方面，主张艺术作品与鉴赏者之间在审美心理结构上的"同形同构"，即艺术感染力是通过操纵着自然和人类的无所不在的"场"的作用而产生的，其中"场"是指一种"力的结构图式"。当艺术作品与鉴赏者的完形机能同一，即艺术作品与鉴赏者在"力的结构图式"上同一时，这种主客体之间"异质同构"的感染力就产生了。

③除了在心理、生理上能够产生共鸣外，在社会历史方面也能够找到共鸣产生的根本原因。

7. 简述艺术鉴赏中的主体性特征。（浙农林大2018年研；重庆大学2015年研）

答：艺术鉴赏作为一种审美再创造活动，具有主体性特征，具体表现为：

（1）对艺术作品审美娱乐属性的享用。

审美娱乐是指人们通过艺术鉴赏达到心灵自由、精神愉悦的效果。艺术的审美娱乐功能必须通过其审美价值才能实现，而艺术作品的审美价值又只有在鉴赏的过程中才能产生并表现出来，鉴赏主体充分地拥有艺术作品所具有的审美娱乐属性。

（2）对艺术作品审美认知属性的认知。

艺术作品具有一定的认知价值，所以鉴赏主体具有突出的认知属性，通过艺术形象认识社会与自然的本质，达到对社会与自然的深层洞察。

（3）对艺术作品文化价值的阐释。

艺术作品作为一种文化信息密集的文化产品，对于接受者来说，具有一种多方面满足其文化阐释与品评兴趣的价值或属性，因此，在鉴赏过程中鉴赏主体自然要对艺术作品的文化价值进行阐释。

（4）对艺术作品形象或意境的再创造。

艺术作品是“无用之用”的精神产品，是人们虚构的产物，只有人们积极主动地进行审美再创造，才能使艺术作品具有深刻的价值和意义。

8. 艺术鉴赏中审美直觉的特点是什么？（厦门大学2017年研）

答： 艺术鉴赏中审美直觉的特点有：

(1)直观性。艺术鉴赏作为一种感性的、直观的审美再创造活动，需要欣赏者在欣赏艺术作品时亲自体验与感受，才能充分获得艺术享受和审美愉悦。直观性是艺术与人类其他实践活动最主要的区别之一，它并不能通过间接经验产生审美感受，而是需要鉴赏主体亲身体验从而获得直接的审美感受。

(2)直接性。对意蕴的领悟与把握是在刹那间完成的，不需要进行逻辑判断或理性思维。鉴赏艺术作品时，这种瞬间产生的美感并没有通过理性的思考与评价，甚至在一开始感受到这种美感时，一时无法说出这种感觉，有种只可意会不可言传的感受，这就是因为审美直觉对艺术鉴赏产生了直接的影响。

9. 简述艺术批评的性质、特征与作用。

相关试题：

(1)请简述艺术批评的功能。（聊城大学2018年研）

(2)简述艺术批评的功能或作用。（南京师大2019年研；北大2018年研；南航2018年研；内蒙古大学2017年研；首都师大2016年研；陕西师大2016年研；福建师大2016年研）

(3)论述批评的功能及其意义。（论述题，北影2019年研；河北大学2016年研）

(4)简述艺术批评的特征。（浙江理工2019年研）

(5)谈谈艺术批评与艺术创作的关系。（中国艺术研究院2021年研）

答： (1)艺术批评的性质。

①从接受角度看，艺术批评是艺术接受方式之一，也是艺术接受的高级阶段。

②从创作与接受的关系角度看，艺术批评是调节、引导创作与接受，并使其相互促进和发展的中介力量。

(2)艺术批评的特征。

艺术批评具有二重性的特点，即科学性与艺术性的统一。

①科学性。在艺术鉴赏活动中，艺术批评家通过运用一定的美学、哲学等知识对艺术作品和艺术现象进行分析和研究，并做出相应的判断与评价，从而形成系统科学的理论性知识。艺术批评作为一种重视理性分析的科学活动，与艺术鉴赏活动既相互联系，又相互区别。一般来讲，艺术鉴赏重视感性，艺术批评重视理性；艺术鉴赏具有个人主观性，艺术批评需要符合客观规律性。艺术批评具有的科学性的特点，使其能够从各个学科中汲取科学系统的观点、理论以及方法，并逐渐呈现出多元化发展的趋势。20世纪以来，现代科学迅猛发展，使得艺术批评能够从各个学科中汲取养分和经验，并逐渐形成了各种批评方式和批评流派，例如，心理批评、原型批评、英国新批评学派、社会批评、语义学派、结构主义、现象学批评、分解主义、阐释学等等，使艺术批评逐渐发展成为一门独立的学科。

②艺术性。艺术批评虽是一门科学，但与其他的科学不同，它具有一定的独特性。艺术批评不仅需要沉着的头脑，也需要热烈的感情；既包括理性的分析，还要蕴含艺术的感

受。艺术鉴赏中的具体感受是艺术批评的基础和出发点。优秀的批评家除具备敏锐的感知力和丰富的想象力外，还应具备热烈的情感体验，才能使得艺术批评的文章具有艺术的感染力。从某种意义上讲，艺术批评不仅是一门科学，更是一种文艺体裁。优秀的艺术批评文章应当具有脉络清晰的逻辑、严谨科学的论证以及优美动人的文字，从而带给人们一种审美愉悦。古今中外许多优秀的艺术批评文章，其本身就是一篇优美的散文，例如西晋陆机创作的《文赋》，就是运用赋体形式创作而成的文论，文中“观古今于须臾，抚四海于一瞬”等名句，极具艺术美感，并流传至今，经久不衰。

(3)艺术批评的作用。

参见本章课后习题详解论述题第4题答案。

10. 为什么说艺术需要以情动人？（中传2013年研）

答：艺术需要以情动人的理由如下：

(1)在艺术的审美教育作用方面。

艺术的审美教育作用是指在艺术鉴赏活动中，人们通过真、善、美的熏陶和感染，在思想价值上受到启发，在生活实践中找到指引，在认识上得到提升，在长期的审美实践中，对其思想、感情、理想、追求等方面产生深远的影响，从而正确地理解和认识生活，树立起正确的人生观和世界观。艺术审美教育作用最主要的特点就是“以情动人”，这也是艺术教育相较于其他教育而言最明显的区别。充满着艺术家丰富思想感情的艺术作品，能够通过生动感人的艺术描绘，使鉴赏主体受到强烈的感染和熏陶。因此，艺术的教育作用不是道德说教和训诫，而是以情感人、以情动人，通过艺术强烈的感染性，使鉴赏主体积极主动地接受教育。

美育的核心内容和主要手段是艺术教育，主要的教育方法是通过以情感人、以情动人来陶冶人的情操，美化人的心灵，使人到达更高层次的精神境界，从而成为一个具有高尚品格的人。这不仅是一个人获得全面发展的保证，也是社会实现全面进步的基础。

(2)在艺术鉴赏中的审美体验方面。

审美体验是指鉴赏主体借助审美直觉到达艺术审美活动的高潮阶段，并与再创造的想象力以及联想力相结合，激发出内心丰富的情感，与艺术作品交融合一，获得充分的审美愉悦，将艺术作品中的不朽的艺术形象升华为鉴赏主体自身的生命活动，是艺术鉴赏中审美心理活动的中心环节。审美体验作为一种积极主动的审美再创造活动，使得鉴赏主体能够反作用于艺术作品，即在艺术鉴赏活动中，鉴赏主体的审美体验愈深入、强烈，就愈能够产生丰富、高级的审美愉悦。

在艺术鉴赏中的审美体验包含着各种各样的心理因素，其中情感在审美体验阶段具有十分重要的作用。审美体验的世界就是情感的世界，在艺术鉴赏活动中，鉴赏主体全程都带有十分浓厚的感情色彩，各种心理因素也一直处于一种积极主动的状态中。在领会和感受艺术作品和艺术形象过程中，随着鉴赏主体内心感悟的逐渐深入，其审美情感也逐渐激发出来。在想象和联想的推动下，审美情感也会更加浓烈。艺术的魅力往往表现为以情感人、以情动人，这种情感色彩在艺术体验阶段更加浓厚。从一定意义上来讲，审美体验就是以感知为基础，加以想象和联想，从而达到的一种更为丰富、更高层次的情感体验。

11. 简述"艺术世界"的组成。(四川师大2015年研)

答:(1)"艺术世界"的概念最早源于丹托的论文《艺术世界》。著名美学家迪基继承了这一概念，并在一个更为宽泛的基础上对其进行了重新阐释和发挥。他用"艺术世界"来指艺术品赖以存在的庞大的社会制度。豪泽在对"艺术世界"的相关研究中提出了"中介体制"的概念，他认为"在艺术创作和艺术消费之间的中介体制是艺术传播的必经之路。"

(2)"艺术世界"的构造主要分为三个部分。

①为艺术接受做出贡献的各种意义上的主体：艺术家、批评家(中介者)、艺术理论家和美学家、艺术史家、艺术机构的工作人员(教师、编辑)等。

②各种艺术机构，如艺术出版社在艺术接受活动中起着展览馆、音乐厅等所不能代替的重要作用。

③支配艺术世界运转的规则和制度，支配接受者以怎样的方式和态度去接受艺术作品，与社会中的文化习俗、惯例和制度息息相关。

"艺术世界"的三个部分内在地相互关联，去掉任何一个部分都将影响到艺术接受。

(3)"艺术世界"的两个特点。

①"艺术世界"是一个专业化的世界，从艺术接受的角度看，就是为了人们从审美立场去接受艺术作品而建立的世界，这个专业化世界是随着人类历史的发展而建立起来的。

②由于"艺术世界"的存在，艺术作品在传播和接受过程中的中介逐渐增多，接受过程也就越来越复杂，在艺术世界未建立之前，艺术作品与接受者之间在其社会学的意义上是无中介性的。

五、论述题

1. 情感在艺术鉴赏中的作用。(深圳大学2012年研)

答:情感是指人对客观现实的独有的反应形式，在思考客观事物是否符合人的需要的过程中产生出的一种复杂的心理反应，是主体在对待客体时发生的一种态度。各种各样的心理因素均是以情感作为媒介，从而逐渐形成有机统一的审美心理。情感作为一种特殊的审美心理因素，在艺术鉴赏活动中，以注意和感知为基础，与联想和想象紧密相连，并通过理解因素在感性里表现理性，在理性中积淀感性。情感在艺术鉴赏中的作用如下：

(1)情感在艺术鉴赏活动中以注意和感知作为根本和基础。心理学中认为，人的情感往往是对特定的对象产生的。在日常生活中，人们经常会有"触景生情"的时刻，在艺术鉴赏中也常常会出现这种现象。鉴赏主体在感悟与理解艺术形象过程中，常常会受到情感的影响，有时还受到特定情感的影响，从而引发鉴赏主体更深入的情感活动。

(2)情感在艺术鉴赏活动中与联想和想象紧密相连。联想和想象虽容易被鉴赏主体的情感所影响和制约，但联想和想象又能够进一步深化情感，使得鉴赏主体的情感更加强烈。因此，在艺术鉴赏中，情感往往会成为联想与想象的媒介与桥梁。

(3)情感在艺术鉴赏心理中与理解密不可分。心理学中认为，人的情感直接影响人对事物的认识和态度，尤其是在美感、道德感等这一类的高级情感中，往往会将评价、判断、观点等因素与情感相结合，因此，在这些情感中总会蕴含着一些理智的因素。

在审美和艺术心理中，情感的地位十分重要。它在各种心理因素中具有主导作用，并与其他心理因素相互影响、相互交织，从而更加精准、深刻地感受和领会艺术作品中蕴藏的感情内涵，这也是艺术鉴赏的基本要求。

2. 艺术鉴赏者个体的审美能力应如何培养与提高？（山东师大2019年研；上戏2017年研；青岛大学2017年研；中传2016年研；首都师大2015年研；福州大学2014年研；浙农林大2014年研）

答：艺术鉴赏作为一种审美再创造活动，要求鉴赏者应当了解和具有一定的艺术修养和艺术鉴赏力。人类的审美能力作为历史发展的产物，在不同社会历史时期具有截然不同的水平，而鉴赏主体的审美能力的培养和提高则更需要一个长期艺术实践。培养与提高艺术鉴赏者个体的审美能力主要可从以下方式进行：

(1)艺术鉴赏力的培养提高与鉴赏大量优秀作品的艺术实践密不可分。

艺术鉴赏的实践经验具有十分重要的作用。例如在音乐艺术中，多聆听音乐能培养和提高耳朵的乐感；在绘画艺术中，多欣赏绘画作品能培养和提高眼睛的形式感；在文学艺术中，多阅读文学作品能培养和提高鉴别和欣赏优秀作品的能力。长期鉴赏大量的优秀艺术作品，会对人们艺术修养与鉴赏力的培养与提高产生直接的推动作用。

(2)艺术鉴赏力的培养提高与熟悉掌握艺术的基本知识和规律密不可分。

初步认识艺术理论和艺术史，以及能够熟练掌握各个艺术门类和体裁的艺术特征、美学特性和艺术语言，是艺术修养的基本内容。我国著名艺术家丰子恺在其著作《艺术修养基础》中指出，在各个艺术门类中进行鉴赏活动需要运用不同的鉴赏方法。丰子恺主张在不同的艺术类别中，应当根据其各自的美学特性采用不同的鉴赏方法，并熟练掌握各类艺术鉴赏活动的特殊性。

(3)艺术鉴赏力的培养提高与一定的历史、文化知识密不可分。

广博的历史、文化知识在培养和提高艺术鉴赏能力方面具有十分重要的作用。例如殷商时期，青铜器上多运用"饕餮"这一面目恐怖的形象，这是由当时的奴隶制度所决定的，当对殷商时期早期奴隶制形成与确立的历史进程有了一定的了解之后，才能体会到青铜器上"饕餮"形象所传达的一种历史必然力量的狰狞之美。欧洲文艺复兴时期被誉为"美术三杰"的是米开朗基罗、达·芬奇和拉斐尔，他们创作的艺术作品具有深厚的人文主义思想和浓烈的战斗精神，对欧洲文艺复兴时期的历史背景有了一定的了解之后，才能更加深刻地认识和领会到"美术三杰"艺术作品的精神力量。一个人的艺术修养，不仅仅是其内在文化修养的重要组成部分，还能够直接作用于文化修养之中，形成更为渊博精深的文化知识。而且一个人具有较高的文化修养，那他的艺术鉴赏力也同样有较高的水平。

(4)艺术鉴赏力的培养提高与鉴赏主体的亲身经历密不可分。

艺术家的艺术创作以社会生活为基础，鉴赏主体的艺术鉴赏也同样以社会生活为依据。鉴赏主体常常通过自身的生活经验和生活阅历，去感受、领会艺术作品中蕴含的深刻意味。从一定的意义上来讲，若鉴赏主体经历过十分丰富深刻的生活实践，在进行艺术鉴赏时，有助于鉴赏主体领悟艺术作品中蕴藏的思想内涵。

(5)在培养和提高艺术鉴赏能力上，美育以及艺术教育的作用十分重要。

美育与艺术教育是一个独立的领域，是通过培养与提高人们的感知力、想象力以及审美的理解力，使得人们形成一个完整的审美心理结构。美育与艺术教育着重丰富和充实鉴赏主体的艺术修养，培养和提高鉴赏主体的鉴赏能力，重视培养和提高全社会群体的艺术鉴赏水平，从而推动广大群众艺术鉴赏力的进步与发展。

3．结合个人经验，阐述艺术接受与艺术欣赏的过程。（华中师大 2018 年研；东南大学 2017 年研；浙江师大 2011 年研）

答：在艺术接受活动中，艺术欣赏是一种最主要的艺术接受方式，也是其他一切艺术的接受方式，如艺术批评、艺术史研究的基础，也是参与人数最多、最具大众性、群众性的艺术活动。从性质上看，艺术欣赏首先是一种认识活动，其本质上是一种审美认识的活动，其特点在于它是一种非反思性的审美认识活动。在艺术欣赏中，感性与理性是统一和互渗的，充满着联想与想象，始终饱含着感情。

艺术接受与艺术欣赏的过程主要分为以下三个阶段：

(1)准备阶段。

①定向与期待。心理定向指心理活动的准备状态和注意的指向性。接受主体准备欣赏艺术作品时，首先要进入适合审美接受的一定心理状态。期待是比心理定向更进一步的接受和欣赏的心理准备状态，当接受者有了相应的接受和欣赏艺术作品的心理定向时，注意就有了相应的方向，同时对将要接受的艺术作品产生了相应的期待。

②审美态度的形成。审美态度是主体对审美对象所持有的态度，主要是心理状态，它受时间、地点等客观条件影响，亦受心境、情绪等主观心理因素影响。审美活动的要求是主体从日常现实生活中脱离出来，保持与实用功利无关的态度。艺术接受者的心理定向和期待形成的过程，也就是审美态度形成的过程，审美态度也是接受者审美能力的一种表现形式。

(2)初级阶段。

准备阶段形成的心理定向、期待、审美态度不会随着进一步接受过程的展开而消失，而是会随着接受过程的深入由新的内容维持。

①知觉——完形与弥散。

完形心理学：完形即整体的意思，格式塔(Gestalt)是德文“整体”的译音，完形心理学又被称为格式塔心理学。完形心理学认为整体先于部分，部分之和不等于整体。一件画作不是所有颜料之和，而是对作品进行连贯的、有序的理解才能欣赏的艺术作品。

弥散性：在接受和欣赏艺术作品时，接受者不是有意识地去从复杂结构中抽取完形、简化形式，而是经常放松注意力的焦点，把视知觉弥散在作品的细节上，去感受笔触、刀法、声音、动作的韵味、颜色的细微差别和光影之间的微妙过渡等。

②知觉——错觉。

空间错觉：对于视觉艺术而言，接受者对艺术作品的空间错觉与艺术作品的占有空间和呈现空间的方式有关系。

物象错觉及其他：对作品中物象的错觉，体现在对写实性绘画的接受中；对艺术作品物象的视错觉，是以接受者的生活经验、文化和艺术传统中对作品形象的原型知觉为其背景和参照系的；在艺术作品的接受过程中，错觉还可以表现在运动方面以及比例方面。

③知觉——“差异原理”与“陌生化”。

接受者对原型有差别的视觉形象比较敏感。超越接受者自身知识经验以及能够产生一定“陌生化”的艺术作品，较能引起接受者的注意。差异与陌生化有一定的限度，离接受者期待水平太远的作品无法被接受。

(3)高级阶段。

①理解。对艺术作品的理解实际上在知觉阶段就已经开始了，但反思性的理解愉悦有利于对艺术作品更深化的把握。

②体验。在艺术作品的接受过程中，体验是最高级阶段，也是最能与艺术作品的存在方式和本质特征相吻合的接受方式。在体验中包含着对作品深刻内涵的把握，作品内容完全转化为有意味的形式。作品形式也闪烁着作品的意蕴和意味的光辉。在体验中，想象力和知解力达到自由和谐的状态，才能在接受艺术作品中把主体与客体、直觉与理性、直接性与深刻性统一起来。

③回味。回味是对作品直接欣赏结束之后，对于作品记忆信息的再度审美接受，回味是接受者对所接受的艺术作品的一次重要选择。只有深深打动接受者的作品，才能进入接受者的回味，富有审美魅力的作品会在很长的时间里一直以表象的形式留存在我们的记忆中，供我们回味思索。

4. 以一幅作品为例，论述在艺术鉴赏中的保守性和变异性。(山西师大2013年研)

答：艺术鉴赏作为人类一种高级、复杂的审美再创造活动，蕴藏着极其奥妙的心理现象和心理规律，比如在艺术史上，一部经典作品在刚出来时常常并不为人们所接受，而在若干年以后才引起轰动，这恰恰说明了艺术接受中存在着保守性和变异性的趋势。

(1)艺术鉴赏中的保守性与变异性。

①鉴赏心理的保守性，是鉴赏主体审美经验中的定向期待视野，指鉴赏主体的鉴赏品味往往是根据某种传统的趋向来进行的，即在鉴赏活动中人们所呈现出的偏好、选择、欣赏方式与欣赏习惯。鉴赏心理中的保守性是客观存在的现象，人的审美心理具有连续性的特征，即审美心理在艺术鉴赏活动前后是相关联的。艺术鉴赏是一项长期的实践活动，在这个过程中，人们会逐渐形成自己特定的欣赏习惯与喜恶，在进行多次的艺术鉴赏后，就会成为直觉性情感。在皮亚杰提出的“发生认识论”中，强调认识活动是主体已有的认知结构与客体刺激之间相互影响、相互作用的结果。

②鉴赏心理的变异性，是鉴赏主体审美经验的创新期待视野，指鉴赏主体的审美心理随着时代和社会的变迁、国际文化交流的发展和大众审美水平的提高而发生变化。追求变化是人类最基本的心理趋向之一。鉴赏主体审美理想会受到好奇心和求知欲，以及社会生活的快速发展和文艺思潮的更迭的影响而发生改变。鉴赏心理中的变异性也是客观存在的现象。在艺术鉴赏中，人们常常会更加喜爱具有独创性的艺术作品，推崇作品内容与形式的创新性。

(2)以凡·高的《阿尔的小屋》为例。

①凡·高的《阿尔的小屋》，初看只是一间普通的卧室，但从其中明亮的黄色能看出当时凡·高亢奋的情绪，房间里的家具都被明确的轮廓线框着，体现了当时凡·高的精神疾病带给他的恐惧。心理学家皮亚杰的“发生认识论”认为，认识活动是主体已有的认知结构与客体刺激之间交互作用的结果，所以这幅画可以认为是凡·高个人水平和精神疾病客观刺激共同作用下的杰作。但在当时世人的眼里，一半生活在想象天地里的凡·高，本来就

是一个“疯子”，因此不会有人把他的喜怒无常、易于激动、抑郁寡言，看作是一种精神疾病早期病症的表现，而是带有一种疯子不会有好作品的偏见。他们按照自己原有的审美去定义凡·高的作品，从中可以得出，人为了适应自己的审美趣味，总会依照自己的审美心理图式去鉴赏一件艺术作品，这也是鉴赏心理的保守性。

②凡·高生前的作品除了得到弟弟的支持外，几乎无人问津，而在凡·高去世之后，他的作品《星夜》《向日葵》与《有乌鸦的麦田》等，却跻身于全球最著名最珍贵的艺术作品的行列。从中可以看出，现代人们不断提高的艺术水平追求，使得作品的创作形式、题材以及内在含义都得到了人们的高度重视。从皮亚杰的“发生认识论”来分析，变异性和发展性是由人的审美心理图式所具有的调节功能而决定的。

5. “美术的接受是一个无限的创造过程”。请从你的艺术实践或理论思考出发，谈谈你对这句话的理解。（中传 2013 年研）

答：艺术接受是对艺术作品的再创造，对艺术家评价的再评价。这个关系不是一次性的，而是在历史中无限展开的过程。一件艺术作品面对一个又一个、一群又一群、一代又一代的接受者，不同接受主体都会做出不同的理解，继续这个再创造、再评价的过程。

(1) 艺术作品在空间上、时间上都会面对不同地域的接受者。

艺术作品与纯自然的“第一世界”不同，它承载着主题给它的意义，具有符号功能。同时它也与“第二世界”中的纯主观的思想和观念不同，它能超越作者的时代去面对历史中无限的接受者。它是“第三世界”的存在者。

(2) 作品本身结构的召唤性特征。

对艺术作品接受的无限创造的根据还在于作品本身结构的召唤性特征。接受美学认为，作品中的“空白”或“不确定性”实际上是对读者的一种召唤和等待，召唤读者在其可能范围内充分发挥再创造的才能，这就是所谓作品的召唤性结构。

(3) 不同历史的接受主体对同一件作品有不同的感受、理解和体验，从而有所创造。

历史的发展不仅在时间上是先后相继、不断前进、不可逆的过程，而且在形态上是由先后之间的差异、区别变化和不同所构成的。因此，正是人类社会文化的历史性、主体存在的历史性和艺术作品结构的召唤性构成了艺术接受的无限创造性和评价性的客观依据。

6. 试述艺术批评与艺术鉴赏之间的联系与区别。（华东师大 2017 年研）

相关试题：

(1) 简要说明艺术鉴赏与艺术批评的关系。（简答题，陕西师大 2019 年研；中国艺术研究院 2017 年研；山东师大 2017 年研；杭州师大 2013 年研；南开大学 2012 年研）

(2) 简述艺术欣赏和艺术批评的关系。（简答题，赣南师大 2018 年研）

答：艺术批评与艺术鉴赏都属于广义的艺术接受，二者相互联系、相互区别，具体表现为：

(1) 艺术批评与艺术鉴赏的联系。

①艺术鉴赏构成艺术批评的基础。艺术鉴赏活动的反复进行，不仅使艺术批评家的审美经验、艺术素养得以补充和丰富，使其审美能力得到提高和培养，而且直接为艺术批评家提供了对作品进行理性分析、评价的可靠而准确的感性材料。任何脱离了艺术鉴赏的艺

术批评，必然都是苍白空洞、缺乏说服力的。

②艺术批评是对艺术鉴赏审美感受的条理化、提炼及升华。艺术批评影响着艺术鉴赏的发展，它对艺术鉴赏起理论指导作用。如对于作品优劣的品评、是非的判定以及对各类艺术形象的鲜明态度和理性分析，都可以帮助艺术接受者提高鉴赏能力，引导接受者的鉴赏活动朝着健康的方向发展。

(2)艺术批评与艺术鉴赏的区别。

①艺术批评是一种科学的认识活动，艺术鉴赏则是一种审美再创造活动。

②艺术批评主要是调动理性，对艺术现象进行严密的分析、研究、推理、思考。艺术鉴赏则主要是依靠直觉、感知、体验、想象、情感等审美心理要素，丰富艺术作品的形象体系，拓展艺术作品的审美意蕴。

③艺术批评要求客观，排除个人好恶。艺术鉴赏则允许接受者的主观偏爱。

④艺术批评的目的是作出科学的、理性的评判。艺术鉴赏的目的则是生成审美效应，获得审美感受。

⑤艺术批评的对象比较广泛，以艺术作品为主，同时还包括其他艺术现象，如艺术家的艺术创作实践、接受者的艺术鉴赏实践、艺术流派、艺术思潮、艺术运动等。艺术鉴赏的对象比较单一，只是各个门类的艺术作品。

7. 艺术接受的社会环节有哪些？

答：艺术接受是指在传播的基础上，以艺术作品为对象，以鉴赏者为主体，积极能动地消费、鉴赏、批评的活动。艺术接受的社会环节主要包括：

(1)艺术展览馆，是艺术世界的中介体制之一，是艺术接受和传播的重要机构和场所，它对于艺术家来说是作品走向社会接受过程的第一步。从大众接受角度看，艺术展览馆是他们了解、感受当代艺术作品的最初环节，了解、感受当代艺术界的发展趋势和潮流的重要中介。

(2)新闻媒介，是艺术接受的一个非常重要的环节和中介。这里所说的新闻媒介包括报纸、杂志、电视与电台，形式有广告、报道、介绍和评论等。

(3)艺术出版社。

①艺术出版社通过对艺术作品的复制发行，完成了艺术接受的大众化。

②艺术出版社可以把艺术理论家、批评家、艺术史家对艺术世界的思考，对艺术史及艺术作品的阐释、理解所写成的著作出版发行，给广大接受者以指导。

(4)艺术博物馆，是人类艺术史、文化史和艺术传统的保存者，博物馆中的艺术作品能永远与不同历史中的接受者对话、交流，使艺术接受的无限创造性成为可能。

(5)艺术市场，是艺术接受的中介环节，它使成千上万的艺术作品进入大众的家庭中，成为大众精神生活的一部分。艺术市场中的主体具有调节、引导艺术自身的规律。艺术市场既联结也隔离着艺术家与接受者的关系。

(6)艺术院校，作为中介具有以下几个特殊性质：

①系统性。艺术院校有一套系统的教育方式，能使接受者在循序渐进的教育过程中获得有关的艺术知识和欣赏艺术作品的方法。

②强制性。对于接受者来说，是否去艺术博物馆、艺术展览馆或剧场观赏艺术作品，

完全取决于内在的需要和对艺术的兴趣程度。但学校的艺术教育不一样，它有固定的时间和场所，有相应的强制性纪律促使接受者学习到相应的知识。

③基础性。学校中的艺术教育是从人类已有的艺术传统中精选出精华的部分传授给艺术接受者的，这样，接受者在学校中学到的往往是那些有关艺术和艺术作品的最基本、也是最重要的知识，它的作用在于为接受者未来接触大量复杂的、风格各异的艺术作品提供一些必备的条件。

8. 试评述艺术与传媒的关系。(中传2011年研)

答：媒体是信息时代各行各业的翅膀，艺术市场则是信息时代物质高度发达的产物，两者都是现代文明的标志。传媒在艺术生产、流通、消费的市场过程中，一直与之发生密切的联系。随着传媒业在20世纪后半期的发展，传媒已成为艺术市场不可分割的一部分。总体来说，艺术与传媒的密切关系主要体现在以下几个方面：

(1)艺术传播与当代传媒的关系。

当代传媒对于艺术而言，有大众媒体、专业媒体、网络媒体三种形式，它们在不同的领域和范围内对艺术的发展施加影响。

①专业媒体与艺术传播。专业媒体是指依附于专业单位，如美协、美术研究所、美术学院、美术出版社等等进行出版的报纸杂志等专业媒体。专业媒体的所属不仅有级别、等级的差异，也有专业程度和专业地位的差别。类似中国美协的《美术》杂志、中国美术学院的《新美术》杂志、中国艺术研究院的《美术观察》等专业媒体，在艺术发展的引导上、在学术动态的研究上，往往或辅助性、或策略性地担负着调节官方政策的功能；对具体艺术家、艺术作品价值评判的权威性尽管正不断受到多向度审美形态、多元艺术观点的质疑，但它们的倾向性仍然反映了它们所处的位置和利益，客观上，在当前社会中仍然代表着一种主流的认可。

②大众媒体与艺术传播。大众媒体是指与专业媒体相对的、形形色色、数量众多的大众报刊、广播、电视和网络。大众媒体具有数量大、范围广、覆盖面宽的特点。虽然大众媒体与专业媒体在职能上表现为不同的读者对象，但是，大众媒体的社会影响力往往不亚于专业媒体的影响力。

③网络媒体与艺术传播。网络作为一个新兴媒体，给民众提供了一个发泄情感的空间，也使媒体的话语权有逐渐大众化的趋向。互联网正以24小时在线、海量信息、即时更新、费用低廉、不受地域限制、视觉效果直观等等优势，吸引越来越多的艺术家去建立自己的个人主页和个人官方网站。当前，新形态的网络力量正在模拟社会生活和人际交流；当网络技术越来越成熟的时候，艺术市场也同样会在虚拟世界里不断壮大和发展，甚至会逐渐超越传统媒体的传播手段和社会功能。

(2)当代传媒与艺术家的关系。

①媒体的即时性影响当代艺术的时尚和流行的风格。媒体传播的即时性一方面使当代艺术更快地抵达鉴赏者身边，另一方面也刺激艺术鉴赏者转化为艺术的消费者，将艺术作品转化成商品，使消费社会的运作规则深刻地影响艺术创作的风格。

②当代传媒影响艺术家的职位、工资、职称。例如美术院校教授、博导和画院画师等高级职称的评审中，见诸于媒体的地点、数量、篇幅，不仅有量化的要求，还有对媒体品

质的要求，不仅有“国家级”“中央级”与其他级别的区别，还有一个“国家级核心期刊”的具体指向。

③传媒自身的发展需要艺术的内容和谈资。当代艺术的多样化发展，不仅吻合了传媒发展的多样性，也为传媒的发展增加了动力。这种与艺术市场相辅相成的格局，构筑了艺术与传媒在当代的特殊关系。

④职业艺术家的生存与机遇在发展中产生了许多与艺术有关的社会问题。例如一定的名声和社会地位的获得，有时必须通过传媒的协力，这就给传媒介入当代艺术的生存创造了许多机会，同时传媒也利用自己的能力为艺术家的发展创造了一个又一个的机遇。

(3)当代传媒与艺术消费的关系。

中国的现实状况，促进了艺术在低层次上的高度发展，形成了一个具有众多成员的艺术消费群体，也潜藏着一个巨大的艺术消费市场。艺术消费的增长，刺激了艺术教育、艺术出版、艺术传媒、艺术展览等各种艺术产业的发展。

综上所述，传媒自身的发展需要艺术的内容和谈资，而当代艺术的多样化发展，不仅吻合了传媒发展的多样性，也为传媒的发展增加了动力。